KB167744

HANGIL
GREAT BOOKS
102

Edmund Husserl
*Ideen zu einer reinen Phänomenologie
und phänomenologischen Philosophie I*

Translated by Lee Jonghoon

Published by Hnagilsa Publishing Co. Ltd., Korea, 2009

에드문트 후설(Edmund Husserl, 1859–1938)
후설은 현대철학뿐만 아니라 다양한 인문 · 사회과학과 문화예술 등에
깊은 영향을 미치고 있는 현상학의 창시자다. 사진 속 자필서명이 이채롭다.

프란츠 브렌타노(Franz Brentano, 1838–1917)
후설은, 자연과학에 따른 경험적인 기술적 심리학의 방법으로
철학을 엄밀하게 정초하려 했던 브렌타노에게 영향을 받아
수학에서 철학으로 전공을 바꾸었다.

HANGIL GREAT BOOKS 102

순수현상학과 현상학적 철학의 이념들 1

순수현상학의 일반적 입문

에드문트 후설 지음 | 이종훈 옮김

한길사

순수현상학과 현상학적 철학의 이념들 1
· 순수현상학의 일반적 입문

제4장 이성과 실제성

제1절 인식대상의 의미와 대상의 관계

제2절 이성의 현상학

순수현상학과 현상학적 철학의 이념들 2
· 구성에 대한 현상학적 연구

제2장 동물적 자연의 구성

서론

제1절 순수 자아

제2절 영혼의 실재성

제3절 신체를 통한 영혼의 실재성 구성

순수현상학과 현상학적 철학의 이념들 3
· 현상학과 학문의 기초

일러두기

1. 제1권은 에드문트 후설이 1913년 발표한 『순수현상학과 현상학적 철학의 이념들』 (*Ideen zu einer reinen Phänomenologie und phänomenologischen Philosophie*)의 「순수현상학의 일반적 입문」(*Allgemeine Einführung in die reine Phäno.*)을 완역한 것이다. 제2권과 제3권은 비멜(M. Biemel)이 편집해 1952년 후설전집 제4권과 제5권으로 출간한 「구성에 대한 현상학적 분석」(*Phäno. Untersuchungen zur Konstitution*)과 「현상학과 학문의 기초」(*Phäno. und die Fundamente der Wissenschaften*)를 완역한 것이다.

2. 제1권의 원전은 슈만(K. Schumann)이 새롭게 편집한 후설전집 제3-1권(Den Haag, Martinus Nijhoff, 1976)이다. 제3-2권은 이 책에 대해 후설이 나중에 기록한 각종 메모를 편집한 보충판이다. 번역에는 커스텐(F. Kersten)의 영어 번역본 *Ideas pertaining to a pure Pheno. and to a pheno. Philosophy*. First Book, *General Introduction to a pure Pheno.*(The Hague, Martinus Nijhoff, 1982), 로체비크(R. Rojcewicz)와 슈베어(A. Schuwer)의 영역본 Second Book. *Studies in the Pheno. of Constitution*(Dordrecht, Kluwer, 1989) 그리고 클라인(T. Klein)과 폴(W. Pohl)의 영역본 Third Book. *Pheno. and the Foundations of the Sciences*(The Hague, Martinus Nijhoff, 1980)도 참조했다.

3. 원문에서 격자체나 이탤릭체 또는 겹따옴표(" ")로 묶어 강조한 부분은 모두 고딕체로 표기했다. 그리고 긴 문장 가운데 중요한 용어나 몇 가지 말로 합성된 용어는 원문에 없는 홑따옴표(' ')로 묶었다.

4. 긴 문장 가운데 부분적인 내용을 부각시키기 위해 원문에는 없는 홑따옴표(' ')로 묶었으며, 관계대명사로 길게 이어지는 문장은 짧게 끊었다. 또한 이렇게 하는 것이 오히려 문장을 읽고 이해하는 데 어려움을 준다고 판단될 경우, 우리 글에서는 낯설지만, 그것이 수식하는 말의 앞과 뒤에 선(—)을 넣었다.

5. 본문 중 괄호 ( )는 원문 그대로 한 것이며, 문맥의 흐름을 원활하게 하기 위해 또는 독자의 이해를 돕기 위해 필요한 말은 역자가 꺾쇠괄호([ ]) 안에 보충했다. 괄호 안에 또 괄호가 필요한 경우, 이 괄호는 꺾쇠괄호로 표기했다. 그리고 너무 긴 문단은 옮긴이의 판단을 토대로 그 내용에 따라 새롭게 단락을 나누었다.

엄밀한 이성비판으로서의 선험적 현상학

이종훈 춘천교육대학 교수·철학

1. 후설 현상학에 대한 이해의 문제

1-1 일반적 오해와 편견

현상학(Phänomenologie)은, 객관적 실증과학을 극복할 새로운 방법론으로 간주되든 전통 철학의 심화된 형태로 간주되든, 다양한 '현상학 운동'으로 왕성하게 발전하면서 현대의 철학뿐 아니라 인문·사회과학과 문화예술 전반에 매우 깊은 영향을 끼쳐왔다. 우리나라에도 이제 현상학과 관련된 논문이나 입문서가 결코 적지 않으며, 후설(Edmund Husserl)과 하이데거(M. Heidegger), 메를로-퐁티(M. Merleau-Ponty) 등 주요 현상학자의 원전도 여러 권 번역되었다. 그래서 문학(예술)비평·영화·체육·의학(간호학) 등에서도 현상학을 강렬하게 요구하고 있다. 그러나 현상학의 창시자인 후설을 본격적으로 다룬 연구는 오히려 점점 줄어들고 있다. 과연 이러한 현상은 후설 현상학이 충분히 이해되었다는 사실을 뜻하는가?

수학자로 출발한 후설은 수학의 기초를 논리학에서, 또 논리학의 기초를 인식론에서 정초함으로써 철학의 참된 출발점을 근원적으로 건설하고자 자신의 입장을 끊임없이 비판해갔다. 이 과정에서 스스로 만족할 수 없으면 줄곧 검토하고 수정했을 뿐 어떠한 자료도 발표하지 않았다. 그래서 생전에는『산술철학』(1891),『논리연구』(1900~1901),『엄밀학』(1911),『이념들』제1권(1913),『시간의식』(1928),『형식논리학과 선험논리학』(1929),『성찰』(프랑스어판, 1931),『위기』(1936)만 출간되었다. 더구나 그의 사상에 엄청난 변화가 일어났던『논리연구』부터『엄밀학』까지 10년 동안, 또『이념들』제1권부터『형식논리학과 선험논리학』까지 16년 동안의 모습은, 제1차 세계대전으로 많은 제자가 희생되었을 뿐 아니라 정상적으로 살기조차 너무 힘든 시대상황 때문에 전혀 알려질 수 없었다.

그 결과 후설의 사상은 일관되게 발전된 총체적인 모습으로보다는 그때그때 발표된 저술을 토대로 '의식(이성)을 강조한 관념론인가, 경험의 지평구조를 밝힌 실재론인가' '주관적 합리론인가, 객관적 경험론인가' 등 근본적으로 다른 시각에서 인식되고 평가되었다. 이처럼 혼란스러운 해석은 그가 어떤 전제로부터 정합적 체계를 구축하기보다 사태 자체로 접근하기 위해 부단한 사유실험으로써 분석해갔기 때문에, 스스로 길을 찾아가는 독창적인 사상가에게 흔히 일어날 수 있다. 그러나 후설 현상학은 좀더 독특한 배경과 원인 때문에 오랫동안 고정된 편견과 왜곡된 해석으로 뒤엉킨 두꺼운 껍질에 에워싸여 있다. 무엇 때문인가?

1-2 올바른 이해의 길

그 원인은 무엇보다도 후설 자체에게 있다. 그의 문체는 독일어를 모국어로 사용하는 사람조차 이해하기 힘들 정도로 매우 길고 복잡하며, 다양하게 얽혀 끊임없이 흐르는 의식의 구조와 기능을 치밀하게 분석한 용어와 과정도 쉽게 파악하기 어렵기 때문이다. 또한 이렇게 밝혀낸 풍부한 성과는, 4만 5000장의 속기 원고와 1만여 장의 타이프 원고로 남겨진 방대한 자료가 지금도 계속 편집되어 출판되고 있어서, 이미 일정한 모습으로 알려진 그의 사상과는 외견상 다르게 해석될 수 있기 때문이다. 그런데 이러한 어려움은 후설 현상학을 제대로 알고 싶다면 당연히 감수해야 할 것이다.

더 심각한 원인은 후설 현상학을 그의 입장에서 이해하지 않는 데 있다. 특히 후설 사상의 발전단계를 '기술적(記述的) 대(對) 선험적(先驗的) 대 생활세계(生活世界)' 현상학, '정적(statisch) 대 발생적(genetisch)' 분석이라는 단절된 틀 속에서 도식적으로 이해하는 데 있다. 물론 이러한 구분은 어떤 시기의 후설 사상과 그 발전과정을 이해하는 데서 나름대로 큰 의미가 있다. 그러나 이렇게 단절된 도식적 이해 틀에 맞추어 후설 현상학을 이해하거나 소개하는 문헌, 더구나 후설에 충실하기보다 자신의 철학을 전개하는 데 급급했던 현상학자들의 피상적 비판에 의존하는 2차 문헌들은 후설 현상학의 참모습을 철저히 왜곡시키고 그의 현상학이 제시해주는 생생하고 다양한 연구의 새로운 지평을 뿌리째 잘라낼 뿐이다.

그렇다면 이 단절된 도식적 이해 틀은 어떻게 발생할 수 있었는가?

첫째, 후설은 『논리연구』 제1권(1900)에서 심리학주의를 회의적 상대주의라고 철저히 비판함으로써 객관주의자로 부각되었으나, 제2권(1901)에서 다양한 의식체험을 분석함으로써 간단히 주관주의자로 각인되었다. 이미 1898년경 완성된 이 두 책이 동시에 출간되었다면, 후설 현상학이 출발한 처음부터 '객관주의 대 주관주의'의 논란조차 일지 않았을 것이다. 물론 그가 여러 곳에서 밝혔듯이 "현상학 전체를 포괄하는 문제의 명칭"인 의식의 지향성(Intentionalität)을 제대로만 파악한다면, 이러한 가정조차 쓸데없을 것이다.

둘째, 후설은 가장 근원적인 종합의 형식인 내적 시간의식(Zeitbewu?sein)을 1904~1905년 강의에서 체계적으로 분석했다. 이 성과는 그후 이 책을 포함해 여러 저술에서 빈번히 강조되면서 인용되었지만, 1928년에야 비로소 하이데거가 편집해『시간의식』으로 발표되었다. 그러나 1927년 비슷한 주제로 발표된 하이데거의『존재와 시간』에 파묻혀버렸다. 결국 1917년에 벌써 탈고되었던 그 초고가 좀더 일찍 알려졌다면, '정적 대 발생적'으로 대립시켜 후설 현상학에 접근하는 시각은 아예 생기지도 않았을 것이다.

셋째, 후설은『이념들』제1권(1913)에서 최초로 현상학의 원리와 규범, 방법과 문제를 제시했다. 제2권은 1912년에 이미 탈고되었지만, 몇 차례 수정과 검토를 거치다 그가 죽고 나서도 한참 후인 1952년에야 출간되었다. 신체(Leib)의 운동감각을 통해 동기가 부여되는 발생적 구성(Konstitution)의 문제를 치밀하게 분석한 제2권이 마지막 세 번째 전반적으로 수정되었던 1917년에라도 발표되었다면, '정적 대 발생적' 분석 또는 '선험적 대 생활세계적' 현상학으로 단절시켜 이해하는 소모적 논의도 일지 않았을 것이다.

결국 후설 현상학의 참모습을 밝히고 그 바탕 위에서 다양하게 발전시키는 길은 이러한 단절된 도식적 이해 틀이 근본적 오류임을 정확하게 인식하는 데서 출발할 수밖에 없다.

2. 후설 현상학의 이념과 방법 그리고 전개과정

2-1 후설 현상학의 이념과 방법

에드문트 후설은 1859년 4월 8일 독일의 메렌 주(당시 오스트리아 영토) 프로스니초(오늘날 체코의 프로스초프)에서 유대인으로 태어나 1938년 4월 27일 프라이부르크에서 79세로 사망했다. 할레 대학 강사(1887~1901), 괴팅겐 대학강사(1901~1906)와 교수(1906~16),

프라이부르크 대학 교수(1916~28) 그리고 은퇴 후 죽는 날까지 오직 강연과 집필에 몰두했던 그는, "철학자로서 살아왔고 철학자로서 죽고 싶다"는 자신의 유언 그대로, 진지한 초심자의 자세로 끊임없이 자기비판을 수행한 바로 '철학자' 자체였다.

  50여 년에 걸친 이러한 학자로서의 그의 외길 삶은 (이론·실천·가치를 포함한) 보편적 이성을 통해 모든 학문의 타당한 근원과 인간성의 목적을 되돌아가 물음으로써 궁극적 자기책임에 근거한 이론(앎)과 실천(삶)을 정초하려는 '엄밀한 학문으로서의 철학', 즉 선험적 현상학(선험철학)의 이념을 추구한 것이었다. 이 이념을 추적한 방법은 기존의 철학에서부터 정합적으로 형이상학적 체계를 구축하는 것이 아니라, 모든 편견에서 해방되어 의식에 직접 주어지는 '사태 자체로'(zur Sachen selbst!) 되돌아가 직관하는 것이다.

  이러한 이념과 방법은 부단히 발전을 거듭해나간 그의 사상에서 조금도 변함이 없었다. 그와 직접적 또는 간접적 관련 아래 독자적인 사상을 전개한 수많은 현대철학자, 심지어 그의 충실한 연구조교였던 란트그레베(L. Landgrebe)와 핑크(E. Fink)마저도 나중에는, 암묵적이든 명시적이든, 선험적 현상학을 비판하고 거부했다. 후설은 이들이 거둔 성과를 높게 평가했지만, 결코 선험적 현상학을 포기하지 않고 끝까지 견지했다. 그가 후기에 '생활세계'(Lebenswelt)를 문제 삼았던 것도 '선험적 현상학'(목적)에 이르기 위한 하나의 길(방법)이었다. '방법'(method)은, 어원상(meta+hodos) '무엇을 얻기 위한 과정과 절차'를 뜻하듯, 그것이 추구하는 목적과 결코 분리될 수 없기 때문이다.

  물론 초기 저술의 정적 분석과 후기 저술이나 유고의 발생적 분석을 통해 드러난 모습에는 상당한 차이가 있다. 그러나 이들은 서로 배척하는 관계가 아니라, 마치 어떤 건물에 대한 평면적 파악과 입체적 조망처럼 전체를 이해하는 데 필수불가결한 보완관계이다. 그것은 모든 의식체험이 시간적으로 등장하는 그 자신의 역사, 즉 시간적 발생을 갖기 때문에, 1904~1905년 강의 이후에는 이 발생적 분석을 줄곧 적용하는 데에서도 확인된다. 다만 어떤 저술 어떤 부분에서 정적 또는 발생적 분석이 더 전면에 부각되고 있을 뿐이다.

2-2 후설 현상학의 전개과정

1) 수학에서 논리학으로, 논리학에서 인식론으로 근원을 파고들어감

라이프치히 대학과 베를린 대학에서 수학과 철학을 공부하고 변수계산(變數計算)에 관한 논문으로 박사학위를 받아 수학자로 출발한 후설은 빈 대학에서 브렌타노(F. Brentano)의 영향 아래 철학도 엄밀한 학문이 될 수 있다고 확신하여 수 개념을 심리학적으로 분석한 교수자격논문을 발표했다(이것은 1891년『산술철학』으로 확대되어 출판되었다). 그러나 그는 곧 이 시도가 충분하지 않다는 것을 깨달았다. 여기에는 프레게(G. Frege)와 나토르프(P. Natorp)의 비판, 판단작용과 판단내용을 구별해 순수논리학을 추구한 볼차노(B. Bolzano)의 영향 그리고 수학과 논리학의 형식적 관계를 밝히려는 자신의 문제 확장도 원인으로 작용했다.

그래서 후설은 1900년『논리연구』제1권에서 논리법칙을 경험적 사실에 입각한 심리법칙으로 이해하여 논리학의 근거를 심리학에서 찾는 심리학주의는 객관적 진리 자체를 주관적 의식체험으로 해소시키는 회의적 상대주의에 빠질 뿐이라고 비판하고, 학문이론으로서의 순수논리학을 정초하고자 했다. 그 비판의 핵심은 이념적인 것(Ideales)과 실재적인 것(Reales) 그리고 이념적인 것이 실천적 계기로 변형된 규범적인 것(Normales)의 근본적인 차이를 인식론적으로

혼동한 기초이동(metabasis)을 지적한 것이었다. 물론 이것은 주관적 심리학주의뿐 아니라 주관에 맹목적인 객관적 논리학주의에 대한 비판을 포함한 것이었다.

후설은 이것들의 올바른 관계를 파악하기 위해 경험이 발생하는 사실이 아니라 경험이 객관적으로 타당하기 위한 권리, 즉 '어떻게 경험적인 것이 이념적인 것 속에 내재하며 인식될 수 있는가?'를 해명하고자 1901년 『논리연구』 제2권에서 의식의 다양한 체험을 분석해 그 본질구조가 지향성임을 밝혔다. 드디어 형식논리와 모든 인식에 타당성과 존재의미를 부여하는 궁극적 근원인 순수 의식을 해명하는 선험논리의 영역으로 들어선 것이다.

어쨌든 이 의식분석을 순수논리학보다는 체험심리학이나 인지심리학의 고유한 관심사로 간주한 동시대인들은 주관성으로 되돌아가 묻는 후설의 작업을 심리학주의로 후퇴한 것으로, 심지어 '단순한 의식철학' '주관적(절대적) 관념론'으로까지 해석했다. 그는 이러한 오해가 소박한 자연적 태도 때문에 발생한다는 점을 여러 번 해명했지만, 이미 깊게 뿌리내린 편견을 해소할 수는 없었다.

경험의 대상과 그것이 주어지는 방식 사이의 보편적 상관관계의 아프리오리(Apriori)에 대한 생각이 처음 떠오른 것(『논리연구』가 마무리되었던 1898년경)에 깊은 충격을 받아, 그후 나의 전 생애에 걸친 작업은 이 상관관계의 아프리오리를 체계적으로 완성하는 것이었다. …… 선험적 환원을 통해 새로운 철학을 체계적으로 소개하는 첫 시도는 『이념들』 제1권(1913)으로 나타났다. 그후 수십 년간 동시대의 철학은 ──이른바 현상학파의 철학도── 구태의연한 소박함에 머물곤 했다. 물론 이 철저한 전환, 즉 삶의 자연적 방식 전체의 총체적 변경이 맨 처음 등장하기란 매우 어려워서, 충분히 근거지어 서술될 수는 없었다. 특히 …… 자연적 태도로 다시 전락함으로써 일어나는 끊임없는 오해들이 발생하는 경우 더욱 그러했다.(『위기』, 169~170쪽 주)

결국 그의 심리학주의 비판은 심리학 자체를 거부한 것이 아니라, 자연과학적 행동주의 심리학이나 객관주의적 형태심리학의 소박한 자연적 태도를 지적한 것이다. 심리학이나 그밖의 학문을 통해 이성(순수 의식, 선험적 주관성)에 관한 참된 학문의 길을 제시하려는 선험적 현상학(선험철학)은 후설 사상에서 변함없는 핵심 과제였다.

2) 선험적 현상학이 싹트는 결정적 계기들

후설은 『논리연구』 제2권 이후 『이념들』 제1권까지 10여 년 동안 줄곧 논리적·실천적·가치설정적 이성 일반에 대한 비판에 집중했으나, 이에 관한 강의나 연구의 초안을 발표하지 않았다. 그러나 이 기간 선험적 현상학이 싹트는 데 주목할 만한 일이 세 가지 있다.

첫째, 1904~1905년 겨울학기 강의 「현상학과 인식론의 주요문제」다. 이 가운데 순수한 감각자료의 시간적 구성과 그 구성의 기초인 현상학적 시간의 자기구성을 다룬 부분은 시간의식의 지향적 성격을 밝힘으로써 이른바 후기 사상의 전개축인 발생적 분석의 지침을 생생하게 제시했다. 1916년부터 후설의 연구조교였던 슈타인(E. Stein)은 1917년 9월 베르나우에서 이 원고를 후설과 함께 집중적으로 검토해 최종 정리했다. 하이데거는 이 자료를 편집해 1928년 『연보』 제9권에 발표했으며, 후설전집(Husserliana) 제10권 『시간의식』(1966)은 여기에 1893년부터 1911년까지의 자료를 수록했다.

그런데 후설은 가장 근원적인 종합의 형식인 내적 시간의식을 체계적으로 분석한 이 성과를 그후 출간된 저서들에서 빈번히 인용했지만, 제대로 이해되지도 않았고 정당하게 평가받지도 못했다. 이러한 상황은, 만약 슈타인이 정리한 베르나우 원고가 그 당시 널리 알려졌거나 하이데거의『존재와 시간』(1927)이 출판되기 이전인 1926년 4월 토츠나우베르크에서 하이데거에게 베르나우 원고를 출간할 의사를 밝혔을 때 즉시 공표되었다면, 후설 현상학을 '정적 대 발생적' 분석으로 대립시켜 이해하는 틀은 생기지도 않았을 것이다.

둘째, 1905년 여름 제펠트에서 젊은 현상학도들과 연구했던 초고로, 후설은 여기에서 선험적 현상학의 중심개념인 '환원'(Reduktion)과 대상의 '구성'에 관한 문제를 처음으로 다루고 있다. 이 환원은 의식체험에 대한 분석이 지각에서 회상과 감정이입(Einfühlung)까지 확장될 수 있는 실마리이다. 이 주제로 행한 1907년 강의의 총론인「5개 강의」는 후설전집 제2권『이념』(1950)으로, 그 각론인「사물에 대한 강의」는 후설전집 제16권『사물과 공간』(1973)으로, 이들과 밀접하게 관련된 1906~1907년 강의는 후설전집 제24권『논리학과 인식론』(1984)으로 출간되었다.

그러나 1950년대 후설 사상이 하이데거나 실존철학자들에 이르는 가교로서보다는 직접적 관심의 초점으로 부각되면서『이념들』제1권에서 천명한 선험적 관념론은 단순히 전통적 관념론의 한 형태로 간주되었다. 만약『이념들』제1권의 출간 이후 이와 분리될 수 없는 자료들인『사물과 공간』『논리학과 인식론』의 발간까지 40~60년이나 걸리지 않았다면, 현상학적 환원의 다양한 확장을 당연하게 받아들여 후설 현상학을 전통적인 의미의 '관념론 대 실재론'으로 해석하는 소모적 논쟁은 전혀 없었을 것이다.

셋째, 1910년 크리스마스 휴가부터 이듬해 초까지 작성해『로고스』(Logos)지 창간호에 발표한『엄밀한 학문』이다. 그는 여기에서 모든 존재를 수량화해 규정하고 의식과 이념을 자연화(사물화)하는 자연주의는 의식의 지향성을 파악할 수 없고, 우연한 경험적 사실로 보편타당한 이념적 규범을 정초하는 모순일 뿐만 아니라 삶에서 가치와 의미의 문제가 소외된다고 비판했다. 또한 사회와 문화의 발전을 직관적 체험을 통해 추후로 이해하는 역사주의는 각각의 역사적 입장을 모두 부정하는 회의적 상대주의가 되며, 세계에 관한 경험과 지식을 시대정신으로 간주하는 세계관철학은 각 세계관을 모두 인정하는 역사주의적 회의론이 된다고 비판했다. 이들이 전제하는 가치평가의 원리는 이념적 영역에 있기 때문이다.

다른 저술에 견주어 비교적 짧은 이 논문은 그의 강의와 세미나에 참석한 제자들만 파악하던 현상학의 구상을 일반 대중에게 극명하게 제시한 선언문이다. 그 비판의 시각은『이념들』제1권의 사실에 맹목적인 소박한 실증주의에서『위기』의 수학적 방법에 따른 물리학적 객관주의로 확장된다. 따라서 이 논문은 과학기술문명의 그늘 속에서 발생한 현대의 학문과 인간성의 위기를 극복하기 위해 인격적 자아의 자기망각에서 벗어나 선험적 주관성을 해명하려는 그의 선험적 현상학을 총체적으로 이해하는 데 결정적 시금석이다.

3) 선험적 현상학을 체계적으로 제시한『이념들』제1권

후설은 현상학에 관심이 급증하는 가운데 상반된 해석과 많은 오해가 제기되기 때문에 그 통일적 모습을 체계적으로 밝힐 필요가 있었다. 그래서 1906년 겨울학기 이래 준비해왔던 자료를 토대로 1913년 자신이 공동편집인으로 창간한『철학과 현상학적 탐구 연보』(Jahrbuch für Philo. und Phä. Forschung)에『이념들』제1권을 발표했다(1930년 제11권까지 이어진 이『연보』에는 하이데거 · 셸러M. Scheler · 팬더A. Pfänder · 잉가르텐R. Ingarden · 슈타인 · 란트그레베 · 베커O. Becker · 핑크 등의 탁월한 연구가 수록되었다).

그는 여기서 현상학의 최고 원리가 '원본적으로 부여하는 모든 직관이 인식의 권리원천'이며, 규범은 '의식 자체에서 본질적으로 통찰할 수 있는 명증성만 요구할 것'이고, 문제영역은 이성(순수 의식 또는 선험적 자아)의 본질구조를 지향적으로 분석하는 새로운 인식비판이라고 분명히 제시했다. 또한 그 방법으로 '판단중지'(Epoché)와 '형상적 환원'(idetische R.), '선험적 환원'(transzendentale R.)을 소개했다.

　　'판단중지'는 자연적 태도로 정립된 실재 세계의 타당성을 괄호 속에 묶어 일단 보류하는 것이다. 예를 들어 어떤 빨간 장미꽃을 봤을 때, 이것에 관한 자신의 과거 경험이나 개인적인 편견에 따라 판단하는 것을 일시적으로 중지하는 것이다. 그러나 그 꽃이 실재로 존재함을 부정하거나 회의하는 것이 아니라, 그것을 바라보는 관심과 태도를 변경해 경험의 새로운 영역을 볼 수 있게 하는 것이다.

　　'형상적 환원'은 개별적 사실에서 보편적 본질로 이끄는 것이다. 즉 빨간 장미꽃에서 출발해 상상 속에 자유롭게 변경함으로써 빨간 연필, 빨간 옷 등을 만들고, 이들이 서로 합치하는 것을 종합해 '빨간색'이라는 본질, 즉 형상을 직관한다. 이 본질은 어떤 신비적인 형이상학적 실체가 아니라 의식에 의해 보편화된 새로운 대상, 즉 그 경험이 구조적으로 밝혀질 수 있는 최소한의 필요조건이다.

　　'선험적 환원'은 의식의 작용들과 대상들에 통일성을 부여하고 그것의 동일한 의미를 구성하는 원천인 선험적 자아와 그 대상영역을 드러내는 것이다. 선험적 자아와는 동일한 자아이지만 다른 양상인 경험적 자아는 구체적으로 존재하는 세계와 일상적으로 교섭하는 사실적 자아이고, 선험적 자아는 자연적 태도의 경험들을 판단중지하고 남은 기저의 층으로 환원을 하는 자의 구체적 체험흐름이다.

　　그러나 순수 의식의 본질구조를 해명하는 선험적 현상학은 '주관적(절대적) 관념론'이라는 인상과 함께, 자아 속으로 파고들어갈 뿐인 '독아론'(獨我論)으로 간주되었다. 더구나 제1권『순수현상학의 일반적 입문』은 본래 3부로 계획된 것 가운데 제1부다. 1912년에 벌써 완결된 제2부의 초고는 슈타인이 1913년과 1918년에 수기로 정리했고, 이것을 1924~25년 란트그레베가 후설의 수정지시에 따라 타이프로 정서했지만, 30년 이상 지나서야 비로소 비멜(M. Biemel)이 부록과 함께 편집해 1952년 후설전집 제4권(『구성에 대한 현상학적 분석』), 제5권(『현상학과 학문의 기초』)으로 출간되었다.

그 결과 흔히 '선험적 관념론'으로 알려진『이념들』제1권과 '경험적 실재론'으로 해석되는 제2권은 하나의 동일한 저술로서보다, 마치 다른 주제를 다른 시기에 작성한 것처럼 되었다. 물론 제2권과 제3권도 본래의 구상에서 제2부의 제1편과 제2편일 뿐이다. 즉 제3부「현상학적 철학의 이념들」은 전혀 다루어지지 않았다.

4) 현상학적 철학의 이념에 대한 부단한 모색

『이념들』제1권 이후 선험적 현상학, 즉 현상학적 철학의 이념을 밝히고자 부단히 노력했지만, 그 성과에 만족하지 못한 후설은 1929년『형식논리학과 선험논리학』까지 어떠한 저술도 발표하지 않았다. 그러나 그 흔적은 다음과 같은 데서 추적해볼 수 있다.

우선 1922년 6월 런던 대학 강연「현상학적 방법과 현상학적 철학」에 나타난다. 그는 이것을 확장해 1922~23년「철학입문」(이것은 현재 유고로 남아 있다)과 1923~24년「제일철학」(이것은『제일철학』제1권[1956]과 제2권[1959], 즉 후설전집 제7권과 제8권으로 출간되었다)을 강의했다. 그가 고대의 명칭인 '제일철학'(Erste Philosophie)을 택한 까닭은 독단적 '형이상학'을 극복하고, 이성비판이라는 철학 본래의 이념을 복원하려 했기 때문이다(이 명칭은 1920년대 말부터 점차 '선험철학'으로 대체된다). 그런데 이미 여기서 제일철학에 이르는 길로, 데카르트가 방법적 회의를 통해 자의식의 확실성에 도달한 것처럼 직접적인 길 이외에, 심리학과 실증적 자연과학의 비판을 통한 간접적인 길들이 모색되고 있다.

또한 1927년 하이데거와 함께 집필을 시작해 두 차례 수정작업을 거치면서 학문적으로뿐 아니라 인간적으로도 결별하게 된『브리타니카 백과사전』(Encyclopaedia Britannica, 제14판, 제17권, 1929)의「현상학」(이것은 후설이 독자적으로 작성한 4차 수정안이다)에서 찾을 수 있다. 그는 여기서 심리학과 선험적 현상학의 정초관계를 해명함으로써 보편적 학문으로서의 철학, 즉 선험적 현상학의 이념을 밝히고자 했다. 그는 이것을 약간 수정하고 보완해 1928년 4월 암스테르담에서 강연했다. 그러나「현상학」의 결론인 제3부는 제목만 밝힌 채 미완성으로 남겼다. 선험철학의 이념을 체계적으로 제시하는 데에는 여전히 부족하다고 느꼈기 때문이다.

5) 은퇴 후에도 계속된 선험적 현상학의 이념 추구

1928년 봄 후설은 프라이부르크 대학 교수직을 하이데거에게 넘기고 은퇴했다. 그러나 학문적 작업마저 은퇴한 것은 아니어서, 오히려 더욱 왕성하게 새로운 출발을 모색해갔다.

후설은 1928년 11월부터 이듬해 1월까지『형식논리학과 선험논리학』을 작성해 발표했다. 여기서 술어적 판단 자체의 진리와 명증성은 판단의 기체(基體)들이 주어지는 근원적인 선술어적 경험의 대상적 명증성에 근거하기 때문에, 형식논리는 선험논리에 의해 정초되어야만 참된 존재자, 즉 세계에 관한 논리학이 될 수 있음을 밝혔다. 이것은『논리연구』제1권 이래 오랜 침묵을 지켰던 순수논리학의 이념을 더욱 명확하게 해명한 것이었다.

그리고 1929년 2월 프랑스 학술원 주관으로 파리의 소르본 대학 데카르트 기념관에서 선험적 현상학을 데카르트 전통에 입각하여 체계적으로 묘사한 「선험적 현상학 입문」을 강연했다(레비나스〔E. Levinas〕가 주로 번역한 「강연 요약문」은 1931년 프랑스어판 『데카르트적 성찰』로 출간되었다). 이러한 시도는 현상학을 방법론으로만 받아들인 셸러라든가 선험적 자아를 이념적 주체로 규정해 비판한 하이데거를 통해 전파된 프랑스에 자신의 철학을 직접 해명하려는 것이었다. 후설이 볼 때 이들의 현상학은 소박한 자연적 태도에 머무른 인간학주의로 '세속적'(mundan) 현상학일 뿐, '선험적' 현상학에는 이르지 못한 것이다.

후설은 이 「파리강연」을 독일어판으로 확장해 출판하는 일을 필생의 작업으로 삼고 수정해갔다(이 원고는 후설전집 제15권 『상호주관성』 제3권〔1973〕으로 출간되었다). 한편 그는 칸트 학회의 초청으로 1931년 6월 프랑크푸르트 대학, 베를린 대학, 할레 대학에서 「현상학과 인간학」을 강연했다(이것은 후설전집 제27권 『강연집 2』〔1989〕에 수록되어 있다). 여기서 철학을 인간학적으로 정초하려는 딜타이(W. Dilthey)학파의 생철학과 셸러·하이데거의 시도를 비판하고, 철저한 자기성찰과 자기책임에 입각한 선험적 현상학의 이념을 데카르트의 성찰과 관련지었다. 이 강연의 예기치 않은 성황에 크게 힘입어 '감정이입, 타자경험, 상호주관성'의 문제를 중심으로 다시 수정했지만, 이것에도 역시 만족할 수 없었다.

그리하여 후설은 1932년 8월 핑크에게 위임해 『선험적 방법론』을 구상시키고 함께 검토해갔다(이 자료는 『제6 데카르트적 성찰』〔1988〕 제1권과 제2권으로 출간되었다). 그러나 그 내용은 선험적 현상학의 이념에 충실해도 완전히 다른 책이라고 판단했다. 또한 『이념들』 제1권 이래 추구한 '데카르트적 길'이 단숨에 선험적 자아에 이르지만,

상세한 예비설명이 없기 때문에 선험적 자아를 가상적이고 공허한 것으로 보이게 만들었으며, 따라서 자연적 태도를 벗어나지 못한 사람은 선험적 현상학을 이해하기 어렵다고 판단해 출판을 보류했다.

더구나 후설은 1934년 8월 프라하 국제철학회에서 「우리 시대 철학의 사명」이라는 주제의 강연을 요청받았다. 그때는 나치 정권이 등장해 철학뿐 아니라 정치사회 전반에 걸쳐 합리주의에 대한 반발과 과학문명에 대한 회의가 넓고 깊게 퍼져 심각한 위기를 느끼던 시대였다. 이 야심에 찬 강연 준비 때문에 「파리 강연」을 독일어판으로 완성시키려는 계획은 뒤로 미루어졌다(이 자료는 후설전집 제1권 『성찰』[1950]로 출간되었다). 또한 1919~20년 강의 「발생적 논리학」을 중심으로 관련된 자료를 정리하던 작업도 관심 밖으로 밀려났다(란트그레베에게 위임했던 이 작업은 그가 세상을 떠난 뒤인 1939년 『경험과 판단』으로 출간되었다).

그는 이렇게 준비한 성과를 토대로, 이미 독일이 유대인의 활동을 제약하기 시작한 시대상황 때문에 1935년 5월 오스트리아의 빈 문화협회에서 「유럽 인간성의 위기에서 철학」을, 11월 프라하의 독일 대학과 체코 대학에서 「유럽 학문의 위기와 심리학」을 강연했다. 또다시 '선험적 현상학 입문'을 시도한 제1부에서는 유럽 인간성의 근본적 삶의 위기로 표현되는 학문의 위기를 논의하고, 제2부에서는 그리스 철학과 수학, 갈릴레이 이래 근대과학의 발생 그리고 데카르트에서 칸트까지 근대철학사를 목적론적으로 해석했다(이 강연은 1936년 유고슬라비아의 베오그라드에서 발행한 『필로소피아』[*Philosophia*] 창간호에 실렸다).

후설은 이것을 완결지어 출판하려 했으나, 1937년 8월 병들었을 때 제3부 '선험적 문제의 해명과 이에 관련된 심리학의 기능'('A. 미리 주어진 생활세계에서 되돌아가 물음으로써 현상학적 선험철학에 이

르는 길'과 'B. 심리학에서 현상학적 선험철학에 이르는 길')은 수정 중
이었다. 제3부 A.는 출판사에서 교정본을 받았고 증보판을 위한 「머
리말」도 작성되었지만, 계속된 수정작업과 깊어진 병 때문에 결국
제3부는 관련된 논문과 부록을 포함해 후설전집 제6권 『위기』(1954)
로 출간되었다(이와 관련된 1934~37년 유고는 후설전집 제29권[1993]
으로 출간되었다). 어쨌든 이것도 본래 5부로 저술하려던 계획에 비
추어 미완성이다.

3. 후설 현상학과 『이념들』

3-1 후설 현상학과 선험적 현상학의 관계

1) '후설 현상학'과 '선험적 현상학'은 어떤 관계인가?

이 관계를 정확하게 파악하려면, 먼저 후설이 '선험적'이라는 용
어를 언제부터 사용했는지, 또 어떤 의미가 있는지 살펴보아야 한다.
그는 이 용어를 칸트에게서 이어받았는데, 그 시기에 대해서는 후설
이 본격적으로 칸트를 연구한 1903년이라는 설과 현상학적 환원에
대한 착상을 구체화한 1907년이라는 설, 이 환원과 칸트를 관련짓기
시작한 1908년이라는 설 등 학자마다 조금씩 견해가 다르지만, 『논
리연구』(1900~1901)와 『엄밀한 학문』(1911) 사이의 시기라는 데는
모두 견해를 같이한다.

그리고 칸트에게서 '선험적'은 "대상들이 아닌 대상들 일반을 인
식하는 방식을 다루는──아프리오리하게 가능한 한──모든 인식"
(『순수이성비판』, B 25), 즉 경험적 인식의 가능조건을 뜻한다. 그러
나 후설은 "인식의 객관성을 주관성과 객관적인 것의 상관관계에서
추구한다는 데는 칸트와 일치하지만, 선험적 구성의 의미를 해명하
지 않았기 때문에 그 일치는 단지 외적인 것일 뿐"(『제일철학』 제1권,

386쪽)이라고 한다. 결국 후설에게서 '선험적'은 "모든 인식형성의 궁극적 근원으로 되돌아가 묻고, …… 자기 자신과 자신의 인식하는 삶을 스스로 성찰하려는 동기"(『위기』, 100쪽)로서 철저한 반성적 태도를 뜻한다. 요컨대 칸트나 신칸트학파의 경우 '선험적'에 대립된 것은 '경험적'이지만, 후설의 경우 그것은 '세속적'이다.

그런데 위에서 인용한 후설의 책이 모두 『이념들』 제1권 이후라는 점에 의문이 생길 수 있다. 그러나 그가 어떤 용어든 명확하게 정의한 다음 서술해간 적도 없으며, 부단히 자기비판을 통해 발전해가는 가운데 이전 것을 보완했지만 결코 포기하거나 폐기한 적도 없기 때문에 전혀 문제가 되지 않는다. 어쨌든 사태 자체로 되돌아가려는 또는 근원으로 되돌아가 묻는 선험적 동기는 궁극적 자기책임에 근거한 앎과 삶을 엄밀하게 정초하려는 그의 현상학에서 가장 근본적이고 본질적인 태도이다. 따라서 수학의 기초를 논리학에서 찾고자 심리학주의를 비판한 『논리연구』 제1권도, 순수논리학을 정립하고자 다양한 의식체험을 분석한 『논리연구』 제2권도 선험적 현상학이다. 다만 이 기술적 현상학에는 선험적 자아(주관성)의 심층구조와 역사성을 밝힐 수 있는 발생적 분석이 없을 뿐이다.

결국 '후설 현상학'과 '선험적 현상학'은 동어반복이다. 왜냐하면 현상학적 환원에서 선험적 환원을 배제하고 본질직관의 형상적 환원만 받아들임으로써 그의 현상학을 단지 방법론으로만 이해한 모든 현상학자는 선험적 현상학을 간단히 비난하거나 언급조차 않지만, 그는 수많은 비난과 끈질긴 오해를 무릅쓰고 선험적 현상학을 끝까지 포기하지 않았기 때문이다. 오히려 그는 은퇴하고 말년에 이를수록 선험적 현상학의 목적, 즉 선험철학의 이념(꿈)을 더욱더 생생하게 또 끈질기게 추구해갔다. 따라서 선험적 현상학을 배제한 세속적 현상학은 후설 현상학에서 목적은 제거한 채 방법만 취한 것이다.

2) 후설 현상학에서 『이념들』 제1권의 위치

발표된 시기로 보면, 『이념들』 제1권은 후설 사상의 발전에서 중기의 작품에 해당한다. 그래서 『산술철학』과 『논리연구』는 초기로, 은퇴 이후 발표된 저술은 후기로 간주된다. 그러나 선험적 현상학의 관점에서 보면 선험적 현상학(이 책에는 '현상학적 철학' 또는 '순수현상학'이라는 용어가 더 자주 등장한다)의 얼개를 총체적으로 기초지은 핵심이다. 선험적 현상학의 과제·원리·규범·방법을 처음으로 또 구체적으로 밝히고 있을 뿐만 아니라, 발생적 분석을 통해 다양하고 풍부하게 전개될 질료학에 대한 새로운 지평을 분명하게 제시하고 있기 때문이다. 따라서 후기 저술이나 유고는 이 선험적 주관성을 해명함으로써 인간이 자신과 세계를 이해하고 구성하려는 선험적 현상학의 이념에 따라 목적론적으로 추구해나간 부단한 흔적이자 풍부하게 거둔 결실이다.

그렇다면, 왜 『이념들』 제1권이 후설 현상학, 즉 선험적 현상학의 총체적 얼개인가?

첫째, 이른바 중기 사상의 유일한 저서, 즉 선험적 관념론으로보다 주관적(심지어 절대적) 관념론으로 오해받은 『이념들』 제1권에는 비록 단편적이긴 하지만 이미 후기 사상에서 다양하게 전개되는 중심축인 발생적 분석을 상세하게 밝힌 시간의식에 관한 1904~1905년 강의의 성과와 의의가 빈번히 또 구체적으로 언급되고 있기 때문이다(제1권 77~78, 81항, 특히 주석, 82~83, 91, 99~100, 111~112항을 참조할 것).

둘째, 『이념들』 제1권은 인식작용(noesis)이 감각적 질료(Hyle)를 소재로 일정한 방식으로 정립하고 의미를 부여함으로써 체험의 인식대상(noema)을 구성하는 과정을 아주 자세하게 분석한다. 그래서 이 책은 후기 저술이 주로 다룬 질료에 관한 논의를 무시했다고 간주되기도 한다. 그렇지만 이러한 견해는 인식작용을 분석한 선험적 관념론을 주관적 관념론으로, 또 질료학(質料學)을 객관적 실재론으로 단정한 것으로, 결국 후설 현상학의 근본문제인 의식의 지향성조차 이해하지 못한 채 소박한 자연적 태도에서 왜곡할 뿐이다.

그러나 후설은 이에 대해 다음과 같이 분명히 밝혔다.

순수질료학(Hyletik)은 그 자체로 완결된 분과의 특성을 띠며, 이러한 분과로서 자신의 가치를 자체 속에 갖는다. …… 기능적 관점에서 볼 때 순수질료학은 …… 지향적 형성화(Formung)에 대한 가능한 소재들을 제공한다는 사실에 따라 의미를 갖는다. 절대적 인식의 이념이라는 관점에서 이 문제들의 어려움뿐 아니라 등급단계에 관해서는, 순수질료학은 명백히 인식작용적이고 기능적인 현상학 아래에 깊이 놓여 있다(그런데 이 둘은 본래 분리될 수 없다).(제1권 86항 끝부분).

또한 그는 "초보자의 혼란을 방지할 교육적 목적과 현상학을 쉽게 이해시킬 방법적 의도에 따라『이념들』제1권에서 내적 시간의식과 그 대상의 구성문제를 배제했다"(『형식논리학과 선험논리학』, 252~253쪽)고 한다. 이러한 주장은『이념들』제2권(102~103쪽)에서도 반복된다. 결국 후설은 가장 원초적으로 주어지는 것들의 문제를 다루는 질료학의 가치를 부정하거나 시간적 발생의 분석틀이 마련되지 않았기 때문이 결코 아니라, 스스로 만족할 만한 수준의 체계적 완성을 위해 일시적으로 유보했을 뿐이다.

따라서『이념들』제1권을 후설의 입장에 충실하게 읽어내면, 즉 그의 사상 발전에서 시기도 앞뒤가 맞지 않고 내용도 자의적으로 왜곡시켜 단절된 도식적 틀에 간단히 의지하려는 나태한 자세를 벗어던

지면, 선험적 현상학의 참모습과 새로운 지평을 파악할 수 있다. 물론 여기에는 무엇보다도 그의 용어에 대한 정확한 이해가 필요하다. 예를 들어 '이성'은 칸트처럼 '오성'과 구별되거나 '이론이성'과 '실천이성'으로 나뉘는 것이 아니라, '이론적·실천적·가치설정적 이성 일반', 즉 감각(지각)·기억·예상 등 침전된 무의식(심층의식)을 포함한 끊임없는 지향적 의식의 통일적 흐름을 뜻한다. '주관(성)'도 전통적인 '객관과 대립된 주관'(Subjekt vs. Objekt)이 아니라, '주관과 객관의 상관관계'(Subjekt-Objekt-Korrelation)를 뜻한다. '구성' '관념론' 등 주제와 관련된 개념뿐 아니라 '선험적' '절대적' 등 방법에 관련된 개념도 마찬가지이다. 예를 들어 '절대적'은 상대적이지 않은 무조건적인 것이 아니라, "항상 궁극적으로 기능한다는 선험적 의미"(『위기』, 156·275쪽)이다.

3-2 『이념들』 제1권과 제2권 · 제3권의 관계

앞에서 상세히 밝혔듯이, 『이념들』 제1권 '순수현상학의 일반적 입문'은 본래 3부로 계획된 것 가운데 제1부이며, 제2권 '구성에 대한 현상학적 분석'과 제3권 '현상학과 학문의 기초'는 그 제2부이다. 따라서 제3부 '현상학적 철학의 이념들'은 후설이 1920년대 이후부터 은퇴 후 죽는 날까지 부단히 추구해간 흔적을 통해, 특히 『성찰』과 『위기』에서 간접적으로 그 모습을 파악해볼 수 있다.

어쨌든 제1권과 긴밀한 연관 속에 함께 연구된 일련의 후속 저술인 제2권은 물질적 자연과 동물적 자연, 영혼의 실재성인 정신적 세계의 발생적 구성의 문제를 집중적으로 다루고 있다. 또한 제3권은 실재성의 영역들을 구분하면서 심리학과 현상학뿐 아니라 현상학과 존재론의 관계를 해명하는 방법을 통해 학문의 기초를 정초하고자 한다. 그리고 제3권은, 여기에 수록된 『이념들』 제1권 영역본에 대한 후기(後記)에서 자신의 현상학에 대한 끈질긴 오해를 그 제1권이 출간된 17년이 지난 다음에 또다시 분명하게 해명하고 있다는 점 이외에, 제1권 이전에 논의했거나 이후에 논의했더라도 이미 다른 저술들을 통해 알려진 내용과 크게 다르지 않다. 이러한 점은 후설이 제2권의 경우 초고를 몇 차례 수정하고 보완했지만, 제3권의 경우 1952년 후설 전집 제5권으로 출간될 때까지 수정이나 보완작업이 전혀 없었던 사실로도 확인할 수 있다.

그런데 제2권은 후설 현상학의 참모습을 이해하고 해석하는 데 매우 중요한 맥락을 연결시켜준다. 왜냐하면 이 책을 통해 이른바 '전기의 정적 분석 대 후기의 발생적 분석' 또는 '제1권의 선험적 관념론 대 제2권의 경험적 실재론'이 결코 단절되고 대립된 것이 아니라, 전체를 관통해 항상 불가분적으로 수반되는 보완적 작업이라는 사실을 분명하게 확인할 수 있기 때문이다. 그리고 하이데거(『존재와 시간』, 47쪽의 주1)나 메를로-퐁티(『지각의 현상학』, 제1장 2절의 주1)도 유고상태에 있던 이 제2권에서 크게 영향을 받았다고 명확하게 밝히고 있듯이, 후설 이후 수많은 현상학자들이 다양한 문제영역에서 이룩한 성과들은 후설 현상학과 아주 긴밀한 관련 속에 전개되었다는 사실을 생생하게 파악할 수 있다.

그러나 제2권은 그 자체만으로도 아주 독특한 의의가 있다.

첫째, '이론적' '실천적' '자연주의(자연과학)적' '자연적' '인격주의적' '선험적' 등 자아주체가 취할 수 있는 다양한 '태도'(Einstellung)와 이들의 관계를 자세히 분석했으며 현상학적 환원을 통해 이렇게 태도를 자유롭게 변경할 수 있는 가능성과 그 근거를 구체적으로 제시한다. 그래서 후설은 "현상학적 환원의 교훈은 이러한 태도변경에 관한 파악에 민감하도록 만드는 데 있다"고까지 주장한다.

둘째, 후설 현상학에서 '구성'(Konstitution)의 본질적 특성을 분명하게 확인할 수 있다. 즉 칸트의 '구성'(Konstruktion)은 시간과 공간을 통해 감성에 무질서하게 주어진 것을 오성의 아프리오리한 사유형식인 범주를 집어넣어(질서지어) 구축하는 것이다. 반면 후설의 '구성'은 이미 현존하는 대상에 의미를 부여함으로써 체계적으로 명료하게 밝히는 것으로, 결코 형이상학적 '창조'가 아니라 인식론적 '해명'일 뿐이다.

셋째, 감각자료가 주어질 수 있는 조건일 뿐만 아니라 단순히 하나의 사물이 아니라 정신의 표현이자 그 지각의 기관(器官)인 '신체'(Leib)와 '운동감각'(Kinästhesis)에 대한 지향적 분석은 주체와 객체가 서로 불가분의 상관관계에 있는 '상호주관성'(Intersubjektivität)과 연결된다는 점을 분명히 밝히고 있다. 이 상호주관성은 '상호주관적(사회적) 의식' '객관적 (상호주관적) 세계' '사회적 공동체(주관성)' 등으로 서술된다.

넷째, 역사성이 없는 단순한 물질적 자연의 '인과성'(Kausalität)과는 본질적으로 다른 영혼적 정신세계를 지배하는 근본법칙인 '연상'(Assoziation) 또는 '동기부여'(Motivation)의 생생한 역동성을 분석한다. 이것은 우리가 다른 사람을 직접 경험할 수는 없고 '감정이입', '드러남'(Bekundung), '함께 파악함'(Komprehensio) 등 서로 의사소통으로 더 높은 의식통일체에 접근할 수 있는 길을 제시해준다.

다섯째, 가다머(H-G. Gadamer)도 『진리와 방법』(230쪽의 주4)에서 분명히 밝히고 있듯이, 후설이 『위기』에서 본격적으로 논의한 '생활세계'(Lebenswelt)에 대한 최초 형태 또는 1910년대 초반의 원초형태를 추적해볼 수 있다. 이 용어는 '환경세계' '경험세계' 등으로도 표현되지만, 특히 50항, 62항의 주2 그리고 부록 13에는 용어뿐 아니라 『위기』에서 핵심문제로 분석했던 주제와 완전히 동일한 의미와 맥락에서 논의되고 있기 때문이다.

3-3 후설은 왜 선험적 현상학을 끝까지 고수했는가?

선험적 현상학은 인간성에 은폐된 보편적 이성(선험적 주관성)을 드러내 밝히는 '자기이해로서의 철학'이다. 후설에 따르면 철학은 '이성이 자기 자신으로 되어가는 역사적 운동'으로, 자기 자신을 실현시키는 철학 속에서만 인간성의 자기책임이 수행된다. 그리하여 그는 선험적 주관성을 해명하는 『성찰』의 결론에서 선험적 현상학을 통해 "델포이 신전의 신탁 '너 자신을 알라!'(gnothi sauton)는 말이 새로운 의미를 획득했다"고 주장하면서 아우구스티누스의 다음과 같은 말을 인용한다.

밖으로 나가지 말고 너 자신 속으로 들어가라. 진리는 인간의 내면에 깃들어 있다(in te redi, in interiore hominie habitat veritas).

즉 후설의 경우 '철학을 함'(Philosophieren)은 선험적 주관성의 자기구성과 그 원초적 영역을 해명해 자기 자신과 세계를 궁극적으로 인식하는 '현상학을 함'(Phänomenologisieren)이며, 학문과 인간성의 이념에 부단히 접근해야 할 목적을 지닌 현상학적 이성비판이다.

그렇지만 선험적 주관성의 깊고 풍부한 세계를 해명하는 길은 너무도 멀고 힘들다. 그래서 소박한 자연적 태도에 안주하는 데 급급해 진정한 삶의 의미와 목적을 외면하거나, 과학문명의 엄청난 성과와 편리함에 빠져 객관적 사실만 받아들이는 실증주의의 세례를 철저히 받은 사람의 눈에는 분명 선험적 주관성(자아)이 군더더기인 혹이다. 그러나 선험적 자아(즉 마음)가 없으면, 나와 다른 사람, 공동체의 역사적 전통이나 관심·습관을 전혀 이해할 수 없다. 물론 이것들을 유지하고 새롭게 발전시킬 주체도 확보되지 않는다. 그래서 우리가 살아가며 추구할 목적과 지켜야 할 가치도 알 수 없기 때문에, 실천도 따를 수 없다. 그렇다면 우리는 마음이 없는 철학을 무엇 때문에, 왜 해야 하는가?

후설은 이 선험적 주관성을 해명하는 선험적 현상학을 시종일관, 오히려 많은 오해와 비난을 무릅쓰고 더욱더 철저하고 생생하게 추구해갔다. 그는 이러한 작업이 종교적 개종(改宗)처럼 어렵다 해도 반드시 수행되어야 한다고 강조한다. 또한 "내가 본 것을 제시하고 기술할 뿐, 결코 가르치려고 하지 않는다"고 하면서도, 자신의 철학은 "말로만 아주 급진적인 태도를 취하는 사람들보다 훨씬 더 급진적이며, 훨씬 더 혁명적"이라고 항변한다. 그는 무슨 근거로 이렇게 주장할 수 있는가?

후설이 본 것, 즉 선험적 주관성은 의식의 지향적 통일성 속에 인간의 자기동일성을 확보하고, 의사소통을 통해 자신과 다른 사람, 사회공동체, 다른 역사와 전통을 지닌 문화를 진정으로 이해함으로써 새로운 삶을 창조해야 할 이성적 존재로서 자기책임을 실천하는 주체이기 때문이다. 후설은 현대가 처한 학문과 인간성의 위기는 그 근원이 이성 자체가 아니라 이성이 좌절된 데 있다고 본다. 이러한 파악은 동양이나 서양이나 모두 실증적 객관성과 과학적 사고방식에 사로잡힌 결과, 인격적 삶의 주체인 자아를 망각한 나머지 자신에게서 소외된 채 살아가는 현대인에게 그대로 적용되는 정확한 진단이다. 그 처방은 오직 이성의 권위와 기능을 회복하는 데 있다. 즉 거부되어야 할 것은 이성이 아니라, 소박한 자연과학의 영향 아래 이성이 추구한 잘못된 방법이다. 이성은 결코 죽지 않았다. 후설 현상학은 우리에게 바로 이러한 사실을 분명히 일깨워준다.

머리말

우리가 여기에서 그 길을 추구하는 순수현상학, 다른 모든 학문에 대해 그 독특한 지위를 특성짓고 또 철학의 근본학문으로서 입증하려는 순수현상학은 그 원리적 특유성 때문에 자연적 사유와 거리가 멀며, 그래서 오늘날에야 비로소 발전을 재촉하는 본질적으로 새로운 학문이다. 이것은 '현상'(Phänomen)*에 관한 학문이라 한다. 그러나 오래전부터 잘 알려진 다른 학문들도 현상을 다룬다. 그래서 심리학을 심리적 '나타남'(Erscheinung) 또는 현상에 관한 학문으로, 자연과학을 물리적 '나타남' 또는 현상에 관한 학문으로 부른다. 마찬가지로 때로 역사학에서는 역사적 현상에 관한 논의를, 문화과학에서는 문화현상에 관한 논의를 듣는데, 이것은 실재성에 관한 모든 학

---

* 이 말의 어원은 그리스어 'phainesthai'(자신을 드러내 보여준다)라는 동사의 명사형이다. 서양철학의 전통에서는, 존재론이든 인식론이든, 존재자(ousia)의 본질(essentia)과 현존(existentia) 또는 현상을 구분하고 대립시켜왔다. 그러나 후설은 (순수) 의식에 직접 주어진 사태(Sache), 즉 현상이 본질이며, 현상학의 근본방법인 본질직관은 이 현상을 있는 그대로 받아들이는 것으로 인식했다. 결국 현상학은 "의식에 범례적으로 주어진 것에서 본질과 본질연관을 인식하는 의식의 순수본질학"(『논리연구』 제1권, 211쪽의 주)이다.

문에서도 비슷하다. 이러한 논의에서 '현상'이라는 말의 의미(Sinn)가 다르고 조금이라도 여전히 어떤 의미(Bedeutung)*를 갖더라도, 현상학 역시 이 모든 현상에 관련되고 그 모든 의미에 따라 관련된다는 사실은 확실하다. 그러나 이것은 완전히 다른 태도에서 관련되는데, 오랫동안 우리에게 친숙한 여러 학문 속에 등장하는 현상에 관한 모든 의미는 이 태도를 통해 일정한 방식으로 변양된다. 그 의미는 오직 그렇게 변양된 의미로서만 현상학적 영역 속에 들어온다. 이 변양을 이해하는 것, 더 정확하게 말하면 현상학적 태도를 수행하는 것, 이 태도의 특성과 자연적 태도의 특성을 반성을 통해 학문적 의식으로 고양시키는 것 ─ 이것은, 현상학의 토대를 획득하고 현상학의 특유한 본질을 학문적으로 확인하려면, 우리가 완전히 충족시켜야 할 첫 번째, 그러나 결코 쉽지 않은 과제다.

지난 10년간 독일의 철학과 심리학에서는 현상학에 관한 매우 많은 논의가 있었다. 『논리연구』[1]에 대한 〔잘못〕 추정된 합의로 사람들은 현상학을 경험적 심리학의 하부단계로, 심리적 체험 ─ 이 내재(Immanenz)를 이렇게 이해하는 심리적 체험은 엄밀하게 내적 경험의 테두리 속에 머물러 있다 ─ 을 '내재적'으로 기술하는 영역으로 간주한다. 이러한 파악에 대한 나의 항의[2]는 별 소용이 없었던 것

---

* 후설에게서 명제의 의미(Sinn)는 사고(Gedanke)이고, 그 지시체(Bedeut-ung)는 사태(Sache)이다. 그는 초기에 "Sinn과 Bedeutung은 같은 뜻"(『논리연구』 제2-1권, 52쪽)이라고 보았다. 그러나 이 책 133항에서 보듯이 Bedeutung은 점차 표현의 이념적 내용으로 남고, Sinn은 의식체험에서 표현되지 않은 기체(基體)의 인식대상 전체를 포괄하는 의미를 지닌 본질로 사용된다.

1) 후설, 『논리연구』 제1권(1900)과 제2권(1901).

2) 『로고스』(*Logos*) 제1권(316~318쪽)의 『엄밀한 학문』 속의 항의(특히 경험의 개념에 관한 316쪽 상론에 주목할 것). 『체계적 철학총서』(*Archiv f. system. Philosophie*) 제9권(1903) 397~400쪽에 있는 내 논문 「1895~99년 독일의 논리학저술에 관한 보고」(Bericht über deutsche Schriften zur Logik in den Jahren 1895~99)에서 이미

으로 보이며, 적어도 차이의 몇 가지 요지를 예리하게 묘사한 첨부된 상론은 이해되지 못했거나 관심 없이 도외시한 것으로 보인다. 따라서 심리학적 방법에 대한 나의 비판에 대립해 내가 서술한 것의 단순한 의미를 놓쳐버렸기 때문에 또한 완전히 공허한 답변뿐이었다. 그런데 그 비판은 현대 심리학의 가치를 결코 부정하지 않았고, 뛰어난 학자들이 수행한 실험적 작업을 전혀 비난하지도 않았으며, 오히려 방법론의 어떤 결함, 즉 말 그대로 근본적 결함을 드러내 밝히는 것이었다. 내 생각으로는, 심리학을 더 높은 단계의 학문으로 고양시키고 심리학의 작업 장(場)을 특별하게 확장하는 것은 반드시 이 결함을 제거하는 것에 달려 있다. 앞으로 나의 명목상 '공박'에 대립해 심리학의 쓸데없는 변명 몇 가지를 말할 기회가 있을 것이다. 여기에서 내가 이 논쟁을 언급하는 이유는 지배적이며 극도로 만연된 오해에 직면해 이 책에서 그것에 이르는 입구를 개척하려는 순수현상학 — 이것은 『논리연구』에서 최초로 출현했고, 지난 10년 동안 계속된 작업에서 그 의미가 나에게 더욱더 깊고 풍부하게 밝혀졌다 — 은 심리학이 아니라는 사실, 현상학이 심리학으로 간주된다는 것은 우연적으로 분야를 한정하는 것이나 전문용어[의 문제]가 아니라 원리적 근거를 배제하는 것이라는 사실을 처음부터 예리하게 강조하기 위해서다.

현상학이 심리학에 본질적 '기초'도 제공하듯이, 현상학이 심리학에 대해 주장해야 할 방법론적 의미가 크더라도, 기하학은 자연과학이 아니며, (이념에 관한 학문인) 현상학도 그 자체로 심리학이 아니다. 이 차이는 기하학과 자연과학을 비교한 경우보다 훨씬 더 근본적

현상학과 기술적 심리학의 관계에 쏟은 상세한 논구를 참조할 것. 나는 지금도 거기에서 한 어떤 말도 달리 말할 수 없을 것이다.

으로 제시된다. 이것은 현상학이 '의식', 즉 모든 종류의 체험·작용·작용의 상관자에 관계한다는 사실로도 전혀 변하지 않는다.

물론 이러한 사실을 통찰하는 데는 지배적 사유관습에 젖어 있는 경우 상당한 노력이 요구된다. 지금까지의 총체적 사유관습을 배제하는 것, 이 사유관습이 우리가 사유하는 지평을 전환시키는 정신의 제약을 인식하고 철거하는 것, 실로 완전히 자유로운 사유에서 전혀 새롭게 제시될 수 있는 철학적 문제 ─ 모든 측면에서 차단된 지평(Horizont)*에 비로소 접근하는 문제 ─를 파악하는 것, 이것은 기대하기 어려운 무리한 요구다. 그렇지만 결코 사소한 것이 아니다.

사실 이것이 현상학의 본질을 획득하는 일, 현상학의 문제제기의 특유한 의미와 현상학과 다른 모든 학문(특히 심리학)의 관계를 이해하는 일을 특별히 어렵게 만들기 때문에, 이 모든 것에는 자연적 경험의 태도와 사유의 태도에 대립된 완전히 **변경된** 새로운 방식의 태도가 필요하다. 게다가 결코 예전의 태도로 후퇴하지 않고 이 새로운 태도에서 자유롭게 활동하며 눈앞에 놓여 있는 것을 보고 구별하며 기술할 수 있게끔 배우는 것은 독특하고도 매우 고통스러운 연구를 요구한다.

이 새로운 세계 속으로 파고들어가는 데 놓여 있는 과도한 어려움이 이른바 하나씩 극복될 수 있는 길을 추구하는 것이 이 책 **제1권**의 주된 과제일 것이다. 우리는 자연적 관점으로부터, 우리가 직면하는

---

* 후설은 그리스어 'horizein'(경계를 짓다)에서 유래한 이 용어를 제임스(W. James)가 의식의 익명성을 밝히려고 사용한 '언저리'(Fringe)라는 개념에서 받아들였다. 모든 의식작용에는 기억이나 예상으로 함께 주어지는 국면이 있는데, 이것은 경험이 발생하는 틀을 형성한다. 즉 '지평'은 신체가 움직이거나 정신이 파악해감에 따라 점차 확장되고 접근할 수 있는 문화와 역사, 사회적 조망을 지닌 무한한 영역, 인간이 세계와 자기 자신을 항상 새롭게 이해할 수 있는 전제조건이다.

그 세계로부터, 심리학적 경험 속에 나타나는 그 의식으로부터 시작할 것이며, 이 의식에서 본질적 전제를 드러내 밝힐 것이다. 그런 다음 '현상학적 환원'(Reduktion)이라는 방법을 고안해낼 것이다. 이 방법에 따라 모든 자연적 탐구방식의 본질에 속하는 인식의 한계를 제거할 수 있고, 이 한계에 독특한 일면적 시선방향을 전환할 수 있다. 그 결과 '선험적으로' 순화된 현상의 자유로운 지평을 획득하고, 이와 함께 우리의 특유한 의미에서 현상학의 장(場)을 획득한다.

이러한 예시적 윤곽을 더 확실하게 이끌어보자. 그리고 이 시대의 편견뿐 아니라 사태의 내적 공통성 역시 그것을 요구하듯이, 심리학에 관련지어보자.

심리학은 하나의 경험과학이다. '경험'이라는 말의 통상적 의미에서 이 속에는 이중적인 것이 놓여 있다.

①심리학은 사실(Tatsache), 즉 흄(D. Hume)의 의미에서 사실(matters of fact)에 관한 학문이다.

②심리학은 실재성(Realität)에 관한 학문이다. 심리학이 심리학적 '현상학'으로서 다루는 '현상'은 실재적 사건이다. 즉 이 사건이 실제적 현존재를 갖는다면, 이 사건이 실재성의 전체(omnitudo realitatis)인 하나의 공간적-시간적 세계에 속하는 실재적 주체와 함께 자리잡게 되는 실재적 사건이다.

〔첫째〕 이에 반해 순수 또는 선험적 현상학은 사실과학으로서가 아니라 본질학문으로('형상적' 학문으로) 정초될 것이다. 즉 결코 '사실'이 아니라 오직 '본질인식'을 밝혀내려는 학문으로 정초될 것이다. 이에 속한 환원, 즉 심리학적 현상에서 순수 '본질'로 이행하려는 또는 판단하는 사유 속에 사실적('경험적') 일반성에서 본질일반성으로 이행하려는 환원은 형상적 환원이다.

둘째, 선험적 현상학의 현상은 비-실재적인 것으로서 특성지어질 것이다. 다른 환원, 특히 선험적 환원은 심리학적 현상에 실재성을 부여하고 그래서 실재적 '세계' 속에 자리잡는 것으로부터 심리학적 현상을 '순수화(純粹化)한다'. 우리의 현상학은 실재적 현상의 본질학(本質學)이 아니라, 선험적으로 환원된 현상의 본질학이어야 한다.

이 모든 것이 상세히 말하는 것은 그뒤에야 비로소 명백해질 것이다. 그것은 우선 일련의 소개하는 연구의 체계적 테두리를 지적한다. 단지 나는 여기에서 한마디 논평을 첨부해야 한다고 생각한다. 즉 학문을 위에 두 가지로 제시된 점에서 일반적으로 통용되는 실재적 학문과 이념적 학문(또는 경험적 학문과 아프리오리apriori*한 학문)으로 유일하게 나누는 대신, 사실과 본질, 실재적인 것과 비-실재적인 것이라는 두 쌍의 대립에 상응하는 두 가지로 나누어 사용된다는 점이 독자의 주목을 끌 것이다. '실재적'과 '이념적' 사이의 대립 대신 이 이중적 대립의 구별은 우리 연구의 후반부(게다가 이 책 제2권)에서 상세한 정당화를 발견하게 될 것이다. 실재성의 개념은 근본적으로 제한──이 제한에 따라 실재적 존재와 개별적 존재(시간적 존재 자체)의 차이가 반드시 확정된다──되어야 한다는 사실이 입증될 것이다. 순수 본질로 이행하는 것은 한편으로 실재적인 것에 관한 본질인식을 제공하고, 다른 한편으로 남아 있는 영역에 관해 비-실재적인 것에 관한 본질인식을 제공한다. 그리고 선험적으로 순수화된 모든 '체험'은 '실제적 세계' 속에 자리잡는 모든 것이 배제된 비-실재

---

* '논리상 경험에 앞서며 인식상 경험에 의존하지 않는다'는 의미의 이 라틴어는 칸트 이후 '경험의 확실성과 필연성의 근거형식'을 뜻했으나, 후설은 발생적 분석에서 '그 자체로 미리 주어지고 경험되는 질료'를 포함해 사용한다. 따라서 이것을 '선천적' 또는 '생득적'으로 옮기는 것은 부당하다. '선험적'으로 옮기는 것도 근원을 부단히 되돌아가 묻는 후설 현상학의 근본태도를 지칭한 '선험적'(transzendental)과 혼동되기 때문에 적합하지 않다. 그래서 이 책에서는 일단 원어 그대로 표기한다.

성이라는 사실이 계속 입증될 것이다. 현상학은 바로 이 비-실재성을 탐구하지만, 개별적 개체성으로서가 아니라 '본질' 속에 탐구한다. 그러나 선험적 현상에 어느 정도까지 탐구의 개별적 사실로서 접근할 수 있는지, 그와 같은 사실의 탐구가 형이상학의 이념과 어떤 관계를 맺을 수 있는지, 이러한 문제는 일련의 결론적 연구에서야 비로소 검토해볼 수 있을 것이다.

그러나 이 책 제1권에서는 선험적으로 순수화된 의식과 그 본질상 관자를 볼 수 있고 접근할 수 있게 만드는 현상학적 환원의 일반적 학설을 다룰 뿐 아니라, 이 순수 의식의 가장 일반적인 구조에 관한 일정한 구상(構想)을 획득하려 추구할 것이며, 이것을 통해 새로운 학문에 속하는 가장 일반적인 문제 그룹과 연구방향 그리고 방법론에 관한 일정한 구상을 획득하려 추구할 것이다.

제2권에서는 몇 가지 그룹의 특히 중요한 문제를 상세히 다루는데, 이 문제를 체계적으로 정식화하고 유형별로 해결하는 것은 〔한편으로〕 현상학과 물리적 자연과학, 심리학 그리고 정신과학의 까다로운 관계를, 다른 한편으로 총체적인 아프리오리한 학문과의 까다로운 관계를 실제로 명백하게 만들 수 있는 전제조건이다. 여기에서 입안된 현상학적 스케치는 동시에 제1권에서 획득된 현상학에 대한 이해를 상당히 심화시키고, 현상학의 거대한 문제범위에 관해 훨씬 더 내용이 풍부한 앎을 얻을 수 있는 환영할 만한 수단을 제공해준다.

결론적인 제3권*은 철학의 이념에 전념한다. 절대적 인식의 이념을 실현하는 것이 그 이념인 진정한 철학은 순수 현상학 속에 뿌리를 내린다는 통찰이 일깨워질 것이다. 이것은 모든 철학의 최초인 이 철학을 체계적으로 엄밀하게 정초하고 상론하는 것이 모든 형이상학과 — '학문으로서 등장할 수 있는' — 그밖의 철학에 대한 끊임없는 전제조건이라는 중대한 의미에서 그러하다.

현상학이 여기에서 본질학문——아프리오리한 학문, 또는 형상적
학문——으로 정초되어야 하기 때문에, 현상학 자체에 바쳐질 수 있
는 모든 노력에 앞서 본질과 본질학문에 관한 일련의 근본적 논구 그
리고 자연주의(Naturalismus)에 대립된 본질인식의 근원적인 고유한
권리에 대한 변호를 앞세우는 것이 유익할 것이다.

간략한 전문용어의 논의를 제시함으로써 이 머리말을 끝맺자.『논
리연구』에서처럼, 나는 '아프리오리'와 '아포스테리오리'(aposteriori)
같은 표현을 가능한 한 피하는데, 더구나 그것은 일반적 사용에서 이
표현에 부착된 혼란스러운 막연함과 모호함 때문이며, 또한 과거로
부터 물려받은 나쁜 유산인 이 표현과 얽혀 있는 악명 높은 철학적
학설 때문이다. 오직 이 표현에 명확함을 부여하는 맥락 속에서만 그
리고 오직 우리가 명석하고 한 가지 뜻을 지닌 의미를 부여했던 다른
표현과 같은 값을 가진 것으로서만 그 표현이 사용될 것이며, 특히
역사적으로 평행하는 것을 상기시켜야 할 곳에서 사용될 것이다.

아마 '이념'(Idee)과 '이념적'(Ideal)이라는 표현은 혼란을 일으키는
모호함의 관점에서 그렇게 아주 나쁘지 않지만, 나의『논리연구』에
서 자주 일어난 오해가 나에게 몹시 상처를 주었듯이, 전체로는 어쨌
든 매우 나쁘다. '이념'이라는 매우 중요한 칸트적 개념을 (형식적 또
는 질료적) '본질'이라는 일반적 개념에서 순수하게 분리시켜 유지
하려는 필요성도 전문용어를 변경시키게끔 나에게 결정적으로 영향
을 미쳤다. 그래서 나는 외래어〔그리스어〕인 용어상 손상되지 않은

---

* 여기에서『이념들』제3권은 비멜(M. Biemel)이 편집해 1953년 후설전집 제5권
으로 출간한 제3권(부제: '현상학과 학문의 기초')이 아니다. 이것은 후설의 본
래 계획상 제2권의 일부다. 그가 추구하려 했던 '현상학적 철학의 이념'은 1920
년대의 연구과제였으며, 그후 이와 관련된 강의와 강연·저술 모두는 이 문제
와 밀접하게 연관된다. 더 자세한 내용은 '옮긴이 해제'를 참조할 것.

'형상'(Eidos)이라는 말을 사용하고, 독일어로서 위험하지는 않지만 물론 때때로 짜증나는 모호함이 부착된 '본질'(Wesen)이라는 말을 사용한다.

또한 나에게 적절하게 대체할 수 있는 전문용어만 제시되었다면, '실재적'(Real)이라는 몹시 부담스러운 말도 제외할 수 있었다면 가장 좋았을 것이다.

더구나 일반적으로 역사적인 철학적 언어의 테두리 밖으로 완전히 떨어져나간 학술어를 선택하는 것은 허용되지 않기 때문에, 무엇보다 철학적 근본개념이 직접 접근할 수 있는 직관에 근거해 항상 동일하게 확인할 수 있는 확고한 개념을 통해 정의(定義)상 고정시킬 수 있는 것이 아니기 때문에, 오히려 철학적 근본개념이 궁극적으로 해명되고 규정되는 것은 일반적으로 오랜 연구가 선행되어야 하기 때문에, 대략 같은 의미로 사용되는 일반적 논의의 여러 가지 표현을 개별적 논의를 전문용어상 부각시킴으로써 함께 정돈하는 결합된 논의방식은 종종 불가피하다. 사람들은, 수학에서처럼, 철학에서 정의할 수 없다. 왜냐하면 수학적 수행절차를 모방하는 어떤 것도 이러한 관점에서 유익하지 않을 뿐 아니라, 전도(顚倒)되었고 극히 해로운 결과가 되기 때문이다. 그밖에 위에서 말한 전문용어의 표현은 상세하게 숙고하는 가운데 그 자체로 명증한 일정한 확증을 통해 그 확고한 의미를 유지할 것이다. 반면 — 일반적 관점에서처럼 — 이러한 관점에서 철학적 전통과의 번거로운 비판적 비교는 실로 이 작업의 〔제한된〕 범위 때문에 포기한다.

제1장 본질과 본질인식

제1절 사실과 본질

1. 자연적 인식과 경험

자연적 인식은 경험과 함께 시작하고, 경험 속에 남아 있다. 따라서 우리가 '자연적' 태도라 부르는 이론적 태도 속에는 가능한 탐구의 전체 지평이 '그것은 세계이다'라는 한마디로 표시된다. 그래서 이러한 근원적[1] 태도의 학문은 모두 세계에 관한 학문이다. 그리고 이 태도가 전적으로 지배적 태도인 한, '참된 존재' '실제적 존재', 즉 실재적 존재와 '세계 속의 존재'(Sein in der Welt)는——모든 실재적인 것이 세계의 통일성에 결합되기 때문에——합치된다.

---

1) 여기에서는 어떤 역사도 이야기되지 않는다. 심리학적-인과적 발생(Genesis)이나 진화사(進化史)적 발생도 필요 없고, 근원성에 관해 이렇게 논의할 때 생각되면 안 된다. 그밖에 어떤 의미가 생각되는지는 이후에야 비로소 반성적으로 또 학문적으로 명확해질 것이다. 그러나 모든 사람은 경험적-구체적 사실 인식이 다른 모든 인식——예를 들어 모든 수학적-이념적 인식——에 앞서 미리 존재한다는 것은 결코 객관적인 시간적 의미를 지니면 안 된다는 사실을 처음부터 느낀다.

모든 학문에는 그 탐구의 범위로서 일정한 대상의 분야가 상응하며, 학문의 모든 인식 — 즉 여기서는 올바른 진술 — 에는 〔이것을〕 정당하게 입증하는 정초의 근원적 원천인 일정한 직관이 상응한다. 이 직관 속에서 그 분야의 대상은 스스로 주어진 것(Selbst-gegebenheit)이 되고, 적어도 부분적으로는 **원본적으로 주어진 것**이 된다. 최초의 '자연적' 인식영역과 이 영역의 모든 학문을 부여하는 직관은 자연적 경험이고, **원본적으로** 부여하는 경험은, 일상적 의미에서 이해된 말로, 지각이다. 어떤 실재적인 것을 원본적으로 부여했다는 것과 그것을 단적으로 직관하면서 '알아차리며' 또 '지각하는 것'은 같은 말이다. 우리는 '외적 지각' 속에 물리적 사물에 관한 원본적 경험을 갖지만, 기억 속에 또는 예견하는 기대 속에 그러한 경험을 갖지는 못한다. 우리는 이른바 내적 지각이나 자기지각에서 우리 자신과 우리의 의식상태에 관한 원본적 경험을 갖지만, 타자에 관한 그리고 '감정이입'(Einfühlung)* 속에 타자의 체험에 관한 원본적 경험을 갖지 못한다. 우리는 타자의 신체적 의사표명에 대한 지각에 근거해 '타자의 그 체험을 바라본다.' 감정이입의 이러한 바라봄(Ansehen)은 직관하는 작용, 〔대상을〕 부여하는 작용이지만, **원본적으로 부여하는 작용은 아니다.** 타자와 그의 심리적 삶은 '그 자체로 거기에' 그리고 그의 신체와 일체가 되어 거기에 있는 것으로 의식되지만, 이것처럼 원본적으로 주어진 것으로 의식되지는 않는다.

세계는 가능한 경험과 경험인식의 대상에 관한 전체 총괄개념, 현

---

* 타자의 몸(물체)은 원본적으로 주어지지만, 그의 신체(심리)는 감정이입, 즉 유비적으로 만드는 통각의 의미전이, 간접제시(Appräsentation), 함께 파악함(comprehensio) 등을 통해 주어진다. 후설은 이 용어를 의식경험을 심리학주의의 입장에서 기술한 립스(Th. Lipps)를 통해 받아들였지만, 오히려 심리학주의를 비판하면서 타자경험의 구성을 해명하는 선험적 분석에 적용했다.

실적 경험에 근거해 올바른 이론적 사유로 인식할 수 있는 대상에 관한 전체 총괄개념이다. 여기에서는 경험과학의 방법이 더 자세하게는 어떻게 보이는지, 이러한 방법이 어떻게 직접 주어진 경험의 좁은 테두리를 넘어서는 자신의 권리를 정초하는지의 문제를 논구하는 자리가 아니다. 세계에 관한 학문, 따라서 자연적 태도의 학문은 모두, 좁은 의미에서든 넓은 의미에서든, 이른바 자연과학이다. 즉 물질적 자연에 관한 학문일 뿐 아니라 심리물리적 본성을 지닌 동물적 존재에 관한 학문, 또한 생리학·심리학 등이다. 마찬가지로 이른바 모든 정신과학, 즉 역사, 문화과학, 모든 종류의 사회과학 학과가 여기에 속한다. 이때 우리는 이 학문이 자연과학과 동등한 위치에 있는지 대립된 위치에 있는지, 그 자체로 자연과학으로 간주되어야 하는지 본질적으로 새로운 유형의 학문으로 간주되어야 하는지 하는 문제를 〔미해결인 채〕 잠시 유보할 수 있다.

2. 사실. 사실과 본질이 분리될 수 없음

경험과학은 '사실'과학이다. 경험작용을 기초짓는 인식작용은 실재적인 것을 개별적으로 정립하며, 이것을 공간-시간으로 현존하는 것(Daseiendes)으로, 즉 자신의 지속을 갖는 이 시간위치에서 존재하며 자신의 본질상 다른 모든 시간위치에서와 아주 똑같이 어떤 실재성의 내용을 가질 수 있는 것으로 정립한다. 또한 이러한 물리적 형태로 이 장소——어쨌든 자신의 고유한 본질에 따라 고찰된 동일한 실재적인 것이 임의의 모든 장소에서 임의의 모든 형태로 아주 똑같이 존재할 수도 있고 마찬가지로 변화될 수도 있는 반면, 그 실재적인 것이 사실적으로 변경되거나 사실적으로 변경되는 것과는 다른 방식으로 변화될 수 있을 장소——에서 존재하는 (또는 이러한 형태의 물체적인 것과 일체가 되어 주어진) 것으로 정립한다. 모든 종류의 개별적 존재는, 아주 일반적으로 말하면, '우연적'이다. 그것은 본질상 달리 존재할 수도 있다. 또한 이러저러한 실재적 상황이 사실적이라면, 이러저러하게 규정된 결과가 사실적으로 존재해야 한다는 것에 의해 일정한 자연법칙이 유효하더라도, 그와 같은 법칙은 아무튼 단지 사실적 규칙화만 표현할 뿐이다. 이 규칙화는 그 자체로 완전히 다른 내용일 수 있고, 처음부터 가능한 경험의 대상의 본질에 속하는 것으로서 자연법칙에 의해 규칙화된 대상이 그 자체로 고찰되었을 때 우연적이라는 사실을 이미 전제한다.

그러나 여기에서 '사실성'이라는 이 우연성의 의미는 우연성이 어떤 필연성 ─ 공간-시간적 사실을 조정하는 타당한 규칙의 단순한 사실적 요소를 뜻하는 필연성이 아니라, 본질─필연성의 특성을 지니며 이와 함께 본질─일반성과 관련된 필연성 ─ 에 상관적으로 관련된다는 점에서 제한된다. 우리가 모든 사실은 '자신의 고유한 본질에 따라' 달리 존재할 수도 있다고 말한다면, 우리는 이미 이것으로써 바로 어떤 본질과 따라서 순수하게 파악할 수 있는 어떤 형상을 갖는다는 것은 모든 우연적인 것의 의미에 속하며, 이 형상은 상이한 단계의 일반성의 본질─진리에 지배된다는 것을 표현한 것이다. 개별적 대상은 결코 단순히 개별적인 것, 여기에 있는 이것(Dies da!), 일회적(一回的)인 것이 아니라 '그 자체로' 이러저러한 성질을 지닌 것으로서 자신의 독자성을 가지며, ('대상이 그 자체로 존재하는 그대로의 존재자'로서) 그 대상에 속해야 하는 ─ 따라서 2차적인 상대적 다른 규정이 그 대상에 속할 수 있는 ─ 본질적으로 술어(述語)가 될 수 있는 것에서 자신의 요소를 갖는다. 그래서 예를 들어 모든 음(音)은 그 자체로 또 그 자체에 대해 본질을 가지며, 그 최상에는 음 일반 또는 오히려 ─개별적 음(단일의 음이나 다른 음들과 비교된 '공통의 음')에서 이끌어내 직관하는 계기로서 순수하게 이해된—'음 일반'이라는 보편적 본질을 갖는다. 마찬가지로 모든 물질적 사물은 자신의 고유한 본질본성을 가지며, 그 최상에는 시간규정 일반, 지속 일반, 모형 일반, 물질성 일반을 지닌 '물질적 사물 일반'이라는 보편적 본성을 갖는다. 개체의 본질에 속한 모든 것은 또한 다른 개체를 가질 수 있고, 우리가 바로 예를 들어 예시했던 최상의 본질일반성은 개체에 관한 '영역' 또는 '범주'*를 한정한다.

3. 본질통찰과 개별적 직관

무엇보다 '본질'은 어떤 개체의 그 자체의 고유한 존재 속에 자신의 그것(Was)으로서 발견되는 것을 뜻했다. 경험하는 직관 또는 개별적 직관은 본질직관(이념화작용Ideation)으로 변할 수 있다. 이 가능성 자체는 경험적 가능성이 아니라, 본질 가능성으로 이해해야 한다. 이 경우 직시된 것(Erschautes)은, 최상의 범주든 아래로 완전한 구체화까지 그 범주의 특수화든, 그에 상응하는 순수 본질 또는 형상이다.

이러한 본질을 부여하는 통찰, 어쩌면 **원본적으로 부여하는 통찰**은, 예컨대 음의 본질에서 쉽게 입수할 수 있듯이, **충전적**(adäquat)** 통찰일 수 있다. 그러나 이것도 어느 정도 불완전한 '비-충전적' 통찰일 수 있고, [이것은] 더 중요하든 사소하든 **명석함**(Klarheit)과 판명

---

* '영역'(Region)은 가장 보편적인 내용(실질)적 본질을 뜻하며, '범주'(Kategorie)는 어떤 영역 속의 형식적 본질을 가리킨다. 후설은 이 영역 일반과 이에 속한 보편적 본질의 의미를 밝혀내는 존재론을 '영역적 존재론'이라 부른다.

** '충전적'이란 용어는 진리나 명증성에 대한 전통적 견해인 '사물과 지성의 일치'(adequatio rei et intellctus)에서 유래하며, 후설이 줄곧 이와 대조시키는 용어인 '필증적'(apodiktisch)은 주어진 사태가 존재하지 않음을 결코 의심할 수 없는 자의식(自意識)의 확실성을 뜻한다.

함(Deutlichkeit)*에 관해서만은 아니다. 어떤 본질범주에 속한 본질은 단지 '일면적으로'만 주어질 수 있고, 잇달아 일어나는 경우 '다면적으로' 주어질 수 있지만, 어쨌든 결코 '전면적으로' 주어질 수 없다는 사실은 그 본질범주의 고유한 본성이다. 따라서 이와 상관적으로 이러한 본질범주에 상응하는 개별적 단일화는 비-충전적이고 '일면적인' 경험적 직관 속에서만 경험되고 표상될 수 있다. 이것은 **사물적**인 것과 관련된 모든 본질에, 게다가 연장성 또는 물질성의 모든 본질적 구성요소에 타당하다. 심지어 더 자세히 주시해보면(이후에 수행될 분석은 이것을 명백하게 할 것이다), **모든 실재성** 일반에도 타당하며, 이때 물론 일면성이나 다면성과 같은 모호한 표현은 일정한 의미를 얻고, 다른 종류의 비-충전성은 분리될 것이다.

여기에서는 잠정적으로 다음과 같은 점을 지적하는 것으로 충분하다. 즉 실로 물리적 사물의 공간형태는 원리상 오직 단순히 일면적 음영(陰影) 속에서만 주어질 수 있다는 점, 임의로 계속되는 지속적 직관 속에 줄곧 또 모든 것을 획득했더라도 여전히 남아 있는 비-충전성을 제외해도, 각각의 물리적 속성은 우리를 무한한 경험으로 끌어들인다는 점, 아무리 넓게 전개되었더라도 모든 다양한 경험은 또다시 더 상세하고 새로운 사물의 규정을 미해결로 놓아두며, 이것은 무한히 그렇다는 점이다.

개별적 직관은, 충전적이든 불충전적이든 어떤 종류이든 간에, 본질직관으로 전환될 수 있다. 그리고 본질직관은, 그에 상응하는 방식으로 충전적이든 비-충전적이든, 〔대상을〕 부여하는 작용의 특성을 지닌다. 그러나 여기에는 다음과 같은 사실이 포함되어 있다. 즉 본

---

* '명석함'은 주의 깊은 정신에 명백하게 주어지는 것을, '판명함'은 명석하게 주어진 것 가운데 아주 판이해서 다른 것들과 확연하게 구별되는 것을 뜻한다.

질(형상)은 새로운 종류의 대상이다. 개별적 또는 경험하는 직관에 주어진 것이 개별적 대상이듯이, 본질직관에 주어진 것은 순수 본질이다.

여기에는 단순한 외면적 유비(Analogie)가 아니라 철저한 공통성이 제시된다. 형상적 대상이 곧 대상이듯이, 본질통찰 역시 곧 직관이다. 상관적으로 함께 속한 '직관'과 '대상'이라는 개념을 일반화하는 것은 임의의 착상이 아니라, 사태의 본성을 통해 강제로 요구된다.[2] 경험적 직관, 특히 경험은 어떤 개별적 대상에 관한 의식이며, 직관하는 의식으로서 '경험은 이 개별적 대상을 주고', 지각으로서 그 대상을 '원본적으로', 즉 자신의 '생생한' 자체성(Selbstheit)에서 파악하는 의식으로 원본적으로 준다. 이와 아주 마찬가지로 본질직관은 무엇 ──어떤 '대상', 그 직관의 시선이 향해 있고 그 직관 속에 '그 자체가 주어진' 어떤 무엇 ──에 관한 의식이다. 그러나 이때 그 무엇(Etwas)은 다른 작용에서도 '표상되고', 모호하거나 명석하게 사유되며, 바로 형식논리학의 필연적으로 폭넓은 의미에서 모든 '대상'처럼 참되거나 거짓된 술어의 주어가 될 수 있는 무엇이다. 모든 가능한 대상, 논리적으로 말하면, '가능한 참된 술어의 모든 주어'는 곧 자신의 방식, 즉 모든 술어적 사유작용에 앞서 대상을 표상하고 직관하며

---

2) 이렇게 간단하고 완전히 근본적인 통찰을 수용하는 것이 현대의 심리학적 탐구자에게 얼마나 어려운지는 범주적 직관에 관한 나의 학설에 대해 방금 내가 입수한 저술 『실재화』(*Realisierung*) 제1권(1912) 127쪽에서 제기한 퀼페(O. Külpe)*의 의아한 논박이 예시로 보여준다. 나는 이 탁월한 학자가 오해했다는 것이 유감이다. 그러나 오해가 너무 완벽하여 그 자신이 주장한 의미가 전혀 남아 있지 않은 곳에서는, 비판적 답변이 불가능할 것이다.

* 퀼페(1862~1915)는 분트(W. Wundt)의 제자로, 마흐(E. Mach)와 아베나리우스(R. Avenarius)의 영향을 받아 소박한 실재론이나 관념론에 반대하고 비판적 실재론을 주장했다. 심리학에서는 에빙하우스(H. Ebbinghaus)의 기억에 관한 실험에 자극을 받아 판단·사고·의지를 실험적 조건 아래 연구해 뷔르츠부르크(Würzburg)학파를 창시했고, 미학(美學)에도 적용했다.

경우에 따라 자신의 '생생한 자체성' 속에 만나며 그 대상을 '파악하는' 시선으로 들어가는 방식을 지닌다. 따라서 본질통찰은 직관이며, 그것이 적확한 의미에서 통찰이고 단순하거나 혹시 모호한 현전화(Vergegenwärtigung)*가 아니라면, 그것은 본질을 자신의 '생생한' 자체성에서 파악하며 원본적으로 [대상을] 부여하는 직관이다.[3] 그러나 다른 한편 이 직관은 원리상 고유하고 **새로운** 종류의 직관, 즉 다른 범주의 대상성에 상관적으로 속한 종류의 직관, 특히 일상적인 더 좁은 의미의 직관, 즉 개별적 직관에 대립된 직관이다.

물론 개별적인 것에 대한 어떠한 파악도 실제성으로 정립함도 아니지만, 개별적 직관의 주요한 부분, 즉 개별적인 것의 나타남(Erscheinen), 볼 수 있음(Sichtigsein)이 직관의 기초가 된다는 사실이 본질직관의 독자성에 확실히 포함된다. 그렇기 때문에 '상응하는' 개체적인 것으로 시선을 전환하고 범례적 의식을 형성할 자유로운 가능성 없이는 어떠한 본질직관도 불가능하다는 사실은 확실하고, 그 반대도 마찬가지로 이념화작용을 수행하고 이 작용으로 개별적인 볼 수 있음 속에 예시(例示)되는 상응하는 본질로 시선을 향하는 자유로운 가능성이 없으면 어떠한 개별적 직관도 불가능하다는 사실 또한 확실하다. 그러나 이것은 두 종류의 직관이 원리상 **구별된다**는, 우리가 방금 진술한 것과 같은 명제에서 단지 그 본질관계만 드러난

---

* '현전화'는 기억이나 상상처럼 시간·공간적으로 지금 여기에 현존하지 않는 것을 의식에 현존하게 만드는 작용으로, 지금 직접 의식에 주어지는 현재화(Gegenwärtigung)와 대립된다.

3) 나는 『논리연구』에서 원본적으로 부여하는 본질통찰에 대해, 더구나 대부분 충전적 본질통찰에 대해 '이념화작용'이라는 말을 사용하곤 했다. 어쨌든 단적이고 직접적으로 어떤 본질을 향한, 이 본질을 파악하고 정립하는 모든 의식을 포함하며 그 가운데 또한 '희미하며' 따라서 더 이상 직관적이지 않은 모든 의식을 포함하는 더 자유로운 개념이 분명히 필요하다.

다는 사실을 전혀 변경하지 않는다. '실존'(Existenz)(여기서는 분명히 개별적인 현존하는 것이라는 의미에서)과 '본질'(Essenz), 사실과 형상의 본질관계는 직관의 본질차이에 대응한다. 이와 같은 연관을 추구하면서 우리는 이 전문용어에 속해 있고 이제부터 확고하게 분류될 개념적 본질을 통찰해 파악한다. 그래서 특히 형상(이념)이나 본질이라는 개념에 부착된―부분적으로 신비주의적인―모든 사고는 순수하게 배제되어 있다.[4]

4. 본질통찰과 상상. 모든 사실인식에 독립적인 본질인식

형상(形相), 즉 순수 본질은 지각이나 기억 등의 경험이 주어지는 가운데 직관적으로 예시될 수 있다. 그렇지만 이와 아주 똑같이 단순한 상상(Phantasie)이 주어지는 가운데도 직관적으로 예시될 수 있다. 따라서 어떤 본질을 자체로 또 원본적으로 파악하기 위해 그에 상응하는 경험하는 직관에서 출발할 수 있지만, 그러나 경험하지 않는 직관, 현존재를 파악하지 않는 직관, 오히려 '단순히 상상하는(einbildend)' 직관에서도 출발할 수 있다.

자유로운 상상 속에 멜로디, 사회적 사건 등 그 어떤 공간형태를 산출한다면, 또는 좋아함이나 싫어함·의욕함 등 경험하는 작용을 만들어낸다면, 우리는 이것에서 '이념화작용'을 통해 여러 가지 순수 본질을 원본적으로 통찰할 수 있고, 게다가 경우에 따라서는―그것이 멜로디, 사회적 사건 등 공간적 형태 일반에 관한 본질이든, 형태·멜로디 등 관련된 특수한 유형에 관한 본질이든―충전적으로 통찰할 수 있다. 이 경우 그러한 것이 이전에 현실적 경험 속에 주어졌는

---

4) 『로고스』제1권(『엄밀한 학문』), 315쪽을 참조할 것.

지 아닌지는 상관 없다. 심리학적 기적을 통해 자유로운 허구(虛構)가 어떤 경험 속에 이전에 일어나지 않았고 앞으로도 여전히 일어나지 않을 원리상 새로운 종류의 (예를 들어 감성적) 자료를 상상하게 이끌었다면, 이것은 상상된 자료가 결코 실제적 자료가 아니더라도 그에 상응하는 본질이 원본적으로 주어지는 데 아무것도 변경하지 않을 것이다.

이것은 다음과 같은 점에 본질적으로 연관된다. 즉 본질에 관한 정립 그리고 우선 직관하는 파악은 그 어떤 개별적 현존재의 정립에 관한 최소한의 것도 함축하지 않는다는 점, 순수 본질의 진리는 사실에 관한 최소한의 주장도 포함하지 않는다는 점, 따라서 단지 본질진리로부터는 최소한의 사실진리도 추론될 수 없다는 점이다. 모든 사실-사유, 사실-진술이 (이와 같은 사유에 적확한 본질이 경험을 필연적으로 요구하는 한) 그것을 정초할 경험을 요구하듯이, 순수 본질에 관한 사유——사실과 본질이 결부되지 않은, 혼합되지 않은 사유——는 정초하는 토대로서 본질통찰을 요구한다.

5. 본질에 관한 판단과 형상적 보편타당성에 대한 판단

어쨌든 이제 다음과 같은 점에 주목해야 한다. 즉 본질에 관해 판단함과 본질의 상태에 관해 판단함 그리고 형상적으로 판단함 일반은, 우리가 마지막 개념〔형상적으로 판단함〕에 부여해야 할 범위의 경우, 동일한 것이 아니다. 형상적 인식은 자신의 모든 명제 속에 '대상이 된 것'(Gegenständ-worüber)으로의 본질을 갖지 않기 때문이다. 그리고 이 점과 밀접하게 연관된 것은, 경험 속의 어떤 개별적인 것처럼 어떤 본질이 대상적으로 파악되는 경험에 유사한, 현존재의 파악에 유사한 의식과 같이 지금까지 간주된 본질직관은 모든 현존재의 정립을 배제하고서 본질을 내포한 유일한 의식이 아니라는 점이다. 본질은 직관적으로 의식될 수 있고, 일정한 방식으로 아무튼 본질은 '대상이 된 것'이 되지 않고도 파악될 수 있다.

판단에서 출발해보자. 더 정확하게 말하면, 본질에 관한 판단과 규정되지 않은 일반적 방식의 ─ 개별적인 것의 정립과 혼합되지 않은, 어쨌든 개별적인 것에 관해 판단하지만 일반자(Überhaupt)의 양상 속에 본질의 단일성으로서 순수하게 판단하는 ─ 판단의 차이가 문제다. 그래서 대개 우리는 순수 기하학에서 직선·각·삼각형·원추곡선 등의 형상에 관해 판단하지 않고, 직선과 각 일반 또는 '그 자체', 개별적 삼각형 일반과 원추곡선 일반에 관해 판단한다. 이러한 보편적 판단은 '순수한', 또는 '엄밀한', 단적인 '절대적' 일반성인 본질일반성의 특성을 지닌다.

편의상 우리는 '공리'(Axiom), 그밖의 모든 판단이 간접적 정초를 통해 되돌아가는 직접 명증한 판단을 다룬다고 가정하자. 여기에서 전제되었듯이, 그러한 판단은 앞에서 지적한 방식으로 개별적 단일성에 관해 판단하는 한, 그 판단을 인식작용으로 정초하기 위해, 즉 그 판단을 통찰하기 위해 (변양된 의미에서) 본질파악이라 할 수 있는 본질직시가 필요하다. 이 본질직시 또한, 대상적으로 만드는 본질직관처럼, 본질의 개별적 단일성을 볼 수 있게 함에 의거하지 그 단일성을 경험함에 의거하지 않는다. 본질직시에는 단순한 상상의 표상 또는 오히려 상상을 볼 수 있는 것으로도 충분하다. 볼 수 있는 것(Sichtiges)은 그 자체로 의식되고 '나타나지만', 현존재하는 것으로 파악되지 않기 때문이다. 예를 들어 본질일반성('무조건적' '순수한' 일반성)에서 '색(色) 일반은 음(音) 일반과 다르다'고 판단하면, 방금 앞에서 말한 것은 이러한 판단에서 확증될 수 있다. 색 본질의 단일자(Einzelnes)나 음 본질의 단일자는 직관적으로 '표상되며', 게다가 그 본질의 단일자로서 '표상된다'. 상상직관(현존재의 정립이 없는)과 본질직관이 동시에 그리고 일정한 방식으로 현존하지만, 본질직관은 본질을 대상으로 만드는 직관으로서 현존하지 않는다. 그러나 이러한 상태의 본질에는 그에 상응하는 객관화하는 태도로의 전환이 항상 우리 자유에 맡겨져 있다는 사실, 이 전환은 바로 본질가능성이라는 사실이 있다. 변화된 태도에 따라 판단 역시 변화될 것이다. 그렇다면 이것은 "색 본질('유')은 음 본질(유)와 다른 것이다"라는 말이다. 이것은 어디에서나 그렇다.

그 반대로, 본질에 관한 모든 판단은 같은 값으로 이 본질 자체의 단일성에 관한 무조건 일반적 판단으로 변환될 수 있다. 이렇게 순수 본질판단은, 그 논리적 형식이 어떤 것이라도, 함께 하나의 전체를 이룬다. 그 공통점은, 개별적인 것 —바로 순수 본질일반성에서 —에 관해 판단할 때조차 결코 개별적 존재를 정립하지 않는다는 것이다.

6. 몇 가지 근본개념. 일반성과 필연성

형상적 판단작용, 판단 또는 명제, 진리(또는 참된 명제) —이 이념들은 이제 명백하게 함께 하나의 전체를 이룬다. 형상적 진리의 이념의 상관자로서 (형상적 진리 속에 존립하는) 형상적 사태(Sachverhalt) 그 자체가 있고, 결국 형상적 판단작용의 이념의 상관자로서 단순히 생각된 것의 변양된 의미에서, 즉 판단된 것 자체 —이것은 존립하는 것일 수도 있고 존립하지 않는 것일 수도 있다 —의 의미에서 형상적 사태가 있기 때문이다.

형상의 일반적 사태의 모든 형상적 특수화와 단일화는, 형상의 일반적 사태인 한, 본질필연성이라 부른다. 따라서 본질일반성과 본질필연성은 상관자다. 어쨌든 필연성에 관한 논의는, 함께 속한 상관관계

(Korrelation)를 추적하면 그에 상응하는 판단도 필연적 판단이라 부르기 때문에, 동요된다. 그러나 그 구별에 주목하는 것, 무엇보다 (일상적으로 부르듯이) 본질일반성 자체를 필연성이라 부르지 않는 것이 중요하다. 필연성의 의식, 더 자세하게 말하면, 어떤 사태가 형상적 일반성의 특수화로서 의식되는 판단의식은 **필증적**(apodiktisch) 의식이라 하고, 판단 자체 또는 명제는 이 명제가 관련된 일반적 판단의 **필증적**(또한 필증적─'필연적') 귀결이라 한다. 일반성·필연성·필증성 사이의 관계에 관해 진술된 명제도 더 일반적으로 파악될 수 있으므로, 그 명제는 단지 순수 형상적 영역뿐 아니라 임의의 영역에 대해서도 타당하다. 그러나 그 명제는 분명히 형상적 한계 속에 부각된 그리고 특히 중요한 의미를 획득한다.

또한 개별적인 것 일반에 관한 **형상적** 판단작용과 개별적인 것의 **현존재정립**을 결합시키는 것이 매우 중요하다. 본질일반성은 현존재하는 것으로 정립된 개별적인 것 또는 개체들의 규정되지 않은 일반적 영역(이 영역은 자신의 정립을 현존재하는 정립으로서 경험한다)으로 옮겨진다. 기하학적 진리를 (실제로 정립된 것으로서) 자연의 경우에 '적용하는' 모든 것이 여기에 속한다. 그렇다면 실제적인 것으로 정립된 사태는, 개별적 실제성의 사태인 한, **사실**이다. 그러나 그 사태는, 본질일반성의 단일화인 한, **형상적 필연성**이다.

우리는 **자연법칙의 제한되지 않은 일반성**을 본질일반성과 혼동하면 안 된다. 물론 '모든 물체는 무게가 있다'는 명제는 전체의 자연 안에서 어떤 일정한 사물성도 현존하는 것으로 정립하지 않는다. 그럼에도 그 명제는, 자연법칙으로서 자신의 의미에 따라 여전히 어떤 현존재정립, 즉 자연 자체의 현존재정립과 '모든 물체 ──**자연** 속의, 모든 '실제적' 물체 ──는 무게가 있다'는 공간-시간적 현실성의 현존재정립을 지닌 한, 형상적-일반적 명제의 무조건적 일반성을 지닌 것이 아니다. 그에 반해 '모든 물질적 사물은 연장(延長)된다'는 명제는 형상적 타당성을 지니고, 주어의 측면에서 수행된 현존재정립(Daseinsthesis)이 배제되면, 순수 형상적 명제로서 이해될 수 있다. 이 명제는 물질적 사물의 본질 속에 또 연장의 본질 속에 순수하게 근거하는 것, 그리고 '무조건적' 일반타당성으로서 통찰할 수 있는 것을 진술한다. 이것은 물질적 사물의 본질을 (가령 그러한 사물에 관한 자유로운 허구에 근거해) ─ 이때 그 명제가 [술어로] 명확하게 제시한 본질사태(Wesensverhalt)가 원본적으로 주어져 있다는 '통찰'이 요구하는 사유단계를 이 [대상을] 부여하는 의식 속에 수행하기 위해 ─ 원본적 주어지게 함으로써 이루어진다. 공간 속의 실제적인 것이 그러한 진리에 상응한다는 점은 단순한 사실(Faktum)이 아니라, 본질법칙의 특수화인 **본질필연성**이다. 여기에서 사실(Tatsache)은 적용이 이루어진 실제적인 것 자체일 뿐이다.

7. 사실학문과 본질학문

개별적 대상과 본질 사이에 일어나는 (그 자체로 형상적인) 연관은 이에 상응하는 사실학문과 본질학문의 상호관계를 정초한다. 이 연관에 따라 모든 개별적 대상에는 그것의 본질로서 일정한 본질요소가 있으며, 마찬가지로 그 반대로 모든 본질에는 그것의 사실적 단일화일 가능한 개체가 상응한다. 순수논리학, 순수 수학, 순수 시간론·공간론·운동론 등과 같이, 순수본질학이 있다. 이 학문은 그 모든 사유단계에 따라 사실정립으로부터 철저하게 순수하다. 요컨대 순수본질학에서는 **경험으로서**, 즉 실제성 또는 현존재로 파악하거나 정립하는 의식으로서 어떠한 경험도 **정초하는** 기능을 떠맡을 수 없다. 경험이 순수본질학 속에 기능하는 곳에서 경험은 어쨌든 경험으로서 기능하지 않는다. 칠판 위에 도형을 그리는 기하학자는 그렇게 함으로써 사실적으로 현존재하는 칠판 위에 사실적으로 현존재하는 선(線)을 산출한다. 그러나 그의 물리적 산출작용과 마찬가지로 산출된 것에 관한 그의 경험작용도 그의 기하학적 본질직시와 본질사유에 대해 경험작용으로서 정초하지 않는다. 따라서 이 경우 기하학자가 환각을 일으키든 아니든 실제로 선을 묘사하는 대신 그의 선과 모형을 상상세계 속에 집어넣어 형성하든 상관없다. 그러나 자연과학자는 완전히 다르다. 그는 관찰하고 실험한다. 즉 경험에 적합한 현존재를 확인한다. 그에게는 경험작용이 단순한 상상작용을 통해서는 결코 대체될 수 없을 정초하는 작용이다. 바로 이 때문에 실로 사실학문과 경험학문은 같은 값을 지닌 개념이다. 그렇지만 실제성이 아니라 '이념적 가능성'을, 실제성사태가 아니라 본질사태를 탐구하는 기하학자에게는 궁극적으로 정초하는 작용이 경험 대신 본질통찰이다.

이것은 모든 형상적 학문에서도 그러하다. 간접적으로 통찰할 수 있는 사유작용 속에 게다가 철저하게 직접 통찰할 수 있는 원리에 따라 주어지는 간접적 본질사태는 직접적 통찰 속에 파악할 수 있는 본질사태(또는 형상적 공리)에 근거한다. 따라서 간접적 정초의 모든 단계는 필증적이며 형상적으로 필연적이다. 그러므로 순수 형상적 학문의 본질을 형성하는 것은 이 학문이 오직 형상적으로만 처리하는 것, 이 학문이 처음부터 또 계속 그렇게 어떤 사태도 형상적 타당성을 지닌─그래서 (원본적으로 통찰된 본질 속에 직접 근거하는 것으로서) 직접 원본적으로 주어진 것이 될 수 있거나 그러한 '공리적' 사태로부터 순수한 추론을 통해 '연역될' 수 있는─그러한 것으로서 인식하지 않는 것이다.

이와 연관된 것은 정밀한 형상적 학문의 실천적 이상(理想)─본래 최근의 수학이 비로소 실현할 수 있게 가르쳐준 이상─이다. 즉 모든 간접적 사유단계가 단호하게 체계적으로 함께 제시된 그때그때 형상적 분야의 공리 아래, 그리고 처음부터 '형식'논리학 또는 '순수'논리학(보편수학(mathesis universalis)5)*의 가장 넓은 의미에서) 자체가 문제가 되지 않는 한, 이 '순수'논리학의 전체 공리를 끌어들여 단순한 포섭으로 환원되는 것을 통해 모든 형상적 학문에 최상의 단계의 합리성을 수여하는 이상이다.

그리고 또 이와 연관된 것은 '수학화'(Mathematisierung)의 이상이다. 이 이상은 방금 특성지은 이상과 마찬가지로 모든 '정밀한'(exakt)** 형상적 학과 ── (예를 들어 기하학에서처럼) 이들 학과의 인식요소 전체는 순수 연역적 필연성에서 더 적은 몇 가지 공리의 일반성 속에 포함된다 ── 에 대해 중요한 인식실천의*** 의미가 있다. 그

---

5) 보편수학으로서 순수논리학의 이념에 관해서는 『논리연구』 제1권의 결론절을 참조할 것.

* '보편수학'은 데카르트의 경우 해석기하학을 통해 산술·기하학·천문학·음악이론학·광학·기계학 등을 포괄하는 수학의 통합과학이다. 라이프니츠는 이것을 넘어서 논리학·대수학까지 포괄하는 모든 형식과학에 대한 학문을 뜻한다. 반면 후설은 이것을 발전시켜 학문이론으로서의 논리학을 완성하고자 한다. 그래서 『논리연구』의 주도적 이념은 "산술의 형식적인 것과 논리학의 형식적인 것 사이의 관계를 밝히는 것"(제1권, 머리말 6쪽)이다.

** '정밀함'은 경험적 측정이나 수학적 논증, 논리적 추론의 정확성을 뜻하며, 근대 자연과학과 철학의 이상이었다. 반면 이러한 객관적 학문의 궁극적 근원을 되돌아가 물음으로써 모든 학문이 타당할 수 있는 근거를 밝히고 진정한 학문으로 정초하려는 후설 현상학의 이상은 '엄밀함'(Strenge)으로 표현된다.

*** '인식'(또는 이론)과 '실천'은 학문을 이렇게 구분한 아리스토텔레스 이래 확연히 분리되었다. 그러나 후설은 "술어로 인식하는 작업수행은 그 자체로 행동"(『경험과 판단』, 232·235쪽), "묻는 작용(Fragen)은 판단의 결단에 이르려고 노력하는 실천적 행동으로서 의지의 영역에 속한다"(같은 책, 372~373쪽), "인식이성은 실천이성의 기능이며, 지성은 의지의 공복(公僕)"(『제일철학』 제2권, 201쪽), "이론적이라 부르는 이성적 인식작용은 실천적 이성에서 나온 행동"(같은 책, 352쪽), "이론적이지 않은 모든 작용은 태도변경을 통해 이론적 작용으로 변화될 수 있다"(『이념들』 제2권, 8·10쪽)고 주장한다. 즉 실

러나 여기는 이 문제에 파고들어갈 장소가 아니다.[6]

8. 사실학문과 본질학문의 의존관계

앞에서 말한 것에 따라 형상적 학문의 의미는 **경험적 학문의 어떠한 인식성과도 포함하는 것을 원리상 배제한다.** 이 경험적 학문의 직접적 확증 속에 등장하는 여러 실제성정립은 모든 간접적 확증을 관통해 간다. 사실로부터는 항상 사실만 일어날 뿐이다.*

그런데 모든 형상적 학문이 원리적으로 모든 사실학문에 독립적이라면, 다른 한편으로 **사실학문에서 그 역(逆)이 타당하다.** 학문으로서 완전하게 발전된, 형상적 인식으로부터 순수할 수 있고 따라서 형식적이든 질료적이든 형상적 학문에서 독립적일 수 있을 어떠한 사실학문도 없다. 왜냐하면 **첫째** 경험학문은, 판단에 관한 간접적 정초를 수행하는 어디에서나, 형식논리학이 다루는 **형식적 원리에 적합하게 처리해야 한다**는 것이 자명하기 때문이다. 대체로 경험학문은, 모든 학문

천적 관심은 이론적 인식을 주도하고 이론적 인식의 성과는 실천적 행위가 나아갈 방향을 제시하는 긴밀한 상호작용 속에 전개된다. 그래서 "이론적 표상작용을 감정과 의지의 실천적 모든 작용의 근본토대"(『논리연구』 제2-1권, 439쪽)로 간주해 그 정초관계를 밝혔고, 이론적 태도와 실천적 태도를 "제3의 형식으로 종합하는 보편적 태도에 입각한 이론적 실천"(『위기』, 329~331쪽)의 지평을 제시했다.

6) 자세한 논의는 이 책의 제3장 제1절 72항을 참조할 것.
* 후설의 이러한 시각은 『위기』로 그대로 이어지는데, 있는 '사실의 문제'만 소박하게 추구하고 어떻게 있어야 하고 살아야 하는가 하는 '이성의 문제'를 해명하지 않는 "사실과학은 단순한 사실인(事實人)만 만들 뿐"(3~4쪽)이라고 한다. 그래서 그는 "이론적 작업을 수행하면서 사태와 이론, 방법에 몰두한 나머지 그 작업의 내면에 관해 아무것도 모르고, 이 작업 속에 살면서 작업을 수행하는 삶 자체를 주제로 삼지 않은 이론가(理論家)의 자기망각을 극복해야 한다"(『형식논리학과 선험논리학』, 20쪽)고 역설한다.

과 마찬가지로 대상을 향해 있기 때문에, 대상성 일반의 본질에 속한 법칙에 결부되어 있음에 틀림없다. 그래서 경험학문은 더 좁은 의미에서 형식논리학 이외에도 형식적 '보편수학'의 여러 학과(따라서 산술·순수해석학·다양체이론까지 포함해)를 포괄하는 형식적–존재론적 학과들의 복합체와 관련된다. 게다가 둘째, 모든 사실은 질료적 본질 요소를 포함하며, 이 속에 포함된 순수 본질에 속한 모든 형상적 진리가 ― 가능한 모든 단일성(單一性) 일반과 마찬가지로 ― 주어진 사실적 단일성이 결합된 법칙을 넘겨주어야 하기 때문이다.

9. 영역과 영역적 형상학(形相學)

모든 구체적인 경험적 대상성(Gegenständlichkeit)*은 그 경험적 대상에 관한 '영역', 즉 최상의 질료적 유(類)의 질료적 본질과 함께 분류된다. 그렇다면 순수 영역적 본질에는 **영역적 형상적 학문** ―또는 **영역적 존재론** ―이 상응한다. 이 경우 우리는 영역적 본질이나 이 본질을 구성하는 다른 유 속에 내용이 매우 풍부하고 다양하게 분파된 인식에 근거해 이 인식의 체계적 전개 전반에 관해 일정한 학문에 대해 또는 영역의 단일한 유적 구성요소에 상응하는 존재론적 학과의 일정한 복합체 전체에 대해 이야기하는 것은 유익하다는 점을 가정한다. 이 전제가 사실 얼마나 큰 범위에서 충족되었는지 우리는 충분히 확신할 수 있을 것이다.

---

* '대상성' 또는 '대상적인 것'은 대상뿐 아니라, 그 사태·징표·관계 등 어떤 상황을 형성하는 비-자립적 형식을 가리킨다(『논리연구』제2-1권, 38쪽의 주1을 참조할 것). 따라서 사태나 관계 등 '범주적 대상성'은 '오성(Verstand)의 대상성'이며, 현상학에서 본질직관은 감성적 직관에 그치지 않고, 이 대상성을 있는 그대로 파악하는 '범주적 직관', 즉 '이념화작용'(Ideation)을 포함한다.

따라서 일정한 영역의 범위에 분류된 모든 경험학문은 형식적일 뿐 아니라 영역적 존재론의 학과에 본질적으로 관련된다. 즉 모든 사실학문(경험학문)은 형상적 존재론 속에 본질적인 이론적 기초를 갖는다. 왜냐하면 무조건 타당한 순수한 방식으로 영역의 모든 가능한 대상에 관련된 인식—이 인식이 일부는 대상성 일반의 공허한 형식에 속하고 또 일부는 마치 모든 영역적 대상의 필연적인 질료적 형식을 서술하는 영역의 형상에 속하는 한—에서 풍부한 구성요소는 경험적 사실에 관한 탐구에 무의미할 수 없다는 것이 (앞에서 전제한 가정이 맞을 경우) 전적으로 자명하기 때문이다.

이러한 방식으로 예를 들어 사실적 자연에는 순수하게 파악할 수 있는 형상, 즉 이 속에 포함된 무한히 충족될 수 있는 본질사태를 지닌 자연 일반이라는 '본질'이 상응하는 한, 모든 자연과학 학과에는 물리적 자연 일반에 관한 형상적 학문(자연의 존재론)이 상응한다. 자연에 관해 완전히 이성화된(rationalisiert) 경험학문의 이념, 즉 이론화(Theoretisierung)를 통해 이 이론화 속에 포함된 모든 특수한 것이 자신의 가장 일반적이고 가장 원리적인 근거로 소급될 정도까지 진척된 경험학문의 이념을 형성한다면, 이때 이 이념을 실현하는 것은 본질적으로 이에 상응하는 형상적 학문을 완성하는 것에 달려 있다. 그러므로 모든 학문 일반에 같은 방식으로 관련된 형식적 수학 이외에 특히 자연의 본질—따라서 자연의 대상성 그 자체의 모든 본질 종(種)도—을 이성적 순수성 속에, 즉 바로 형상적으로 분석해내는 질료적-존재론적 학과를 완성하는 것에 달려 있다.

인식실천으로 처음부터 다음과 같은 점도 기대될 수 있다. 즉 어떤 경험학문이 '이성적' 단계—'정밀한' 법칙론적 학문의 단계—에 접근할수록, 따라서 완성된 형상적 학과를 근본토대로서 마음대로 처리하고 이 학과로부터 자신을 정초하는 데 이용하는 정도가 높을 수록, 그 경험학문도 더욱더 인식실천적 작업수행(Leistung)*의 범위와 효력에서 증대될 것이라는 점이다.

이러한 점은 이성적 자연과학, 즉 물리학적 자연과학의 발전을 입증한다. 실로 현대에서 자연과학의 위대한 시대는 바로 고대에 (본질적으로는 플라톤학파에서) 이미 순수 형상학(Eidetik)으로서 고도로 완성된 기하학이 단번에 또 거대한 양식(樣式)으로 물리학적 방법에 풍부한 성과를 거두었다는 사실과 더불어 시작한다. 그래서 사람들은 물질적 사물의 본질이 연장실체(res extensa)라고, 따라서 기하학은 그와 같은 사물성의 어떤 본질계기, 즉 공간형식에 관련된 존재론적 학과라고 알게 되었다. 그러나 더 나아가 사물의 일반적 (우리의 논의방식으로는, 영역적) 본질이 훨씬 더 멀리까지 도달한다고도 알게 되었다. 이것은 〔학문의〕 발전이 동시에 기하학과 대등하게 어울릴 수 있고 또 경험적인 것을 이성화하는 동일한 기능을 하게끔 임명된 일련의 새로운 학과를 완성하는 방향을 뒤쫓는다는 사실에서 입증된다. 형식적이거나 실질적인 수학적 학문의 굉장한 번영은 이러한 경향에서 일어난다. 격정적 열의에 휩싸여 수학적 학문은 순수한 '이성적' 학문 (우리의 의미로는 형상적 존재론)으로, 게다가 (근대 초기에 또 그 이후까지도) 수학적 학문 자체가 아니라 경험적 학문을 위해 완성되었거나 새롭게 형성되었다. 과연 수학적 학문은 매우 찬양받는 이성적 물리학과 평행하게 발전하면서 기대했던 성과를 풍부하게 맺었다.

---

* '산출, 수행, 수행된 결과, 기능, 성취' 등을 뜻하는 이 용어는 일상적으로 은폐된 의식을 현상학적 환원을 통해 드러내 밝히는 선험적 주관성의 다양한 지향적 활동을 지칭한다. 또한 경험한 내용이 축적되고, 이것이 다시 기억되거나 새로운 경험을 형성하는 복잡한 심층구조를 지닌 발생적 역사성을 함축한다. 그래서 의식의 단순한 '작용'(Akt)과 구별해, '작업수행'으로 옮긴다.

10. 영역과 범주, 분석적 영역과 그 범주

어떤 형상적 학문, 예를 들어 자연의 존재론으로 이행하면, (이것은 실로 정상의 경우다) 대상으로서의 본질이 아니라——우리가 든 예로는——자연의 영역 아래 종속된 본질의 대상을 향해 있음을 발견하게 된다. 그러나 이때 우리는 '대상'은 여러 가지이지만 함께 하나의 전체를 이루는 형태, 가령 '사물' '속성' '관계' '사태' '집합' '배열' 등——이것들은 명백히 서로 대등한 것이 아니라, 이른바 근원적 대상성(이것에 관해 다른 모든 대상성은 얼마간 이것의 단순한 변형이라 부른다)이라는 우월성을 지닌 일종의 대상성을 그때그때 소급해 지시한다——에 대한 명칭이라는 사실을 알아차린다. 물론 우리의 예에서는 사물의 속성이나 관계 등에 대립해 **사물 자체**가 이러한 우월성을 지닌다. 그러나 사물의 속성이나 관계 등은 그 형식적 체제——이것에 대한 해명 없이는 대상에 관한 논의뿐 아니라 대상영역에 관한 논의도 혼란된 상태에 머물 것이다——의 한 단편이다. 앞으로 고찰에 전념할 이러한 해명에서도 영역이라는 개념과 관련된 중요한 **범주**라는 개념이 저절로 생길 것이다.

범주라는 말은 한편으로 '어떤 영역의 범주'라는 연관 속에 바로 관련된 영역, 예를 들어 물리적 자연의 영역을 소급해 지시하지만, 다른 한편으로 그때그때 일정한 **물질적 영역**을 영역 일반의 형식, 또는 대상 일반이라는 형식적 본질과 관련시키며 또 이 본질에 속한 '**형식적 범주**'와 관련시킨다.

먼저 결코 사소하지 않은 사항을 말해보자. 형식적 존재론은, 어떤 대상 일반의 형식적 본질과 영역적 본질이 양쪽에서 동등한 역할을 하는 한, 물질적 존재론과 같은 계열에 있는 것으로 보인다. 그래서 이제까지와 같이, 영역 자체 대신 오히려 물질적 영역에 관해 논의하고, 실로 '형식적 영역'을 이 영역에 넘겨주려는 경향이 있었다. 이러한 논의방식을 받아들이면, 어쨌든 몇 가지 점에서 신중해야 한다. 한편으로 물질적 본질이 있는데, 이것은 어떤 의미에서 '본래의' 본질이다. 그러나 다른 한편으로 형상적인 것이지만, 아무튼 근본상 본질적으로 다른 것, 즉 단순한 본질형식이다. 이것은 하나의 본질이지만, 완전히 '공허한' 본질 ─공허한 형식의 방식으로 모든 가능한 본질에 적합한 본질─, 즉 공허한 형식의 방식으로 모든 가능한 본질에 적절한 본질, 그 형식적 일반성에서 최고의 물질적 일반성까지 포함한 모든 일반성을 지배하며 이 일반성에 속한 형식적 진리를 통해 이 일반성에 법칙을 지정하는 본질이다. 그러므로 이른바 '형식적 영역'은 어쨌든 물질적 영역(영역 그 자체)과 대등하게 어울린 것이 아니다. 그것은 본래 영역이 아니라 영역 일반에 관한 공허한 형식이며, 사실을 지닌 자신의 모든 본질특수화와 더불어 모든 영역을 자신의 곁에 두는 대신, (단지 형식적이지만) 자신이 지배한다. 이제 물질적인 것이 형식적인 것에 이렇게 지배된다는 것은 다음과 같은 사실로 명백히 알려진다. 즉 형식적 존재론은 동시에 모든 가능한 존재론 일반(바로 모든 '본래의' '실질적' 존재론)의 형식을 내포한다는 사실, 형식적 존재론은 물질적 존재론에 이 존재론 모두에 공통인 하나의 형식적 체제─이 체제에는 우리가 지금 영역과 범주의 구별에 관해 연구한 것도 포함된다─를 지정한다는 사실이다.

(항상 보편수학으로까지 완전히 연장된 순수논리학인) 형식적 존재론에서 시작하자. 그래서 형식적 존재론은, 우리가 알고 있듯이, 대상 일반에 관한 형상적 학문이다. 대상은 이 학문의 의미에서 〔존재하는〕 각각의 모든 것이며, 수학(Mathesis)의 많은 학과 속에 분산된 무한히 다양한 진리는 바로 형식적 존재론을 위해 확정될 수 있다. 그러나 진리는 전체로 순수 논리적 학과 속에 '공리'로서 기능하는

직접적 진리 또는 '근본'진리의 어떤 작은 존립요소로 되돌아온다. 이제 이 공리 속에 등장하는 순수 논리적 **근본개념** ── 이것을 통해 공리의 전체 체계 속에 대상-일반에 관한 논리적 본질이 규정되는 개념, 또는 어떤 대상 그 자체, 즉 (그것이 도대체 무엇Etwas일 수 있어야 하는 한) 그 어떤 무엇의 무조건 필연적이며 구성적인 규정을 표현하는 개념 ── 을 논리적 범주 또는 대상-일반이라는 논리적 영역의 범주로 정의한다. 우리가 절대적으로 정확하게 제한한 의미에서 순수 논리적인 것이 '종합적인 것'에 대립된 '분석적인 것'[7]이라는 단지 철학적으로 중요한 (물론 근본적으로도 중요한) 개념을 규정하기 때문에, 이 범주 역시 기꺼이 '분석적 범주'라 부른다.

따라서 논리적 범주의 예는 속성, 상대적 성질, 사태, 관계, 동일성, 동등성, 집합(집단), 정수(定數), 전체와 부분, 유(類)와 종(種) 등과 같은 개념이다. 그러나 '의미범주', 명제(Satz), 즉 진술(Apophansis)의 본질에 속한 다른 종류의 명제·명제요소와 명제형식이라는 근본개념도 여기에 속한다. 이것은, 우리의 정의(定義)에 따라, '대상(Gegenstand)-일반'과 '의미(Bedeutung)-일반'을 서로 함께 결부시키며 게다가 이렇게 결부시켜 순수 의미의 진리를 순수 대상의 진리로 전환시키는 본질진리를 고려해보면 그러하다. 바로 이 때문에 '**진술논리 논리학**'(apophantische Logik)*은, 오직 의미에 관해 진술하더라도, 어쨌든 완전히 포괄적인 의미에서 형식적 존재론에 함께 속한다. 그래도 우리는 의미범주를 그 자신에 대해 고유한 그룹으로 분리

---

7) 『논리연구』제2-1권, 제3장 11항 이하를 참조할 것.
* 이 용어는 그리스어 'aphophainestai'(제시하다·나타내다·설명하다·진술하다 등)에서 유래한다. 판단은 인식론, 문장은 언어학, 명제와 진술은 논리학의 대상이다. 따라서 후설에서 명제·진술·판단·문장 등에 대한 의미론을 뜻하는 'apophantische Logik' 또는 'Aphophantik'은 '진술논리(학)'로 옮긴다.

시키고, 이 범주를 적확한 의미에서 형식적인 대상적 범주인 그밖의 범주에 대립시켜야 한다.[8]

여기서 다음을 더 보충하자. 즉 우리는 범주 아래 한편으로는 의미(Bedeutung)에 관한 뜻(Sinn)으로 개념을 이해할 수 있지만, 다른 한편으로 또한 더 적절하게는 이 의미 속에 자신의 표현을 발견하는 형식적 본질 자체를 이해할 수 있다. 예를 들어 사태, 다수(多數) 등의 '범주'는 후자의 의미에서 사태 일반, 다수 일반 등의 형식적 형상을 뜻한다. 사람들이 여기 어디에서나 구별해야 할 것 —— '의미'와 의미를 통해 '표현'을 알 수 있는 것, 즉 의미와 의미된 대상성 ——을 순수하게 구별하게끔 배우지 않았던 한에서만, 그 모호함은 그만큼 오랫동안 위험했다. 전문용어상 사람들은 (의미로서의) 범주적 개념과 범주적 본질을 명확히 구별할 수 있다.

---

8) 의미범주와 형식적-존재론적 범주에서 논리적 범주의 구별에 관해서는 『논리연구』 제1권의 67항을 참조할 것. 특히 『논리연구』 제2-1권의 제3연구 전체는 '전체와 부분'이라는 범주에 관련된다. 나는 역사적 근거에서 '존재론'이라는 언짢은 표현을 그 당시에는 감히 수용할 수 없었기에, 이 연구를 (앞에 언급한 제1판의 222쪽에서) '대상 그 자체의 아프리오리한 이론' —— 이것은 마이농(A.v. Meinong)*이 '대상이론'이라는 말로 압축한 바 있다 ——의 한 부분이라 불렀다. 이에 반해 나는 변화된 시대상황에 부응하여 이제 옛 표현인 '존재론'을 다시 회복시키는 것이 훨씬 적절하다고 생각한다.

* 마이농(1853~1920)은 브렌타노(F. Brentano)의 제자로 기술심리학에서 큰 영향을 받았으나, 표상·실재·감정·욕구의 대상을 그 현실적 존재나 가능성과 관계없이 자유롭게 탐구하는 대상이론을 주장하고, 모든 분야에서 표상과 판단을 매개하는 가정(假定)의 역할을 분석했다. 그의 대상이론은 후설의 『논리연구』에, 러셀(B. Russell)의 기술(description)이론과 신(新)실재론에 큰 영향을 주었다. 그런데 그의 대상이론은 대상이 의식에 주어지는 방식의 지향성을 분석한 후설과는 근본적 차이가 있다.

11. 구문론적 대상성과 궁극적 기체. 구문론적 범주

이제 대상성(Gegenständlichkeit) 일반의 분야에 중요한 구별이 필요하다. 이 구별은 의미의 형식론 안에서 '구문론적 형식'과 '구문론적 기체(Substrat)' 또는 '소재'(Stoff)의 ('순수-문법적') 구별 속에 반영된다. 따라서 구문론적 범주와 기체의 범주 속에 형식적-존재론적 범주가 분리되어 알려지는데, 지금 더 자세하게 논구될 것이다.

구문론적 대상성으로 우리는 '구문론적 형식'을 통해 다른 대상성에서 파생된 대상성을 이해한다. 이 형식에 상응하는 범주를 '구문론적 범주'라 한다. 여기에는 예를 들어 사태·관계·성질·단일성·다수성·정수·순서·서수(序數) 등의 범주가 속한다. 여기에서 일어나는 본질상태를 다음과 같이 서술할 수 있다. 즉 모든 대상은, 명시적일 수 있고 다른 대상과 관계될 수 있는 한, 요컨대 논리적으로 규정할 수 있는 한, 다른 구문론적 형식을 받아들인다. 규정하는 사유작용의 상관자인 더 높은 단계의 대상성 ─ 성질과 성질상 규정된 대상, 그 어떤 대상의 관계, 통일체의 다수성, 순서의 요소, 서수를 규정하는 담지자인 대상 ─ 이 구성되기(konstituieren sich)* 때문이다. 사유작용이 술어적이라면, 표현과 이에 속한 진술논리의 의미형성물이 단계적으로 생긴다. 이 의미형성물은 구문론적 대상성을 그 모든 분류와 형식에 따라 정확하게 상응하는 의미구문론 속에 반영한다.

---

* 후설은 현상학에서 중요한 개념이자 작업인 '구성한다'라는 동사를 수동적 의미가 있는 재귀동사로 간혹 사용한다. 이것은 그의 '구성'과 관련해 '주어짐'(gegeben)이나 '나타남'(erscheinen), '제시한다'(darstellen)나 '드러난다'(bekunden)는 표현에서도 알 수 있듯이, 인식되는 객체가 인식하는 주체에 앞서 이미 일정한 권리와 구조를 지니고 있음을 뜻한다. 이러한 '구성'과 칸트의 '구성'(Konstruktion)의 차이점에 관해서는 218쪽의 역주를 참조할 것.

이 모든 '범주적 대상성'[9]은, 대상성 일반과 마찬가지로 또다시 범주적 형성물의 기체로서 기능하며, 이것은 이렇게 계속 이어진다. 그 반대로 그와 같은 각각의 형성물은 명증하게 **궁극적 기체**, 즉 최초의 또는 가장 낮은 단계의 대상을 소급해 지시한다. 따라서 **결코 구문론적-범주적 형성물**은 아닌 이 대상은 사유기능(인정함·부정함·관련지음·결부시킴·셈함 등)의 단순한 상관자인 존재론적 형식에 관한 어떤 것도 더 이상 내포하지 않는다. 따라서 대상성-일반이라는 형식적 영역은 궁극적 기체와 구문론적 대상성으로 나누어진다. 구문론적 대상성을 우리는 그에 상응하는 기체의 **구문론적 파생물**이라 부른다. 곧 언급하겠지만, 모든 '개체'도 이 기체에 속한다. 개별적 속성, 개별적 관계 등에 관해 이야기한다면, 물론 이 파생물의 대상은 그것이 파생된 기체를 위해 그렇게 부른다.

의미의 형식론 측면에서도 구문론으로 형식이 없는 궁극적 기체에 도달한다는 점, 모든 명제와 가능한 모든 명제요소는 자신의 진술논리 형식의 기체로서 이른바 '명사(名辭)'(Terminus)를 포함한다는 점을 여전히 진술해야 할 것이다. 이 명사는 단지 상대적 의미에서 명사일 수 있다. 다시 말해 그 자체로 다시 형식(예를 들어 복수(複數)형식·속성 등)을 포함할 수 있다. 그러나 모든 경우에 우리는 어떤 구문론의 형식화(Formung)도 결코 내포하지 않는 **궁극적 명사**, 즉 궁극적 기체로 되돌아가며, 게다가 필연적으로 되돌아간다.[10]

---

9) 『논리연구』 제2-2권, 제6연구, 제2장 특히 46항 이하를 참조할 것.
10) 나는, 순수논리학에 관한 수년 동안의 강의를 출간할 때, 의미의 형식론─이것은 '아프리오리한 문법(Grammatik)'의 근본부분이다─에서 매우 중요한 '구문론 형식'과 '구문론 소재'의 이론에 대한 더 자세한 상론을 발표할 것이다. '순수' 문법과 의미의 형식론의 일반적 과제에 관해서는 『논리연구』 제2-1권, 제4연구를 참조할 것.

12. 유와 종

이제 본질의 전체 영역에 속한 새로운 그룹의 범주적 구별이 필요하다. 실질적 본질이든 공허한 (따라서 순수 논리적) 본질이든, 모든 본질은 일련의 본질단계인 **일반성과 특수성** 단계로 분류된다. 이 일련의 단계에는 결코 합류될 수 없는 두 가지 한계가 필연적으로 있다. 아래로 내려가면서 **가장 낮은 종(種)의 차이(Differenz), 또는 형상적 단일성**에 도달하고, 위로 올라가면서 종(Art)과 유(Gattung)의 본질을 통해 **최고 유**에 도달한다. 형상적 단일성은 그 자신에 대해 자신의 유(類)인 '더 일반적인' 본질을 필연적으로 갖는 본질이지만, 그자신 아래 특수화된 어떤 것 ― 이것과 관련해 형상적 단일성은 그 자체로 종(가장 가까운 종 또는 간접적인 더 높은 유)이다 ― 도 갖지 않는 본질이다. 마찬가지로 그 자신 위에 어떠한 유도 갖지 않는 최고 유다.

이러한 의미에서 의미의 순수논리 분야 속에 '의미 일반'은 최고 유이며, 모든 일정한 명제형식, 즉 모든 일정한 명제요소의 형식은 형상적 단일성이다. 명제 일반은 매개하는 유이기 때문이다. 마찬가지로 정수(定數) 일반은 최고 유다. 2·3 등은 이것의 가장 낮은 차이 또는 형상적 단일성이다. 예를 들어 실질적 영역에서 사물 일반, 감성적 성질, 공간형태, 체험 일반은 최고 유다. 일정한 사물, 감성적 성질, 공간형태, 체험 그 자체에 속한 본질요소는 형상적일 뿐 아니라 실질적 단일성이기 때문이다.

유와 종을 통해 표시된 이러한 본질관계(이것은 부류, 즉 집합의 관계가 아니다)에는 '직접이든 간접이든' 더 일반적인 본질이 ― 형상적 직관으로 자신의 독자성에 따라 파악할 수 있는 일정한 의미에서 ― 특수한 본질 속에 '포함되어 있다'. 바로 이 때문에 많은 학자는 형상적 유와 종의 관계를 '전체'(Ganz)에 대한 '부분'(Teil)의 관계 아래의 형상적 특수화로 끌어들인다. 이 경우 '전체'와 '부분'은 바로 '포함하는 것'과 '포함되는 것'에 관한 가장 넓은 개념——형상적 종의 관계는 이것에 관한 하나의 특수성이다——을 취한다. 따라서 형상적으로 단일한 것은 이것에 관해 놓여 있는——그것의 측면에서는 단계적으로 '서로 뒤섞여 놓여 있는', 즉 더 높은 것이 항상 더 낮은 것 속에 놓여 있는——총체적 일반성을 함축한다.

13. 일반화와 형식화

일반화(Generalisierung)와 특수화(Spezialisierung)의 관계는 본질적으로 다른 종류의 관계——실질적인 순수 논리적으로 형식적인 것 속으로 일반화(Verallgemeinerung), 또는 그 반대로, 어떤 논리적으로 형식적인 것이 실질화(Versachlichung)——와 첨예하게 구별되어야 한다. 달리 말하면, 일반화는——예를 들어 수학적 해석학에서 매우 중요한 역할을 하듯이——형식화(Formalisierung)와 완전히 다르다. 그리고 특수화는 탈-형식화, 즉 논리적-수학적 공허한 형식 또는 형식적 진리를 '충족시킴'과 완전히 다르다.

따라서 어떤 본질을 어떤 순수-논리적 본질의 형식적 일반성에 종속시키는 것은 그 본질을 더 높은 본질-유에 종속시키는 것과 혼동되면 안 된다. 그래서 예를 들어 삼각형의 본질은 최고의 유인 공간형태에 종속되고, 빨간색의 본질은 최고의 유인 감각적 성질에 종속된다. 다른 한편 빨간색, 삼각형 그리고 이와 같이 동질적이거나 이질적인 모든 본질은 '본질'이라는 범주적 명칭에 종속된다. 이 범주적 명칭은 이 모든 것에 대해 결코 어떤 본질-유의 특성을 지니지 않고, 본질-유 가운데 어떤 것에 관해서도 그러한 특성을 전혀 지니지 않는다. '본질'을 실질적 본질의 유로 간주하는 것은, 대상 일반(공허한 무엇)을 모든 종류의 대상에 대한 유로, 그런 다음 당연히 단적으로 하나의 최고 유, 즉 모든 유의 유로 오해하는 것과 마찬가지로, 전도된 것이다. 오히려 모든 형식적-존재론적 범주를, 그 최고 유를 '형식적-존재론적 범주 일반'이라는 본질 속에 갖는 형상적 단일성이라 해야 한다.

마찬가지로 모든 일정한 추론──가령 물리학에 사용되는 추론──은 일정한 순수 논리적 추론형식을 개별화한 것이며, 모든 일정한 물리학적 명제는 일정한 명제형식을 개별화한 것이라는 사실은 분명하다. 그러나 순수 형식은 실질적 명제 또는 추론에 대한 유가 아니라, 그 자체로 단지 가장 낮은 〔종적〕 차이, 즉 순수 논리적 유인 명제나 추론──모든 비슷한 유와 같이, 이것은 이것 자체의 최고 유인 '의미-일반'을 지닌다──의 가장 낮은 〔종적〕 차이일 뿐이다. 따라서 논리적으로 공허한 형식(보편수학에서는 공허한 형식뿐이다)을 충족시키는 것은 궁극적으로 차이짓는 데까지의 진정한 특수화에 대립해 완전히 다른 '조작'(Operation)이다. 이러한 점은 도처에서 확인될 수 있다. 그래서 예를 들어 공간으로부터 '유클리드 다양체'로 이행하는 것은 결코 일반화가 아니라, '형식적' 일반화다.

이러한 근본적 구별을 확증하려면, 그 모든 경우에서처럼 본질직관(Wesensintuition)으로 되돌아가야 한다. 이 본질직관은 다음과 같은 사실을 즉시 가르쳐준다. 즉 논리적 형식본질(예를 들어 범주)은──일반적 빨간색이 다른 빨간색의 뉘앙스 속에 놓여 있거나, '색깔'이 빨간색 또는 파란색 속에 놓여 있듯이──실질적으로 단일화된 것 속에 '놓여 있지' 않다는 사실, 논리적 형식본질은──**포함되어 있**음에 관한 논의를 정당화하기 위해 일상적인 좁은 의미에서 부분의 관계와 충분히 공통성을 지닐──본래의 의미에서 실질적으로 단일화된 것 속인 '이 속에' 결코 있지 않다는 사실이다.

또한 어떤 개별자, 일반적으로 '여기에 있는 이것'(Dies-da)을 어떤 존재〔자〕에 포섭하는 것(이것은 가장 낮은 〔종적〕 차이가 문제인지 유가 문제인지에 따라 다른 특성이 있다)은 어떤 존재〔자〕를 그것의 더 높은 종(Spezies) 또는 어떤 유에 종속시키는 것과 혼동하면 안 된다는 사실을 지적하는 데는 결코 상세한 논의가 필요없다.

이와 마찬가지로 범위——이것은 방금 논의한 차이와 함께 명백히 구별되어야 한다——에 관한 변화하는 논의, 특히 보편적 판단 속에 본질의 기능과 관련된 논의가 겨우 시사될 것이다. 가장 낮은 어떤 차이도 아닌 모든 본질은 일정한 형상적 범위, 즉 특수성에 관한 범위와 궁극적으로는 어쨌든 형상적 단일성에 관한 범위를 지닌다. 다른 한편으로 모든 형식적 본질은 자신의 형식적 또는 '수학적' 범위를 지닌다. 더 나아가 모든 본질 일반은 개별적으로 단일화된 것에 관한 자신의 범위, 즉 가능한 '이것임'(Diesheit)——모든 본질은 형상적-보편적 사유작용 속에 이 '이것임'에 관련될 수 있다——에 관한 이념적 개념 전체를 갖는다. 경험적 범위에 관한 논의는 순수 일반성을 폐기하는 함께 얽힌 현존재의 정립에 따라 일정한 현존재의 영역에 제한하는 것 이상을 뜻한다. 이 모든 것은 물론 본질로부터 의미인 '개념'으로 이행된다.

14. 기체의 범주. 기체의 존재와 '여기에 있는 이것'(tode ti)

더 나아가 '완전한' '실질적' 기체(基體)——이에 상응하는 '완전한' '실질적' 구문론적 대상성과 함께——과 공허한 기체——이 기체로부터 형성된 구문론적 대상성, 공허한 무엇이 변경된 것과 함께——사이의 구별에 주목하자. 후자의 부류는 결코 공허하거나 빈약한 것이 아니다. 즉 이것은 사태가 구축되는 모든 범주적 대상성과 함께 보편수학인 순수논리학의 존립요소에 속한 사태의 전체성으로 규정되기 때문이다. 그래서 그 어떤 삼단논법이나 산술의 공리 또는 정리를 표명하는 모든 사태, 즉 모든 추론형식, 모든 수량적 수(數), 모든 수의 형성물, 순수해석학의 모든 기능, 순수해석학에서 잘 정의된 모든 유클리드 또는 비-유클리드 다양체가 여기에 속한다.

이제 실질적 대상성의 부류를 우대하면, 모든 구문론적 형성의 핵심인 궁극적으로 실질적 기체에 이르게 된다. 이 핵심에는 '실질적 궁극적 본질'과 '여기에 있는 이것!' 또는 구문론으로 형식이 없는 순수한 개별적 단일성이라는 두 가지 선택적 주요표제에 정렬되는 기체의 범주가 속한다. 끈질기게 달라붙는 용어인 개체(Individuum)는, 바로 이 말이 함께 표현하는 언제나 규정할 수 있는 나눌 수 없음을 그 개념 속에 받아들이면 안 되고 오히려 특수하며 매우 불가결한 개념인 개체를 위해 유보되어야 하기 때문에, 여기에서 적절하지 않다. 따라서 적어도 이러한 의미에 관한 어법에 함께 포함되지 않는 아리스토텔레스의 표현인 '여기에 있는 이것'(tode ti)*을 받아들인다.

우리는 형식이 없는 궁극적 본질과 '여기에 있는 이것'을 대립시켰다. 이제 이것들 사이를 지배하는 본질연관, 즉 모든 '여기에 있는 이

---

* 아리스토텔레스는 참된 존재(to on)는 개별적인 '여기에 있는 이것'뿐이라 한다. "원래의 첫 번째 가장 중요한 의미에서 실체(ousia)는 어떤 주어나 기체(基體)에 대해 진술되지도 않고, 그 안에 있지도 않다. 예를 들어 어떤 이 사람, 이 말[馬]이다. 이 1차적 실체가 속한 종(種)과 그 유(類)는 2차적 실체다. ······ 1차적 실체는 쪼갤 수 없는 것이며 수적으로 하나다"(『범주론』(Kategoriae), 2a11~3b13). 즉 '여기에 있는 이것', 그러니까 1차적 실체는 진술의 궁극적 주체이며 속성들의 존재기초다. 그런데 그는 다른 한편으로 1차적 실체를 1차적 실체이게끔 해주고 이해시켜주는 2차적 실체가 "우리에게 더 앞선 것이며, 더 잘 알려져 있는 것"(『형이상학』(Metaphysica) 제5권 8-11장, 제7권 2-3장을 참조할 것)이라고 종(種)으로서의 형상(idea)의 우위성을 강조한다.

것'이 ─우리가 진술한 의미에서 형식이 없는 기체의 본질이라는 특성을 지닌─ 자신의 실질적 본질의 존립요소를 갖는다는 점에서 성립하는 본질연관을 밝혀내야 한다.

15. 자립적 대상과 비-자립적 대상. 구체물과 개체

여전히 더 이상의 근본적 구별, 즉 자립적 대상과 비-자립적 대상을 구별해야 한다. 예를 들어 어떤 범주적 형식은, 이 형식이 필연적으로 일정한 기체─그 형식은 이 기체의 형식이다─를 소급해 지시하는 한, 비-자립적이다. 기체와 형식은 서로 의지하며, '상대방이 없다면' 생각할 수 없는 본질이다. 따라서 이러한 가장 넓은 의미에서 순수 논리적 형식, 가령 모든 대상의 질료에 관해 대상인 범주적 형식, 모든 일정한 본질에 관해 본질인 범주 등은 비-자립적이다. 이제 이 비-자립성을 도외시하고, 비-자립성 또는 자립성이라는 적확한 개념을 본래의 '내용적' 연관─ '포함되어 있음', 하나로 있음〔일치〕 그리고 경우에 따라 더 본래의 의미에서 결합되어 있음의 관계─에 결부시켜보자.

여기에서 궁극적 기체의 경우와, 여전히 더 좁게 파악해보면, 실질적 기체본질의 경우 그 상태가 특히 우리의 관심을 끈다. 이 상태에두 가지 가능성이 성립한다. 즉 그러한 기체본질이 다른 기체본질과함께 하나의 본질의 통일체를 정초하는 가능성과, 그렇게 정초하지않는 가능성이다. 첫 번째 경우 더 상세하게 기술해야 할 관계, 어쩌면 일방적인 또는 상호간의 비-자립성이 생긴다. 그리고 통일된 본질에 해당된 형상적이거나 개별적인 단일성에 관해, 다른 본질과 함께 적어도 유(類)의 공동성을 갖는 본질을 통해 규정된 것으로서가아닌 한, 하나의 본질의 단일성이란 존재할 수 없다는 필증적으로 필연적 결론이 생긴다.[11] 예를 들어 감성적 성질은 확장〔연장〕의 그 어떤 차이를 필연적으로 지시하며, 이 확장은 다시 필연적으로 그것과 함께 통일하는, 즉 그것을 '덮어씌우는' 그 어떤 성질의 확장이다. 가령 강도(强度)의 범주에서 '강화'(强化)하는 계기는 내재하는 성질의 내용으로서만 가능하며, 그와 같은 유의 내용은 다시 그 어떤 강화하는 정도가 없다면 생각할 수 없다. 어떤 유의 규정성의 체험인 나타남(Erscheinen)은, '나타나는 것 그 자체'의 나타남이 아닌 한 불가능하며, 그 반대도 마찬가지다 등등.

그래서 이제 개체, 구체물(Konkretum)과 추상물(Abstraktum)이라는 중요한 규정이 생긴다. 비-자립적 본질〔존재〕은 **추상물**, 절대적으로 자립적 본질은 **구체물**이라 한다. '여기에 있는 이것' — 이것의 실질적 본질은 구체물이다 — 은 개체라 한다.

일반화의 '조작'을 이제 확장된 개념인 논리적 '변경' 아래 파악하면, 개체는 순수 논리적으로 요구된 근원적 대상, 즉 모든 논리적 변경이 소급해 지시하는 논리적으로 절대적인 것이라 할 수 있다.

구체물은, 종과 유(이것들은 통상으로 가장 낮은 〔종적〕 차이를 배제하는 표현이다)가 원리상 비-자립적이기 때문에, 자명하게 형상적 단일성(Singularität)이다. 따라서 **형상적 단일성은 추상적 단일성과 구체적 단일성으로 나뉜다.**

어떤 구체물 속에 선언적(選言的)으로 포함된 형상적 단일성은, 하나의 동일한 유의 두 가지 형상적 단일성이 하나의 본질의 통일체 속에 결합될 수 없다는 — 또는 어떤 유의 가장 낮은 〔종적〕 차이는 서로 함께 '양립할 수 없다'고 하듯이 — 형식적-존재론적 법칙을 고

---

11) 『논리연구』 제2-1권, 제3연구의 상세한 분석, 특히 가령 개정판(1913)의 개선된 서술을 참조할 것.

려해, 필연적으로 '이질적'(heterogen)이다. 따라서 어떤 구체물에 분류된 모든 단일성은, 〔종적〕 차이로 고찰하면, 종과 유의 분리된 하나의 체계로 이끌며, 그래서 분리된 최고 유로도 이끈다. 예를 들어 어떤 현상적 사물의 통일체에서 일정한 형태는 최고 유인 공간형태 일반으로, 일정한 색깔은 시각적 성질 일반으로 이끈다. 그럼에도 구체물 속의 가장 낮은 〔종적〕 차이는, 예를 들어 물리적 속성이 공간적 규정을 전제하고 내포하듯이, 선언적인 것 대신 서로 교차하는 것일 수도 있다. 그렇다면 최고 유도 선언적인 것이 아니다.

계속해 특징적 기본방식으로 유는 그 자신 아래 구체물을 갖는 유와 추상물을 갖는 유로 구분된다. 그 형용사가 지닌 모호함에도 불구하고, 우리는 편리하게 **구체적 유**와 **추상적 유**에 관해 이야기한다. 왜냐하면 누구도 구체적 유 자체를 근원적 의미에서 구체물로 간주하는 착상에 이를 수 없기 때문이다. 그러나 정확성이 요구되는 곳에서는 구체적인 것의 유 또는 추상적인 것의 유라는 우둔한 표현이 사용될 수밖에 없다. 구체적 유에 대한 예는 실재적 사물, 시각적 환상(감성적으로 충족되어 나타나는 시각적 형태), 체험 등이다. 이에 반해 추상적 유에 대한 예는 공간형태, 시각적 성질 등이다.

16. 실질적 분야에서 영역과 범주. 아프리오리한 종합적 인식

개체와 구체물이라는 개념에 의해 **영역**(Region)이라는 학문이론의 근본개념도 엄밀하게 '분석적으로' 정의된다. 영역은 어떤 **구체물에 속한 최고 유의 전체 통일체**, 따라서 구체물 안에서 가장 낮은 〔종적〕 차이에 속한 최고 유의 본질통일적 결합일 뿐이다. 영역의 형상적 범위는 이 유의 차이가 구체적으로 통일된 복합체의 이념적 전체성을 포괄하고, 그 개별적 범위는 그와 같은 구체적 본질을 지닌 가능한 개체들의 이념적 전체성을 포괄한다.

모든 영역적 본질〔존재〕은 '종합적' 본질진리, 즉 이러한 유의 본질로서 그 본질 속에 근거하지만 형식적–존재론적 진리의 단순한 특수화는 아닌 '종합적' 본질진리를 규정한다. 따라서 영역적 개념과 이 개념의 영역적 변종은 이러한 종합적 진리에서 자유롭게 변경할 수 없으며, 관련되는 규정된 용어를 규정되지 않은 용어를 통해 대체하는 것은──모든 '분석적' 필연성의 경우에 특징적으로 일어나는 것과 같은──형식적–논리적 법칙을 산출하지 않는다. 영역적 본질 속에 근거하는 종합적 진리의 총괄개념은 영역적 존재론의 내용을 형성한다. 그 진리 가운데 근본진리──영역적 공리──의 전체 총괄개념은 영역적 범주의 총괄개념을 한정하고, 정의해준다. 이 개념은 개념 일반과 마찬가지로 단순히 순수 논리적 범주의 특수화를 표현하는 것이 아니라, 이 공리가 영역적 공리에 의해 영역적 본질에 특유하게 속한 것을 표현하는 사실, 영역의 일정한 개별적 대상에 '아프리오리하게' 그리고 '종합적으로' 속해야 하는 것을 형상적 일반성으로 표현하는 사실을 통해 부각된다. 그러한 (순수 논리적이 아닌) 개념을 주어진 개체에 적용하는 것은 필증적이며 무조건 필연적인 것인데, 그밖에 영역적 (종합적) 공리를 통해 규칙화되기 때문에 그렇다.

(어떤 내적 유사성을 배제하지 않지만 근본파악에서 현저한 차이에도 불구하고) 칸트의 이성비판을 상기시키려 고수하면, 이제 사람들은 아프리오리한 종합적 인식 아래 영역적 공리를 이해해야 할 것이고, 우리는 그러한 인식의 환원될 수 없는 부류를 영역의 수만큼 갖게 될 것이다. '종합적 근본개념' 또는 범주는 (일정한 영역과 이 영역의 종합적 근본명제에 본질적으로 관련된) 영역적 근본개념일 것이고, 우리는 구별해야 할 영역의 수만큼 다른 그룹의 범주를 갖게 될 것이다.

이 경우 형식적 존재론은 영역적 (본래의 '질료적' '종합적') 존재론과의 한 계열에서 외면으로 나타난다. 이 존재론의 영역적 개념인 '대상'은 형식적 공리체계를 규정하며(위의 10항 참조), 이것을 통해 형식적 ('분석적') 범주의 총괄개념을 규정한다. 이 속에서 드러난 모든 본질적 차이에도 불구하고, 사실상 [형식적 존재론과 질료적 존재론을] 대비시키는 것이 정당화된다.

17. 논리적 고찰의 결론

우리의 전체 고찰은 순수 논리적 고찰이었으며, 어떠한 '질료적' 영역이나 어떠한 일정한 영역에서도 움직이지 않았다. 그 고찰은 영역과 범주에 관해 일반적으로 이야기했고, 이 일반성은 잇달아 구축된 정의(定義)의 의미에 입각해 순수하게 논리적인 것이었다. 그것은 바로 순수논리학의 토대 위에, 순수논리학으로부터 출발하는 모든 가능한 인식 또는 인식의 대상성에서 근본체제의 부분으로, 하나의 도식(Schema)을 묘사하는 것이었다. 이 도식에 입각해 개체들은 '아프리오리한 종합적 원리' 아래 개념과 법칙에 따라 규정될 수 있어야 한다. 또는 이 도식에 입각해 모든 경험적 학문은 이 학문에 속한 영역적 존재론에 근거해야 하고, 단순히 모든 학문에 공통적인 순수논리학에 근거하면 안 된다.

동시에 여기에서 다음과 같은 과제의 이념이 생긴다. 즉 우리의 개별적 직관의 범위 속에 구체화(Konkretion)의 최고 유를 규정하는 과제, 이러한 방식으로 존재영역에 따라 모든 직관적인 개별적 존재를 배분하는 과제. 이 존재영역의 각각은, 가장 근본적인 본질근거에 입각해 다른 형상적 학문과 경험적 학문(또는 학문 그룹)을 [구별해] 나타내기 때문에, 원리적이다. 그밖에 이 근본적 구별은 결코 얽히거나 부분적으로 겹치지 않는다. 그래서 가령 '물질적 사물'과 '영혼'은 다른 존재영역이고, 어쨌든 영혼은 물질적 사물 속에 기초되며, 이 사실에서 영혼론(Seelenlehre)을 신체론(Leibeslehre) 속에 기초지음(Fundierung)이 생긴다.

학문을 근본적으로 '분류하는' 문제는 주로 영역을 분리하는 문제다. 이것을 위해서는 여기에서 몇 가지 측면에서 수행된 방식의 순수 논리적 연구가 다시 잠정적으로 필요하다. 다른 한편 물론 현상학 — 우리는 지금껏 이것에 관해 전혀 모른다 — 도 필요하다.

제2절 자연주의의 오해

18. 비판적 논의로 들어가는 말

사실과 사실학문에 대립해 본질과 본질학문에 관해 설명한 일반적 상론은 순수현상학(이것은 실로 앞의 '머리말'에 따라 본질학문이어야 한다)의 이념을 구축하고 모든 경험적 학문 — 따라서 심리학도 — 에 대한 순수현상학의 지위를 이해하는 데 본질적인 토대를 다루었다. 그러나 모든 원리적 규정은, 많은 것이 이 규정에 의존하므로, 올바른 의미로 이해되어야 한다. 우리는 이 규정에서 미리 주어진 어떠한 철학적 관점에서도 강론하지 않았고 — 이 점은 예리하게 강조되어야 할 것이다 — , 전승된 철학적 학설이나 심지어 일반적으로 잘 알려진 철학적 학설 자체도 이용하지 않았으며, 가장 엄밀한 의미에서 몇 가지를 원리상 제시했을 뿐이다. 즉 직관 속에 우리에게 직접 주어지는 차이를 단지 충실하게 표현했을 뿐이다. 우리는 이 차이를 어떤 가설이나 해석으로 설명하지 않고, 고대나 근대의 전승된 이론을 통해 암시되었을지 모를 것을 파고들어가 해석하지 않고, 그것이 거기에 주어진 바로 그대로 받아들였다. 이렇게 수행된 확정이 실제적

'발단'이다. 그리고 이 확정이, 우리의 확정처럼, 포괄하는 존재영역에 관련된 일반성을 지녔다면, 그것은 확실히 철학적 의미에서 원리적인 것이며, 그 자체로 철학에 속한 것이다.

그러나 우리는 이 철학도 전제할 필요가 없다. 앞으로의 모든 고찰이 그러하듯, 지금까지 우리의 고찰은 철학처럼 매우 논쟁적이며 의심스러운 '학문'에 종속적인 관계로부터도 자유롭다. 우리의 근본확정 속에 우리는 아무것도, 심지어 철학이라는 개념도 전제하지 않았으며, 따라서 이러한 입장을 앞으로도 유지할 것이다. 우리가 계획하는 철학적 판단중지(epoche)는, 명백하게 정식화하면, 미리 주어진 모든 철학의 학설내용에 관해 판단을 완전히 억제하고 우리의 모든 증명을 이 억제함의 테두리 속에 수행한다는 데 있을 것이다. 다른 한편 그렇기 때문에 우리는 일반적으로 철학, 즉 역사적 사실인 철학에 관해, 사실적인 철학적 방향—좋은 의미에서도 종종 나쁜 의미에서도 인류의 일반적인 학문적 확신을 규정해왔고, 여기에서 다룬 근본쟁점에 관해서도 매우 특별하게 규정해왔던 방향—에 관한 이야기를 회피할 필요가 없다(우리는 이것을 결코 회피할 수 없다).

바로 이러한 관련에서 우리는 경험론과의 논쟁—우리의 판단중지 안에서 끝까지 싸워 매우 잘 해결할 수 있는 논쟁—에 관여해야 한다. 왜냐하면 직접적 확정의 지배를 받는 쟁점이 여기에서 문제가 되기 때문이다. 도대체 철학이 진정한 의미에서 따라서 그 본질상〔대상을〕직접 부여하는 직관을 통해서만 정초될 수 있는 '원리적' 토대의 존립요소를 지녔다면, 이 토대가 관계하는 논쟁은 자신의 결정에서 모든 철학적 학문뿐 아니라 이 학문이 소유한 이념이나 명목상으로 정초된 학설내용에 대해 독립적이다. 우리에게 논쟁을 강요하는 상태는 '이념' '본질' '본질인식'이 경험론에 의해 부정되고 있다. 자연과학이 '수학적' 학문으로서 자신의 높은 학문적 수준을 형상적 기초지음에 의거하더라도, 여기는 자연과학의 승리를 구가하는 돌진이 왜 곧바로 철학적 경험론을 촉진시켰으며 지배적 확신으로, 실로 경험과학자의 집단에서 거의 단독으로 지배하는 확신으로 만들었는지 그 역사적 근거를 설명할 장소가 아니다. 어쨌든 이 경험과학자 집단에서, 따라서 심리학자의 경우에도 결국 경험학문 자체의 진보에 반드시 위험이 될 이념혐오(Ideenfeindschat)가 살아 있다. 왜냐하면 이념혐오를 통해 이 경험학문의—결코 이미 완결되지 않은—형상적 기초지음(Fundamentierung)이, 어쩌면 경험학문의 진보에 불가결한 새로운 본질학문이 필연적으로 구성되는 것을 방해하는 이유 때문이다. 나중에 명백히 밝혀지겠지만, 이제 말한 것은 바로 심리학과 정신과학(Geisteswissenschaft)*의 본질적인 형상적 기초를 형성하는 현상학에 관련된다. 따라서 우리의 확정을 변호하는 데는 몇 가지 상론이 필요하다.

19. 경험과 원본적으로 부여하는 작용을 경험론으로 동일하게 확인함

우리가 인정해야 하듯이, 경험론적 자연주의(Naturalismus)는 극히 존중할 만한 동기에서 생긴다. 이 자연주의는 모든 '우상'에 맞서, 전통과 미신의 위력 그리고 거칠거나 세련된 모든 종류의 편견의 위력

---

* 독일어 'Wissenschaft'는 자연과학은 물론 인문·사회과학을 포괄하는 과학 일반, 즉 학문을 뜻한다. 그래서 '경험학문'보다 '경험과학'이, '사실학문'보다 '사실과학'이 더 친숙한 표현이지만, 후설 현상학이 줄곧 모든 학문을 진정한 학문으로 만들 수 있는 조건과 원천을 해명하는 학문이론으로서의 학문성(Wissenschaftlichkeit)을 문제 삼기 때문에, '자연과학' 이외에는 '학문'으로 옮긴다. 따라서 이 용어도 '인문과학'보다 더 포괄적인 '정신과학'으로 옮긴다.

에 맞서 진리에 관한 물음에서 유일한 권위인 자율적 이성의 권리를 타당하게 하려는 인식실천의 근본주의(Radikalismus)다.* 그러나 사태(Sache)에 관해 이성적이나 학문적으로 판단하는 것은 사태 자체에 따르는 것, 논의와 의견에서 사태 자체로 되돌아가는 것, 사태 자체를 이것이 스스로 주어지는 가운데 심문하고 사태에 생소한 모든 편견을 무시하는 것을 뜻한다. 바로 이것에 대한 오직 다른 표현방식은, 경험론자가 의도하듯이, 모든 학문이 경험으로부터 출발해야 하고 학문의 간접적 인식은 직접적 경험 속에 근거해야 한다는 것이다.

따라서 경험론자는 진정한 학문과 경험학문을 동일한 종류로 간주한다. 사실에 대립된 '이념'이나 '본질', 이것은 스콜라철학의 실체나 형이상학적 유령과 무엇이 다르다는 것인가?** 이러한 망령에서 인류를 구제한 것이 바로 근대 자연과학의 주된 공적일 것이다. 모든 학문은 경험할 수 있는 실재적 실제성에만 관계한다. 실제성이 아닌 것은 상상이며, 상상에 입각한 학문은 바로 상상된 학문이다. 물론 사람들은 상상을 심리적 사실로서 타당하게 인정할 것이고, 상상은 심리학에 속한다. 그러나 앞 절에서 설명하려 했듯이, 상상에 근거한 이른바 본질직시(Wesensschauung)를 통해 상상으로부터 새로운 주어짐인 '형상적' 주어짐 ─ 비-실재적 대상 ─ 이 솟아나온다는 것, 이것은 ─ 경험론자가 결론내리듯이 ─ 바로 '이데올로기적 과잉' '스콜라 철학으로의 복귀' 또는 19세기 전반에 자연과학과 거

---

* 후설은 『엄밀한 학문』에서 이미 자연주의가 이와 같이 정당하고 진정한 동기에서 출발했지만, 자연과학의 실험적 성과만 맹신하는 방법론적 편견에 빠지고, 의식에 지향적으로 주어진 모든 것뿐 아니라 모든 이념적 규범과 본질을 자연화(사물화)한 결과 엄밀한 학문으로서의 철학에 대한 근원적 충동을 왜곡시켰다고 비판한다.

** 이렇게 이념이나 본질을 스콜라 철학의 실체나 형이상학적 유령으로 간주하는 것은 후설의 현상학 자체를 비판하는 자연주의의 견해다.

리가 먼 관념론이 진정한 학문을 그토록 억제했던 '사변적인 아프리오리한 구축(Konstruktion)'으로 복귀하는 것이다.

그런데 경험론자가 여기에서 말하는 모든 것은 오해와 편견에 기인한다. 이 오해와 편견은, 아무리 호의적이고 좋은 것이라도, 경험론자를 근원적으로 이끌어간 동기다. 경험론적 논증의 원리적 오류는 '사태 자체'로 되돌아가야 한다는 근본요구가 모든 인식의 정초는 경험을 통해야 한다는 요구와 동일시되거나 혼동되는 데 있다. 인식할 수 있는 '사태'의 테두리를 이해할 수 있게 자연주의로 제한하는 가운데 그는 즉시 경험을 유일하게 사태 자체를 부여하는 작용으로 간주한다. 그러나 사태가 곧 자연의 사태는 아니며, 일상적 의미에서 실제성은 곧 실제성 일반이 아니고, 우리가 경험이라 부른 원본적으로 부여하는 작용은 오직 자연의 실제성에만 관련된다.

여기서 [이것들을] 동일하게 확인하고 추정된 자명성으로 다루는 것은, 극도로 명석한 통찰 속에 주어질 수 있는 차이를 주시하지 않은 채 제외하는 것을 뜻한다. 따라서 어떤 쪽에 편견이 있는가 하는 물음이 제기된다. 진정한 '편견 없음'(Vorurteilosigkeit)은, 판단의 고유한 의미가 경험의 정초를 요구하는 경우 이외에, '경험과 거리가 먼 판단'을 단적으로 거부할 것을 요구하지 않는다. 모든 판단은 경험의 정초를 허용하며 심지어 이것을 요구한다고 ─ 판단의 근본적으로 다른 종류에 따라 판단의 본질을 미리 연구하지 않고 동시에 이러한 주장이 결국 이치에 어긋난 것은 아닌지 숙고하지도 않고 ─ 곧바로 주장하는 것, 이것이 곧 이번에는 오히려 경험론의 측면에서 나왔다고 해서 더 나을 것이 없는 '사변적인 아프리오리한 구축'이다. 진정한 학문과 이 학문에 고유한 진정한 편견 없음은 그 타당성을 원본적으로 부여하는 직관으로부터 직접 끌어내는 직접 타당한 판단 자체를 모든 증명의 토대로서 요구한다. 그러나 이 직관은 직접 타당한 판단의 의미 또는 대상이나 판단사태의 고유한 본질이 그것을 지정하는 대로의 성질을 지닌다. 대상의 근본적 영역, 이와 상관적으로〔대상을〕부여하는 직관의 영역적 유형, 이에 속한 판단의 유형 그리고 마지막으로 그와 같은 유형의 판단의 정초를 위해 그때그때 다름 아닌 바로 이러한 직관을 요구하는 인식작용의 규범─이 모든 것은 위로부터 요청될 수도 명령될 수도 없다. 우리는 이것을 단지 통찰로 밝혀낼 수 있을 뿐이기 때문이다. 즉 원본적으로 부여하는 직관을 통해 증명하며, 직관 속에 주어진 것에 충실하게 적합한 판단을 통해 그것을 확정할 수 있을 뿐이기 때문이다. 실제로 편견에서 자유로운 또는 순수하게 사태에 입각한 수행절차가 다름 아닌 바로 그러한 모습으로 보인다고 생각될 것이다.

직접적 '봄'(Sehen)─단순히 감성적인 경험하는 봄이 아니라, 어떤 종류이든 원본적으로 부여하는 의식인 봄 일반─은 모든 이성적 주장의 궁극적 권리원천이다. 이 직접적 봄은 원본적으로 부여하는 것이기 때문에 또 그러한 한에서만 권리를 부여하는 기능을 지닌다. 어떤 대상을 완전히 명석하게 보면, 순수하게 봄에 근거해 또 실제로 보고 있는 파악된 것의 테두리 속에 해명하고 개념적으로 파악했다면, 이때 우리가 ('봄'의 한 새로운 방식으로서) 대상이 어떤 상태인지 본다면,〔이것을〕충실하게 표현하는 진술은 자신의 권리를 지닌다. 그 이유에 관한 물음에서 '나는 그것을 본다'에 전혀 가치를 부여하지 않는 것은─〔앞으로〕또다시 살펴보듯이─이치에 어긋난다. 더구나 이것은, 가능한 오해를 미리 예방하기 위해 여기에 첨부해야 하듯이, 아무튼 상황에 따라 어떤 봄은 다른 봄과 갈등을 일으킬 수 있으며 마찬가지로 어떤 **정당한** 주장이 다른 정당한 주장과 갈등을 일으킬 수 있다는 점을 배제하지 않는다. 왜냐하면 가령 어떤 힘이 다른 힘을 압도하는 것이 압도당한 힘은 힘이 아니라는 것을 뜻하지 않듯이,

봄이 어떠한 권리근거도 아니라는 점을 함축하지 않기 때문이다. 그러나 어쩌면 직관의 일정한 범주(이것은 곧 감성적으로 경험하는 직관에 해당한다) 속에서 봄은 자신의 본질상 '불완전하며', 그것은 원리상 강화되거나 약화될 수 있고, 그래서 직접적인 따라서 진정한 권리근거를 경험 속에 갖는 주장은 어쨌든 경험이 진행되면서 압도하거나 폐기하는 자신의 대응권리(Gegenrecht)에 의해 포기되어야 한다.

20. 회의주의인 경험론

그러므로 우리는 경험을 더 일반적인 '직관'으로 대체하고, 그래서 학문 일반과 경험학문을 동일하게 확인하는 것을 거부한다. 그밖에 이 동일하게 확인하는 것을 지지하거나 순수 형상적 사유작용의 타당성을 반박하면, 진정한 회의주의로서 이치에 어긋남으로써 폐기되는 회의주의로 이끌린다는 것을 쉽게 알아차린다.[12] 우리는 단지 경험론자의 일반 정립(예를 들어 '모든 타당한 사유작용은 유일하게 〔대상을〕 부여하는 직관인 경험에 근거한다')의 타당성원천을 심문만 하면 되고, 그러면 그는 증명할 수 있는 이치에 어긋나게 휩쓸려든다. 어쨌든 직접적 경험은 단일의 단일성만 부여할 뿐 어떤 일반성도 부여하지 않으며, 따라서 직접적 경험은 부족하다. 결국 경험론자는 본질통찰을 증거로 내세울 수 없다. 그가 본질통찰을 부정하기 때문이다. 따라서 그는 아무튼 즐겨 귀납(Induktion)을, 그래서 일반적으로 간접적 추론방식 ── 이것을 통해 경험학문은 자신의 일반 명제를 획득한다 ── 의 복합체를 증거로 내세운다.

---

12) 회의주의를 특징짓는 개념에 관해서는『논리연구』제1권(순수논리학 서설), 32항을 참조할 것.

이제 우리는 '간접적 추론—연역적이든 귀납적이든—의 진리의 상태는 어떠한가?'를 심문한다. 이 진리는 ('어떤 단일한 판단의 진리는'이라 심문할 수도 있을) 그 자체로 경험할 수 있는 것, 따라서 궁극적으로 지각할 수 있는 것인가? 논쟁하거나 의심하는 경우 증거로 내세우는 추론방식의 원리—예를 들어 모든 추론방식의 정당화가 궁극적 원천으로서 어쨌든 이것으로 되돌아가는 삼단논법의 원리나 '제3자 상등성(相等性)'*의 공리 등—의 상태는 어떠한가? 이것들은 그 자체로 다시 경험적 일반화가 아닌가? 또는 그와 같은 파악은 가장 근본적인 이치에 어긋남을 포함하지 않는가?

여기에서는 다른 곳에서 말한 것[13])을 단지 반복할 수 있을 뿐인 더 긴 논쟁에 관여하지 않고도, 아무튼 다음과 같은 점이 매우 분명해질 것이다. 즉 경험론의 근본정립은 우선 더 정확한 설명·해명·정초가 필요하다는 점, 이 정초 자체는 정립을 표명하는 규범에 적합해야 한다는 점이다. 그렇지만 동시에 여기에서 적어도 이 소급해 관련지음에 이치에 어긋남이 은폐되어 있지는 않은가 하는 진지한 의문이 생긴다. 반면 경험론의 문헌에는 이 소급해 관련지음에 실제적 명석함과 학문적 정초를 만들어내는 진지하게 수행된 시도의 어떤 단초도 거의 발견할 수 없다. 학문적 정초는, 다른 곳에서처럼 여기에서도, 이론적으로 엄밀하게 확정된 개별적 경우로부터 출발하고 원리적 통찰로 자세하게 규명된 엄밀한 방법에 따라 일반적 정립으로 진행해갈 것을 요구한다. 그런데 경험론자는 자신의 정립(Thesen)에서 모든 인식에 내세운 학문적 요구가 자신의 정립 자체에도 함께 향한

---

* 이것은 가령 'A와 B는, 그 각각이 제3자인 C와 동일하면, 동일한 것이다'를 뜻하며, 2중의 동일률(同一律) 또는 동일률과 배중률(排中律)의 결합된 형태로 볼 수 있다.

13) 『논리연구』 제1권, 특히 제4절과 제5절을 참조할 것.

다는 사실을 간과한 것으로 보인다.

경험론자가 진정한 관점〔에 입각한〕 철학자로서 또 편견에서 자유롭다는 자신의 원리와 명백한 모순 속에 해명되지도 정초되지도 않은 앞선 의견에서 출발한 반면, 우리는 모든 관점에 앞서 놓여 있는 것에서, 즉 직관적으로 게다가 모든 이론화하는 사유작용에 앞서 그 자체로 주어진 것의 전체 범위에서, 우리가——바로 편견에 현혹되지 않고, 진정한 주어짐의 전체 부류를 고려하지 못하게 하지 않는다면——직접 보고 파악할 수 있는 모든 것에서 출발점을 취한다. 만약 '실증주의'(Poitivismus)가 모든 학문을 절대적으로 편견에서 해방되어 '실증적인 것', 즉 원본적으로 파악할 수 있는 것에 근거짓는 것과 같은 것을 뜻한다면, 우리야말로 진정한 실증주의자다.*

우리는 사실 모든 종류의 직관을 같은 가치를 지닌 인식의 권리원천으로서 인정하는 권리를 손상시키는 어떠한 권위도, 심지어 '근대 자연과학'의 권위도 허용하지 않는다. 실제로 자연과학이 이야기하면, 우리는 기꺼이 또 그 신봉자로서 듣는다. 그러나 자연과학자가 이야기할 때 항상 자연과학이 이야기하는 것은 아니다. 자연과학자가 '자연철학'이나 '자연과학적 인식론'에 관해 이야기할 때, 자연과학이 이야기하는 것도 확실히 아니다. 자연과학자가 모든 공리('a+1=1+a' '판단은 색깔을 지닐 수 없다' '각기 성질이 다른 두 음晉 가운데 어떤 음은 낮고 다른 음은 높다' '지각은 그 자체로 어떤 것에 관한 지각이다' 등의 명제)가 표현하는 것과 같은 일반적 자명성이 경험사

---

* 후설은, 이렇게 '실증주의'의 정의(定義)에 충실하게, 자신이야말로 '진정한 실증주의자'라 항변한다. 그는 "현상학이 '참된 실증주의'이며, 스스로를 실증주의라 일컫는 과학적 자연주의는 '회의적 부정주의(Negativismus)'일 뿐이며, …… 철학으로부터가 아니라 사태와 문제 자체로부터 탐구의 추진력이 출발해야 한다"(『엄밀한 학문』, 340~341쪽)고 역설한다.

실에 대한 표현이라고 우리에게 믿게 하려 할 때도, 무엇보다 그렇다. 반면 우리는 어쨌든 그러한 명제가 형상적 직관이 주어지는 것을 설명하는 표현으로 이끈다는 점을 완전한 **통찰** 속에 인식한다. 그러나 바로 이 때문에 다음과 같은 점이 명백해진다. 즉 '실증주의자'는 때로는 직관의 본성의 주요한 차이를 혼동하고, 때로는 이 차이를 대조시키지만, 자신의 편견에 얽매여 이 직관 가운데 오직 하나만 타당한 것으로 또는 심지어 현존하는 것으로 인정하려 의도하는 점이다.

21. 관념론적 측면의 막연함

물론 막연함은 〔경험론에〕 대립된 측면에서도 지배한다. 사람들은 순수한 사유작용, 즉 '아프리오리한' 사유작용을 받아들이며, 그래서 경험론의 정립을 거부한다. 개별적 실재성이 경험하는 직관 속에 주어지는 것과 아주 똑같이, 본질이 실로 대상으로서 원본적으로 주어지는 일종의 주어짐인 순수한 직관작용(Anschauen)과 같은 것이 존재한다는 사실을 반성해 명확히 의식하지 못하기 때문이다. 즉 모든 **판단하는 통찰작용**(Einsehen) ── 특히 무조건 일반적 진리의 통찰작용 ──도 바로 여러 가지 차별화, 우선 논리적 범주에 평행하는 차별화된 개념을 부여하는 직관에 속한다[14]는 사실을 인식하지 못하기 때문이다. 사람들은 명증성(Evidenz)에 관해 이야기하지만, 명증성을 일상적 봄(Sehen)을 지닌 통찰작용으로서 **본질관련**으로 이끄는 대신, 진리의 어떤 신비적 지표로서 판단에 느낌의 색조를 주는 '**명증성의 느낌**'(Evidenzgefühl)*에 관해 이야기한다.

---

14) 『논리연구』 제2-2권, 45항 이하 참조. 마찬가지로 이 책, 3항을 참조할 것.
* 후설은 『논리연구』 제1권에서 심리학주의의 세 번째 편견(49~51항)을 분석하면서, 판단의 명증성을 어떤 판단작용에서 우연히 생기는 부수적 감정이나

이와 같은 파악은 의식의 종류에 관해 위로부터〔연역적으로〕이론을 만들어내는 대신, 의식의 종류를 순수하게 직시하고 본질에 적합하게 분석하는 것을 배우지 못했던 한에서 가능할 뿐이다. 명증성, 사유필연성 ─ 이것을 그밖에 어떻게 부르더라도 ─ 의 이 명목상의 느낌은 **이론적으로 고안된 느낌**일 뿐이다.[15] 명증성의 어떤 경우에도 실제로 직시하는 주어짐으로 이끌었고 이것을 동일한 판단내용이 비-명증성인 어떤 경우와 비교했던 모든 사람은 이러한 사실을 인정할 것이다. 그렇다면 느낌이 풍부한 명증성 이론의 암묵적 전제, 즉 그밖의 심리학적 본질에 따라 동일한 판단작용이 어떤 때는 느낌에 적합하게, 다른 때는 그렇지 않게 채색될 것이라는 전제가 근본적 오류라는 사실, 오히려 단순히 의미에 적합한 표현작용인 동일한 진술작용의 어떤 동일한 상부 층(層)이 어떤 때는 '명석하게 통찰하는' 사태의 직관에 단계적으로 적용되는 반면, 다른 때는 하부 층으로서 완전히 다른 현상, 즉 직관적이지 않고 어쩌면 완전히 혼동되고 분절된 사태의 의식이 기능한다는 사실을 즉시 알아차리게 된다. 따라서 우리는 **동일한 권리**로 동일한 사태의 명석하고 충실한 지각판단과 임의의 모호한 판단의 차이를 단지 전자는 '명석함의 느낌'을 갖추었고 후자는 그러지 못하다는 점에서 포착할 수 있을 것이다.

그 조건으로 간주해 논리학도 심리적 명증성에 관한 이론이라고 주장하는 심리학주의에 대해, 논리적 명제나 수학적 명제는 명증성의 이념적 조건을 다룬다. 가령 'A는 참이다'와 '어떤 사람이 명증적으로 그것을 A라고 판단하는 것은 가능하다'는 근본적으로 다르다고 비판한다. 결국 다양한 실재적 주관적 판단작용과 이 작용에 따라 통일적으로 구성된 이념적 · 객관적 판단내용을 혼동하면 상대적 회의주의에 빠질 수밖에 없다.

15) 예를 들어 최근 엘젠한스(Elsenhans)가 출간한 『심리학 교과서』(*Lehrbuch der Psychologie*, 1912) 289쪽 이하에서 제시하듯이, 이러한 서술은, 내 생각으로는, 현상 속에 최소한의 기초도 없는 심리학적 허구다.

22. 플라톤적 실재론에 대한 비난. 본질과 개념

우리가 '플라톤화하는(platonisierend) 실재론자'로서 이념 또는 본질을 대상으로 내세우고 이것에 다른 대상처럼 실제적 (참을 지닌) 존재를 인정하며, 마찬가지로 이와 상관적으로——실재성의 경우와 다르지 않게——직관을 통해 파악할 수 있음을 인정한다는 것이 줄곧 특별한 공격을 불러일으켰다. 여기에서는 저자와는 아주 거리가 먼 그들 고유의 개념을 저자 탓으로 돌리고 그런 다음 저자의 서술에서 불합리한 점을 쉽게 이끌어내 읽어내는 그런 피상적 독자——유감스럽게도 이런 독자가 매우 흔하다——는 제외될 것이다.[16) 대상과 실재적인 것, 실제성과 실재적 실제성이 하나의 동일한 것을 뜻한다면, 이념을 대상과 실제성으로 파악하는 것은 물론 전도(顚倒)된 '플라톤적 실체화(Hypostasierung)'다.

그러나 『논리연구』에서 이루어졌듯이 이 두 가지가 첨예하게 분리되면, 대상이 그 어떤 것, 따라서 예를 들어 어떤 참된(정언定言·긍정) 진술의 주어로 정의되면, 이때 희미한 편견에서 유래한 것이 아니면 어떤 공박이 있을 수 있는가? 또한 나는 실로 일반적 대상개념을 고안해낸 것이 아니라, 모든 순수 논리적 명제에 의해 요구된 대상개념을 회복했을 뿐이다. 동시에 그러한 개념은 원리상 불가결한 것이며 따라서 일반적인 학문적 논의를 규정하는 것이라는 점도 지적했을 뿐이다. 이러한 의미에서 바로 일련의 음(音)에서 수적으로 유일한 요소인 음질 'c', 또는 일련의 정수에서 수 '2', 기하학적 형성물의 이념세계에서 도형 '원', 명제의 '세계'에서 임의의 '어떤 명

---

16) 『논리연구』와 『로고스』지에 게재한 내 논문(『엄밀한 학문』)에 대한 논박은, 심지어 호의적 논박조차, 유감스럽게 대부분 이러한 수준에서 이루어졌다.

제'—요컨대 갖가지 이념적인 것(Ideales)—는 '대상'이다. 이념에 대한 맹목성은 영혼에 대한 맹목성의 한 종류이며, 우리는 여러 편견 때문에 직관의 장(場)에서 가진 것을 판단의 장으로 이끌어갈 수 없게 된다. 참으로 모든 사람은 '이념'과 '본질'을 보며, 이른바 언제나 보고, 사유작용 속에 이것으로 조작하고, 본질판단—다만 그들이 자신의 인식론적 '관점'에서 이 본질판단을 (잘못) 해석하지만—도 실행한다. 명증하게 주어진 것은 끈기 있고, 자신에 관한 이론이 어떻게 논의하든 내버려두지만, 그것이 존재하는 그대로 남아 있다. 주어진 것으로 향하는 것은 이론의 사항(임무)이고, 주어진 것의 근본 종류를 구별하고 그 고유한 본질에 관해 기술하는 것은 인식론의 사항이다.

그 편견은 이론적 관점에서 놀랄 만큼 온당하다. 어떤 본질도, 따라서 본질직관(이념화작용) 역시 존재할 수 없고, 그래서 일반적 논의가 이것에 모순됨에도 불구하고, '문법적 실체화'—이것을 통해 '형이상학적 실체화'로 계속 몰아가면 안 된다—가 문제일 수밖에 없었다. 사실적으로 앞에 놓여 있는 것은 실재적 경험 또는 표상에 연결된 '추상화'(Abstraktion)의 단지 실재적인 심리적 사건일 수 있다. 그에 따라 '추상화이론'은 이제 열렬하게 구축되고, 경험을 자랑 삼는 심리학은 모든 지향적 영역(이것이 어쨌든 심리학의 주요주제를 형성하지만)에서처럼 여기에서도 고안된 현상과 심리학적 분석—이것은 결코 분석이 아니다—으로 풍부해진다. 그래서 이념 또는 본질은 '개념'이라 하고, 개념은 '심리적 형성물' '추상화의 산물'이라 하며, 이와 같은 것으로서 그것은 우리의 사유작용 속에 물론 중요한 역할을 한다. '본질' '이념' 또는 '형상'은 '냉정한 심리학적 사실'에 대한 단지 우아한 '철학적' 명칭이라 한다. (더구나 이것이 지닌) 형이상학적 암시 때문에 위험스러운 명칭이라 한다.

이에 대한 우리의 답변은 다음과 같다. 즉 개념으로 그 모호한 말이 허용한 바로 본질을 이해하면, 본질은 확실히 '개념'이다. 단지 심리적 산물에 관한 논의는 이 경우 난센스이며, 마찬가지로 개념형성에 관한 논의도 — 엄밀하게 본래 이해하면 — 난센스라는 사실을 분명하게 알아야 한다. 때로는 사람들이 〔내〕 논문에서 정수계열은 일련의 개념이라, 더 나아가 개념은 사유작용의 형성물이라 읽는다. 따라서 처음에 정수 자체, 본질은 개념이라 불렀다.

그러나 정수는 우리가 이것을 '형성하든' 형성하지 않든 간에, 그것이 존재하는 그대로가 아닌가? 확실히 나는 나의 수를 셈하며, '하나 더하기 하나' 속에 나의 수(數) 표상을 형성한다. 이 수 표상은 지금은 이것이지만, 내가 이것을 또한 동일한 것으로 언젠가 다른 때 형성한다면, 다른 것이다. 이러한 의미에서 때로는 어떤 수 표상도 없고, 때로는 많은 — 동일한 하나의 수에 관한 임의로 많은 — 수 표상이 있다. 그러나 바로 이와 동시에 우리는 실로 다음을 구별했다 (이 구별을 어떻게 회피할 수 있겠는가!). 수 표상은 수 자체가 아니며, 그러한 모든 요소와 같이 비(非)-시간적 존재인 수계열의 이 유일한 요소인 수 '2'는 아니다. 그러므로 이것을 심리적 형성물로 부르는 것은 이치에 어긋나며, 완전히 명석하고 항상 타당한 것으로 통찰할 수 있고 따라서 모든 이론에 앞서 놓여 있는 산술적 논의의 의미에 거슬린 위반이다. 개념이 심리적 형성물이라면, 순수한 수(數)와 같은 사태는 결코 개념이 아니다. 그러나 이 사태가 개념이라면, 개념은 결코 심리적 형성물이 아니다. 따라서 바로 이렇게 위험스러운 모호함을 해소하기 위해 새로운 전문용어가 필요하다.

23. 이념화작용의 자발성, 본질과 허구

사람들은 다음과 같이 반론을 제기할 것이다. 즉 그러나 개념이나 빨간색·집 등과 같은 본질은 개별적 직관으로부터의 추상화를 통해 생긴다는 것이 아무튼 참되고 명증하지 않은가? 우리는 이미 형성된 개념으로부터 자의로 개념을 **구축**하지 않는가? 따라서 어쨌든 심리학적 산물이 〔중요한〕 문제다. 아마 사람들은 우리가 자유롭게 상상해낸 '피리 부는 켄타우로스'*는 우리 표상의 형성물이라는 **자의적** 허구(虛構)의 경우와 유사하다고 여전히 첨부할 것이다.

〔이에 대해〕 우리는 이렇게 답변한다. 즉 확실히 '개념형성'과 자유로운 허구도 자발적으로 실행되며, 자발적으로 생산된 것은 자명하게 정신의 산물이다. 그러나 '피리 부는 켄타우로스'는 표상된 것을 표상이라 부르는 의미에서 표상이지만, 표상이 어떤 심리적 체험의 명칭인 그러한 의미에서 표상이 아니다. 물론 켄타우로스 자체는 결코 심리적인 것이 아니며, 영혼 속에도 의식 속에도 또 그밖의 어떤 곳에도 존재하지 않는다. 그것은 실로 '무'(無)이며, 철두철미하게 '상상'(Einbildung)이다. 더 정확하게 말하면, 상상의 체험은 어떤 켄타우로스에 대한 상상함이다. 물론 이러한 한에서 '추정된 켄타우로스' '상상된 켄타우로스'는 체험 자체에 속한다. 그러나 이제 바로 이 상상체험과 이 속에서 상상된 것 그 자체도 혼동하면 안 된다.[17] 그래서 자발적으로 추상화하는 가운데 산출된 것도 **본질**이 아니라,

---

* 그리스 신화에 나오는 괴물로 상체는 남자이고 하체는 말[半人半馬]이다. 대부분 술과 여자를 좋아하고 활을 잘 쏘며 난폭하지만, 온순하고 피리를 잘 부는 부류도 있었다고 한다. 특히 케이론(Cheiron)은 의술에도 뛰어나고 용맹해서, 제우스는 그가 죽은 뒤 하늘에 별자리(궁수자리)로 만들어주었다고 한다.

17) 이에 관해서는 이 책의 후반 장(章)의 현상학적 분석을 참조할 것.

본질에 관한 의식이다. 이 경우 상태는 다음과 같다. 즉 어떤 본질에 관한 원본적으로 부여하는 ─ 또 명백히 본질에 적합하게 ─ 의식(이념화작용)은 그 자체로 또 필연적으로 의식인 반면, 자발성은 감성적으로 [대상을] 부여하는 ─ 경험하는 ─ 의식에 본질 외적이다. 개별적 대상은 '나타날' 수 있고 파악에 적합하게 의식될 수 있지만, 그 대상'에서' 어떤 자발적 '활동'이 없어도 그럴 수 있다. 따라서 본질 의식과 본질 자체를 동일하게 확인하는 것을 그래서 본질 자체의 심리학화(心理學化)를 요구할 수 있을 그러한 혼동이 아닌 한, [이 혼동을] 발견할 동기가 전혀 없다.

그러나 여전히 날조하는 의식을 대조하는 것은, 즉 본질의 '현존'(Existenz)의 관점에서, 의심스럽게 만들 수 있을 것이다. 본질은, 실로 회의주의자가 주장하듯이, 하나의 허구가 아닌가? 그럼에도 허구와 지각을 더 일반적인 개념인 '직관하는 의식' 아래 대조하는 것이 지각에 의해 주어진 대상의 현존을 손상시키듯이, 위에서 수행한 대조가 본질의 '현존'을 손상시킨다. 사물은 지각되고, 기억되며, 따라서 '실제적'으로 의식될 수 있다. 또는 변양된 작용에서 의심스러운 것이나 무(無)인 것(환상적인 것)으로도 의식될 수 있다. 결국은 전혀 다른 변양(Modifikation) 속에 '단순히 아른거리는 것' 그리고 마치 실제적인 것, 무인 것 등의 아른거리는 것으로도 의식될 수 있다. 이 것은 본질의 경우와 매우 유사하며, 또 다른 대상처럼 본질도 ─ 예를 들어 잘못된 기하학적 사유에서처럼 ─ 때에 따라 올바르거나 거짓되게 추정될 수 있다는 사실과 관련된다. 그렇지만 본질파악이나 본질직관은 많은 형태를 지닌 작용이고, 특히 본질직시는 원본적으로 [대상을] 부여하는 작용이며, 이러한 것으로서 상상작용이 아니라 감성적 지각작용의 유비물(Analogon)이다.

24. 모든 원리 가운데 원리

어쨌든 그렇게 전도된 이론으로 충분하다. 모든 원리 가운데 원리, 즉 모든 원본적으로 부여하는 직관은 인식의 권리원천이라는 원리에서, '직관' 속에 우리에게 원본적으로 (이른바 그 생생한 실제성에서) 제시되는 모든 것은 그것이 주어진 그대로 ─그러나 또한 그것이 거기에 주어지는 제한 속에서만─단순히 받아들여야 한다는 원리에서 우리가 생각해낼 수 있는 어떠한 이론도 오류를 일으킬 수는 없다. 아무튼 우리는 각각의 이론도 자신의 진리 자체를 다시 원본적으로 주어진 것으로부터만 이끌어낼 수 있다는 사실을 통찰한다. 이 절의 '비판적 논의로 들어가는 말'[18항]에서 말했듯이, 단순한 해명과 정확하게 들어맞는 의미를 통해 그와 같이 주어진 것에 표현할 뿐인 모든 진술은 따라서 실제로 절대적 단초이며, 진정한 의미에서 기초를 놓게 임명된 원리(principium)다. 그러나 이것은 특별히 '원리'라는 말이 일상적으로 제한되는 일반적 본질인식에 타당하다.

이러한 의미로 자연과학자는 자연의 사실에 관련된 모든 주장에서 이 사실을 정초하는 경험을 심문해야 한다는 '원리'를 추구하는 데 완전히 옳았다. 왜냐하면 그것이 곧 원리이고, 우리가 원리 속에 사용된 표현의 의미를 완전한 명석함으로 이끌고 이 표현에 속한 본질을 순수하게 주어진 것으로 이끌면서 언제나 확신할 수 있듯이, 그것이 보편적 통찰로부터 직접 이끌어낸 주장이기 때문이다. 그러나 동일한 의미에서 본질탐구자는, 또 항상 보편적 명제를 사용하고 표명하는 누구라도 그것과 평행하는 원리를 추구해야 한다. 그와 같은 원리는 존재함에 틀림없다. 왜냐하면 방금 인정된 원리, 즉 경험을 통해 모든 사실인식을 정초하는 원리는, 바로 모든 원리와 모든 본질인식 일반처럼, 그 자체로 경험에 통찰되지 않기 때문이다.

25. 실천에서 자연과학자인 실증주의자,
반성에서 실증주의자인 자연과학자

사실 실증주의자는 그가 '철학적으로' 반성하고 경험론적 철학자의 궤변을 통해 스스로를 기만할 때만 본질인식을 거부하지, 자연과학자로서 정상의 자연과학적 태도로 사유하거나 〔이 사유를〕 정초할 때는 본질인식을 거부하지 않는다. 왜냐하면 이때 그는 명백히 아주 광범위하게 본질통찰의 영향을 받기 때문이다. 실로 잘 알려져 있듯이 순수 수학의 학과 ──기하학이나 운동학(運動學) 같은 실질적 학과뿐 아니라 산술이나 해석학 등과 같은 형식적 〔순수 논리적〕 학과 ──는 자연과학적 이론화(Theoretisierung)의 근본수단이다. 이 학과가 경험적으로 수행되지 않으며 경험된 도형·운동 등에서 관찰과 실험을 통해 정초되지 않는다는 사실은 명백하다.

경험론은 물론 이 사실을 보지 않으려 한다. 그러나 우리는 '근거 짓는 경험이 매우 부족하기는커녕 오히려 경험의 무한성의 뜻대로 된다'는 경험론의 논증을 진지하게 받아들여야 하는가? 〔이 논증에 따르면〕 모든 인류 ──심지어 인류에 앞서 존재했던 동물류 ──의 총체적 경험 속에 기하학적이거나 산술적 흔적의 엄청난 보물이 축적되었고 파악습관의 형식으로 통합되었기에, 이 기반으로부터 이제 기하학적 통찰을 길어낸다. 그러나 아무도 그 흔적을 학문적으로 관찰하고 충실하게 기록하지 않았다면, 도대체 어디에서 이 명목상 축적된 보물에 관해 알았는가? 언제부터 오랫동안 망각된 또 완전히 가설적 경험이 실제적이고 그 본래의 경험하는 기능과 유효범위에서 극도로 주도면밀하게 입증된 경험을 대신해 학문 ──게다가 가장 정밀한 학문 ──의 근거가 되었는가? 물리학자는 관찰하고 실험하며 충분한 근거에 만족하지, 학문 이전의 경험, 하물며 이른바 이어받은 경험에 관한 본능적 파악과 가설에 만족하지 않는다.

또는 사람들은, 사실상 다른 측면에서 말했듯이, 우리가 기하학적 통찰을 '상상(Phantasie)경험'에 힘입고 있고 우리는 이 통찰을 상상실험으로부터의 귀납으로 수행한다고 말하지 않을까? 이에 대응하는 우리의 질문은 이렇다. 즉 그러나 왜 물리학자는 그와 같은 놀랄 만한 상상경험을 도대체 사용하지 않는가? 아무튼 상상 속의 도형·운동·집합이 곧 실제적인 것이 아니라 상상된 것이듯, 마찬가지로 상상(Einbildung) 속의 실험은 상상된 실험일 것이기 때문이다.

그렇지만 그와 같은 모든 해석에 대립해 이러한 해석의 토대 위에 논증하는 대신, 수학적 주장의 고유한 의미를 가장 올바르게 지적하자. 어떤 수학적 공리가 진술하는 것을 알고 또 확실하게 알기 위해 우리는 경험론적 철학자가 아니라 수학을 하면서 공리의 사태를 완전한 통찰로 포착하는 의식에 의지해야 한다. 순수하게 이 직관에 입각하면, 공리 속에 순수한 본질연관이 경험의 사실을 전혀 함께 정립하지 않고도 표현된다는 점은 결코 의심할 여지가 없다. 우리는 기하학적 사유작용과 직관작용에 관해, 그것을 생생하게 수행하고 직접적 분석에 근거해 그 내재적 의미를 규정하는 대신, 외부로부터 철학을 하거나 심리학을 하면 안 된다. 우리는 앞선 세대의 인식으로부터 인식의 성향을 이어받았을 수도 있다. 그러나 이 유산의 역사는 우리가 가진 금(金)의 가치내용에 그 금의 역사가 중요하지 않듯이, 마찬가지로 우리 인식의 의미와 가치에 관한 물음에 중요하지 않다.

26. 독단적 태도의 학문과 철학적 태도의 학문

그러므로 자연과학자는 수학과 모든 형상적인 것에 관해 회의적으로 논의하지만, 자신의 형상적 방법론(Methodik)에서 독단적으로 태도를 취한다. 〔이것은〕 그에게 행운이다. 자연과학은 무성하게 번성하는 고대의 회의주의를 손쉽게 밀쳐내고 회의주의의 극복을 포기함으로써 거대해졌다. '외적' 자연에 대한 인식이 도대체 어떻게 가능한지, 이미 고대인이 이러한 가능성 속에 발견했던 모든 어려운 점이 어떻게 해소될 수 있는지 하는 기묘하게 괴롭히는 문제로 고생하는 대신, 자연과학자는 실제로 수행할 수 있고 가능한 한 완전한 자연인식 —정밀한 자연과학의 형식에서 인식— 의 올바른 방법론이라는 문제에 기꺼이 매달렸다.

그러나 자연과학은 자신의 사실에 입각한 탐구를 위해 자유로운 길을 획득했던 이 방향전환을, 새로운 회의적 반성에 공간을 마련함으로써, 또 자신의 작업가능성에서 회의적 경향에 의해 스스로를 제한함으로써, 반쯤은 다시 되돌려버렸다. 경험론의 편견에 빠진 결과, 회의주의는 이제 오직 경험의 영역에서만 활동하지 않은 채 남아 있고, 본질의 영역에서는 결코 그렇지 않다. 왜냐하면 형상적인 것을 단지 잘못된 경험론의 깃발 아래 자신의 탐구범위로 끌어들이는 것은 회의주의에 충분하지 않기 때문이다. 그와 같은 가치전도는 수학적 학과처럼 고대에 정초되었고 관습법을 통해 이의를 제기할 수 없는 형상적 학과에만 들어맞는 반면, (이미 시사했듯이) 새로운 학과의 정초에는 경험론의 편견이 완전히 효력을 발휘하는 억압으로 기능하고 있음에 틀림없다. 모든 경험학문(그러나 단지 이것만은 아니다)이 속하는, 충분한 의미에서 철학 이전의 독단적 탐구영역에서 올바른 태도는 사람들이 완전히 의식적으로 모든 '자연철학'과 '인식론'을 포함해 모든 회의주의를 밀쳐내고, 인식의 대상성을 —나중에 그러한 대상성의 가능성에 대한 인식론적 반성이 어떤 어려움을 제기하더라도— 그것이 실제로 발견되는 곳에서 받아들이는 것이다.

이것이 곧 학문적 탐구의 분야에서 수행되어야 할 불가피하고도 중요한 구별이다. 한편으로는 사태를 향한 채 모든 인식론적 또는 회의적 문제제기에 개의치 않는 독단적 태도의 학문이 있다. 이 학문은 자신이 다루는 사태가 원본적으로 주어져 있음에서 시작하고(또 자신의 인식을 검증하는 경우 언제나 다시 이 주어짐으로 되돌아간다), 무엇이 그 사태가 직접 주어진 것인지, 분야 일반의 다양한 사태에서 그것에 근거해 무엇이 추론될 수 있는지를 때때로 심문한다. 다른 한편 인식론적 태도, 특히 철학적 태도의 학문적 탐구가 있다. 이 탐구는 인식가능성의 회의적 문제를 추구하는데, 우선 이 문제를 원리적 일반성으로 해결하고, 그런 다음 획득된 해결책을 적용해 독단적 학문의 성과에 궁극적 의미와 인식가치를 판정하는 데 결론을 이끌어내기 위해 그 문제를 추구한다. 적어도 현재의 시대상황에서, 또 완전한 엄밀함(Strenge)과 명석함(Klarheit)에 도달할 만큼 고도로 연마된 인식비판이 일반적으로 없는 한, '비판주의적' 문제설정에 대립해 독단적 탐구의 한계를 격리시키는 것은 옳다. 달리 말하면, 인식론적(대개 회의적) 편견─이 편견의 정당함이나 부당함에 관해 철학적 학문이 결정해야 하지만, 독단적 탐구자는 개의할 필요가 없다─이 독단적 탐구자의 진행을 방해하면 안 된다고 배려하는 것은 현재의 우리에게는 옳은 것으로 보인다. 그러나 회의주의가 그처럼 호의적이지 않은 방해의 성향을 지녔다는 것이 곧 회의주의의 본성이다.

동시에 바로 이와 함께〔이와 관련된〕특유한 상태가 묘사되는데, 이 상태 때문에 고유한 차원의 학문으로서 인식론이 필요해진다. 순수하게 사실에 입각해 향해 있고 또 통찰의 지지를 받은 인식이 아무리 만족스럽더라도, 인식이 반성해 자기 자신으로 소급해 향하자마자, 모든 종류의 인식─게다가 직관과 통찰을 포함해─이 타당할 가능성은 혼란된 막연함, 즉 거의 해결할 수 없는 어려움이 부착된 것으로 보이고, 이것은 특히 인식객체〔대상〕이 인식에 대립해 요구하는 초재(Transzendenz)를 고려해보면 그렇게 보인다. 바로 이 때문에 모든 직관, 모든 경험과 통찰에도 불구하고 스스로를 타당하게 만들고 그 결과 실천적 학문작업을 방해하는 영향을 미칠 수도 있는 회의주의가 존재한다. 우리는 자연스럽게 '독단적' 학문(따라서 이 용어는 여기에서 결코 그 가치를 얕보는 뜻을 표현하지 않는다)의 형식을 띤 이 방해를 이렇게 함으로써 배제한다. 즉 우리가 단지 모든 방법의 가장 일반적인 원리인 모든 주어진 것의 근원적 권리가 지닌 가장 일반적인 원리를 밝히고 이 원리를 마음속에 생생하게 간직하는 반면, 다른 종류의 인식과 인식의 상관자의 가능성에서 내용상 또 많은 형태를 지닌 문제를 무시함으로써 배제한다.

제2장 현상학적 근본고찰

제1절 자연적 태도의 정립과 이것의 배제

27. 자연적 태도의 세계: 자아와 나의 환경세계

우리는 자연스럽게, 즉 '자연적 태도 속에' 표상하고, 판단하며, 느끼고, 욕구하면서 살아가는 인간으로서 고찰을 시작한다. 이것이 뜻하는 바를 우리가 1인칭의 논의로 가장 잘 실행하는 단순한 성찰 속에 밝혀보자.

나는 공간 속에 무한히 확장되고 시간 속에 무한히 생성되며 또 생성된 어떤 세계를 의식하고 있다. 내가 이 세계를 의식하고 있다는 것, 이것은 무엇보다 내가 이 세계를 직접 직관적으로 발견하고 경험한다는 것을 뜻한다. 봄·만짐·들음 등을 통해, 감성적 지각의 상이한 방식으로 그 어떤 공간을 차지하고 있는 물체적 사물은, 내가 이것에 특별히 주목하고 이것을 고찰하며, 사유하고, 느끼며, 욕구하면서 몰두하든 않든 간에, 나에 대해 단순히 거기에 ──단어적 의미나 비유적 의미에서 '현존해' ── 있다. 또한 동물적 존재, 가령 인간은 나에 대해 직접 거기에 있다. 내가 그들을 쳐다보고 바라보며, 그들이 다가오는 것을 들으며, 손으로 그들을 잡고, 그들과 이야기하면서 그들이 표상하고 생각하는 것을, 그들 속에 어떤 감정이 일어나는지를, 그들이 원하거나 의도하는 것을 직접 이해하기 때문이다. 또한 그들은, 내가 그들을 주목하지 않을 때라도, 내 직관의 장(場) 속에 현실성으로 현존한다. 그러나 그들이 그밖의 다른 대상과 마찬가지로, 바로 내 지각의 장 속에 있을 필요는 없다. 실제적 객체는, 그 자체가 지각되거나 심지어 직관적으로 현재에 있지 않더라도, 현실적으로 지각된 객체와 일체가 되어 다소간에 알려진 규정된 객체로서 나에 대해 거기에 있다. 나는 내 주의(注意)를 방금 바라보았고 주목했던 책상으로부터 — 내 등 뒤에 있는 방의 보이지 않는 부분을 통해 — 베란다·정원·정자에 있는 아이들 등, 내가 직접 함께 의식된 내 주변 속 여기저기에 존재하는 것으로서 직접 '아는' 모든 객체로 옮길 수 있다. 이 앎은 개념적 사유작용이 전혀 없으며, 주의를 기울임으로써만 비로소, 이때에도 단지 부분적으로만 그리고 대부분 매우 불완전하게 명석한 직관작용으로 변화한다.

그러나 현실적 지각의 장의 부단한 주변고리를 형성하는 — 직관적으로 명석하거나 희미한, 판명하거나 막연한 — 이 함께 현재하는 것(Mitgegenwärtiges)의 영역과 더불어 모든 깨어 있는 순간에 나에 대해 의식에 적합하게 '현존하는' 세계가 전부 드러나는 것도 아니다. 오히려 세계는 어떤 확고한 존재질서 속에 한정되지 않은 것으로 이른다. 현실적으로 지각된 것, 다소 명석하게 함께 현재하는 것과 규정된 것(또는 적어도 웬만큼 규정된 것)은 규정되지 않은 실제성의 희미하게 의식된 지평에 의해 부분적으로 침투되고, 부분적으로 에워싸여 있다. 나는 밝히려고 주목하는 시선의 빛을 변화하는 결과와 함께 이 지평 속에 비출 수 있다. 처음에는 희미하지만 그런 다음에는 생생해진 규정하는 현전화는 나에게 어떤 것을 이끌어내고, 이 일련의 기억을 결합해 규정성의 범위가 점점 확장되며, 경우에 따라서는 현실적 지각의 장과의 연관이 **중심적** 주변으로 수립될 정도로 확장된다. 그러나 일반적으로 그 결과는 이와 다르다. 희미한 비-규정성의 공허한 안개는 직관적 가능성이나 추정성(推定性)으로 넘쳐나고, 단지 세계의 '형식'(Form)만 바로 '세계'로서 미리 지시된다. 규정되지 않은 주변은 그밖에도 무한하다. 안개가 자욱해 결코 완전히 규정될 수 없는 지평이 필연적으로 거기에 있다.

내가 지금까지 추구했던 공간적 현재의 존재질서 속의 세계는 시간의 연속 속의 존재질서에 관해서도 아주 똑같은 관계에 있다. 지금 그리고 명백히 모든 깨어 있는 '지금' 속에 나에 대해 현존하는 이 세계는 두 가지 측면의 무한한 시간적 지평 — 알려져 있거나 알려지지 않은 지평, 직접 생생하거나 생생하지 않은 과거와 미래 — 을 갖는다. 우리에게 현존하는 것을 직관으로 이끄는 경험작용의 자유로운 활동 속에 나는 나를 직접 에워싸는 실제성의 이 연관을 추구할 수 있다. 나는 공간과 시간 속에 나의 관점을 변경시킬 수 있고, 시선을 이리저리 시간적으로 앞이나 뒤로 향할 수 있다. 나는 어느 정도 명석하고 내용적으로 풍부한 새로운 지각과 현전화를 항상 나에게 마련해줄 수 있고, 내가 공간적이고 시간적인 세계의 확고한 형식 속에 가능하거나 추정적인 것을 나에게 직관시키는 어느 정도 명석한 심상(Bild)을 마련해줄 수 있다.

이러한 방식으로 나는 깨어 있는 의식 속에 항상 또 이 의식을 그때그때 변경할 수도 없이, 내용적 존립요소에 따라 변화하는 세계라도, 하나의 동일한 세계와 관련된 나 자신을 발견한다. 세계는 언제나 나에 대해 '현존하고'(vorhanden), 나 자신은 세계의 구성원이다. 더구나 이 세계는 나에 대해 단순한 **사태세계**(Sachenwelt)로서 거기에 있는 것이 아니라, 이러한 직접성에서 **가치세계, 재화**(財貨)**세계**, 실천적 세계로서 거기에 있다. 나는 내 앞에 있는 사물을 즉시 사태의 성질뿐 아니라, 아름답거나 추한, 마음에 들거나 들지 않는, 기분이 좋거나 나쁜 등 가치특성을 지닌 것으로 발견한다. 직접적으로 사물은 사용객체로, 즉 '책들'이 놓여 있는 '책상', '마시기 위한 컵', '꽃을 꽂는 병', '연주를 위한 피아노' 등으로 거기에 있다. 또한 이 가치특성과 실천적 특성은, 내가 이것들과 객체 일반에 주의를 기울이든 않든, '현존하는' 객체 그 자체에 구성적으로 속한다. 물론 이러한 점은 '단순한 사물'뿐 아니라 내 주변의 인간과 동물에게도 마찬가지로 적용된다. 이것들은 나의 '친구'나 '적', '하인'이나 '주인', '낯선 사람'이나 '친척' 등이다.

28. 사유주체(cogito). 나의 자연적 환경세계와 이념적 환경세계

그래서 다양하게 변화하는 의식의 자발성의 복합체는 이 세계— 내가 그 속에서 나 자신을 발견하는 세계 그리고 이것이 동시에 나의 환경세계(Umwelt)인 세계—에 관련된다. 이 의식은 탐구하면서 고찰하고, 기술하는 가운데 해명하거나 개념화하고, 비교하거나 구별하고, 수집하거나 셈하고, 전제하거나 추론하는 의식, 요컨대 다른 형식과 단계에서 이론화하는 의식이다. 감정과 의지의 다양한 작용과 상황, 즉 좋아함과 싫어함, 기뻐함과 슬퍼함, 열망함과 도피함, 희망함과 두려워함, 결정함과 행동함도 마찬가지다. 일종의 데카르트적 표현인 사유주체는 이것 모두—세계가 자발적으로 시선을 향하고 파악하는 가운데 직접 현존하는 것으로서 나에게 의식되는 자아작용을 포함해—를 포괄한다. 자연적으로 〔그럭저럭〕 살아감에서 나는, 내가 사유주체를 진술하든 않든, 내가 '반성해' 자아와 사유작용(cogitare)에게 향해 있든 않든, 모든 '현실적' 삶의 이 근본형식 속에 항상 살고 있다. 내가 자아와 사유작용에 향해 있다면, 새로운 사유주체는 생생한 것이고, 이것은 자신의 측면에서 반성되지 않은 것이며, 따라서 나에 대해 대상적으로 있지 않다.

나는 끊임없이 지각하고, 표상하며, 생각하고, 느끼며, 열망하는 등의 어떤 사람으로서 나를 발견하게 된다. 그리고 이 속에서 나는 나를 항상 에워싸는 실제성에 대부분 현실적으로 관련된 나 자신을 발견한다. 왜냐하면 나는 항상 그렇게 관련되지 않고, 내가 그 속에 살아가는 모든 사유주체가 내 환경세계의 사물, 인간, 그 어떤 대상이나 사태를 사유된 것(cogitatum)으로 갖지 않기 때문이다. 가령 나는 순수 수(數)와 그 법칙에 몰두한다. 이것은 환경세계 속에, 즉 '실재적 실제성'의 이 세계 속에 현존하는 것이 아니다. 수의 세계 역시 바로 산술적으로 작업하는 객체의 장(場)으로서 나에 대해 거기에 있다. 그렇게 작업하는 동안 단일의 수 또는 수의 형성물은 일부는 규정되고 일부는 규정되지 않은 산술적 지평에 둘러싸인 내 시점(視點) 속에 있게 된다. 그러나 이 '나에 대해 거기에 존재함'(Für-mich-da-sein)은 거기에 존재하는 것(Daseiendes) 자체와 마찬가지로 명백히 다른 종류다. 산술적 세계는, 내가 산술적으로 태도를 취할 때에만 또 그러한 한에서만, 나에 대해 거기에 있다.

어쨌든 자연적 세계, 즉 일상적 단어의미에서 세계는, 내가 자연적으로 〔그럭저럭〕살아가는 한, 언제나 나에 대해 거기에 있다. 그것이 이러한 경우인 한, 나는 '자연적으로 태도를 취하며', 실로 이 둘은 정말 동일한 것을 뜻한다. 이 점에서 어떤 것도, 내가 산술적 세계와 이와 유사한 다른 '세계'를 그에 상응하는 태도를 취함으로써 한번에 수용할 때도, 전혀 변화될 필요는 없다. 그때 자연적 세계는 '현존하는 것'으로 남아 있고, 나는 이전과 같이 이후에도 새로운 태도를 통해 방해받지 않는 자연적 태도 속에 있다. 나의 사유주체가 오직 이 새로운 태도의 세계 속에서만 활동한다면, 자연적 세계는 〔고찰의〕 문제 밖이며, 이 세계는 나의 작용의식에 대해 배경이지만, 산술적 세계가 그 속에 분류되는 어떤 지평도 아니다. 동시에 현존하는 이 두 세계는, 이것들의 자아관련 ── 따라서 나는 내 시선과 작용을 이러저러한 세계로 자유롭게 돌릴 수 있다 ── 을 제외하면, 연관 밖에 있다.

29. '타인의' 자아주체와 상호주관적인 자연적 환경세계

나 자신에게 타당한 모든 것은, 내가 알고 있듯이, 내가 나의 환경세계 속에 현존하는 것으로 발견하는 다른 모든 사람에 대해서도 타당하다. 그들을 인간으로서 경험하면서 나는, 나 자신이 하나이듯이, 자아주체로서 또 그들의 자연적 환경세계에 관련된 것으로서 그들을 이해하고 받아들인다. 그러나 이것은 내가 그들과 나의 환경세계를 ── 우리 모두에게 단지 다른 방식으로 의식될 뿐인 ── 하나의 동일한 세계로서 객관적으로 파악한다는 점에서 그러하다. 각자에게는 자신의 장소가 있다. 이 장소로부터 자신이 현존하는 사물을 바라보고 이에 따라 각각의 다른 사물의 나타남을 갖는다. 각자에게는 현실적 지각의 장(場), 기억의 장 등도 ── 상호주관적으로 그 속에 공통적으로 의식된 것조차 다른 방식, 다른 파악방식과 명석함의 정도 등으로 의식된다는 점을 제외하고 ── 다르다.

이 모든 점에도 불구하고 우리는 동료인간과 의사소통을 하며, 우리 모두에게 거기에 존재하는 ── 아무튼 우리 자신이 속한 ── 환경세계로서 객관적인 공간-시간적 실제성을 공통으로 정립한다.

30. 자연적 태도의 일반정립

우리가 자연적 태도에서 주어짐의 특성과 이것을 통해 자연적 태도의 고유한 특성묘사에 제시한 것은 모든 '이론'에 앞선 순수한 기술(記述)의 한 부분이었다. 우리는 이 연구에서 이론——이것은 여기에서 모든 종류의 앞선 의견을 뜻한다——을 엄밀하게 멀리해왔다. 이론은 실제적이거나 추정된 타당성의 통일체로서가 아니라 오직 우리 환경세계의 사실로서 우리의 영역에 속한다. 그러나 우리는 지금 순수한 기술을 계속하고 이것을 자연적 태도(또 자연적 태도와 일치해 완전히 얽힐 수 있는 모든 태도)에서 발견될 수 있는 것을 체계적으로 포괄하는 특성묘사——그 폭과 깊이를 완전히 드러내는 특성묘사——로 끌어올리는 과제를 제시하는 것이 아니다. 그와 같은 과제는 학문적 과제로서 고정될 수 있고 또 고정되어야 하며, 이제껏 거의 주목받지 못했더라도, 대단히 중요한 과제다. 그러나 여기에서 그 과제는 우리의 과제가 아니다. 현상학의 정문을 향해 매진하고 있는 우리에게는 이러한 방향에 따라 필요한 모든 것이 벌써 수행되었고, 우리는 단지 자연적 태도——기술하는 가운데 또 충분한 명석함의 충족을 지니고 부각된 자연적 태도——의 매우 일반적인 몇 가지 특성만 필요할 뿐이다. 우리에게는 특히 바로 이 명석함의 충족이 중요한 문제다.

내가 하나의 공간-시간적 실제성 속에 발견되고 이것에 동일한 방식으로 관련된 다른 모든 인간처럼, 나 자신이 속해 있는 하나의 공간-시간적 실제성을 나의 대응물로서 항상 현존하는 것으로 발견하는 명제에서 가장 중요한 점을 다시 한 번 강조하자. 나는 '실제성'——이것은 이미 그 말을 뜻한다——을 거기에 존재하는 것으로 발견하고, 실제성을 그것이 나에게 주어지는 그대로 또한 거기에 존재하는 것으로 받아들인다. 자연적 세계가 주어져 있음에 대한 어떠한 의심이나 거부도 자연적 태도의 일반정립에서 아무것도 변경하지 않는다. '이' 세계는 실제성으로서 언제나 거기에 존재하며, 내가 추정했던 것과 기껏해야 여기저기에서 '다르게' 존재하고, 이러저러한 것은 이른바 '가상' '환각' 등의 명칭 아래 세계로부터 ── 일반정립의 의미에서 항상 거기에 존재하는 세계인 세계로부터 ──삭제될 수 있다. 세계를 소박한 경험의 지식이 수행할 수 있는 것보다 더 포괄적이고 신뢰할 수 있으며 모든 관점에서 완전하게 인식하는 것, 세계의 토대 위에 제시되는 학문적 인식의 모든 과제를 해결하는 것, 바로 이것이 **자연적 태도의 학문**이 추구하는 목표다.

31. 자연적 정립의 철저한 변경. '배제함'과 '괄호침'

이제 이러한 태도 속에 머무는 대신, 이 태도를 철저히 변경시키자. 지금 필요한 것은 이렇게 변경할 원리적 가능성을 확신하는 것이다.

일반정립(Generalthesis)은 물론 독특한 작용 속에, 현존(Existenz)에 관한 분절된 판단 속에 있지 않다. 일반정립에 의해 실재적 환경세계는 항상 단순히 일반적으로 파악에 적합하게 의식되지 않고, 거기에 존재하는 '실제성'으로 의식된다. 일반정립은 태도가 지속되는 전체 동안, 즉 자연적으로 깨어 있어 〔그럭저럭〕 살아가는 동안 지속하면서 존립하는 것이다. 그때그때 지각된 것, 명석하든 희미하든 현전화된 것, 요컨대 자연적 세계로부터 경험에 적합하게 또 각각의 사유작용에 앞서 의식된 모든 것은 자신의 전체 통일성 속에 그리고 분절되어 부각된 모든 것에 따라 '거기에' '현존하는'의 특성을 띤다. 이 특성과 일치하는 명확한 (술어적) 존재판단은 본질적으로 이 특성에 근거할 수 있을 것이다. 그러한 판단을 진술한다면, 아무튼 우리는 그 판단에서 비-주제적인, 사유되지 않고, 술어화하지 않았지만 이미 근원적 경험작용 속에 그 어떤 방식으로 놓여 있던 것, 또는 경험작용 속에 '현존하는 것'의 특성으로 놓여 있던 것을 단지 주제로 삼았고 또 술어로 파악했다는 사실을 알고 있다.

이제 명확한 판단정립에 대해서와 정확히 마찬가지로 잠재적이고 명확하지 않은 정립에 대해서도 태도를 취할 수 있다. 그와 같이 언제나 가능한 태도를 취하는 것은 예를 들어 데카르트가 완전히 다른 목적으로, 즉 절대적으로 의심할 여지없는 존재영역을 수립하려는 의도에서 기획했던 **보편적 의심**의 시도다. 여기서는 다음과 같은 사실과 관련해 시작하면서 동시에 강조한다. 즉 보편적 의심의 시도는, 그 본질 속에 포함된 것으로서, 그것을 통해 명증하게 드러날 수 있는 점을 부각시키는 **방법적 임시방편으로서만** 이바지할 것이다.

보편적 의심의 시도는 우리의 완전한 자유의 영역에 속한다. 즉 각각의 모든 것 ― 여전히 그것을 아주 확고하게 확신하고 심지어 충전적 명증성에서 확인했더라도 ― 을 우리는 **의심하려** 시도할 수 있다.

그와 같은 작용의 본질 속에 놓여 있는 것을 숙고해보자. 의심하려 시도하는 자는 그 어떤 '존재', 술어로 명시된 '그것이 있다!' '그것은 이러한 상태에 있다' 등을 의심하려 시도한다. 이 경우 존재의 종류는 상관이 없다. 예를 들어 그 존재를 의심하지 않는 어떤 대상이 이러저러한 성질을 지녔는지 아닌지를 의심하는 자는 바로 '그러한-성질이-있음'을 의심한다. 이것은 분명히 의심함으로부터 의심하려 시도함으로 옮겨진다. 더 나아가 우리는 어떤 존재를 의심하는 것이 아니라 동일한 의식('동시에'라는 통일형식) 속에서 이 존재의 기체에 정립을 수여한다는 사실, 그래서 이 기체를 '현존한다'는 특성으로 의식할 수 있다는 사실은 분명하다. 달리 표현하면, 우리는 동일한 존재의 물질을 동시에 의심하면서 확실한 것으로 간주할 수 없다.

마찬가지로 현존하는 것으로 의식된 그 어떤 것을 의심하려는 시도는 그 정립의 어떤 것을 폐기할 것을 필연적으로 수반한다는 사실도 분명하며, 바로 이 사실이 우리의 관심을 끈다. 이것은 정립을 반(反)정립으로, 긍정을 부정으로 전환하는 것이 아니며, 추측·가정·미결정·의심(이 단어가 항상 갖는 의미에서)으로 전환하는 것도 아니다. 실로 이러한 것은 우리의 자유로운 자의(恣意)의 영역에 속하지도 않는다. 그것은 오히려 완전히 독특한 것이다. 우리는 우리가 수행했던 정립을 포기하지 않으며, 우리가 새로운 판단의 동기를 끌어들이지 않는 한(이것은 바로 우리가 실행하지 않은 것이다), 정립이 존재하는 그대로 그 자체 속에 남아 있는 우리의 확신에서 아무것도 변경시키지 않는다.

그리고 어쨌든 정립은 일정한 변양을 겪는다. 정립이 그 자체로 존재하는 그대로 남아 있는 동안, 우리는 예컨대 그 정립을 '작용중지' 하고('außer Aktion' setzen), '배제하고' '괄호친다'. 정립은, 괄호 속에 묶인 것처럼, 접속의 연관 밖에 배제된 것처럼, 여전히 계속 거기에 존재한다. 즉 정립은 체험이지만, 우리는 정립에 관한 '어떤 것도 사용하지' 않는데, 이것은 물론 결여(우리가 '그는 어떤 정립을 사용하지 않았다'라고 무의식으로 말할 때처럼)로 이해되지 않는다. 오히려 이 경우, 모든 평행하는 표현의 경우처럼, 근원적인 단순한 정립(현실적이고 심지어 술어적인 존재정립이든 아니든 간에)으로 접근해 그 정립을 바로 독특하게 재평가하는 일정한 독특한 의식방식을 예시하면서 지시하는 것이 중요한 문제다. 이러한 재평가는 우리의 완전한 자유의 소관사항이며, 본래의 단어의미에서 일반적인 모든 태도를 취함과 같이, 정립과 어울릴 수 있고 '동시'(Zugleich)의 통일성 속에 정립과 양립할 수 없는 모든 사유의 태도를 취함에 대립해 있다.

어떤 정립을, 우리가 전제하듯이, 어떤 확실하고 일관된 정립을 수반하는 의심하는 시도에는 반(反)정립의 변양 속에 또 그 변양과 함께, 즉 따라서 의심하는 시도에 공동토대를 형성하는 비(非)존재를 '가정함'과 함께 '배제함'이 수행된다. 데카르트의 경우 이러한 점이 매우 우세해서, 사람들은 보편적으로 의심하는 그의 시도가 본래 보편적으로 부정(Negation)하는 시도라 말할 수 있다. 여기에서 우리는 이것을 도외시한다. 의심하는 시도의 모든 분석적 구성요소가, 따라서 의심하는 시도의 정확하고 완전히 충분한 분석도 우리의 관심을 끌지 않는다. 우리는 다만 '괄호치거나' '배제하는' 현상만 이끌어내 포착할 뿐이다. 이 현상은 의심하는 시도의 현상——이것으로부터 특히 손쉽게 이끌어내 해결될 수 있더라도——에 명백히 구속되지 않고, 오히려 그밖의 얽혀 있음에서도 또 이에 못지않게 그 자체만으로도 등장할 수 있다. 모든 정립과의 관계에서 우리는 또 완전한 자유 속에 이 특유한 판단중지(epoche),* 즉 진리에 관한 명증한 확신 때문에 흔들리지 않는 또한 어쩌면 흔들릴 수 없는 확신과 양립하는 일정한 판단을 억제할 수 있다. 정립은 '작용중지'되고, 괄호쳐지며, 정립은 '괄호친 정립'의 변양으로 변화하고, 판단 자체는 '괄호친 판단'으로 변화한다.

물론 이러한 의식과 '단순히 머리에 떠올리는' 의식, 가령 요정(妖精)들이 돌아가며 춤을 춘다고 생각하는 의식과 간단히 동일하게 확인하면 안 된다. 왜냐하면 후자의 경우 다른 측면에서 어떤 의식과

---

* 이 용어는 스토아학파와 에피쿠로스학파의 독단론에 반발한 피론(Pyrrhon)의 회의(懷疑)학파에서 마음의 평정(atraxia)을 얻으려면 모든 인식에 대해 판단중지가 필수적이라고 강조한 것으로 알려져 있다. 그러나 후설은 이 용어를 세계의 존재를 소박하게 전제한 자연적 태도의 일반정립에 깃든 확신과 타당성을 일단 배제하는, 즉 괄호 속에 묶는 독특한 현상학 용어로 사용한다. 요컨대 판단중지는 이미 정립한 것을 폐기하거나 그 확신을 변경시키지 않기 때문에 그 결과 아무것도 잃는 것이 없다. 다만 이 판단중지를 거쳐야만 다양한 현상학적 환원이 가능한 예비절차다.

다른 의식의 밀접한 유사성이 명백하더라도, 실로 생생하거나 생생하게 남아 있는 확신을 전혀 배제하지 않기 때문이다. 더구나 통상적으로 모호한 말에서 '나는 그것이 이러저러하다고 머리에 떠올린다(가정한다)'는 말로 똑같이 표현될 수 있는 '가정함' 또는 '전제함'의 의미에서 머리에 떠올리는 것(Sichdenken)은 중요하지 않다.

더 나아가 이와 상관적으로 어떤 영역이나 범주라도 정립할 수 있는 대상성에 관해서도 괄호침에 관해 이야기하는 것을 방해하는 것은 전혀 없다는 사실을 첨부해야 한다. 이 경우 이 대상성에 관련된 모든 정립은 배제될 수 있고, 그 대상성의 괄호침의 변양으로 변경될 수 있다는 것을 뜻한다. 정확하게 살펴보면, 그밖에 괄호침의 심상(心象)은, '작용을 중지함'에 관한 논의가 바로 작용의 영역 또는 의식의 영역에 더 잘 들어맞듯이, 처음부터 대상의 영역에 더 잘 들어맞는다.

32. 현상학적 판단중지

이제 예리하게 규정되고 새로운 의미에서 보편적 '판단중지'가 보편적 의심이라는 데카르트적 시도를 대신할 수 있을 것이다. 그러나 우리는 충분한 근거를 갖고 이 판단중지의 보편성을 제한한다. 왜냐하면 판단중지가, 일반적으로 존재할 수 있듯이, 그렇게 포괄적인 것이라면, 그래서 그러한 것으로 남아 있다면, 모든 정립 또는 모든 판단은 완전한 자유 속에 변양될 수 있고 판단할 수 있는 모든 대상성은 괄호쳐질 수 있기에, 변양되지 않은 판단은 물론이고 하물며 학문에 대한 어떠한 분야도 더 이상 남아 있지 않을 것이기 때문이다. 그러나 우리의 목표는 새로운 학문적 영역, 그리고 바로 괄호침 ──어쨌든 이때 단지 일정하게 제한된── 의 **방법**을 통해 획득될 수 있는 새로운 학문적 영역의 발견을 향해 곧장 나아간다.

요컨대 제한함을 다음과 같이 지적할 수 있다.

우리는 자연적 태도의 본질에 속한 일반정립을 작용중지하고, 이 일반정립이 존재적 관점에서 포괄하는 각각의 모든 것을 괄호 속에 넣는다. 따라서 항상 '우리에게 거기에' '현존해' 있고 의식에 적합한 '실제성'으로 언제나 거기에 남아 있는 이 자연적 세계 전체를, 정말 그 자연적 세계 전체를 괄호칠 것을 원할 때, 괄호 속에 넣는다.*

그러한 괄호침이 나의 완전한 자유이듯이 그렇게 실행한다면, 따라서 이때 나는 마치 내가 소피스트**인 것처럼 이 '세계'를 부정하지 않고, 마치 내가 회의주의자인 것처럼 세계의 현존(Dasein)을 의심하지 않는다. 그러나 나는 공간적–시간적 현존에 관한 모든 판단을 나에게 완전히 차단하는 '현상학적' 판단중지를 한다.

그러므로 나는 이 자연적 세계에 관련된 모든 학문 ——이 학문들이 나에게 확고하더라도, 내가 이 학문들을 찬양하더라도, 이 학문들에 반론을 제기하는 것을 추호도 생각하지 않더라도——을 배제하고, 학문들의 타당성을 결코 사용하지 않는다. 나는 그 학문들에 속한 명제의 어느

---

* 후설의 '판단중지'와 데카르트의 '방법적 회의'는 절대적으로 확실한 인식을 정초하려는 목적에서 똑같다. 그러나 후설은 데카르트가 스콜라 철학의 편견에 사로잡혀 연장실체(res extensa)와 이것에 인과적으로 관련된 사유실체(res cogitans)의 이원론을 전제하고, 방법적 회의를 통해 찾아낸 자아(ego)를 객관적 인식의 공리나 의심할 수 없는 세계의 작은 단편으로 해석했다고 본다. 그래서 데카르트가 세계를 괄호치지 않았기 때문에 "데카르트가 발견한 참된 선험적 주관성의 실마리인 사유주체는 잃어버린 것과 같아졌으며"(『이념』, 10쪽), 그 결과 "불합리한 선험적 실재론의 시조"(『성찰』, 63·69쪽), "물리학적 객관주의의 시조"(『위기』, 74·88쪽)가 되었다고 비판한다.

** 여기서는 말하는 소피스트는 "아무것도 존재하지 않는다. 무엇이 존재하더라도 그것을 인식할 수 없다. 인식할 수 있더라도 남에게 전달할 수 없다"고 모든 존재를 부정함으로써 철저한 회의적 상대주의를 주장한 고르기아스(Gorgias)의 견해를 뜻한다.

하나도, 완전한 명증성이 있더라도, 내 것으로 삼지 않고, 그 어떤 것도 받아들이지 않고, 그 어떤 것도 나에게 토대——주의해야 할 것은 그 명제가, 이것이 학문들 속에 주어지듯이, 이 세계의 실제성에 관한 하나의 진리로서 이해되는 한——가 되지 않는다. 나는 그 명제를 괄호친 다음에만 그 명제를 받아들일 수 있다. 즉 판단을 배제하는 변양시키는 의식 속에서만, 따라서 바로 학문에서의 명제와 같은 것이 아닌 명제, 즉 타당성을 요구하는 명제와 그 타당성을 나는 인정하고 이용한다.

　사람들은 여기에서 문제되는 판단중지를 실증주의가 요구하는 판단중지와 혼동하지 않을 것이며, 우리가 확신해야 하듯이, 물론 그들 자신도 실증주의의 판단중지에 어긋나 있다. 지금 문제되는 것은 탐구가 순수한 실질성을 희미하게 만드는 모든 편견을 배제함도 아니고, 모든 정초가 직접 발견되는 것으로 되돌아감으로써 '이론으로부터 자유로운' '형이상학으로부터 자유로운' 학문의 구성도 아니며, 그 가치에 관해 실로 어떠한 의문도 없는 그런 목표에 도달하는 수단도 아니다. 우리가 요구하는 것은 다른 계열에 있다. 자연적 태도 속에 정립된, 경험 속에 실제로 발견된 전체 세계, 이 세계가 실제로 경험되듯이 완전히 '이론으로부터 자유롭다'고 간주된——경험의 연관 속에 명백히 입증되는——전체 세계는 우리에게 지금 전혀 타당한 것이 아니며, 그래서 검증되지 않아 또한 논쟁의 여지없이 괄호쳐야 한다. 동일한 방식으로 이 세계와 관련된——실증주의적으로 또는 다르게 정초된——아무리 좋은 이론과 학문이라도 모두 〔괄호침의〕 동일한 운명에 빠질 것이다.

제2절 의식과 자연적 실제성

33. 현상학적 잔여인 '순수 의식' 또는 '선험적 의식'을 예시함

우리는 현상학적 판단중지의 의미를 이해할 수 있게 배웠지만, 결코 그 판단중지를 할 수 있는 것을 배우지는 않았다. 무엇보다 이미 말한 것에서 판단중지의 전체 영역을 한정함과 더불어 그 판단중지의 보편성을 제한함이 실제로 어느 정도까지 주어져 있는지는 명백하지 않다. 모든 사유작용을 지닌 우리 자신을 포함해 세계 전체가 배제되었을 때, 도대체 무엇이 남아 있을 수 있는가?

독자는 벌써 이러한 성찰을 지배하는 관심이 새로운 형상학(形相學)에 쏠려 있다는 것을 알기 때문에, 우선 사실로서의 세계가 배제되지만 형상으로서의 세계가 배제되지 않고, 마찬가지로 그밖의 어떤 본질 영역이 배제되지 않는다고 기대할 것이다. 실로 세계를 배제하는 것은 실제로 예를 들어 수(數) 계열, 또 이와 관련된 산술을 배제하는 것을 뜻하지 않는다.

그럼에도 우리는 이 길을 가지 않으며, 우리의 목표도 이 길의 노선에 있지 않다. 그 목표를 자신의 독자성에서 이제까지 한정되지 않은 새로운 존재영역 — 모든 진정한 영역과 마찬가지로 개별적 존재의 영역 —을 획득하는 것이라 부를 수도 있다. 이것이 상세하게 뜻하는 바는 다음에 이어질 확증이 가르쳐줄 것이다.

우선 직접 제시하면서 진행하는데, 제시할 수 있는 존재는 우리가 본질적 근거에 입각해 '순수 체험', 즉 [한편으로] 자신의 순수 의식의 상관자와 다른 한편으로 자신의 '순수 자아'를 지닌 '순수 의식'으로 부를 수 있는 것 뿐이기 때문이다. 그래서 자연적 태도 속에 우리에게 주어지는 그 자아, 그 의식, 그 체험으로부터 출발한다.

나―실제적 인간인 나―는 자연적 세계 속의 다른 객체처럼 하나의 실재적 객체다. 나는 사유작용(cogitationes), 즉 더 넓거나 좁은 의미에서 '의식의 작용'을 하며, 이 작용은 이 인간적 주체에 속하는 것으로서 동일한 자연적 실제성의 사건이다. 그리고 그밖의 내 모든 체험도 마찬가지이며, 이 체험의 변화하는 흐름으로부터 특수한 자아작용은 매우 독특하게 빛나고, 서로 뒤섞이며, 종합으로 연결되고, 끊임없이 변양된다. 가장 넓은 의미에서 의식이라는 표현(물론 이 경우 별로 적합한 표현이 아니다)은 모든 체험을 함께 포함한다. 우리가 결코 현혹되지 않기 때문에 가장 확고한 관습에 따라 학문적 사고에서처럼 '자연적으로 태도를 취해', 우리는 이 심리학적 반성에서 발견되는 것 전부를 실재적 세계사건으로, 곧 동물적 존재의 체험으로 간주한다. 그 발견된 것 전부를 단지 이러한 것으로 보는 것은 우리에게 너무도 당연해서, 이미 변화된 태도의 가능성을 알고 있고 새로운 객체[대상]의 분야를 찾아나선 지금 우리는 그것이 이 체험영역 자체―이 영역으로부터 새로운 태도를 통해 새로운 분야가 생긴다―라는 것을 전혀 알아차리지 못한다. 실로 이것은 우리가 시선을 이 체험영역으로 향하게끔 유지하는 대신 다른 데로 돌렸고, 새로운 객체를 산술과 기하학 등의 존재론적 분야에서 추구했다―물론 여기에서 본래 새로운 어떤 것도 획득될 수 없었을 것이다―는 사실과 연관된다.

따라서 우리는 시선을 의식영역으로 확고하게 견지하고, 우리가 그 속에서 내재적으로 발견하는 것을 연구한다. 우선 여전히 현상학적 판단을 배제하지 않은 채, 우리는 의식영역을 체계적―비록 결코 전부 논한 것은 아니더라도―본질분석에 떠맡겼다. 우리에게 반드시 필요한 것은 의식 일반과 또한 아주 특히―의식 자체 속에 그 본질상 '자연적' 실제성이 의식되는 한―의식의 본질에 대한 일정한 일반적 통찰이다. 이러한 연구에서 우리가 겨냥했던 통찰, 즉 의식은 그 자체 속에, 자신의 절대적인 고유한 본질 속에 현상학적으로 배제함으로써 영향을 받지 않는, 고유한 존재를 갖는다고 통찰하는 것이 필요한 데까지 나아간다. 따라서 이 고유한 존재는 '현상학적 잔여(殘餘)'로서, 즉 사실상 새로운 학문인 현상학의 장(場)이 될 수 있는 원리적으로 고유한 존재영역으로서 뒤에 남는다.

이러한 통찰을 통해 비로소 '현상학적' 판단중지는 자신의 이름에 걸맞게 되며, 이 현상학적 판단중지를 완전히 의식해 수행하는 것은 우리를 '순수' 의식과 그 결과 현상학적 영역 전체에 접근시켜주는 필연적 조작(Operation)으로 밝혀진다. 바로 이 조작에 따라 왜 이 영역과 이 영역에 속한 새로운 학문이 알려지지 않고 남아 있을 수밖에 없었는지가 이해될 것이다. 자연적 태도에서는 곧 자연적 세계 이외에 아무것도 보일 수 없다. 현상학적 태도의 가능성이 인식되지 않았던 한 그리고 현상학적 태도와 함께 생기는 대상성을 원본적 파악으로 이끄는 방법이 형성되지 않았던 한, 현상학적 세계는 알려지지 않은 세계, 실로 거의 예감되지 않는 세계로 남아 있을 수밖에 없다.

우리의 전문용어에 여전히 다음과 같이 첨부해야 한다. 즉 인식론적 문제제기 속에 근거한 중요한 동기는 마치 우리가 '순수' 의식 — 이것에 관해서는 그만큼 많은 논의가 〔앞으로〕 있을 것이다 — 을 또한 '선험적 의식'으로 부르고, 선험적 의식이 획득되는 조작도 '선험적 판단중지'로 부르는 것을 정당화한다. 방법적으로 이 조작은 '배제함' '괄호침'의 다른 단계로 세분될 것이고, 그래서 우리의 방법은 단계적 환원의 특성을 띨 것이다. 이 때문에 우리는 더구나 주로 현상학적 환원에 관해 (이것의 전체성에 대해 또한 통일적으로 그 현상학적 환원에 관해) 이야기할 것이고, 인식론적 관점에서도 선험적 환원에 관해 이야기할 것이다. 그밖에 이러한 전문용어는 모두 역사 또는 독자의 전문용어의 관습이 손쉽게 생각하는 그 어떤 다른 의미가 아니라 오직 우리의 서술이 그 전문용어를 미리 지시하는 의미에 따라서만 이해되어야 한다.

34. 주제인 의식의 본질

어떠한 현상학적 판단중지에도 고심하지 않을 일련의 고찰과 함께 시작하자. 우리는 자연적 방식으로 '외부 세계'를 향해 있고, 자연적 태도를 단념하지 않고 우리의 자아와 그 체험작용에 대한 심리학적 반성을 한다. 우리는, 마치 새로운 태도에 관해 아무것도 듣지 못했을 때 그렇게 행하는 것과 아주 똑같이, '무엇에 관한 의식' (Bewußtsein von Etwas)——이 속에서 우리는 예를 들어 물질적 사물, 신체, 인간의 현존재, 기술(技術)이나 문학의 작품 등 현존재를 의식한다——의 본질에 몰두한다. 우리는 각각의 개별적 사건은 형상적 순수성 속에 파악할 수 있고 이 순수성에서 가능한 형상적 탐구의 장(場)에 속해야 한다는 우리의 일반적 원리를 따라간다. 따라서 '나는 존재한다' '나는 생각한다' '나는 나에게 대립된 세계를 갖는다' 등의 일반적인 자연적 사실도 자신의 본질내용을 지니며, 우리는 지금 오직 이 본질내용에만 몰두하려 한다. 그래서 우리는 범례로 그 어떤 단일의 의식체험, 즉 그것이 자연적 태도 속에 주어져 있듯이 실재적 인간의 사실로 간주된 의식체험을 하거나, 기억이나 자유롭게 날조하는 상상 속에 그와 같은 의식체험을 현전화한다. 완전히 명석한 것으로 전제되었을 그러한 범례적 근거에서 우리는 충전적 이념화작용 속에 우리가 관심을 갖는 순수 본질을 파악하고 확정한다. 이때 단일의 사실, 자연적 세계 일반의 사실성은——순수 형상적 탐구를 하는 어느 곳에서처럼——우리의 이론적 시선에서 사라져버린다.

여전히 우리의 주제를 제한하자. 그 주제의 명칭은, 즉 의식, 또는 더 판명하게 말하면, 다행히 그 정밀한 한계가 중요한 문제는 아닌 극히 넓은 의미에서 의식체험 일반이다. 그러한 한계는 여기에서 수행하는 분석의 출발에 놓여 있지 않고, 상당한 노력을 쏟은 이후의 결과다. 출발점으로서 우리는 우리가 데카르트의 사유주체(cogito), 즉 '나는 생각한다'(Ich denke)를 통해 가장 간단하게 부르는 적확하고 맨 처음 제시되는 의미에서 의식을 택한다. 잘 알려져 있듯이 데카르트는 사유주체를 〔아주〕 넓게 이해해서, 이것은 모든 '나는 지각한다·기억한다·상상한다·판단한다·느낀다·갈망한다·의욕한다'와 그래서 무수히 흘러가는 특수형태 속에 이와 유사한 그 어떤 자아체험 모두를 함께 포괄한다. 이 모든 것이 관련된 자아 자체 또는 이 모든 것 '속에' 매우 다른 방식으로 '살고', 활동하며, 겪고, 자발적으로 수용적이거나 그밖의 어떤 방식으로 '태도를 취하는' 자아 자체, 게다가 모든 의미의 자아도 우선 고려하지 않는다. 나중에 이 자아에 더 근본적으로 몰두할 것이다. 지금으로서는 분석과 본질파악에 발판을 제공하는 것으로도 충분할 것이다. 이때 우리는 즉시 의식체험이라는 개념을 특수한 사유작용의 이 범위를 넘어서 확장하게끔 강요하는 포괄적 체험연관이 지시되는 것을 볼 것이다.

우리는 의식체험을 완전히 충만한 구체화 속에 고찰한다. 의식체험은 이 구체화에 의해 그 구체적 연관──체험의 흐름(Erlebnisstrom)──속에 등장하며, 자신의 고유한 본질을 통해 이 구체화에 결합된다. 이때 반성적 시선이 맞출 수 있는 흐름의 모든 체험은 직관적으로 파악할 수 있는 고유한 본질, 즉 자신의 고유성 속에 그 자체만으로 고찰될 수 있는 '내용'을 지닌다는 사실이 명백해진다. 우리에게 중요한 것은 사유작용(cogitatio)의 이 고유한 내용을 그것의 순수한 고유성 속에, 따라서 사유작용이 그 자체로 그대로인 것에 따라 사유작용 속에 놓여 있지 않은 모든 것을 제외하는 가운데, 파악하고 일반적으로 특성짓는 것이다. 마찬가지로 우리에게 중요한 것은 사유작용의 고유한 것을 통해 순수하게 요구되고, 그래서 그 통일성 없이는 사유작용이 존재할 수 없다는 점이 필연적으로 요구되는 의식의 통일성을 특성짓는 것이다.

35. '작용'인 사유주체. 비—현실성변양

예를 들어 시작하자. 내 앞에는 어스름한 불빛 아래 이 하얀 종이가 놓여 있다. 나는 이것을 보고 만진다. 여기에 놓여 있는 종이 — 게다가 이러한 성질 속에 정확하게 주어진, 이 상대적 막연함 속에, 이 불완전한 규정성 속에, 이렇게 방향이 정해지는 가운데 정확하게 나에게 나타나는 종이 —에 관한 완전히 구체적 체험으로서 종이를 이렇게 지각하면서 보고 만지는 것, 이것이 사유작용, 즉 의식체험이다. 자신의 객관적 성질, 공간 속의 연장(延長), 나의 신체라 부르는 공간사물에 대한 객관적 위치를 가진 종이 자체는 사유작용이 아니라 사유된 것(cogitatum)이며, 지각체험이 아니라 지각된 것이다. 이제 지각된 것 자체는 다분히 의식체험일 수 있다. 그러나 물질적 사물과 같은 것, 예를 들어 지각체험 속에 주어진 이 종이는 원리상 어떤 체험도 아니고, 총체적으로 다른 존재방식을 지닌 존재라는 사실은 명백하다.

이 점을 더 상세하게 추구하기 전에, 앞에서 든 예를 확대해보자. 일종의 알아차림인 본래의 지각작용 속에 나는 대상, 예를 들어 종이에 주의를 기울이고, 여기에 지금 존재하는 것으로 파악한다. 파악함(Erfassen)은 이끌어내 포착함(Herausfassen)이며, 지각된 모든 것은 경험배경을 갖는다. 이 종이 주변에 책·연필·잉크병이 있고, 어떤 방식으로 '직관의 장(場)' 속에 지각적으로(perzeptiv) 거기에 '지각되지만', 종이에 주의를 기울이는 동안 이것은 2차적 주의를 기울임과 파악함만 주의를 기울인다. 그것은 나타났지만, 어쨌든 이끌어내 포착되지 않았고, 그 자체만으로 정립되지 않았다. 모든 사물지각은 이렇게 **배경직관**(직관작용 속에 이미 주의를 기울였던 것을 받아들일 경우, 배경직시)의 마당(Hof)을 가지며, 이것은 또한 '의식체험', 요컨대 '의식', 더구나 사실상 함께 직시된 대상적 '배경' 속에 놓여 있는 모든 것에 '관한' 의식이다.

그러나 자명하게도 이때 문제 되는 것은 직시된 배경에 속할 수 있을 객관적 공간 속에 '객관적으로' 발견될 수 있는 것, 타당하게 또 진행해가는 경험이 거기에서 확인할 수 있는 모든 사물이나 사물적 사건이 아니다. 문제 되는 것은 오직 '객체에 주의를 기울이는' 양상 속에 수행된 지각의 본질에 속하는 의식마당, 더 나아가 이 마당 자체의 고유한 본질 속에 놓여 있는 것이다. 그런데 이 속에는 근원적 체험의 일정한 변양이 가능하다는 사실이 포함되어 있다. 우리는 이 변양을 맨 처음 알아챈 종이로부터 벌써 이전에 나타났던 대상, 따라서 '묵시적으로' 의식된 대상—이것은 시선의 전향에 따라 명시적으로 의식된 대상, '주의 깊게' 지각된 또는 '더불어 주목된' 대상이 된다—으로 '시선'의 자유로운 전향이라 한다. 이 시선은 곧바로 또 단순히 물리적 시선이 아니라 '정신적 시선'이다.

사물은 지각 뿐 아니라 기억 속에, 기억과 비슷한 현전화 속에 그리고 자유로운 상상 속에서도 의식된다. 이 모든 것은 때로는 '명석한 직관' 속에, 때로는 '희미한' 표상의 방식으로 현저한 직관성 없이 의식된다. 왜냐하면 이것은 실제적인 것, 가능한 것, 날조된 것 등의 사물로서 다르게 특성화되는 가운데 우리 눈앞에 아른거리기 때문이다. 우리가 지각체험에 관해 상론한 모든 것은 본질적으로 다른 이 체험에도 분명히 적용된다. 우리는 이러한 종류의 의식 속에 의식된 대상(예를 들어 상상된 요정〔妖精〕)을 이것에 관한 의식인 의식체험 자체와 혼동하는 것을 생각하면 안 된다. 그렇다면 우리는 그러한 모든 체험 ─ 이것은 항상 완전한 구체화 속에 받아들여진다 ─ 의 본질에는 현실적으로 주의를 기울이는 양상 속의 의식은 비-현실성의 양상 속의 의식으로 이행하고 그 역으로도 이행하는 그 주목할 만한 변양이 있다는 사실을 다시 인식한다. 체험은 이른바 어떤 때는 자신의 대상적인 것에 관한 '명시적' 의식이고, 다른 때는 단순히 잠재적인 묵시적 의식이다. 대상적인 것은 지각에서처럼 기억이나 상상에서도 우리에게 이미 나타날 수 있지만, 우리는 정신적 시선으로 그 대상적인 것을 아직 '향해 있지' 않고, 하물며 우리가 특별한 의미에서 '몰두하게' 될 2차적으로도 그것을 향해 있지 않다.

이와 유사한 것을 우리는 데카르트가 예를 든 영역의 의미로 임의의 사유작용에서 사유함·느낌·의도함의 모든 체험에 대해 확인한다. 다만 (다음의 36항에서) 밝혀지듯이, 현실성을 부각시키는 '~을 향해 있음'·'~에 주의가 기울여 있음'은, 가장 단순하기 때문에 감성적 표상의 우선적 예와 같이, 의식의 객체를 이끌어내 포착하는 주의함과 일치하지 않는다. 현실적 체험이 비-현실적 체험의 '마당'에 의해 에워싸여 있다는 것도 그러한 모든 체험에 분명히 적용된다. 왜냐하면 체험의 흐름은 순전히 현실성으로만 이루어질 수 없기 때문이다. 바로 이 현실성은 우리가 든 예의 범위를 넘어설 수 있는 가장 넓은 일반화 속에, 비-현실성과 함께 수행된 대조 속에 '사유주체' 나는 무엇에 관한 의식을 갖고 있다'·'나는 어떤 의식작용을 수행한다'는 표현의 적확한 의미를 규정한다. '비-현실적' 등과 같은 부기(附記)를 통해 명백히 변양을 가리키지 않는다면, 이 확고한 개념을 예리하게 분리해 유지하기 위해 우리는 오직 그 개념에만 데카르트적 어투인 사유주체(cogito)와 사유작용(cogitationes)을 유지할 것이다.

'깨어 있는' 자아를 우리는 그 체험의 흐름 안에서 사유주체의 특수한 형식으로 의식을 지속적으로 수행하는 것으로서 정의할 수 있다. 이것은 물론 그 깨어 있는 자아가 이러한 체험을 끊임없이 또는 일반적으로 술어적 표현으로 이끌고 또 이끌 수 있다는 것을 뜻하지 않는다. 실로 동물적 자아주체도 존재한다. 그러나 위에서 말했던 것에 따라, 깨어 있는 자아의 체험의 흐름에 본질에는 지속적으로 이어지는 사유작용의 연계가 끊임없이 비-현실성의 매개에 의해 에워싸여 있고, 이 비-현실성은 언제나 현실성의 양상으로 이행할 준비가 되어 있으며, 그 반대도 마찬가지로 현실성은 언제나 비-현실성으로 이행할 준비가 되어 있다.

36. 지향적 체험. 체험 일반

현실적 의식의 체험이 비-현실성으로 이행함으로써 겪는 변화가 아무리 철저해도, 어쨌든 변양된 체험은 근원적 체험과 함께 여전히 중요한 본질공통성을 갖는다. 무엇에 관한 의식이라는 것은 일반적으로 모든 현실적 사유주체의 본질에 속한다. 그러나 앞에서 상론한 바에 따라, 변양된 사유작용 역시 그 자신의 방식으로 의식이며, 이에 상응하는 변양되지 않은 사유작용처럼 동일한 것에 관한 의식이다. 따라서 의식의 일반적 본질속성은 변양 속에 유지되어 있다. 이 본질속성을 공통으로 갖는 모든 체험을 '지향적 체험'(『논리연구』의 가장 넓은 의미에서 '작용')이라 부른다. 그 체험이 무엇에 관한 의식인 한, 이것을 이 무엇에 '지향적으로 관련되었다'고 하기 때문이다.

이 경우 여기에서 '체험'이라는 그 어떤 심리학적 사건과 '대상'이라는 다른 어떤 실재적 현존의 관련 또는 전자와 후자의 객관적 실제성 속에 일어날 심리학적 결합이 문제 되는 것은 아니라는 사실에 매우 주목해야 한다. 오히려 순수하게 그 본질상 체험 또는 순수 본질과 이 본질 속에 '아프리오리하게', 무조건적 필연성 속에 포함된 것이 문제 된다.

어떤 체험이 무엇에 관한 의식이라는 것 — 예를 들어 어떤 허구(虛構)가 일정한 켄타우로스의 허구이고, 어떤 지각이 그 '실제적' 대상의 지각이며, 어떤 판단이 그 사태의 판단이라는 것 등 — 은 세계 속의 체험사실, 특히 사실적인 심리학적 연관 속의 체험사실에 관계하지 않고, 순수한 그리고 이념화작용 속에 순수 이념으로서 파악된 본질에 관계한다. 체험 자체의 본질은 이 체험이 존재한다는 것뿐 아니라, 그 체험이 무엇에 관한 의식이고 규정되거나 규정되지 않은 일정한 의미에서 무엇에 관한 의식이라는 것도 포함한다. 그래서 체험은 비-현실적 의식의 본질 속에도 포함되어 있고, 위에서 말한 변양 — 우리가 '주목하는 시선을 이전에 주목하지 않았던 것으로의 전환'이라 부른 것 — 을 통해 체험이 어떤 종류의 현실적 사유작용으로 이행될 수 있다.

가장 넓은 의미에서 체험 아래 우리는 체험의 흐름 속에 발견되는 각각의 모든 것을 이해한다. 따라서 지향적 체험, 즉 그 완전한 구체성 속에 받아들인 현실적이거나 잠재적인 사유작용뿐 아니라, 이〔체험〕흐름 속의 내실적(reell)* 계기와 그 구체적 부분에서 발견되는 그 어떤 것도 이해한다.

즉 우리는 각각의 내실적 계기가 어떤 지향적 체험 자체의 구체적 통일성 속에 **지향성의 근본특성**을 갖는 것이 아니며, 따라서 '무엇에 관한 의식'이라는 속성을 갖는 것이 아니라는 점을 쉽게 알게 된다.

---

* '내실적'은 감각적 질료와 의식의 관계, 즉 의식작용에 본질적으로 내재하는 것으로서, 의식과 실재 대상의 '지향적' 관계에 대립되는 뜻으로 사용된다.

이것은 예를 들어 지각적 사물직관 속에 아주 중요한 역할을 하는 모든 감각자료에 해당된다. 이 하얀 종이를 지각하는 체험 속에, 더 자세히 말하면, 종이가 흰색이라는 성질에 관련된 지각의 구성요소 속에 우리는 적절한 시선전환을 통해 흰색이라는 감각자료를 발견한다. 이 흰색은 구체적 지각의 본질에 불가분하게 속한 것이며, 내실적인 구체적 존립요소로서 속한 것이다. 종이가 나타나는 흰색에 대해 묘사하는 내용으로서 그것은 지향성의 담지자(Träger)이지만, 그 자체가 무엇에 대한 의식은 아니다. 바로 이와 똑같은 것이 다른 체험자료, 예를 들어 이른바 감성적 느낌에도 적용된다. 우리는 이에 관해 앞으로 더 자세하게 이야기할 것이다.

37. 사유주체 속에 순수 자아의 '무엇을 향해 있음'과 파악하는 주의를 기울임

여기에서 지향적 체험을 기술하는 본질분석으로 더 깊게 들어갈 수는 없어도, 더 이상의 상론을 위해 주목해야 할 몇 가지 계기를 강조하자. 지향적 체험이 현실적이면, 따라서 사유주체의 방식으로 수행되면, 이 체험 속에 주체는 지향적 객체를 '향해' 있다. 사유주체 자체에는 사유주체에 내재적인 객체로 '시선을 향함'이 속하고, 다른 한편으로 그래서 결코 없을 수 없는 '자아'로부터 솟아나오는 '시선을 향함'이 속한다. 무엇에 대한 이 자아시선은 작용에 따라 지각에서는 지각하는 시선을 향함(Blick-auf), 허구에서는 날조하는 시선을 향함, 좋아함에서는 좋아하는 시선을 향함, 의욕함에서는 의욕하는 시선을 향함 등이다. 그래서 이것은 다음과 같은 것을 뜻한다. 즉 작용 그 자체인 사유주체의 본질에 속하는 것을 시선 속에, 정신적 눈 속에 이렇게 갖는 것은 그 자체로 또한 고유한 작용이 아니며, 특히

(아무리 넓은 의미에서라도) 지각작용이나 지각과 유사한 다른 모든 종류의 작용과 혼동하면 안 된다. 의식의 **지향적** 객체(의식의 완전한 상관자처럼 받아들여진 객체)는 결코 **파악된** 객체와 같은 것을 뜻하지 않는다는 사실에 주목해야 한다. 우리는 파악된 것을 즉시 객체(대상 일반)의 개념 속에 받아들이곤 한다. 왜냐하면 우리가 객체에서 생각해내고 객체에 관해 어떤 것을 말하자마자, 객체를 파악된 것의 의미에서 대상으로 만들어버리기 때문이다. 가장 넓은 의미에서 파악함은 '무엇에 주의를 기울임'과 일치하며, 그것에 특히 주목하든 부수적으로 주의를 기울이든 간에, 그것을 알아차리는 것과 — 적어도 이러한 논의가 일상적으로 이해되듯이 — 일치한다.

이제 이 **주의를 기울임** 또는 **파악함**과 더불어 사유주체 일반의 양상, 현실성의 양상이 문제 되는 것이 아니라, 더 정확하게 살펴보면, 아직 사유주체의 양상을 지니지 않은 각각의 의식이나 작용을 받아들일 수 있는 특수한 **작용의 양상**이 문제 된다. 각각의 작용이 사유주체의 양상을 취한다면, 작용의 지향적 객체는 일반적으로 또 시선이 정신적으로 향해 있음 속에 의식될 뿐 아니라, 그것은 파악된 객체, 즉 알아차려진 객체다. 물론 우리는 파악하는 방식 이외에 달리 어떤 사물에 주의를 기울일 수 없고, 이것은 '단순히 **표상할 수 있는**' 모든 대상성에도 그러하다. 즉 주의를 기울임(허구에서라도)은 바로 이 때문에 '파악함' '주목함'이다. 그러나 우리는 가치를 평가하는 작용에서 가치에, 즐거움의 작용에서 즐거운 것에, 사랑의 작용에서 사랑받는 것에, 행동함에서 행동에, 이 모든 것을 파악하지 않고도, 향해 있다. 오히려 지향적 객체 — 가치, 즐거운 것, 사랑받는 것, 소망된 것 자체, 행동으로서 행동 — 는 고유한 '**대상화하는**' 전환 속에 비로소 파악된 대상이 된다. 어떤 사태의 가치를 평가하면서 향해 있음, 이 속에는 그 사태의 파악이 함께 포함되어 있다. 그러나 단순한 사태가 아니라 가치가 있는 사태 또는 가치(이에 관해 더 상세하게 이야기할 것이다)는 가치를 평가하는 작용의 완전한 지향적 상관자다. 따라서 '어떤 사태에 가치를 평가하면서 향해 있음'이 실로 가치를, 우리가 파악된 대상에 관해 서술하기 위해 그 대상을 가져야 하듯이, 파악된 대상의 특별한 의미에서 '대상으로 가짐'을 뜻하지 않는다. 그리고 이것은 대상과 관련된 모든 논리적 작용에서도 그러하다.

따라서 가치를 평가하는 작용과 같은 종류의 작용에서 우리는 이중적 의미에서 지향적 객체를 갖는다. 즉 단순한 '사태'와 완전한 지향적 객체를, 이에 상응해 이중의 지향(intentio), 즉 주의가 두 겹으로 향해져 있음을 구별해야 한다. 우리가 가치를 평가하는 작용에서 어떤 사태로 향해 있다면, 사태로 향함은 그 사태에 주의를 기울임, 그 사태를 파악함이다. 그런데 우리는—단지 파악하는 방식으로가 아니라—가치로도 '향해 있다.' 사태를 표상함뿐 아니라 이것을 포함하는 사태를 평가함도 현실성이라는 양상을 띤다.

그러나 즉시 이 상태가 그렇게 단순한 것은 바로 가치를 평가하는 단순한 작용에서뿐이라는 점을 첨부해야 한다. 일반적으로 감정의 작용과 의지의 작용은 더 높은 단계에서 기초지어지고, 이에 따라 지향적 객체성(Objektivität) 역시 다양해지며, 통일적인 객체성 전체 속에 포함된 객체에 주의를 기울이는 방식도 다양해진다. 어쨌든 다음과 같은 주된 명제가 주장하는 것은 타당하다.

모든 작용에는 주의 깊음의 양상이 지배한다. 그러나 그 작용이 결코 단순한 사태의식이 아닌 곳이라면, 이와 같은 의식 속에 계속 그 사태에 '태도를 취하는 것'이 기초지어지는 곳이라면, 거기에는 사태와 완전한 지향적 객체(예를 들어 '사태'와 '가치'), 마찬가지로 주의를 기울임과 '정신적 시선 속에 가짐'은 분리되어 나타난다. 하지만 동시에 이 기초지어진 작용의 본질에는 변양의 가능성이 포함되어 있다. 이 변양을 통해 기초지어진 작용의 완전한 지향적 객체가 주목될 수 있고, 이러한 의미에서 '표상된' 대상, 즉 이제 이 대상의 측면에서 해명, 관련, 개념적 포착과 술어화를 위한 기체로서 이바지할 수 있는 대상이 될 수 있다. 이 객체화(Objektivation) 덕분에 우리는 자연적 태도 속에, 그래서 **자연적 세계의 구성원** ─즉 단순한 자연의 사태가 아니라, 도시, 가로등이 널린 거리, 주택, 가구, 예술품, 책, 도구 등 모든 종류의 가치와 실천적 객체─**으로서** 직면해 있다.

38. 작용에 대한 반성. 내재적 지각과 초월적 지각

게다가 다음과 같은 점을 첨부하자. 즉 사유주체 속에 살아가면서 우리는 사유작용 자체를 지향적 객체로 의식하지 않았지만, 어느 때라도 사유작용은 지향적 객체가 될 수 있고, 그 본질에는 '**반성적**' 시선전환 ─물론 단순히-파악하는 방식으로 그 사유작용을 향해 있는 새로운 사유작용의 형식으로─의 원리적 가능성이 있다. 달리 말하면, 모든 사유작용은 이른바 '**내적 지각**'의 대상이 될 수 있고, 그런 다음 계속해서 **반성적으로** 평가하고 시인하거나 부인하는 등의 객체가 될 수 있다. 똑같은 것이 이에 상응하는 변양된 방식으로 작용의 인상(Aktimpression)이라는 의미에서 실제적 작용에 적용될 뿐 아니라, 우리가 상상 '속에', 기억 '속에' 또는 타인의 작용을 이해하고 본받아 살면서 감정이입 '속에' 의식했던 작용에도 적용된다. 우리는 기억·감정이입 등의 '속에' 반성할 수 있으며, 이 '속에' 의식된 작용을 상이한 가능한 변양을 통해 파악하는 객체와 이 파악에 근거해 태도를 취하는 작용의 객체로 만들 수 있다.

여기서 **초월적 지각**과 내재적 지각 또는 작용 일반 사이의 구별을 연결하자. 우리는 심각한 우려가 제기되는 외적 지각과 내적 지각에 관한 논의를 피할 것이다.* 그래서 다음과 같은 해명을 제시한다.

내재적으로 향한 작용 아래, 더 일반적으로 파악해보면, 내재적으로 관련된 지향적 체험 아래 우리는 그 체험의 본질에 속하는 사실, 즉 체험의 지향적 대상은 ──도대체 이것이 존재한다면 ──체험 자체와 마찬가지로 동일한 체험의 흐름에 속한다는 사실을 이해한다. 따라서 이것은 예를 들어 하나의 작용이 동일한 자아의 〔다른〕 작용(어떤 사유작용에 대한 사유작용)에 관련되는 곳이면, 또는 마찬가지로 하나의 작용이 동일한 자아의 감각적 느낌의 자료 등에 관련되는 곳이면 어디에서든 들어맞는다. 의식과 그 객체는 체험을 통해 순수하게 수립된 하나의 개별적 통일체를 형성한다.

예를 들어 본질로 향한 또는 다른 체험의 흐름을 지니고 다른 자아의 지향적 체험으로 향한 모든 작용처럼, 통일체를 형성하지 않는 지향적 체험은 초월적으로 향해 있다. 앞으로 살펴보듯이, 사물·실재성 일반으로 향한 모든 작용도 마찬가지다.

내재적으로 향한 경우, 요컨대 내재적 지각(이른바 '내적' 지각)의 경우 지각과 지각된 것은 본질적으로 매개되지 않은 통일체, 즉 유일한 구체적 사유작용의 통일체를 형성한다. 지각작용은 여기에서 자신의 객체를 내포해 지각작용은 그 객체로부터 오직 추상적으로만, 오직

---

* 전통적으로 이념성과 실재성은 '의식'을 기준으로 '내(內)·외(外)', 이에 따른 지각을 각기 '내적 지각'과 '외적 지각'으로 구분해왔다. 그러나 후설은 그 기준을 '시간성'으로 삼는다. 따라서 의식의 다양한 작용도 시간성 속에 일어나므로 실재성을 지닌다. 즉 인식작용의 구체적 체험의 흐름인 내실적(reell) 내재(內在, Immanenz)뿐 아니라, '외적'인 감각자료가 인식작용에 의해 구성된 인식대상도 지향적 내재다. 지향적 내재는 결국 내실적 초재(Transzendenz)이다. 물론 생각되거나 정립되었더라도 의식에 직관되지 않은 것은 순수 초재(超在)다. 어쨌든 후설은 이 지향적 내재를 포괄해 분석하기 위해 '내적 지각'보다 '내재적 지각'이라는 표현을 사용한다.

본질적으로 비-자립적인 것으로서만 분리될 수 있다. 우리가 바로 생생한 확신(가령 '나는 ~한 사실을 확신하고 있다'고 진술하면서)을 반성할 때처럼, 만약 지각된 것이 지향적 체험이라면, 두 가지 지향적 체험은 뒤섞인다. 이 가운데 더 높은 지향적 체험은 적어도 비-자립적이며, 이때 더 깊은 지향적 체험 속에 기초지어질 뿐 아니라 동시에 이 체험에 지향적으로 주의를 기울여 있다.

이러한 종류의 내실적으로 '포함되어 있음'(이것은 본래 단지 비유일 뿐이다)은 내재적 지각과 이 지각 속에 기초지어진 태도를 취함의 두드러진 특성이다. 그밖의 대부분의 경우에는 지향적 체험들 사이의 내재적 관련이 결여되어 있다. 예를 들어 기억에 대한 기억의 경우가 그렇다. 지금 기억에는 기억된 어제의 기억이 지금 기억의 구체적 통일체의 내실적 존립요소로서 함께 속하지 않는다. 지금의 기억은, 어제의 기억이 참으로 존재하지 않았더라도, 그 자신의 완전한 본질에 따라 존재할 수 있다. 이에 반해 어제의 기억은, 만약 실제로 존재했다면, 지금의 기억과 함께 결코 중단되지 않는——여러 가지 체험의 구체화를 통해 어제의 기억과 지금의 기억을 지속적으로 매개하는——하나의 동일한 체험의 흐름에 필연적으로 속한다. 이러한 관점에서 초월적 지각과 그밖에 초월적으로 관련된 지향적 체험은 분명히 이와 완전히 다른 상태에 있다. 사물에 대한 지각작용은 그 내실적 존립요소 속에 사물 자체를 내포하지 않을 뿐 아니라, 사물과의 모든 본질적 통일체에서 벗어나 있어 사물의 현존(Existenz)도 물론 전제된다. 체험 자체의 고유한 본질을 통해 규정된 순수한 통일체는 오직 체험의 흐름에 통일체다. 또는 어떤 체험은 단지 〔다른〕 체험과 더불어서만 하나의 전체에 결합될 수 있고, 그 총체적 본질은 이러한 체험의 고유한 본질을 포괄하며, 이 체험 속에 기초지어진다. 이 명제는 나중에 가서 더 명석하게 밝혀지고 그 중요한 의미를 획득하게 될 것이다.

39. 의식과 자연적 실제성. '소박한' 인간의 파악

우리가 획득한 체험과 의식의 모든 본질특성은 우리를 끊임없이 이끄는 목적에 도달하기 위한, 즉 그것에 의해 현상학적 장(場)을 규정해야 할 그 '순수' 의식의 본질을 획득하기 위한 우리에게 필수적인 하부단계다. 우리의 고찰은 형상적이었다. 그러나 체험·체험의 흐름이라는 본질의 단일적 개별성과 모든 의미에서 '의식'의 단일적 개별성은 실재적 사건으로서 자연적 세계에 속해 있었다. 그때 우리는 자연적 태도의 토대를 포기하지 않았다. 개체적 의식은 이중의 방식으로 자연적 세계와 얽혀 있다. 즉 그것은 그 어떤 인간이나 동물의 의식이고, 적어도 그 특수화의 대부분은 이 세계에 관한 의식이다.

그런데 실재적 세계와 이렇게 얽혀 있음에 직면해 의식이 '고유한' 본질을 갖는다는 것, 의식이 다른 의식과 더불어 그 자체로 완결된──이 고유한 본질을 통해 순수하게 규정된──연관, 즉 의식의 흐름에 연관을 형성한다는 것은 무엇을 뜻하는가? 이 물음은, 우리가 여기에서 여전히 매우 넓은 모든 의미, 결국 체험의 개념과 합치되는 모든 의미에서 의식을 이해할 수 있기 때문에, 체험의 흐름과 그 모든 구성요소의 고유한 본질성에 해당된다.

우선 물질적 세계는 어느 정도까지 체험의 고유한 본질성에서 제외된 원리상 다른 종류의 세계인가? 그리고 물질적 세계가 그러한 것이라면, 물질적 세계가 모든 의식과 그 고유한 본질성에 대립된 '생소한 것' '다른 존재'라면, 어떻게 의식은 물질적 세계──물질적 세계와 그 결과 의식에 생소한 전체의 세계──와 얽힐 수 있는가? 왜냐하면 사람들은 실로 물질적 세계가 어떤 임의의 단편[부분]이 아니라 다른 모든 실재적 존재가 본질적으로 관련된 자연적 세계의 기본적 층(層)이라는 것을 쉽게 확신하기 때문이다. 물질적 세계에 없는 것은 인간

의 영혼(Seele)과 동물의 영혼이다. 이 영혼이 끌어들이는 새로운 것
은 첫째로 그 환경세계와 의식에 적합하게 관련되는 영혼의 '체험작
용'이다. 이때 어쨌든 의식과 사물성은 하나의 결합된 — '동물적인 것'
(Animalia)*이라는 개별적 심리물리적 통일체 속에 결합된, 그 최상
에는 전체 세계의 실재적 통일체 속에 결합된 — 전체다. 전체 통일체
가 그 부분들 — 따라서 원리적 이종성(異種性) 대신 그 어떤 본질공
통성이 반드시 있을 부분들 — 의 고유한 본질을 통해 일치하는 것과
다른 것일 수 있는가?

이 점을 명백하게 밝히기 위해 궁극적 원천을 추적해보자. 이 원천
으로부터 내가 자연적 태도 속에 수행하는 세계의 일반정립이 그 영
양분을 흡수한다. 따라서 이 영양분은 내가 의식에 적합하게 나에게
대립된 것으로서 거기에 존재하는 사물세계를 발견하게 해주고, 내
가 이 세계에서 나에게 신체를 부여하며, 그래서 나 자신을 그 세계
에 자리잡을 수 있게 해준다. 명백히 이 궁극적 원천은 감성적 경험이
다. 그러나 우리의 목적에는 경험하는 작용 아래 어떤 충분한 의미
에서 근원경험(Urerfahrung) — 이것으로부터 다른 모든 경험하는
작용은 자신이 정초하는 힘의 주된 부분을 이끌어낸다 — 의 역할을
하는 감성적 지각을 고찰하는 것으로 충분하다. 각각의 지각하는 의
식은 그것이 개별적 객체 — 이것은 자신의 측면에서 순수 논리적 의
미의 개체 또는 이 개체의 논리범주적 변형이다[1] — 의 생생한 자기
현재(Selbstgegenwart)의 의식이라는 고유성을 지닌다. 감성적 지각,

---

* 이 말의 어원인 라틴어 'anima'는 '공기·호흡·마음·심리적인 것 등'을 뜻한
  다. 그런데 후설은, '동물적 영혼(Seele)'이라는 표현을 간혹 사용하는 점에서
  알 수 있듯이 이 말을 추상화해 동물의 일반적 속성보다 인간을 포함한 고등동
  물의 심리나 영혼을 표현한다.
1) 위의 15항 첫 부분을 참조할 것.

또는 더 분명하게 말하면, 사물적 지각에 관한 우리의 경우에 논리적 개체는 사물이다. 그리고 사물지각을 다른 모든 지각(속성·경과 등의 지각)을 재현하는 것으로 다루는 것은 충분하다.

자연적으로 깨어 있는 우리의 자아 삶(Ichleben)은 끊임없는 현실적 또는 비-현실적 지각작용이다. 사물세계와 이 속에 있는 우리의 신체는 언제나 지각에 적합하게 거기에 있다. 그런데 그 자체로 구체적 존재인 의식 자체와 이 속에 의식된 것, 즉 의식에 '대립된', '그 자체에서만으로' 지각된 존재가 어떻게 구별되고 구별될 수 있는가?

나는 우선 '소박한' 인간으로서 성찰한다. 사물 자체를 그 생생한 모습으로 보고 포착한다. 물론 때때로 또 사물의 지각된 성질에 관해서뿐 아니라 그 현존 자체에 관해서도 착각한다. 나는 환상이나 환각에 빠진다. 그렇다면 지각은 '진정한' 지각이 아니다. 그러나 그 지각이 진정한 지각이라면, 다음과 같은 것을 뜻한다. 즉 지각이 현실적 경험연관 속에, 어쩌면 정확한 경험사유(Erfahrungsdenken)*의 도움을 받아 '확증되게' 한다면, 지각된 사물은 실제로 존재하고, 지각 속에 실제로 그 자체이며, 게다가 생생하게 주어진다. 지각작용은, 단순히 의식으로서 고찰되고 신체와 신체기관(Leibesorgan)이 제외될 때, 그 자체로 본질이 없는 것처럼, 즉 공허한 '자아'가 객체 자체—이 객체는 놀라울 정도로 그 자아와 관련된다—를 공허하게 주시하는 것처럼 나타난다.

---

* 전통적 개념의 분류상 '경험'과 '사유'는 상충되지만, 후설이 이들을 결합해 사용하는 것은 다양한 경험 속에 그 의미와 본질을 파악하려는 시도를 함축한다. 이것은 182쪽 역주의 '경험논리'(erfahrungslogisch)라는 용어와 같은 뜻이다.

40. '제1성질'과 '제2성질', '물리학적으로 참된 것'의 '단순한 나타남'인 생생하게 주어진 사물

내가 '소박한 인간'으로서 '감각에 기만당해' 그와 같은 반성을 발전시키는 경향에 굴복했다면, 이제 나는 '학문적 인간'으로서 제1성질과 제2성질의 잘 알려진 구별을 기억하고 있다.* 이 구별에 따르면 특수한 감각성질은 '단순히 주관적'이고, 오직 기하학적-물리학적 성질만 '객관적'이다. 사물의 색깔·소리·냄새·맛 등은, 아무리 사물에서 '생생하게' 그 본질에 속한 것으로 나타나더라도, 그 자체가 그것이 거기에 나타나는 것으로서 실제적이 아니라, 어떤 제1성질에 대한 단순한 '부호'일 뿐이다. 그러나 물리학의 잘 알려진 학설을 상기한다면, 나는 그와 같이 매우 인기 있는 명제의 견해가 가령 글자 그대로의 것 — 마치 지각된 사물에서 오직 '특수한' 감각성질만 실제로 단순한 나타남(Erscheinung)이라는 것처럼, 이와 함께 그 감각성질을 제거한 후에 남아 있는 '제1'성질은 나타남으로 주어지지 않을 다른 제1성질과 나란히 객관적 진리 속에 존재하는 사물에 속한다고 주장되는 것 — 일 수 없다는 점을 즉시 알아차린다.

그렇게 이해했다면, 실로 낡은 버클리(G. Berkeley)의 반론, 즉 물체성과 모든 제1성질의 이 본질핵심인 연장성(延長性)은 제2성질 없이는 생각할 수조차 없을 것이라는 주장은 옳을 것이다. 오히려 지각된

---

* '제1성질'과 '제2성질'은 아리스토텔레스가 수·형태·운동·정지·크기 등 다수의 감각기관에 의한 '공통으로 지각된 것'(aistheta koina)과 색깔·소리·맛·냄새 등 특정한 감각기관에 의한 '독자적으로 지각된 것'(aistheta idia)을 구별한 이래, 로크로 이어졌다. 버클리는 '제1성질'을 '제2성질'들이 복합된 관념이므로 '존재는 지각됨'(esse est perciopi)이라고 주장했다. 더 나아가 흄은 존재하는 것은 끊임없이 일어나는 "지각의 다발(bundle)"일 뿐이며, 그래서 필연적 인과(因果)관계도 우연적 선후(先後)관계로 파악했다.

사물의 본질내용 전체는, 따라서 사물의 모든 성질과 그때그때 지각할 수 있는 모든 성질을 지니고 생생하게 거기에 있는 것 전체는 '단순한 나타남'이고, '참된 사물'은 물리학적 학문의 사물이다. 물리학적 학문이 주어진 사물을 오직 원자·이온·에너지 등의 개념을 통해 규정하고 어쨌든 그 유일한 특성이 수학적 표현인 공간을 충족시키는 과정으로서 규정할 때, 그래서 물리학적 학문은 생생하게 거기에 있는 사물의 내용 전체에 초월적인 것을 생각한다. 이때 물리학적 학문은 사물을 결코 자연적 감각공간 속에 놓여 있는 것으로 생각할 수 없다. 달리 말하면, 물리학적 학문의 물리학적 공간은 생생한 지각세계의 공간일 수 없다. 그렇지 않다면, 그것은 실로 버클리의 반론에 마찬가지로 빠질 것이다.

그러므로 '참된 존재'는 철저하게 또 원리상 지각 속에 생생한 실제성으로 주어진 것 ─ 감성적-공간적 규정성이 함께 속하는 것, 오직 감성적 규정성과 더불어 주어진 것 ─ 과 다르게 규정된 것일 것이다. 본래 경험된 사물은 단순한 '이것', 즉 수학적 규정과 이에 속한 수학적 공식의 담지자가 되는 공허한 X를 부여하며, 지각공간 속에 존재하지 않고, 오직 상징으로만 표상할 수 있는 3차원 유클리드 다양체의 '객관적 공간' 속에 존재한다. 지각공간은 이 객관적 공간의 단순한 '부호'다.

그러므로 앞에서 배웠듯이, 모든 지각이 생생하게 주어진 것은 '단순한 나타남'이고, 원리상 '단순히 주관적'이며, 아무튼 결코 공허한 가상(假象)은 아니라고 받아들이자. 어쨌든 지각 속에 주어진 것은 자연과학의 엄밀한 방법을 통해 누구든지 수행할 수 있고 통찰해 검증할 수 있는 그 초월적 존재 ─ 이것의 '부호'가 지각 속에 주어진 것이다 ─ 의 타당한 규정에 이바지한다. 지각이 주어진 것 자체의 감성적 내용은 그 자체로 존재하는 참된 사물과는 다른 것으로서 언제나 간주되지만, 아무튼 기체, 즉 지각된 규정성의 담지자도 정확한 방법을 통해 물리학적 술어로 규정된 것으로서 간주된다. 따라서 거꾸로 된 방향에서 모든 물리학적 인식은 경험 속에 발견되는 감각사물과 감각사물의 사건을 지닌 가능한 경험의 경과를 위한 지표(Index)로서 이바지한다. 그러므로 그 인식은 우리 모두가 살아가고 행동하는 현실적 경험의 세계에서 방향을 정하는 데 이바지한다.

41. 지각의 내실적 존립요소와 이것의 초월적 객체

이 모든 것을 전제할 때, 이제 사유작용으로서 지각 자체의 구체적인 내실적 존립요소에 속하는 것은 무엇인가? 자명하듯이, 물리학적 사물은 아니다. 이것은 철저히 초월적이다. 즉 총체적인 '나타남의 세계'에 대립된 〔것으로〕 초월적이다. '나타남의 세계'가 '단순히 주관적'이더라도, 또한 이 세계는 그 모든 단일의 사물과 사건에 따라 지각의 내실적 존립요소에 속하지 않으며, 지각에 대립해 '초월적'이다.

더 자세히 숙고해보자. 우리는 단지 피상적이지만 방금 전에 이미 사물의 초재(超在)에 관해 이야기했다. 지금은 초월적인 것이 이것을 의식하는 의식에 어떻게 관계하는지, 자신의 수수께끼를 지닌 이 상호 관련을 어떻게 이해해야 하는지 하는 본성에 대한 더 깊은 통찰을 요구한다.

따라서 물리학 전체와 이론적 사고의 영역 전체를 제외하자. 단적인 직관과 이것에 속한 종합—지각은 여기에 포함된다—의 테두리 안에 머물자. 이때 직관과 직관된 것, 지각과 지각된 것이 그 본질 속에 서로 관련되지만, 원리적 필연성에서 내실적이 아니고, 본질상 하나이며 결합되었다는 사실은 명증하다.

예를 들어 시작해보자. 줄곧 이 책상을 바라보면서, 동시에 그 책상 주위를 돌아다니면서 여느 때처럼 공간 속에 내 위치를 변경하면서, 나는 이 하나의 동일한 책상, 게다가 그 자체로 철저히 변경되지 않고 남아 있는 그 책상의 현존에 관한 생생한 의식을 지속적으로 갖는다. 그러나 책상에 대한 지각은 끊임없이 변경되며, 그것은 변화하는 지각의 지속성이다. 가령 나는 눈을 감는다. 그러면 나의 나머지 감각은 책상과의 관련 밖에 있다. 이제 나는 책상에 관한 아무런 지각도 갖지 않는다. 그런데 눈을 뜨면, 나는 다시 지각을 갖는다. 이 지각(은 무엇인가)? 더 정확하게 살펴보자. 어떤 상황에서도 지각은 개별적으로 동일한 것으로 반복되지 않는다. 오직 책상만 동일한 것이며, 새로운 지각을 기억과 결부시키는 종합적 의식 속에 동일한 책상으로 의식된다. 지각된 사물은, 지각되지 않고도, 심지어 잠재적으로 의식되지 않고도(이전에[2] 기술한 비-현실성의 방식으로) 존재할 수 있고, 변경되지 않고도 존재할 수 있다. 그러나 지각 자체는 의식의 끊임없는 흐름 속에 그것이 있는 그대로 있으며, 그 자체가 하나의 끊임없는 흐름이다. 즉 지금(Jetzt)-지각은 계속 이어지는 방금 전에(Soeben)-지나가버린 것의 의식으로 부단히 변화하며, 동시에 새로운 지금이 등장한다 등등.*

지각된 사물 일반과 마찬가지로 부분·측면·계기에서 지각된 사물이 되는 각각의 모든 것도, 그것을 '제1성질'이라 하든 '제2성질'이라 하든, 어디에서나 동일한 근거에서 지각에 필연적으로 초월적이다. 보인 사물의 색깔은 원리상 결코 색깔에 관한 의식의 내실적

---

2) 앞의 35항. 특히 후반부를 참조할 것.

* 후설은 의식을 데카르트처럼 그 자체로 완결된 형이상학적 실체(Substanz)가 아니라, 마치 폭포처럼 항상 흐르는[恒轉如瀑流], 부단히 생성되는 흐름(Strom, Fluß)으로 파악한다. 이 의식체험의 심층구조인 내적 시간의식의 흐름은 모든 체험이 원본적으로 주어지고 통일적으로 구성되는 근원적 발상지다. 이 시간적 발생의 문제를 최초로 체계적으로 밝힌『시간의식』은 의식체험의 표층구조에 대한 '정적' 분석과 다른 모습을 띤 '발생적' 분석의 근본틀을 제시한다.

계기가 아니다. 그것은 나타나지만, 그것이 나타나는 동안에도 그 나타남은 입증하는 경험에 따라 지속적으로 변경될 수 있고 변경됨에 틀림없다. 동일한 색깔은 색깔음영(陰影)의 지속적 다양체 '속에' 나타난다. 이와 비슷한 것이 감성적 성질에도, 마찬가지로 모든 공간적 형태에도 적용된다. 하나의 동일한 형태(동일한 것으로서 생생하게 주어진 형태)는 항상 다시 '다른 방식으로', 항상 다른 형태음영 속에 지속적으로 나타난다. 이것은 필연적 상태이며, 분명히 더 일반적인 타당성을 지닌다. 왜냐하면 오직 단순함을 위해 우리는 지각 속에 변화되지 않은 채 나타나는 사물의 경우에서 예를 들었기 때문이다. 임의의 변화로 전용(轉用)하는 것은 명백하다.

동일한 사물에 대한 어떤 '모든 측면의', 지속적으로 통일적으로 그 자체 속에 확증되는 경험의식에는 본질필연성에서 지속적 나타남의 다양체와 음영의 다양체에 관한 하나의 여러 가지 체계가 속한다. 이 다양체에는 지각 속에 생생하게 스스로 주어져 있음의 특성과 맞아떨어지는 모든 대상적 계기가 규정된 지속성으로 음영지어진다. 각각의 규정성은 자신의 음영체계를 지니며, 파악하는 의식에 대해, 기억과 새로운 지각을 종합적으로 하나로 묶는 의식에 대해 현실적 지각의 지속성의 경과 속에 중단될 경우에도 동일한 것으로서 거기에 있다는 사실은, 사물 전체에 적용되듯이, 각각의 규정성에도 적용된다.

동시에 우리는 이제 여기에서 '사물지각'이라 부르는 구체적인 지향적 체험의 내실적 존립요소에 실제적으로 또 의심할 여지없이 속하는 것을 본다. 사물이 지향적 통일체, 즉 서로 뒤섞여 하나가 되는 지각 다양체가 지속적으로 규칙에 따라 유출되는 가운데 동일하게-통일적으로 의식된 것인 반면, 이 지각 다양체 자체는 언제나 그 지향적 통일체가 본질에 적합하게 배열되는 자신의 규정된 기술하는 존립요소를 지닌다. 각각의 지각단계에는 예를 들어 색깔음영·형태

음영 등에서 규정된 일정한 내용이 필연적으로 있다. 이 음영은 '감각자료', 즉 일정한 유(類)—각기 그러한 유 안에서 독자적으로(sui generis) 구체적 체험통일체(감각의 '장場')로 결합하는 유—를 지닌 고유한 영역의 자료로 간주된다. 게다가 이 자료는, 여기에서 더 자세히 기술할 수 없는 방식으로, 지각의 구체적 통일체 속에 '파악'해 영혼을 불어넣은 것이며, 이 영혼을 불어넣음(Beseelung) 속에 '제시하는 기능'을 하는, 이 기능과 일치해 색깔·형태 등에 '관한 나타남'이라는 것을 형성하는 것이다. 이것은 여전히 계속되는 특성과 얽혀 지각의 내실적 존립요소를 형성하고, 그 파악의 본질 속에 정초된 **파악통일체로** 결합함에 따라 그리고 다르지만 그러한 통일체의 본질 속에 근거한 **동일하게 확인하는**(Identifikation) 종합으로의 가능성에 따라 하나의 동일한 사물에 대한 의식이다.

색깔음영·촉감음영·형태음영 등의 기능('제시함'의 기능)을 하는 감각자료가 색깔 그 자체, 촉감 그 자체, 형태 그 자체, 요컨대 모든 종류의 **사물적** 계기와 완전히 원리상 구별된다는 사실을 예리하게 주목해야 한다. 음영은 음영지어진 것과, 같은 것이라 부르더라도, 원리상 동일한 유가 아니다. 음영은 체험이다. 그러나 체험은 오직 체험으로서만 가능하며, 공간적인 것이 아니다. 그런데 음영지어진 것은 원리상 오직 공간적인 것(그것은 본질상 바로 공간적이다)으로서만 가능하지만, 체험으로서 가능하지는 않다. 특히 형태음영(예를 들어 삼각형의 형태음영)을 공간적인 것과 공간 속에 가능한 것으로 간주하는 것도 이치에 어긋난 것이며, 그렇게 간주하는 사람은 형태음영을 음영지어진 형태, 즉 나타나는 형태와 혼동하고 있다. 이제 체계적 완전성 속에 사유작용(cogitation)인 지각의 다른 내실적 계기(사유작용에 초월적인 사유된 것cogitatum의 계기에 대립된)가 얼마나 구별될 수 있고 또 부분적으로 매우 어려운 이 계기를 분리함에 따라 특성지어질 수 있는지, 이것은 광범위한 연구의 〔또 다른〕 주제다.

42. 의식으로서의 존재와 실재성으로서의 존재. 직관방식의 원리적 차이

위에서 숙고한 것으로부터 사물의 지각에 대립된 또 그 결과 사물에 관련된 모든 의식 일반에 대립된 사물의 초재가 생겼다. 이것은 단순히 사물이 사실적으로 의식의 내실적 존립부분으로서 발견될 수 없다는 의미에서가 아니라, 오히려 상태 전체가 단적인 무조건적 일반성 또는 필연성에서 사물은 어떤 가능한 지각이나 의식 일반에서도 내실적으로 내재적인 것으로서 주어질 수 없다는 형상적으로 통찰할 수 있는 것이다. 그래서 **체험으로서의 존재**와 **사물로서의 존재** 사이의 근본상 본질적 차이가 등장한다. 체험이 내재적 지각 속에 지각할 수 있다는 사실은 원리상 체험이라는 영역적 본질(특히 사유작용이라는 영역적 특수화)에 속하지만, 공간사물적인 것은 그렇지 않다는 사실은 공간사물의 본질이다. 더 깊은 분석이 가르쳐주듯이, 사물이 주어짐과 일치해 사물과 유사한 다른 것이 주어져 있음은 이에 상응하는 시선전환에 의해 ─ 예를 들어 다르게 특수화되는 가운데 '**시각사물**'처럼, 사물로 나타나는 것이 구성되는 가운데 떼어낼 수 있는 층(層)과 하부 층의 방식으로 ─ 파악될 수 있다는 사실이 사물이 주어지는 모든 직관의 본질에 속한다면, 동일한 것이 사물과 유사한 다른 것에도 정확하게 적용된다. 즉 이것은 원리상 초재다.

내재(Immanenz)와 초재(Transzendenz) 사이의 이러한 대립을 더 이상 추구하기 전에, 다음과 같은 진술을 삽입해야 할 것이다. 즉 지각을 제외하고도 우리는 지향적 체험의 본질상 그 지향적 객체 ─ 그 밖에 어떤 객체라도 ─ 의 내실적 내재를 배제하는 여러 가지 지향적 체험을 발견한다. 이것은 예를 들어 모든 현전화, 기억, 타인의 의식을 감정이입하며 파악하는 것에도 해당된다. 물론 이 초재와 여기에서 숙고한 초재를 혼동하면 안 된다. 내재적으로 지각할 수 없고 그래서 결코 체험연관 속에 발견될 수 없다는 것은 본질적으로 또 완전히 '원리상'[3] 사물 자체에 속하며, 여전히 해명해야 하고 확정해야 할 진정한 의미에서 모든 실재성에 속한다. 그래서 사물을 그 자체로 또 단적으로 초월적이라 한다. 바로 이 속에서 존재방식의 원리적 차이, 즉 의식과 실재성 사이에 일반적으로 존재하는 가장 근본이 되는 차이가 밝혀진다.

더구나 우리가 서술해 드러냈듯이, 내재와 초재 사이의 이 대립에는 주어지는 종류의 원리적 차이가 있다. 내재적 지각과 초월적 지각은 생생한 그 자체의 특성 속에 거기에 있는 지향적 대상이 어떤 때는 지각작용에 내실적으로 내재적이고 다른 때는 그렇지 않다는 점에서만 일반적으로 구별될 뿐 아니라, 오히려 그것의 본질을 지닌 차이성에서 필요한 변경을 가해 지각의 모든 현전화변양으로, 이와 평행하는 지각직관과 상상직관으로 이행하는 주어지는 방식을 통해 구별된다. 우리는 사물을 그것이 주어지는 모든 경우에 '실제로' 또 본래 지각으로 '맞아떨어지는' 규정성에 따라 '음영지어진다'는 사실을 통해 지각한다. 그렇지만 체험은 음영지어지지 않는다. '우리의' 지각이 오직 사물 자체의 단순한 음영을 통해서만 그 사물 자체에 다가갈 수 있다는 것은 사물의 우연적인 고유한 의미도 아니며, '우리 인간의 구성'의 우연성도 아니다. 오히려 공간사물적 존재는 원리상 지각 속에 오직 음영을 통해서만 주어질 수 있다는 것은 명증하며, 공

---

3) 우리는 이 책 전체에서처럼 여기에서도 '원리'(prinzipiell)라는 말을 최고의 따라서 가장 근본적인 본질일반성 또는 본질필연성과 관련해 엄밀한 의미에서 사용한다.

간사물성(게다가 '시각사물'을 포괄하는 가장 넓은 의미에서)의 본질로부터 이끌어낼 수 있다. 마찬가지로 체험이 그러한 것을 배제한다는 것은 사유작용의 본질로부터, 체험 일반의 본질로부터 명증하다. 요컨대 이들 영역의 존재자에는 음영을 통해 '나타남', 제시됨과 같은 것은 전혀 의미가 없다. 공간적 존재가 없는 곳에는 바로 다른 관점에서, 변화하는 방향이 정해지는 가운데, 이때 제시되는 다른 측면에 따라, 다른 조망·나타남·음영에 따라 봄(Sehen)에 관한 논의는 아무 의미도 없다.

다른 한편 공간적 존재 일반은 어떤 자아(각각의 가능한 자아)에 대해 오직 지시된 주어지는 방식으로만 지각할 수 있다는 것은 본질필연성이며, 이러한 것으로서 필증적 통찰 속에 파악될 수 있다. 공간적 존재는 오직 일정한 '방향이 정해지는' 가운데에서만 '나타날' 수 있고, 이 방향이 정해짐에 따라 언제나 새로운 방향이 정해짐 ─ 이것 각각에는 또다시 가령 이러저러한 '측면' 등에서 주어짐으로 표현하는 일정한 '나타남의 방식'이 상응한다 ─ 에 대한 체계적 가능성이 필연적으로 미리 지시된다. 체험방식(방금 기술한 것을 통해 명백해지듯이, 이것도 상관적인 존재적 의미를 지닐 수 있다)의 의미에서 나타나는 방식에 관한 논의를 이해한다면, 이것은 다음과 같은 것을 뜻한다. 즉 본래 구축된 체험방식의 본질에는, 더 상세하게 말하면, 본래 구축된 구체적 지각의 본질에는 이 속에 지향적인 것이 공간사물로서 의식된다는 사실이 있다. 왜냐하면 이 본질에는 일정하게 질서지어진 지속적 지각다양체 ─ 이것은 언제나 다시 계속되고, 따라서 결코 중단되지 않는다 ─ 로 이행할 수 있는 이념적 가능성이 있기 때문이다. 이때 이 다양체의 본질구조에는 이 다양체가 일치해 부여하는 의식의 통일체를, 게다가 항상 새로운 측면에서 항상 더 풍부한 규정에 따라 항상 더 완전하게 나타나는 어떤 지각사물에 관한 통일체를 수립한다는 사실이 놓여 있다. 다른 한편 공간사물은 원리적으로 오직 그러한 나타나는 방식의 통일체로서만 주어질 수 있는 하나의 지향적 통일체일 뿐이다.

43. 원리적 오류의 해명

따라서 지각(그리고 지각의 방식으로 다른 모든 종류의 사물직관)이 사물 자체에 접근하지 못한다고 생각하는 것은 원리적 오류다. 흔히 사물은 그 자체로 또 자신의 그 자체 존재(Ansichsein)에서 우리에게 주어지지 않는다고 한다. 모든 존재자에는 그 존재자를 그것이 있는 그대로 단적으로 직관할 수 있고 특히 그것을 충전적 지각, 즉 어떠한 매개도 없이 '나타남'을 통해 생생한 그 자체를 부여하는 지각 속에 지각할 수 있는 원리적 가능성이 있다고 한다. 절대적으로 완전한 인식과 그래서 또한 모든 가능한 충전적 지각의 주체인 신(神)은, 물론 유한한 존재인 우리에게는 거부되는 바로 사물 그 자체에 관한 완전한 인식과 충전적 지각을 소유하고 있다고 한다.

그러나 이러한 견해는 이치에 어긋난다. 이 견해에는 초월적인 것과 내재적인 것 사이의 어떠한 본질차이도 없음이 포함되어 있고, 요청된 신의 직관에는 공간사물이 내실적 구성요소이며 따라서 그 자체로 신의 의식의 흐름과 체험의 흐름에 함께 속한 하나의 체험이라는 사실이 포함되어 있다. 사람들은 사물의 초재가 어떤 심상(心像)이나 부호의 초재라는 생각에 잘못 이끌렸다. 심상이론은 자주 강렬하게 논박되었고, 부호이론으로 대체되었다. 그러나 심상이론처럼 부호이론도 올바르지 않을 뿐 아니라 이치에 어긋난다. 우리가 보고 있는 공간사물은 지각된 것, 즉 그 **생생함** 속에 의식에 적합하게 주어진 것이다. 공간사물 대신 어떤 심상이나 부호가 주어진 것이 아니다. 지각작용을 부호의식이나 심상의식으로 삽입하면 안 된다.

한편으로 지각과 다른 한편으로 심상적—상징적 표상이나 기호적—상징적 표상 사이에는 건널 수 없는 본질차이가 있다. 이들 표상방식의 경우 우리는 의식 속에 어떤 것이 다른 것을 묘사하거나 기호로 암시한다는 것을 직관한다. 직관의 장(場) 속에 어떤 것을 갖고 있으면, 우리는 이것을 향해 있지 않고, 기초지어진 파악작용의 매개를 통해 다른 것, 즉 묘사된 것, 지시된 것을 향해 있기 때문이다. 지각에서는 이와 같은 것이 전혀 논의되지 않고, 마찬가지로 단적인 기억이나 단적인 상상에서도 전혀 논의되지 않는다.

그런데 직접 직관하는 작용 속에 우리는 '그 자체'를 직관한다. 그 자체는 더 높은 파악이 아니라 직관하는 파악 위에 구축되고, 따라서 직관된 것이 어떤 것에 대한 '부호'나 '심상'으로 기능할 것은 전혀 의식되지 않는다. 바로 이 때문에 그것을 '그 자체'로 직접 직관되었다고 한다. 지각 속에 그 자체는 더욱 본래——기억이나 자유로운 상상 속의 '눈앞에 아른거리는' '현전화한'이라는 변양된 특성에 대립해——'생생한 것'으로 특성지어진다.[4]* 본질적으로 다르게 구축된

---

4) 나는 괴팅겐 대학의 강의(게다가 1904년 여름학기 이래의 강의)에서 (여전히 그 당시 지배적인 심리학의 견해를 통해 매우 크게 영향을 받았던) 내가 이 단적인 직관과 기초지어진 직관 사이의 관계에 관해『논리연구』의 부족한 서술을 개선해 대체했고, 내가 계속 전개해가는 연구에 관해 상세한 보고를 전달했다. 그런데 이 연구는 그동안 전문용어상 그리고 사실에 입각해 [나의 다른] 저술에 영향을 미쳤다. 나는『연보』다음 권에서 이 연구와 오랫동안 강의에서 활용했던 다른 연구를 출판할 수 있기를 희망한다.

* 후설의 1904~1905년 괴팅겐 대학 강의 「현상학과 인식론의 주요문제」(의식의 심층부에서 작용하는 '지각·주의·상상과 심상의식·시간직관'의 분석)이다. 이 가운데 마지막 부분과 관련된 부록 그리고 보충자료는 앞의 원주에서 후설이 소망한 대로『연보』제2권이 아니라, 몇 차례 보완과 검토를 거쳤지만 1928년 하이데거(M. Heidegger)가 최종 편집한『연보』제9권에 발표되었다. 후설은

이 표상방식과 이에 따라 상관적으로 이 표상방식에 상응하는 〔대상이〕 주어져 있음을 통상 혼동하면, 따라서 단적인 현전화를 상징화—심상화하는 상징화든 기호적 상징화든—와 혼동하고 더구나 단적인 지각을 이 심상화하는 상징화와 기호적 상징화 모두와 혼동하면, 이치에 어긋난다. 사물지각은, 마치 기억이나 상상 속에 있듯이, 비-현재하는 것(Nichtgegenwärtiges)을 현전화하지 않는다. 사물지각은 자신의 생생한 현재 속에 '그 자체'를 현재화하고 파악하기 때문이다. 사물지각은 이러한 것을 자신의 고유한 의미에 따라 행하며, 사물지각에 다른 것을 요구하는 것은 곧 그 의미에 거역하게 된다. 게다가 여기에서처럼 사물지각이 문제 된다면, 음영짓는 지각이 존재하는 것은 사물지각의 본질에 속한다. 이와 상관적으로, 원리상 오직 그러한 지각, 따라서 음영짓는 지각을 통해서만 지각할 수 있다는 것은 지각 속에 주어진 것으로서 사물, 즉 지각의 지향적 대상의 의미에 속한다.

44. 초월적인 것의 단순한 현상적 존재와 내재적인 것의 절대적 존재

더구나 사물지각에는 일정한 비-충전성—이것 역시 하나의 본질 필연성이다—이 포함되어 있다. 사물은 원리상 오직 '한 측면에서' 만 주어질 수 있고, 이것은 어떤 임의의 의미에서 단지 완벽하지 않고 단지 완전하지 않다는 것이 아니라, 바로 서술이 음영을 통해 미

1905년 이후에 연구한 자료나 출간한 책 모두에서 이 연구의 성과를 빈번히 또 명백히 인용하면서 현상학을 발전시켜갔지만, 비슷한 주제를 다룬 하이데거의 『존재와 시간』(*Sein und Zeit*)이 1927년 『연보』 제8권에 발표됨으로써 제대로 주목받지 못하고 곧바로 파묻혔다.

리 지정한 것을 뜻한다. 사물은 필연적으로 단순한 '나타남의 방식' 속에 주어지며, 이때 '실제로 서술된 것'의 핵심은 필연적으로 비-본래의 '함께 주어져 있음'(Mitgegebenheit)과 다소간에 모호한 '규정되어 있지 않음'(Unbestimmtheit)의 지평에 따라 파악에 적합하게 에워싸여 있다. 그리고 이 규정되어 있지 않음의 의미는 또다시 사물이 지각됨 일반과 그 자체의 일반적 의미를 통해 또는 '사물지각'이라는 이 지각유형의 일반적 본질을 통해 미리 지시된다.

실로 '규정되어 있지 않음'은 확고하게 미리 규정된 양식의 '규정할 수 있음'(Bestimmbarkeit)을 필연적으로 뜻한다.* 그것은 지속적으로 뒤섞여 이행하면서 지각의 통일체—이 속에서 지속적으로 존속하는 사물은 언제나 새로운 일련의 음영으로 언제나 다시 새로운 (또는 되돌아가 예전의) '측면'을 가리킨다—로 결합되는 가능한 지각 다양체를 미리 가리킨다. 이때 비-본래의 함께 파악된 사물의 계기는 점차 실제로 제시되고, 따라서 실제로 주어지며, 규정되어 있지 않음은 더구나 그 자체가 명석한 주어짐으로 변화되기 위해 더 상세하게 규정된다. 그 반대의 방향에서는 물론 명석한 것이 막연한 것으로, 제시된 것이 제시되지 않은 것 등으로 이행한다. 이러한 방식으로 무한히 불완전하게 존재하는 것은 사물과 사물지각의 상관관계의 폐기할 수 없는 본질에 속한다. 사물의 의미가 사물지각이 주어짐을 통해 규

---

* 후설에 따르면, 모든 경험은 스스로 거기에 주어진 핵심을 넘어서 처음에는 주시하지 않았던 국면을 점차 드러내 밝혀줄 가능성(Möglichkeit)을 미리 지시하는 생생한 지평을 갖는다. 이것은 자아의 능력(Vermöglichkeit)이다. 요컨대 아직 규정되지 않았지만 지속적 관심(Interesse)으로 구성된 친숙한 유형을 통해 지각하고 규정할 수 있는 가능성의 활동공간인 공지평(Leerhorizont)을 갖는다. 이렇게 아직 규정되어 알려져 있지 않지만 앞으로 상세하게 규정할 수 있고, 그래서 그 존재에 성큼 다가가 그 사태를 직관할 수 있는 영역이 곧 그가 말하는 아프리오리(Apriori)를 뜻한다.

정된다면(그렇지 않으면 무엇이 의미를 규정할 수 있는가?), 그 의미는 이러한 불완전성을 요구하며, 가능한 지각——수행된 그 어떤 지각에서 출발해 체계적으로 확고한 규칙적 방식으로 무한히 많은 방향으로 펼쳐지고, 게다가 각각의 방향으로 의미의 통일체에 의해 무한히 언제나 지배되는 가능한 지각——의 지속적인 통일적 연관을 필연적으로 지시한다. 우리가 멀리 경험해가더라도 또 동일한 사물에 관한 현실적 지각의 연속체가 광대하게 경과하더라도, 규정할 수 있는 규정되어 있지 않음의 지평은 원리상 항상 남아 있다. 어떤 신(神)도, '1+2=3' 또는 그밖의 어떤 본질진리가 존재한다는 사실을 바꿀 수 없듯이, 이것을 바꿀 수 없다.

자아에 대한 존재로 이해된 초월적 존재——어떤 유(類)든 간에——일반은 오직 사물과 유사한 방식으로만, 따라서 오직 나타남을 통해서만 주어진다. 그렇지 않으면 초월적 존재는 바로 내재적이 될 수도 있을 존재일 것이다. 그러나 내재적으로 지각할 수 있는 것은 단지 내재적으로 지각할 수 있다. 위에서 지시되었고 이제는 해명된 혼동을 〔다시〕 저지를 때에만, 우리는 하나의 동일한 존재가 어떤 때는 초월적 지각의 형식으로 나타남을 통해, 다른 때는 내재적 지각을 통해 주어질 수 있다고 간주할 수 있다.

어쨌든 특히 사물과 체험을 또다른 측면에서 대비시켜보자. 우리는 체험이 스스로를 제시하지 않는다고 말했다. 여기에는 체험지각은 음영을 통한 주어'지는 방식의 동일자(Identisches)로서가 아니라 지각 속에 '절대적인 것'으로서 주어진 것(또는 주어질 수 있는 것)에 관한 단적인 통찰함(Erschauen)이라는 점이 포함되어 있다. 우리가 사물이 주어짐에 관해 상론한 모든 것은 여기에서 그 의미를 상실하는데, 이것을 낱낱이 완전하게 밝혀내야 한다. 〔한편〕 느낌의 체험은 음영지어지지 않는다. 이 느낌의 체험을 바라보면, 나는 때에 따라 다양하게 제시될 수 있을 어떤 측면도 지니지 않는 어떤 절대자를 갖는다. 나는 사고하면서 이에 대한 참과 거짓을 생각할 수 있지만, 직시하는 시선 속에 거기에 있는 것은 자신의 성질·강도(強度) 등을 지니고 절대적으로 거기에 있다.

이에 반해 자신의 객관적 동일성을 지닌 바이올린 음(音)은 음영을 통해 주어지며, 자신의 변화하는 나타남의 방식을 갖는다. 나타남의 방식은, 내가 바이올린에 다가가거나 멀어짐에 따라, 콘서트홀 안에 있거나 닫힌 문을 통해 듣는 등에 따라 다르다. 어떤 나타남의 방식도, 내 실천적 관심의 테두리 속에 어떤 나타남이 표준적 나타남으로서 확실한 우선권 ─ 가령 콘서트홀에서 나는 '적절한' 위치에서 바이올린 음이 실제로 울려 퍼지는 바로 그 음 '자체'를 듣는다 ─ 이 있는데도, 절대로 주어진 것으로 간주되어야 한다고 요구하지 않는다. 마찬가지로 우리는 시각적으로 관련된 모든 사물적인 것에 관해 그것이 일정한 정상의 외관을 갖는다고 말한다. 우리는 정상의 조명 아래 우리와 관계해 정상으로 방향이 정해지는 가운데 바라보는 색깔, 형태, 전체 사물에 관해 사물이 실제로 그렇게 보이고 색깔은 실제적 색깔이라는 등을 말하기 때문이다. 그러나 이것은, 쉽게 확신할 수 있듯이, 사물의 객체화(Dingobjektivierung) 전체의 테두리 속에 단지 일종의 2차적 객체화만 가리킬 뿐이다. '정상으로' 나타나는 방식을 전적으로 고수하면서 그밖의 나타나는 다양체와 이것의 본질적 관련을 절단한다면, 사물이 주어짐의 의미에 관한 어떤 것도 더 이상 남아 있지 않을 것이라는 점은 실로 명백하다.

따라서 우리는 어떤 사태도 일면적으로 제시되는 대신 '절대적인 것'으로서 주어지지 않는 것은 나타남을 통한 주어짐의 본질에 속하는 반면, 결코 측면 속에 제시되거나 음영지어질 수 없는 바로 어떤 절대적인 것이 주어지는 것은 내재적 주어짐의 본질에 속한다는 사실을 고수한다. 사물지각의 체험에 내실적으로 속한 음영지어지는 감각내용 자체는 다른 것을 위한 음영으로서 기능하지만, 그것 자체가 다시 음영을 통해 주어지지는 않는다는 것도 명증하다.

여전히 다음과 같은 차이에 주의해야 한다. 즉 어떠한 체험도 완전하게 지각되지 않고, 더구나 결코 완전하게 지각되지 않으며, 그 충분한 통일성에서도 충전적으로 파악될 수 없다. 체험은 그 본질상 하나의 흐름이며, 반성적 시선을 그것으로 향하면서 지금의 시점부터 그 흐름을 따라 헤엄쳐갈 수 있는 반면, 이미 지나간 구간은 지각에서 사라져버린다. 오직 과거지향(Retention)*의 형식으로만, 또는 되돌아보는 회상(Wiedererinnerung)의 형식으로만 우리는 〔흘러가〕 직접적으로는 격리된 것에 대한 의식을 취한다. 결국 나의 전체 체험의 흐름은 체험의 통일체이며, 이 통일체에 관한 완전하게 〔체험의 흐름 속에〕 '함께 헤엄쳐가는' 지각파악은 원리상 불가능하다. 그러나 이 불완전성 또는 체험지각의 본질에 속하는 '비-완벽성'은 '초월적' 지각—음영짓는 제시를 통한, 나타남과 같은 것을 통한 지각—의 본질 속에 놓여 있는 것과는 원리상 다르다.

우리가 지각의 영역에서 발견하는 것들 사이의 모든 주어지는 방식과 차이는 **재생산의 변양**으로—하지만 변양된 방식으로—들어간다. 사물의 현전화는 제시됨을 통해 현전화되며, 이 경우 음영 자

---

* 이 용어는 라틴어 'retentare'(굳게 보존하다)에서 유래하는데, 방금 전에 나타나 사라져버리는 것을 생생하게 유지하는 작용을 뜻하며, 그 변용인 '미래지향'(Protention)은 유형을 통해 이미 친숙하게 알려진 것에 근거해 직관적으로 예측하는 작용을 뜻한다. 그런데 '과거지향'은 방금 전에 지나가버린 것이 현재에 직접 제시되는 지각된 사태로서 1차적 기억(직관된 과거)인 반면, '회상'(Wiedererinnerung)은 과거에 지각된 것을 현재에 다시 기억하는 것으로 연상적 동기부여라는 매개를 통해 간접 제시되기 때문에 그 지속적 대상성이 재생산된 2차적 기억(기억된 과거)이다.

체, 파악과 그래서 현상 전체는 **철저하게 재생산으로** 변양된다. 또한 우리는 현전화의 방식으로 그리고 현전화에서 반성의 방식으로 체험에 관한 재생산과 재생산하는 직관의 작용을 갖는다. 물론 우리는 여기에서 재생산의 음영을 전혀 발견하지 못한다.

이제 여전히 다음과 같은 대조를 연결시키자. 즉 현전화의 본질에는 상대적 명석함 또는 막연함의 단계적 차이가 있다. 분명히 이 완벽성의 차이 역시 음영짓는 나타남을 통해 주어진 것과 관련된 어떤 것과도 상관없다. 다소간에 명석한 표상은, 우리의 전문용어를 규정하는 의미—이 의미에 따라 공간적 형태, 이 형태를 뒤덮는 모든 성질과 그래서 전체의 '나타나는 사물 그 자체'는 그 표상이 명석하든 막연하든 다양하게 음영지어진다—에서, 단계적 명석함을 통해 음영지어지지 않는다. 재생산의 사물표상은 다를 수 있는 명석함의 단계를—게다가 각각의 음영방식에 대해—갖는다. 서로 다른 차원에 놓여 있는 이 차이가 문제다. 우리가 지각의 영역 자체 속에 명석한 봄(Sehen)과 막연한 봄, 판명한 봄과 애매한 봄이라는 명칭 아래 구별한 차이가 방금 언급한 명석함의 차이와 일정한 유비(類比)를 보여주는 것, 이 차이 역시—이 둘의 경우 표상되는 것이 주어지는 충실함에서 단계적 증가와 감소가 문제되는 한—다른 차원에 속한다는 것도 분명하다.

45. 지각되지 않은 체험과 지각되지 않은 실재성

이러한 상태에 파고들어가보면, 체험과 사물이 이것을 지각할 수 있음의 관점에서 서로에 대해 취하는 방식으로 다음과 같은 본질차이도 이해하게 된다.

통찰하는 지각의 시선이 모든 실제적 체험, 즉 원본적 현재로서 살아 있는 체험에 완전히 직접 향할 수 있는 것은 체험의 존재본성에 속한다. 이것은 반성 속에 지각에 적합하게 파악된 것이 지각하는 시선 안에 존재하고 지속할 뿐 아니라 이 시선이 그것에 주의를 기울이기 이전에 이미 존재했던 것으로서 원리상 특성지어진다는 주목할 만한 특색을 지닌 '반성'의 형식으로 일어난다. 따라서 '모든 체험이 의식된다'는 것은, 특히 지향적 체험에 관해, 이 체험이 무엇에 관한 의식이며—그 체험이 반성하는 의식의 객체일 때—이러한 의식으로서 현존할 뿐 아니라, 그 체험이 '배경'으로서 이미 거기에 또 그래서—우리의 외적 시선의 장(場) 속에 주목되지 않은 사물과 우선은 비슷한 의미에서—원리상 지각할 준비가 되어 반성되지 않은 채 있다는 것을 뜻한다. 이렇게 주목되지 않은 사물은, 이미 주목되지 않은 것으로서 일정한 방식으로 의식되는—이것은 그 사물에서 이것이 나타날 때를 뜻한다—한에서만, 지각될 수 있게 준비된다. 그러나 모든 사물이 이러한 조건을 충족시키지는 않는다. 즉 나타나는 모든 것을 포괄하는 주목하는 내 시선의 장은 무한하지 않다. 다른 한편 반성되지 않은 체험 역시, 완전히 다른 방식으로 그리고 자신의 본질에 적합한 방식으로라도, 〔지각될〕 준비가 된 일정한 조건을 충족시킴에 틀림없다. 실로 이 체험은 '나타날' 수 없다. 어쨌든 그 체험은 항상 그것이 현존하는 단순한 방식을 통해, 게다가 그 체험이 속한 자아—자아의 순수한 시선은 경우에 따라 그 체험 '속에' 살아간다—에 대해 그 조건을 충족시킨다. 오직 반성과 체험이 여기에서 단순히 시사된 본질특유성을 지니기 때문에, 우리는 반성되지 않은 체험에 대한 것, 따라서 반성 자체에 대한 것도 알 수 있다. 체험을 재생산하는 (또 과거지향의) 변양이 단지 그에 상응해 변양된 평행하는 성질을 지닌다는 사실은 자명하다.

이러한 대조를 계속하자. 우리는 체험의 존재본성이 반성의 방식으로 원리상 지각할 수 있는 것이라 알게 된다. 사물 역시 원리상 지각할 수 있는 것이며, 지각 속에 내 환경세계의 사물로서 파악된다. 사물은 지각되지 않고도 이 세계에 있으며, 따라서 이때에도 나에 대해 거기에 있다. 그러나 일반적으로 단적인 주목함의 시선이 그 사물을 향할 수 있다는 것은 아니다. 단적으로 고찰할 수 있는 장(場)으로 이해된 배경의 장은 내 환경세계의 작은 단편만 다룰 뿐이다. 오히려 '지각되지 않은 사물이 거기에 있다'는 것은 항상 새로운 사물의 장(주목되지 않은 배경으로서)을 지닌 일련의 가능한, 게다가 지속적으로-일치해 동기지어진 지각이 실제로 나타나는 배경의 장을 지닌 현실적 지각으로부터 계속 지각의 연관——이 속에서 바로 해당된 사물은 나타남과 파악에 이를 것이다——에 이르기까지 이끌어간다는 것을 뜻한다. 어떤 개별적 자아 대신 다수의 자아를 고려해도, 원리상 이 점에서 아무것도 본질적으로 변하지 않는다. 오직 가능한 상호 의사소통의 관련을 통해서만 나의 경험세계는 타인의 경험세계와 동일하게 확인될 수 있고, 동시에 타인의 넘치는 경험을 통해 풍부해질 수 있다. 따라서 앞에서 기술한——일치하는 동기부여의 연관을 통해——나의 그때그때 현실적 지각의 영역과 연결이 결여된 초재는 완전히 근거 없는 하나의 가정일 것이다. 그러한 연결이 원리상 결여된 초재는 난센스일 것이기 때문이다. 사물세계에 현실적으로 지각되지 않은 것이 현존함은 이러한 종류의 난센스이며, 사물세계는 원리상 의식된 체험의 존재에 대립된 본질적으로 다른 존재다.

46. 내재적 지각의 확실성과 초월적 지각의 불확실성

이 모든 것에서 중요한 결과가 생긴다. 모든 내재적 지각은 그 대상의 현존을 필연적으로 보증한다. 반성하는 파악작용이 나의 체험으로 향해 있다면, 나는 절대적 그 자체(Selbst) ─ 이것이 거기에 있음은 원리상 부정될 수 없는, 즉 그것이 존재하지 않는다는 통찰이 원리상 불가능한 것 ─ 를 파악한다. 그렇게 주어진 어떤 체험이 참으로 존재하지 않는다는 것을 가능하다고 간주하는 것은 이치에 어긋날 것이기 때문이다. 체험의 흐름, 즉 사유하는 자인 나의 체험의 흐름은 그 범위가 넓어서 파악되지 않고 경과되었거나 다가올 흐름의 영역이 알려지지 않더라도 존재하며, 내가 흐르는 삶에 그 실제적 현재에서 시선을 돌리고 이때 나 자신을 이러한 삶의 순수 주체로 파악하자마자(이것이 뜻하는 바는 나중에 특별히 다룰 것이다), 나는 '나는 존재한다, 이 삶은 존재한다, 나는 살아 있다, 즉 사유주체'라고 단적으로 또 필연적으로 말한다.

모든 체험의 흐름과 자아 자체에는 이러한 명증성을 획득할 원리적 가능성이 있고, 모든 체험의 흐름과 자아는 자신의 절대적 현존의 보증을 원리적 가능성으로 내포한다. 그렇다면 자아는 자신의 체험의 흐름 속에 단지 상상(Phantasie)만 가졌다고, 이 체험의 흐름은 날조하는 직관으로부터가 아니면 다른 어떤 것으로부터도 구성되지 않았다고 생각해볼 수 없는가? 따라서 그러한 자아는 단지 사유작용의 허구만 발견할 것이고, 자아의 반성은 이 체험의 매개(媒介)라는 본성 때문에 오직 상상(Einbildung) 속의 반성일 것이다.

그러나 이것은 명백히 이치에 어긋난 것이다. 눈앞에 아른거리는 것이 단순한 허구일지라도, 눈앞에 아른거림 자체, 즉 날조하는 의식은 그 자체로 날조된 것이 아니며, 지각하는 반성과 절대적 현존을 파악하는 반성의 가능성은, 모든 체험에 속하듯이, 의식의 본질에 속한다. 내가 감정이입을 하는 경험 속에 정립하는 모든 타자의 의식이 존재하지 않을 가능성에는 이치에 어긋난 것이 전혀 없다. 그러나 나의 감정이입작용(Einfühlen)과 나의 의식 일반은 본질(Essenz)뿐 아니라 현존(Existenz)에 관해서도 원본적으로 또 절대적으로 주어져 있다. 이렇게 부각된 상태는 오직 자아 그리고 자아 자체와 관련된 체험의 흐름에 대해서만 성립하며, 오직 여기에서만 바로 내재적 지각과 같은 것이 존재하고, 그와 같은 것이 존재함에 틀림없다.

이에 반해, 우리가 알고 있듯이, 아무리 완전해도 어떤 지각도 자신의 범위 속에 절대적인 것을 부여하지 않는다는 것, 그리고 이와 본질적으로 관련된 것인데, 아무리 광범위해도 모든 경험은 주어진 것이—그 생생한 자기현재(Selbstgegenwart)에 관한 끊임없는 의식에도 불구하고—존재하지 않을 가능성을 열어놓고 있다는 것은 사물세계의 본질에 속한다. 사물의 현존이 주어짐을 통해 필연적인 것으로서 요구된 것이 결코 아니라, 일정한 방식으로 항상 우연적인 것이라는 점은 본질법칙으로 타당하다. 이것은 경험의 계속된 경과가 경험에 적합한 권리에 따라 이미 정립된 것을 포기하게 강요하는 일이 항상 일어날 수 있다는 것을 뜻한다. 이것은 나중에 '그것은 단순한 환상, 환각, 단순히 연관된 꿈 등 이었다'고 일컫는다. 더구나 이렇게 주어짐의 범위에는 파악의 변경, 어떤 나타남이 이것과 일치해 하나를 이룰 수 없는 나타남으로의 돌변(突變), 또 이와 함께 나중의 경험정립이 이전의 경험정립에 미치는 영향—이 영향을 통해 이전 경험정립의 지향적 대상은 나중에 이른바 변형된다(이러한 일은 체험영역 속에 본질적으로 제외된다)—과 같은 것이 끊임없이 열린 가능성으로서 존재한다. 절대적 영역에는 모순, 가상, 달리 존재함이 자리할 공간이 없다. 그것은 절대적 정립의 영역이다.

모든 방식에서 그렇기 때문에 사물세계 속에 나에 대해 거기에 있는 모든 것이 원리상 단지 추정적 실제성이라는 것, 이에 반해 **자아 자체**—이 자아 자체에 대해 추정적 실제성은 ('나에 의해' 사물세계로 간주되는 것은 제외하고) 거기에 있다—또는 나의 체험현실성은 단적으로 폐기할 수 없는 무조건적 정립을 통해 주어진 절대적 실제성이라는 것이 분명하다.

따라서 하나의 '우연적' 정립인 세계의 정립에 대립해, 하나의 '필연적' 정립이며 단적으로 의심할 여지없는 정립인 나의 순수 자아와 자아 삶의 정립이 있다. 생생하게 주어진 모든 사물적인 것은 존재하지 않을 수 있지만, 생생하게 주어진 어떤 체험도 존재하지 않을 수는 없다. 이것은 후자의 필연성과 전자의 우연성을 정의하는 본질법칙이다.

그때그때 현실적 체험의 존재필연성은 그 때문에 어쨌든 순수 본질필연성, 즉 본질법칙이 순수하게 형상적으로 특수화된 것도 분명히 아니다. 그것은 일정한 사실의 필연성이기 때문이다. 그것을 이러한 필연성으로 부르는 것은 본질법칙이 사실(Faktum)에, 게다가 여기에서는 사실의 현존 자체에 관여되어 있기 때문이다. 명증하게 폐기할 수 없는 현존재정립의 본질특성을 지닌 반성의 이념적 가능성은 순수 자아 일반과 체험 일반의 본질에 근거한다.[5]

방금 전에 숙고한 것은 세계에 대한 경험고찰에서 이끌어낸 어떠한 입증도 세계가 현존한다는 절대적 확실성으로 우리를 확신시켜준다고 생각해볼 수 없음을 분명하게 밝혔다. 세계는 마치 일치하는 경험의 엄청난 힘에 대항해 고려해야 할 이성의 동기가 놓여 있다는 의미에서 의심할 여지는 없지만, 그 의심을 생각해볼 수 있다는 의미에서 또 이것은 비-존재의 가능성이 원리적인 것으로서 결코 제외된 것이 아니기 때문에 그 의심을 생각해볼 수 있다는 의미에서 의심할 여지가 있다. 모든 경험의 위력은, 아무리 강력하더라도, 점차 균형이 잡히고 우세해진다. 그러나 체험의 절대적 존재에서는 이러한 사

---

5) 그래서 앞의 6항 두 번째 단락 마지막 부분에서 언급한 경험적 필연성의 매우 두드러진 경우가 중요한 문제다. 이에 관해서는 『논리연구』(개정판) 제2-1권, 제3연구도 참조할 것.

실을 통해 아무것도 변하지 않으며, 실로 체험은 언제나 이 모든 것에 전제되어 남아 있다.

이로써 우리의 고찰은 정점에 도달했다. 우리에게 필요한 인식을 획득했다. 우리에게 밝혀진 본질연관에는 우리가 의식의 영역으로부터, 즉 체험의 존재영역으로부터 자연적 세계 전체를 원리상 분리할 수 있음으로 이끌려는 추론 — 확신할 수 있듯이, 이 추론에서 (완전히 다른 목표를 향했던) 데카르트의 성찰이 단순히 순수한 영향을 미치지 못한 핵심은 결국 자신의 권리를 갖게 된다 — 에 대한 가장 중요한 전제가 벌써 포함되어 있다. 물론 우리의 궁극적 목표에 도달하기 위해서는 앞으로 여전히 몇 가지 보충, 그밖에 쉽게 끌어올 수 있는 보충이 필요할 것이다. 그때까지는 잠정적으로 제한된 타당성의 테두리 속에 결론을 이끌어내자.

제3절 순수 의식의 영역

47. 의식의 상관자인 자연적 세계

앞 절의 성과와 관련해 다음과 같이 고찰해보자. 우리 인간이 경험하는 사실적 과정은 우리의 이성이 직관적으로 주어진 사물(데카르트적 상상작용imaginatio의 사물)을 넘어서고 이 사물에 '물리학적 진리'를 깔아놓게끔 강요하는 과정이다. 그러나 이 과정은 다른 것일 수도 있다. 그것은 물리학적 세계가 자신의 진리를 가졌지만 우리가 이에 관한 아무것도 알지 못한다는 방식으로, 마치 인간의 발전이 학문 이전의 단계를 결코 넘어설 수 없었고 앞으로도 넘어설 수 없을 것과 같은 것이 아니다. 물리학적 세계는 사실적으로 타당한 것으로서 다른 법칙질서를 지닌 다른 세계일 것이라는 것도 아니다. 오히려 우리의 직관적 세계는 궁극적 세계 ─이 세계의 '배후에' 물리학적 세계가 전혀 존재하지 않을─일 것이라고, 즉 지각의 사물은 수학적·물리학적으로 규정할 수 없다고, 경험이 주어지는 것은 우리의 물리학에 따른 각종 물리학을 배제한다고 생각해볼 수도 있다. 물리학적 개념형성과 판단형성에 근거가 되는 경험의 동기부여가 빠져 있는 한, 이때 경험연관은 이것이 사실적으로 존재하는 것과는 바로 이에 상응해 다르고 또 유형적으로 다른 경험연관일 것이다. 그러나 우리가 '단적인 경험'(지각·회상 등)이라는 명칭 아래 포괄하는 〔대상을〕 부여하는 직관의 테두리 속에 '사물'은 나타남의 다양체 속에 지향적 통일체로서 지속적으로 견지되는 지금과 대체로 비슷하게 제시될 수 있을 것이다.

어쨌든 이러한 방향으로 계속 나아갈 수도 있다. 경험의식의 상관자인 사물적 객체성을 생각 속에 파괴하는 데 어떠한 제한도 우리를 방해하지 않는다. 여기에서 항상 다음과 같은 것에 주목해야 한다. 즉 사물─우리가 진술할 뿐인 사물, 이 사물의 존재나 비-존재, 그렇게 존재함이나 달리 존재함에 관해 논쟁할 뿐이며 이성적으로 결정할 수 있다─이 존재하는 그대로의 것, 이것은 경험의 사물로서 그러한 것이다. 경험만이 그 사물에 그것의 의미를 미리 지정하며, 사실적 사물이 문제 되기 때문에, 현실적 경험만 일정하게 질서지어진 자신의 경험연관 속에 그 사물에 그것의 의미를 미리 지정한다.

그러나 경험의 체험종류와 특히 사물지각의 근본체험을 형상적으로 고찰하고 이것에서 본질필연성과 본질가능성을 알아차릴 수 있다면(이것을 명백히 할 수 있듯이), 이에 따라 동기지어진 경험연관의 본질상 가능한 변화를 형상적으로 추적할 수 있다면, 이때 우리의 사실적 경험의 상관자인 이른바 '실제적 세계'가 다양한 가능적 세계와 비-세계의 특수한 경우로서 생긴다. 비-세계는 자신의 측면에서는 다소간에 질서지어진 경험연관을 지닌 '경험하는 의식'이라는 이념의 본질상 가능한 변화의 상관자일 뿐이다. 따라서 우리는 의식에 대립된 사물의 초재 또는 사물의 '그 자체의 존재'(An-sich-sein)에 관한 논의에 속으면 안 된다. 어쨌든 사물적인 것의 초재라는 진정한 개념 — 이것은 초재에 관한 모든 이성적 진술의 척도다 — 은, 지각의 고유한 본질내용으로부터가 아니면 또는 입증하는 경험이라 부르는 일정한 성질의 연관으로부터가 아니면, 그 자체로 어디에서부터도 이끌어낼 수 없다. 따라서 이러한 초재의 이념은 이 입증하는 경험의 순수한 이념의 형상적 상관자다.

이것은 실제성 또는 가능성으로서 다루어질 수 있을, 생각해볼 수 있는 모든 종류의 초재에도 적용된다. 그 자체로 존재하는 대상은 결코 의식과 의식–자아에 아무 관련도 없는 대상이 아니다. 사물은, 보이지 않은 사물도 심지어 경험된 것이 아니라 경험할 수 있는 또는 아마 경험할 수 있는 실재적으로 가능한 사물이라도, 환경세계의 사물이다. 경험할 수 있음은 결코 공허한 논리적 가능성을 뜻하는 것이 아니라, 경험연관 속에 동기지어진 가능성을 뜻한다. 이 경험연관 자체는, 언제나 새로운 동기부여를 받아들이고 이미 형성된 동기부여를 변형시켜가는, 철저히 '동기부여'(Motivation)[6]의 연관이다. 동기부여는 그 파악내용 또는 규정내용상 — 이미 '알려진' 사물이 문제 되는

---

6) 『논리연구』에서 수행된 순수현상학적 영역을 분리함으로써 즉시 나에게 생겼던 (그리고 초월적 실재성의 영역에 관련된 인과성의 개념에 대조를 이루는 것으로서) '동기부여'라는 이 현상학적 근본개념은 그 동기부여의 개념 — 이 개념에 따라 우리는 예를 들어 목적의 의지(意志)가 수단의 의지를 동기짓는다고 목적의 의지에 대해 말할 수 있다 — 을 일반화한 것이라는 사실에 주목해야 한다. 그밖에 동기부여의 개념은 본질적 근거에 입각해 다르게 전환되는데, 이에 속한 모호함은 위험한 것이 아니라, 현상학적 상태가 해명되자마자 심지어 필연적인 것으로 나타난다.

지 '완전히 알려지지 않은', 여전히 '발견되지 않은' 사물이 문제 되는지, 또는 보인 사물의 경우 이것에 의해 알려진 것이 문제 되는지 아니면 여전히 알려지지 않은 것이 문제 되는지에 따라―다소 풍부한, 내용적으로 다소 제한된 또는 모호한, 서로 다른 동기부여다.

하지만 오직 모든 가능성에 따라 순수 형상적 탐구의 기초가 되는 연관의 **본질형태**가 중요한 문제다. 이 본질에는 항상 실제로는 존재하지만 여전히 현실적으로 경험되지 않은 것이 주어질 수 있다는 사실, 이 경우 그것이 나의 그때그때 경험현실성에서 규정되지 않았지만 〔앞으로〕 **규정할 수 있는** 지평에 속한다는 것을 뜻한다는 사실이 포함되어 있다. 이 지평은 본질적으로 사물경험 자체에 달려 있는 규정되지 않은 구성요소들의 상관자이며, 이 구성요소들은 결코 임의가 아니라, 자신의 본질유형에 따라 미리 **지시된**, 동기지어진 것인 충족의 가능성을―항상 본질에 적합하게―열어놓고 있다. 모든 현실적 경험은 자신을 넘어서서 가능한 경험을 지시하고, 이 경험은 그 자체로 다시 새로운 가능한 경험을 지시하며, 이것은 무한히 계속된다. 그리고 이 모든 것은 본질에 적합하게 규정된, 아프리오리한 유형에 결부된 본성과 규칙형식에 따라 수행된다.

실천적 삶과 경험학문의 모든 가정적 단초는 이 변화할 수 있는 지평에, 그러나 언제나 함께 정립된 지평에 관련되며, 이 지평을 통해 세계의 정립은 자신의 본질적 의미를 얻게 된다.

48. 우리의 세계 밖에 있는 세계의
논리적 가능성과 실질적 이치에 어긋남

물론 이 세계 밖에 있는 어떤 실재적인 것을 가정해 추측하는 것은 '논리적으로' 가능하고, 이 속에는 명백히 어떤 형식적 모순도 포함되어 있지 않다. 그러나 이러한 추측의 본질조건, 즉 그 추측의 의미에 따라 요구된 증명의 본성에 관해 묻는다면, 어떤 초월적인 것 — 아무리 그 본질을 정당하게 일반화하더라도 — 의 정립을 통해 원리적으로 규정된 증명 일반의 본성에 관해 묻는다면, 그 초월적인 것은 단지 공허한 논리적 가능성을 통해 생각해낸 자아에서뿐 아니라 그 경험연관을 증명할 수 있는 통일체로서 그 어떤 현실적 자아에서도 필연적으로 경험할 수 있는 것이라는 사실을 인식하게 된다.

하지만 어떤 자아에 대해 인식할 수 있는 것(물론 아직 여기에서는 그것을 상세하게 정초할 수 있을 정도로까지 — 이에 대해서는 이후의 분석이 모든 전제를 제공할 것이다 — 충분하지는 않다)은 **원리상 모든 자아에 대해 인식할 수 있는 것**임에 틀림없다는 사실을 통찰할 수 있다. 각자가 — 예를 들어 우리가 아주 멀리 떨어진 별들의 세계에 혹시 살고 있을 정신과 관계가 없듯이 — **사실적으로** 서로 '감정이입'이나 공감하는 관계에 있지 않고 또 있을 수 없더라도, 어쨌든 원리상 고찰해보면 **공감을 수립할 본질가능성**이 존재하고, 따라서 사실적으로 분리된 경험세계가 현실적 경험의 연관을 통해 (인간 공동체의 보편적 확장인) 통일적 정신세계의 상관자인 하나의 유일한 상호주관적 세계*로 연결될 수 있을 가능성도 존재한다.

---

* 후설에 따르면, "인간의 주관(Subjekt)은 주관-객관(Subjekt-Objekt)이며, …… 함께 의사소통하는 주관들은 서로에 대한 환경세계인 사회적 주관성들의 세계에 속한다"(『이념들』 제2권, 195쪽), "주관성은 상호주관성 속에서만 그 본질인 구성적으로 기능하는 자아다"(『위기』, 175쪽). 인간은 객관적 정신을 이어받고 전달하는 전통이나 습득성이 없으면 주관성을 지닐 수 없다. 개인적 사고도 상호주관성을 전제하는 언어의 기능 없이는 결코 생각할 수 없다. 논리적 객관성도 "그 자체로 상호주관성이라는 의미에서 객관성일 뿐"(『이념들』 제2권, 82쪽)이다. 따라서 순수 의식(선험적 주관성)에 대한 그의 분석과 논의는 결코 독아론적 자아론(Egologie)이나 절대적 관념론이 아니다.

이러한 사실을 숙고해보면, 우리의 현실적 경험을 통해 확정된 하나의 공간적-시간적 세계인 세계 밖에 있는 실재성의 형식적-논리적 가능성은 실질적으로 이치에 어긋난 것으로서 입증된다. 대체 세계, 즉 실재적 사물이 존재한다면, 이것을 구성하는 경험의 동기부여는 위에서 일반적으로 특성지은 방식으로 나의 경험과 모든 자아의 경험에 미칠 수 있음에 틀림없다. 어떤 인간의 경험에서도 규정된 것으로 증명되지 않는 사물과 사물세계는 자명하게 존재하지만, 이러한 인간의 경험의 사실적 한계 속에 단순한 사실적 근거를 지닌다.

49. 세계를 무화함의 잔여인 절대적 의식

다른 한편 이 모든 것은 일반적으로 어떤 세계, 그 어떤 사물이 존재함에 틀림없다는 것을 뜻하지 않는다. 어떤 세계의 현존은 어떤 본질형태를 통해 부각된 일정한 경험다양체의 상관자다. 그러나 현실적 경험은 오직 그러한 연관형식 속에서만 경과할 수 있다고 이해하면 안 된다. 이러한 것을 지각 일반의 본질에서, 또 지각 일반에 함께 관여된 다른 종류의 경험하는 직관의 본질에서 순수하게 이끌어낼 수 없기 때문이다. 오히려 경험은 모순을 통해 상세히 가상(Schein)으로 해소될 뿐 아니라, 모든 가상이 ─사실상(de facto)으로도─ 더 깊은 진리를 알려주지 않으며, 모든 모순이 자신의 입장에서 더 포괄적인 연관을 통해 전체의 일치를 유지하기 위해 요구되는 것이 아니라는 점을 매우 충분히 생각해볼 수 있다. 경험작용에는 우리에 대해서뿐 아니라 그 자체로도 조화를 이룰 수 없는 모순이 넘치게 된다는 사실, 경험은 갑자기 그 사물정립에 일치해 관철하는 무리한 요구에 반발하는 것으로 드러난다는 사실, 경험연관은 음영·파악·나타남의 확고한 규칙질서를 잃어버린다는 사실, 즉 더 이상 어떤 세계도 존재하지 않는다는 사실을 생각해볼 수 있기 때문이다. 이 경우 어쨌든 '그것이 지각되든 않든 간에 그 자체로 현존하는' 자기보존의 '실재성', 즉 지속의 통일체를 완전히 구성할 수 없기 때문에, 사물직관의 단순한 유비물일 직관을 위한 임시방편으로서 대략적 통일체형성이 약간의 범위 속에 구성될 수도 있을 것이다.

이제 앞의 제2절 결론에서 획득한 성과를 포함해 받아들이고, 그래서 모든 사물적 초재의 본질 속에 놓여 있는 비-존재의 가능성을 생각해보자. 이때 의식의 존재는, 즉 모든 체험의 흐름 일반의 존재는 사물세계를 무화함(Vernichtung)으로써 필연적으로 변양되지만, 자신의 고유한 현존 속에 다루어지지 않는다는 점은 확실히 알게 된다. 따라서 물론 변양된 것이다. 왜냐하면 세계를 무화함은 이와 상관적으로 모든 체험의 흐름(자아의 체험의 — 완전한, 따라서 양쪽[자아와 대상]으로 무한하게 받아들인 — 전체 흐름) 속에 질서지어진 일정한 경험연관과 그래서 또한 이 연관에 따라 방향이 정해진 이론화하는 이성의 연관이 제외될 것이라는 점만 뜻하기 때문이다. 그러나 이 속에는 다른 체험과 체험연관이 제외될 것이라는 점이 포함되어 있지 않다. 그러므로 어떠한 실재적 존재도, 나타남을 통해 의식에 적합하게 제시되고 증명되는 어떠한 실재적 존재도 의식 자체(가장 넓은 의미에서 체험의 흐름)의 존재에 대해 필연적인 것은 아니다.

따라서 내재적 존재는 그것이 원리상 "현존하기 위해 다른 '어떤 것'도 필요하지 않다"(nulla 're' indiget ad existentum)*는 절대적 존재의 의미에서 의심할 여지가 없다.

다른 한편 초월적인 '것'[사물]의 세계는 철저히 의식에, 게다가 논리

---

* 이 라틴어 문구는 데카르트가 『철학의 원리』(Principia philosophiae)에서 실체(substantia)를 정의한 것을 후설이 그대로 인용한 것이다.

적으로 생각해낸 의식이 아니라 현실적 의식에 의지한다.

이것은 위(앞의 48항)에서 상론한 것에서 가장 일반적으로 해명되었다. 초월적인 것은 일정한 경험연관을 통해 주어졌다. 일치하는 것으로 입증되는 지각의 연속체 속에, 경험에 근거한 사유작용의 일정한 방법적 형식 속에 직접 또 점증하는 완전성에서 주어진 이것은 다소간 간접적으로 통찰적이며 항상 계속 진행해가는 이론적 규정에 이르게 된다. 의식이 실제로 자신의 체험내용과 경과를 내포하기에 의식주체는 경험작용과 경험의 사고작용의 자유로운 이론적 태도를 취하는 가운데 그와 같은 모든 연관을 수행할 수 있었다고(이 경우 타인의 자아 및 체험의 흐름과 상호 의사소통하는 지원을 함께 고려해야 할 것이다) 가정해보자. 더 나아가 이에 속한 의식의 규칙이 실제로 존재한다고, 의식이 경과하는 측면에서 통일적 세계의 나타남에 그리고 이 세계의 이성적인 이론적 인식에 그 어떤 것도 요구하지 않을 만큼 전혀 부족하지 않다고 가정해보자. 그렇다면 이 모든 것을 전제하는 것을 여전히 생각해볼 수 있는가? 이에 상응하는 초월적 세계가 존재하지 않는다는 것은 오히려 이치에 어긋나지 않은가?

그래서 우리는 의식(체험)과 실재적 존재는 평안하게 사이좋게 지내는, 때에 따라 서로 잇달아 '관련되거나' 함께 '결부된', 동등하게 질서지어진 존재본성일 뿐이라는 점을 보게 된다. 오직 본질에 적합하게 같은 종류의 것만, 다른 것과 같이 동등한 의미에서 그 자신의 본질을 갖는 것만 참된 의미에서 결부되고 하나의 전체를 형성할 수 있다. 내재적 또는 절대적 존재와 초월적 존재는 둘 다 '존재하는 것' '대상'으로 부르며, 이 둘은 자신의 대상적 규정내용을 지닌다. 그러나 이때 양쪽에서 대상과 대상적 규정이라는 것은 오직 공허한 논리적 범주에 따라 동등하게 거명될 때뿐이라는 것은 명증하다. 의식과 실재성 사이에는 의미의 참된 심연이 크게 갈라져 있다. 실재성은 음영지어진, 결코 절대적으로 주어질 수 없는 단순히 우연적인 상대적 존재이며, 의식은 원리상 음영과 나타남을 통해서는 결코 주어질 수 없는 필연적인 절대적 존재다.

그러므로 세계 속의 인간의 자아와 그 의식체험의 어떤 실재적 존재에 관한 그리고 '심리물리적' 연관에 관해서 어떻게든 그것에 속한 모든 것에 관한—그 의미에서 확실하게 잘 정초된—논의에도 불구하고, '순수성'에서 고찰된 의식은 명백하게 그 자체만으로 완결된 존재연관으로 간주되어야 하고, 어떤 것도 그 속으로 파고들어갈 수도 그것에서 벗어날 수도 없는 절대적 존재의 연관으로 간주되어야 한다. 그 연관은 어떤 공간적-시간적 외부도 갖지 않고, 어떤 공간적-시간적 연관 속에서도 존재할 수 없기 때문이다. 그 연관은 어떤 사물에 의해서도 인과성을 겪지 않고 어떤 사물에 인과성을 행사할 수도 없다. 여기에서 인과성은 실재성들 사이의 종속성관계인 자연적 인과성이라는 정상의 의미를 갖고 있음이 전제되어 있다.

다른 한편 인간과 인간의 자아를 종속된 개별적 실재성으로 간주하는 전체의 공간적-시간적 세계는 그 의미상 단순한 지향적 존재, 따라서 의식에 대해 어떤 존재의 단순한 2차적 의미, 상대적 의미를 갖는 존재다. 그것은 의식이 자신의 경험 속에 정립한, 원리상 오직 동기지어진 나타남의 다양체가 동일자(Identisches)로서만 직관할 수 있고 규정할 수 있는 존재다. 그러나 이것을 넘어서는 것은 무(無)다.

50. 현상학적 태도와 현상학의 장(場)인 순수 의식

그러므로 존재에 관한 논의의 일상적 의미는 전도(顚倒)된다. 우리에게 1차적 존재는 그 자체로 2차적 존재, 즉 오직 1차적 존재와의 '관련' 속에서만 그것이 존재하는 그대로다. 그러나 이것은 마치 맹

목적 법률규정이 '실재의 질서와 결합'(ordo et connexio rerum)은 반드시 '이념의 질서와 결합'(ordo et connexio idearum)에 따라야 한다고 주문하는 것과 같지 않다. 실재성, 즉 단일한 것으로 간주된 사물의 실재성뿐 아니라 전체 세계의 실재성도 본질에 적합하게 (엄밀한 의미에서) 자립성이 없다. 그것은 그 자체로 절대적인 것이 아니고, 2차적으로 다른 것에 묶여 있는 것도 아니다. 즉 절대적 의미에서 결코 무(無)가 아니고, '절대적 본질'을 전혀 갖지 않으며, 어떤 것에 대한 본질성(Wesenheit)을 갖고, 원리상 단지 지향적인 것, 단지 의식된 것, 의식에 적합하게 표상된 것, 나타나는 것일 뿐이다.

이제 다시 〔제2장의〕 제1절, 즉 현상학적 환원에 관한 우리의 고찰로 되돌아가자. 지금 사실상 자연적인 이론적 태도—이것의 상관자는 세계다—에 대립해 이 심리물리적 자연 전체를 배제했음에도 불구하고 남아 있는 것—절대적 의식의 전체 장(場)—을 유지하는 새로운 태도가 가능함에 틀림없다는 점은 명백하다. 그래서 경험 속에 소박하게 살아가는 대신 그리고 경험된 것, 초월적 자연을 이론적으로 탐구하는 대신, 우리는 '현상학적 환원'을 한다. 달리 말하면, 자연을 구성하는 의식에 속한 작용을 그 초월적 정립과 더불어 소박한 방식으로 수행하는 대신 그리고 이 작용 속에 놓여 있는 동기부여를 통해 항상 새로운 초월적 정립을 규정하게 만드는 대신, 이 모든 정립을 '작용중지'하면, 이 정립에 참여하지 않는다. 우리는 파악하고 이론적으로 탐구하는 시선을 그 절대적인 고유한 존재 속에 순수 의식으로 향하기 때문이다. 그래서 이 순수 의식은 추구된 '현상학적 잔여(殘餘)'로 남아 있는 것, 우리가 모든 사물, 생명체, 인간, 우리 자신을 포함해 세계 전체를 '배제했음'에도 불구하고 남아 있는 것이다. 우리는 엄밀히 아무것도 잃어버리지 않았지만, 올바로 이해하면, 모든 세계의 초재(超在)를 내포하고 이 초재를 그 자체로 '구성하는'

전체의 절대적 존재를 획득했다.

이 점을 자세히 밝혀보자. 자연적 태도에서 우리는 세계가 우리에 대해 거기에 있게 되는 모든 작용을 단적으로 수행한다. 우리는 지각 작용과 경험작용 속에, 이 정립적 작용 속에 소박하게 살아간다. 이 정립적 작용 속에 사물의 통일체는 우리에게 나타나며, 나타날 뿐 아니라 '현존하는' '실제적'이라는 특성으로 주어진다. 자연과학을 추구하면서 우리는 경험논리로(erfahrungslogisch)* 질서지어진 사유작용을 수행한다. 이 사유작용 속에 주어진 그대로 받아들인 이 실제성은 사유에 적합하게 규정되며, 이 사유작용 속에 그와 같이 직접 경험되고 규정된 초재에 근거해 새로운 초재가 추론된다. 반면 현상학적 태도에서 우리는 원리적 일반성으로 그러한 사유에 따른 모든 정립의 수행을 금지한다. 즉 수행된 정립을 새로운 탐구를 위해 '괄호치고' '이 정립에 참여하지 않는다.' 이 정립 속에 살아가고 이 정립을 수행하는 대신, 이 정립을 향한 반성작용을 하며, 이 정립 자체를 그것이 있는 그대로 절대적 존재로 파악한다. 우리는 지금 철저하게 2차적 단계의 그러한 작용 속에 살고 있다. 이 작용이 주어진 것은 절대적 체험의 절대적 장(場) ——현상학의 근본 장—— 이다.

51. 선험적 예비고찰의 의미

물론 누구나 반성할 수 있고, 자신이 파악하는 시선에서 반성을 의

---

* 전통적으로 '경험'과 '이성'(논리)은 서로 대립된 개념이지만, 후설은 종종 결합해 사용한다. 154쪽의 역주에서처럼 '경험'과 '사고'를 결합해서도 사용한다. 1920~30년대에는 '선술어적'(vorprädikativ), '선험적 경험', '경험의 논리 이전적 이성' 등으로도 표현되는 이 용어에서도 알 수 있듯이 현상학은 다양한 경험의 의미와 본질을 이성 속에 정초하려는 '근본적 경험주의'다.

식 속에 끌어올 수 있다. 그러나 그렇다고 해서 아직 **현상학적 환원**을 한 것이 아니며, 파악된 의식은 순수 의식이 아니다. 따라서 우리가 반성했던 것과 같은 근본적 고찰은 자연의 존립요소가 아니라 순수 의식 일반의 장과 같은 것이 존재하고 실로 존재할 수 있다는 인식으로 침투하기 위해 필수적이다. 이것은 자연이 오직 순수 의식 속에 내재적 연관을 통해 동기지어진 지향적 통일체로서만 가능한 것이 결코 아니다. 그 고찰은 그러한 〔지향적〕 통일체가 그 속에 이 통일체를 '구성하는' 의식과 이러한 모든 각각의 절대적 의식 일반이 탐구될 수 있는 태도와 완전히 다른 태도 속에 주어지고 이론적으로 탐구될 수 있다는 사실을 계속 인식하기 위해 필수적이다. 그 고찰은 필연적이며, 그래서 결국 ― '자연과학적으로 기초지어진 세계관(Weltanschauung)'*이라는 멋진 명칭으로 헛수고를 한 철학적 빈곤에 직면해 ― 선험적 의식탐구가 결코 자연탐구를 뜻하는 것은 아니라는 사실, 또는 그 선험적 태도 속에 자연은 원리상 괄호쳐지기 때문에 자연탐구를 전제로서 가정할 수 없다는 사실이 명백해질 것이다. 그 고찰은 현상학적 환원의 형식으로 세계 전체를 제외하는 것이 포괄적 연관 ― 필연적이든 사실적이든 ― 의 구성요소를 단순히 추상(抽象)하는 것과는 총체적으로 다른 것이라는 사실을 인식하기 위해 필수적이다. 의식체험이, 색깔은 연장(延長) 없이 생각해볼 수 없듯

---

* 후설은『엄밀한 학문』에서 과학적 경험과 역사적 가치에 대한 교양과 지혜, 세계와 인생의 수수께끼에 대한 상대적 해명과 설명을 해주는 것을 '세계관'이라고 정의한다. 이 세계관을 강조하는 세계관철학은 때에 따라 자연과학의 방법론이나 역사주의의 상대주의에 반발하지만, 궁극적으로 인식의 목표를 실증적 개별과학의 타당성에 두는 확고한 철학이라고 자임한다. 그러나 후설은 각 시대의 단순한 사실을 그때그때 실천적 필요에 따라 혼합한 세계관철학은 결국 보편타당성을 상실한 역사주의적 회의론의 산물로, 엄밀한 철학에 대한 충동을 약화시킬 뿐이라고 비판한다.

이, 그러한 **본성**에서 자연과 얽혀짐 없이는 생각해볼 수 없다면, 우리는 반드시 그것을 실행해야 한다는 의미에서 의식을 그 자체만으로 절대적으로 고유한 영역으로 간주할 수 없을 것이다.

아무튼 그러한 '추상화'(Abstraktion)를 통해서는 자연에서 오직 자연적인 것만 획득되지만, 선험적인 순수 의식은 결코 획득되지 않는다는 사실을 통찰해야 한다. 또한 현상학적 환원은 단순히 판단을 실제적 존재 전체와 연관된 한 부분으로 제한하는 것을 뜻하지 않는다. 모든 특수한 실제성의 학문에서 이론적 관심은 모든 실제성의 특수한 분야에 제한되어 있고, 그밖의 분야는——이리저리 경과하는 실재적 관련이 〔이것을〕 중재하는 탐구를 강요하지 않는 한——고려되지 않고 남는다. 이러한 의미에서 역학(力學)은 시각적 사건, 물리학 일반 그리고 가장 넓은 의미에서 심리학적인 것으로부터 '추상화한다.' 어쨌든 이 때문에, 모든 자연과학자가 알고 있듯이, 어떤 실제성의 분야도 고립되어 있지 않고, 세계 전체는 결국 하나의 유일한 '자연'이며, 모든 자연과학은 하나의 자연과학의 분과다. 그러나 절대적 본질성인 체험의 영역은 근본적 본질상 이와 다르다. 체험의 영역은 그 자체로 확고하게 완결되어 있고, 다른 영역으로부터 구분될 수 있을 어떤 한계도 없다. 왜냐하면 체험의 영역을 한정할 것은 여전히 이 영역과 본질공동체를 공유함에 틀림없기 때문이다. 그러나 체험의 영역은 우리의 분석이 뚜렷이 드러냈던 일정한 의미에서 절대적 존재의 전체다. 체험의 영역은 그 **본질상** 모든 세계의 존재, 자연을 지닌 존재로부터 독립적이며, 자신의 **현존**(Existenz)을 위해서도 이러한 모든 존재가 필요하지 않다. 어떠한 자연의 현존도 의식의 현존을 제한할 수 없다. 왜냐하면 자연의 현존은 실로 그 자체로 의식의 상관자로서 밝혀지기 때문이다. 자연의 현존은, 오직 규칙적 의식연관 속에 구성되는 한에서만, 존재한다.

주석

지나가는 길에 여기에서 오해가 생기지 않게끔 다음과 같은 것을 말해두자. 개인에 따른 그 특수화에서 의식경과의 주어진 질서 속에 사실성과 이 사실성에 내재된 **목적론**(Teleologie)*이 바로 이 질서의 근거에 관한 물음에 정초된 계기를 제공한다면, 예를 들어 이성에 적합하게 상정할 수 있는 목적론의 원리는 이때 본질근거에 입각해 세계라는 의미에서 어떤 초재로서 받아들여질 수 없다. 왜냐하면 그것은, 우리가 확정한 것에서 미리 명증성이 부여되듯이, 이치에 어긋난 순환(Zirkel)이기 때문이다. 절대적인 것을 정돈하는 원리는 절대적인 것 자체 속에 그리고 순수한 절대적 고찰 속에 발견됨에 틀림없다. 달리 말하면, 세속적 신(神)이 불가능하기 때문에, 또다른 한편으로 절대적 의식 속에 신의 내재(內在)가 체험이라는 존재의 의미에서 내재(이것은 적어도 이치에 어긋나지 않을 것이다)로서 파악될 수 없기 때문에, 절대적 의식의 흐름과 그 무한성 속에 초재가 알려지는 다른 —— 일치하는 나타남들의 통일체인 사물적 실재성의 구성과는 다른 —— 방식이 존재함에 틀림없다. 그리고 결국 이론적 사고작용이 그것에 적합하고 또 이 사고작용을 이성에 적합하게 따라가면서 상정된 목적론적 원리가 통일적으로 지배함을 이해시킬 수 있을 직관적 알려짐도 존재함에 틀림없다. 이때 이 지배함을 인과성이라는 자연의 개념 —— 이 개념은 실재성에 그리고 실재성의 특수한 본질에 속한

---

* 후설의 목적론은 아리스토텔레스처럼 모든 실체의 변화가 향하는 순수 형상이 미리 설정된 것도, 헤겔처럼 의식의 변증법적 자기발전을 통해 파악한 절대정신이 이미 드러난 것도 아니다. 그것은 인간의 정상적 '이성'과 '신체'를 근거로 '사태 그 자체'로 부단히 되돌아가 생생한 경험이 수용되는 구조를 해명하는 측면과, 이 경험이 발생하는 원천인 선험적 주관성으로 되돌아가 물음으로써 궁극적으로 인간성의 자기책임을 추구하려는 측면을 동시에 갖는다. 물론 여기에서는 전자의 측면을 가리킨다.

기능적 연관으로 조정된다 — 의 의미에서 인과적 지배함으로 파악하면 안 된다는 점도 명증하다.

어쨌든 이 모든 것은 여기에서 더 이상 우리와 상관이 없다. 우리가 겨냥하는 직접적 목표는, 현상학이 목적론에 대해 간접적으로 여전히 매우 중요한 의미가 있더라도, 목적론이 아니라 현상학이다. 그러나 지금까지 수행된 근본고찰은, 이 고찰이 현상학에 고유한 탐구분야인 절대적 분야를 개척하는 데 불가결한 한, 현상학에 기여했다.

52. 보충. 물리학적 사물과 '나타남의 알려지지 않은 원인'

아무튼 이제 필요한 보충을 해보자. 우리는 우리가 숙고한 마지막 계열을 주로 감성적 상상작용(imaginatio)의 사물에 관해 실행했고, 물리학적 사물 — 이것에 대해 감성적으로 나타나는(지각이 주어진) 사물은 '단순한 나타남'으로서, 이를테면 심지어 '단순히 주관적인 것(Subjektives)'*으로서 기능할 것이다 — 에 관해서는 정당한 고려를 전혀 하지 않았다. 그런데 이전에 상론한 의미에서 이 단순한 주관성은, 마치 지각된 사물이 이 사물의 지각의 성질 속에 있는 것처럼 그리고 이 지각의 성질 자체가 체험인 것처럼, 체험이 주관성과 (매우 자주 일어나듯이) 혼동하면 안 된다는 것을 이미 포함한다. 나타나는 사물은 하나의 가상 또는 '참된' 물리학적 사물의 오류를 지닌 하나의 심상이라는 것도 (특히 자연과학자가 표명한 것이 아니라 자연과학자가 취한 방법의 의미에 입각할 때) 자연과학자의 참된 견해

---

* 이것은 '선험적 주관성'의 다른 표현으로, 주관(자아)과 그 체험영역 전체를 가리킨다. 후설은 '주관과 연관된 것'을 함축하는 이 용어로 '선험적 주관성'을 대상과 본질적 상관관계에 있지 않은, 즉 일반적인 의미의 '주관성'으로 오해하는 것을 방지하고자 한다.

일 수 없다. 이와 마찬가지로 나타남의 규정성이 참된 규정성에 대한 '부호'라는 논의도 잘못으로 이끈다.[7]

이제 실로 매우 널리 퍼져 있는 '실재론'의 의미에서 실제로 지각된 것(그리고 첫 번째 의미로 나타나는 것)은 그것의 측면에서 나타남으로 또는 다른 것 ── 이것에 내적으로 생소한 것과 이것으로부터 분리된 것 ── 의 본능적(instinktiv) 하부구조로 간주될 수 있다고 말해도 좋은가? 이론적으로 고찰하면 이 후자[다른 것]는 나타남의 체험경과를 해명하기 위한 목적으로 가정해 받아들일 수 있고 또 완전히 알려지지 않은 실재성으로서, 오직 수학적 개념을 통해 간접적으로 또 유비적으로 특성지을 수 있는 이러한 나타남의 은폐된 원인으로 간주해야 하는가?

이미 우리의 일반적 서술(이 서술은 계속된 분석을 통해 여전히 더 심화되고 끊임없이 확증될 것이다)에 근거해 그러한 이론은 우리가 경험의 고유한 본질 속에 놓여 있는 사물이 주어지는 의미와 따라서 '사물 일반'의 의미 ── 사물에 대한 모든 이성적 논의의 절대적 규범을 형성하는 의미 ── 를 진지하게 주목하고 학문적으로 규명하는 일을 회피하는 동안에만 가능하다는 사실이 명백해진다. 이러한 의미에 어긋나는 것은 바로 가장 엄밀한 의미에서 이치에 어긋나며[8], 이 것은 [앞에서] 지시된 유형의 모든 인식론적 학설에 대해서도 의심할 여지없이 타당하다.

이른바 알려지지 않은 원인이 도대체 존재한다면, 그것은 원리상 지

---

7) 심상이론과 부호이론에 관한 상론은 이 책의 43항 앞부분을 참조할 것.
8) 이 책에서 이치에 어긋남(Widersinn)은 논리적 용어이며, 어떠한 논리-외적 감정평가도 표현하지 않는다. 가장 위대한 학자도 때때로 이치에 어긋나게 되며, 이것을 표명하는 것이 우리의 학문적 의무라면, 그것이 학문적 의무에 대한 우리의 존경심을 중단시키지는 못할 것이다.

각할 수 있고 경험할 수 있는 것임에 틀림없을 것이며, 우리에게 존재하지 않는다면, 〔우리보다〕 더 잘 그리고 더 멀리 직시하는 다른 자아에게 존재한다는 것은 실로 쉽게 증명될 수 있을 것이다. 이때 문제 되는 것은 가령 공허하고 단순히 논리적 가능성이 아니라, 내용이 풍부하고 이 내용에 의해 타당한 본질가능성이다. 더구나 가능한 지각 자체도 또다시 본질필연성에 의해 나타남을 통한 하나의 지각임에 틀림없다는 사실, 또 그래서 불가피한 무한소급(無限遡及)에 빠져든다는 사실이 입증될 수 있을 것이다. 더 나아가 가정해 받아들인 원인의 실재성을 통한, 알려지지 않은 사물성을 통한 지각에 적합하게 주어진 경과의 해명(예를 들어 아직 알려지지 않은 행성인 해왕성을 가정함으로써 〔그 인력 때문에〕 어떤 행성의 〔타원궤도에 변화가 일어나는〕 섭동(攝動)을 해명하듯이)이 경험된 사물의 물리학적 규정이라는 의미의 해명이나 원자·이온 등의 방식에 따른 물리학적 해명수단을 통한 해명과 원리상 다르다는 사실이 지적될 수 있을 것이다. 그리고 이와 유사한 의미에서 여전히 많은 것이 상세히 진술될 수 있을 것이다.

여기에서는 그 모든 관계를 체계적으로 모두 규명하는 데로 파고들어갈 수는 없다. 우리의 목적을 위해서는 몇 가지 주안점을 판명하게 부각시키는 것으로도 충분하다.

이러한 점과 연결해 우리는 물리학적 방법에서 **지각된 사물 자체**는, 항상 그리고 원리상, 물리학자가 **탐구**하고 학문적으로 규정한 바로 그 **사물**이라는 쉽게 검증할 수 있는 확정을 받아들인다.

이러한 명제는 앞에서 진술한 명제[9]와 모순되는 것으로 보인다. 그 명제에서 우리는 물리학자가 공동으로 통상 논의하는 의미 또는

---

9) 앞의 40항 초반부를 참조할 것.

제1성질과 제2성질을 전통적으로 구별했던 의미를 더 자세하게 규정하려 노력했다. 명백한 오해를 제거한 다음, '본래 경험된 사물'은 우리에게 '단순한 이것(Dies)' '공허한 X'——이것은 정밀한 물리학적 규정(이것 자체는 본래의 경험 속에 들어오지 않는다)의 담지자가 될 것이다——를 준다고 말했다. 따라서 '물리학적으로 참된' 존재는 지각 자체 속에 '생생하게' 주어진 것과 '원리상 다르게 규정된 것'일 것이다. 이 지각 자체 속에 생생하게 주어진 것은 바로 물리학적 규정성이 아닌 온통 감성적 규정성을 지니고 거기에 있을 것이다.

그럼에도 두 가지 서술은 매우 잘 공존하므로, 우리는 물리학적 파악의 그 해석에 대항해 진지하게 논쟁할 필요가 없다. 단지 그것을 올바르게 이해하면 된다. 결코 원리상 전도된 심상이론이나 부호이론에 빠지면 안 된다. 우리는 이 이론을 이전에——물리학적 사물을 특별히 고려하지 않은 채——검토했고, 동시에 철저한 일반성에서 논박했다.[10] 심상이나 부호는 자신 밖에 놓여 있는 것, 즉〔대상을〕부여하는 직관 '자체'의 표상방식인 일정한 다른 표상방식으로 이행함으로써 파악할 수 있을 것을 지시한다. 부호나 심상은 자신의 자체(Selbst) 속에 지시된(또는 묘사된) 자체를 '드러내지' 않는다. 그러나 물리학적 사물은 감성적으로-생생하게 나타나는 것에 생소한 것이 결코 아니라, 그 자신 속에 게다가 아프리오리하게(폐기할 수 없는 본질근거에 입각해) 오직 그 자신 속에 원본적으로 드러나는 것이다. 게다가 물리학적 규정의 담지자로서 기능하는 X의 감성적 규정내용도 이 물리학적 규정에 생소하고 이 규정을 뒤덮는 옷을 입히는 것(Umkleidung)*이 결코 아니다. 오히려 단지 X가 감성적 규정의 주체

---

10) 앞의 43항 중반부를 참조할 것.

* 이러한 표현은『위기』에서 실증적 자연과학은 구체적 경험으로 직관할 수 있는 생활세계에 추상적인 "이념(Ideen)의 옷"(51쪽), "상징(Symbol)의 옷"(52쪽)

인 한, 그것은 또한 그것들의 측면에서는 감성적 규정 속에 드러나는 물리학적 규정의 주체다.

　원리상 어떤 사물, 정확하게는 물리학자가 논의하는 사물은, 이미 상세하게 설명한 것에 따라, 오직 감성적으로만, 즉 감성적 '나타남의 방식'으로만 주어질 수 있다. 그리고 이 나타남의 방식이 변화하는 연속성 속에 나타나는 동일자(Identisches)는 곧 물리학자가 '상황'으로서 고찰될 수 있는 모든 경험할 수 있는 (따라서 지각되었거나 지각할 수 있는) 연관과 관련해 실재적 필연성의 연관에 따라 인과적으로 분석하고 탐구하는 것이다. 물리학자가 관찰하고, 실험하며, 끊임없이 주시하고, 다루며, 저울판 위에 놓고, 용해로(鎔解爐) 속에 넣는 사물, 다름아닌 바로 이 사물은 예컨대 무게·질량·온도·전기저항 등 물리학적 술어의 주어가 된다. 마찬가지로 이것은 힘·가속도·에너지·원자·이온 등과 같은 개념을 통해 규정되는 지각된 경과나 연관 자체다. 따라서 감성적 형태·색깔·후각(嗅覺)속성과 미각(味覺)속성을 지닌 감성적으로 나타나는 사물은 어떤 다른 것에 대한 부호가 전혀 아니고, 말하자면 오히려 자기 자신에 대한 부호다.

　단지 다음과 같이 말할 수는 있다. 즉 주어진 현상적 상황 아래 이러저러한 감성적 성질을 지니고 나타나는 사물은——그러한 사물 일반에 대해, 이와 관련된 본성이 나타나는 연관 속에——일반적으로 이미 물리학적 규정을 수행한 물리학자에게는 바로 본성에 적합하게 잘 알고 있는 나타남의 종속성 속에 인과적 속성으로 드러나는 이 동일한 사물의 충만한 인과적 속성에 대한 표시다. 거기에서 드러나는 것

을 입혀 수량화하고 기호로 이념화된 객관적 자연을 그 자체로 참된 존재로 간주한 결과, 자연을 발견했지만 객관성에 의미를 부여하고 해명하는 주관성을 망각했다는 비판과 그 용어의 유사성뿐만 아니라 논지의 일관성까지도 파악할 수 있다.

은 명백히 —곧 의식체험의 지향적 통일체 속에 드러나게 된 것으로 서— 원리상 초월적이다.

이 모든 것에 따라 물리학적 사물의 더 높은 초재도 의식에 대해 또는 인식의 주체로서 기능하는 (개별적 자아든 감정이입의 연관 속에 있는 자아든) 모든 자아에 대해 세계를 넘어서는 것을 뜻하지 않는다는 사실 은 분명하다.

일반적으로 물리학적 사고는 자연적 경험작용(또는 물리학적 사고 가 수행하는 자연적 정립)의 근본토대 위에 확립되며, 경험의 연관을 물리학적 사고에 제시하는 이성의 동기를 따라가면서 일정한 파악방 식, 일정한 지향적 구축(Konstruktion)을 이성적으로 요구되는 것으 로서 수행하게 강요하며, 이것을 감성적으로 경험된 사물의 **이론적 규정**으로 수행하게 강요한다. 바로 이러한 사실을 통해 단적인 감성 적 상상작용(imaginatio)의 사물과 물리학적 지성작용(intellectio)의 사물 사이의 대립이 발생하며, 이 지성작용의 측면에서 모든 이념적 인 존재론적 사고형성물이 생긴다. 이것은 물리학적 개념으로 표현 되며, 그 의미를 오직 자연과학적 방법에 입각해서만 길어내며 또 길 어내야 한다.

그래서 물리학이라는 명칭 아래 경험논리의 이성이 이렇게 더 높 은 단계의 지향적 상관자를 —단적으로 나타나는 자연**으로부터** 물리 학적 자연을— 이끌어내 부각시킨다면, 사람들이 어쨌든, 나타남을 인과적으로 설명할 목적으로 가정해 기초지어진 사물의 실재성 자 체의 어떤 알려지지 않은 세계처럼, 단적으로-직관적으로 주어진 자 연의 **경험논리**의 규정일 뿐인 이 통찰적 이성이 주어져 있음을 설정할 때, 이것은 신화(Mythologie)를 추구하는 것이라 한다.

그러므로 사람들은 이치에 어긋나게 인과성을 통해 감각사물과 물 리학적 사물을 결부시킨다. 그러나 이때 일상적 실재론 속에 감성적 나타남, 즉 이것의 '단순한 주관성' 때문에 나타나는 대상 자체(이것은 벌써 그 자체로 초재다)와 이것을 구성하는 나타남—경험하는 의식 일반—의 절대적 체험을 혼동한다. 그들은 적어도 그들이 마치 객관적 물리학은 나타나는 사물이라는 의미에서 '사물의 나타남'이 아니라 경험하는 의식의 구성하는 체험이라는 의미에서 '사물의 나타남'을 설명하려 몰두하는 것처럼 말하는 그 형식에 어디에서든 혼동을 범한다. 원리상 구성된 지향적 세계의 연관에 속하고 또 오직 이 연관 속에서만 의미를 갖는 인과성을 이제 그들은 '객관적인' 물리학적 존재와 직접적 경험 속에 나타나는 '주관적인' 존재—'제2성질'을 지닌 '단순히 주관적' 감각사물—사이를 잇는 신화적 접착제로 만들 뿐 아니라, 주관적 존재로부터 이것을 구성하는 의식으로 부당하게 이행함으로써 인과성을 물리학적 존재와 절대적 의식—특히 경험작용의 순수한 체험—사이를 잇는 접착제로 만든다. 게다가 그들은, 참된 절대자인 순수 의식 자체를 전혀 보지 못하는 반면, 물리학적 존재에다 신화적인 절대적 실재성을 삽입했다.

그래서 그들은 그들이 물리학적 자연, 즉 논리적으로 규정하는 사고작용의 이 지향적 상관자를 절대화(絶對化)하는 것 속에 포함된 불합리를 알아차리지 못한다. 마찬가지로 그들은 직접 직관적 사물세계를 경험논리로 규정하고 이러한 기능 속에 완전히 알려진 자연(이 자연 배후에 어떤 것을 추구하는 것은 아무런 의미도 없다)을 어떤 알려지지 않은 실재성, 즉 그 자체를 결코 그리고 어떤 고유한 규정성에 의해서도 파악할 수 없을 단지 불가사의하게 예고되는 실재성—이 실재성에 사람들은 이제 심지어 주관적 나타남과 경험하는 체험의 경과와 관련해 원인의 실재성이라는 역할까지 요구한다—으로 만드는 불합리성을 알아차리지 못한다.

다음과 같은 상황은 이러한 오해에 적잖은 영향을 확실하게 미쳤다. 그것은 사람들이 모든 범주적 사유통일체, 특히 눈에 띌 정도로 당연히 매우 간접적으로 형성된 사유통일체에 특유한 **감성적 비-직관성**에 잘못된 해석을 부여한 상황, 그리고 이러한 사유통일체에 감성적 심상·'모델'을 깔아놓는 인식실천으로 유용한 경향에 잘못된 해석을 부여한 상황이다. 여기서 잘못된 해석이란 감성적으로 비-직관적인 것은 더 나은 지성적 조직화에 따라 단적인 감성적 직관으로 이끌 수 있을 은폐된 것을 상징적으로 재현하는 것이라는 것이다. 그리고 그 모델이 이 은폐된 것에 대한 직관적인 도식적 심상으로서 이바지한다면, 따라서 그 모델은 고생물학자가 옹색한 자료에 근거해 멸종된 생명체에 관해 가정해 스케치하는 소묘(素描)와 유사한 기능을 한다는 것이다. 그들은 구축적 사유통일체 자체를 **통찰하는** 의미를 주목하지 않고, 가정한 것이 여기에서 사유종합의 영역에 결부되어 있다는 사실을 간과한다. 또한 신과 같은 전지전능함도 누군가가 생략법의 기능에 색깔을 칠하거나 바이올린을 연주하게 만들 수 없듯이, 어떤 신적인[전지전능한] 물리학도 실재성에 관한 범주적 사유규정으로부터 어떠한 실재성도 단적으로 직관할 수 있게 만들 수 없다.

이러한 상론을 더 깊게 파고들어갈 필요가 있더라도, 상론을 통해 해당된 모든 관계를 완전히 해명할 필요가 절실하더라도, 우리가 우리의 목적에 사용하는 것, 즉 원리적인 것에 따라 물리학적 사물의 초재는 의식 속에 구성되는——의식에 결합된——초재라는 사실, 또 수학적 자연과학에 대한 고려(많은 특별한 수수께끼가 이 자연과학의 인식 속에 놓여 있더라도)가 우리의 성과를 결코 변경하지 않는다는 사실이 명백해진다.

우리가 '단순한 사태'인 자연객체성에 관해 명백하게 설명한 모든 것은 자연객체성 속에 기초지어진 모든 **가치론적** 객체성과 **실천적** 객

체성, 미(美)의 대상, 문화형성물 등에도 틀림없이 타당하다는 사실
에는 특별한 상론이 필요없다. 그리고 결국 의식에 적합하게 구성되
는 초재 일반에 대해서도 마찬가지다.

53. 동물적인 것과 심리학적 의식

우리 고찰의 한계를 더 확장하는 것이 매우 중요하다. 우리는 우리
가 확정한 것의 범위 안에서 전체 물질적 자연, 즉 감성적으로 나타
나는 자연과 이 자연 속에 더 높은 단계의 인식으로서 기초지어진 물
리학적 자연을 이끌어냈다. 그러나 인간과 동물인 **동물적 실재성**의
사정은 어떠한가? 이들의 **영혼**과 **영혼적 체험**에 관해 그 사정은 어떠
한가? 완전한 세계는 물리적 세계일 뿐 아니라 심리물리적 세계다.
영혼이 깃든 신체에 결합된 모든 의식의 흐름은 이 세계에 속할 것이
다. 이것을 누가 부정할 수 있는가! 그러므로 한편으로 의식은 그 속에
서 모든 초재—따라서 결국 심리물리적 세계 전체—가 구성되는
절대적인 것일 것이며, 다른 한편으로 의식은 이 세계 안에서 종속된 하
나의 실재적 사건일 것이다. 어떻게 이 둘이 부합되는가?

어떻게 의식이 이른바 실재적 세계 속에 들어오는지를, 어떻게 그
자체로 절대적인 것이 자신의 내재를 포기하고 초재의 특성을 받아
들일 수 있는지를 분명하게 밝혀보자. 우리는 즉시 의식은 오직 첫
번째인 원본적 의미에서 초재에 일정하게 참여함으로써만 초재의
특성을 받아들일 수 있으며, 이것은 명백히 물질적 자연의 초재라는
것을 알게 된다. 의식은 오직 경험의 신체와의 관계를 통해서만 인간
이나 동물의 실재적 의식이 되며, 오직 이러한 사실을 통해서만 의식
은 자연의 공간과 시간—물리적으로 측정된 시간—속에 지위를
획득한다. 우리는 오직 의식과 신체를 경험적으로-직관인 자연의

통일체에 결부시킴으로써만 하나의 세계에 속한 동물적 존재들 사이의 상호이해 같은 것도 가능하다는 사실, 오직 그렇게 함으로써만 모든 인식하는 주체가 자신과 다른 주체를 지닌 완전한 세계를 발견하며 이 세계를 동시에 자신과 다른 모든 주체에 공통으로 속한 동일한 환경세계로서 인식할 수 있다는 사실을 기억하게 된다.

고유한 종류의 파악 또는 경험, 고유한 종류의 '통각'(Apperzeption)*은 이른바 이러한 '연결', 즉 의식을 이렇게 실재화(Realisierung)하는 작업수행을 한다. 이 통각이 어디에 있더라도, 그 통각이 어떤 특별한 증명을 요구하더라도, 의식 자체는 이러한 통각으로 얽혀 있음 속에 또는 물체적인 것과의 이 심리물리적 관련 속에 자신의 고유한 본질을 전혀 잃지 않으며, 자신의 본질에 생소한 어떤 것도 자신 속에 받아들일 수 없다는 사실은 그만큼 아주 분명하다. (만약 받아들일 수 있다면) 그것은 실로 이치에 어긋날 것이다. 물체적 존재는 원리상 나타나는 존재, 감성적 음영을 통해 제시되는 존재다. 그러나 자연을 지니고 통각된 의식, 인간이나 동물의 체험으로 주어지고 따라서 물체성과 결부되어 경험되는 체험의 흐름은 이러한 통각에 의해서는 당연히 그 자체가 음영을 통해 나타나지 않는다.

어쨌든 의식은 어떤 다른 것, 즉 자연의 존립요소가 되었다. 의식은 그 자체로 절대적 본질에서 그것이 존재하는 그대로다. 그러나 그것은 이 본질 속에, 즉 그것이 흐르는 이것임(Diesheit) 속에 포착되지 않고, '무엇으로서 파악된다'. 이 고유한 파악 속에 고유한 초재가 구성된다. 즉 의식은 이제 어떤 동일한 실재적 자아주체의 일정한 의

---

* 이 말은 라틴어 'appercipere'(덧붙여 지각한다)에서 유래하며, 직접 지각함(Perception) 이외에 잠재적으로 함축된 감각도 간접적으로 지각하는 것을 뜻한다. 칸트 이후에는 새로운 경험(표상)을 이전 경험(표상)과 종합하고 통일해 대상을 인식하는 의식의 작용을 뜻하기도 한다.

식상태로 나타난다. 이 자아주체는 이 의식상태 속에 자신의 개별적인 **실재적 속성**을 드러내며, 이제 그 상태 속에 드러난 속성의 이러한 통일체인 자아주체는 나타나는 신체와 일치하는 것으로 의식된다. 그러므로 심리물리적 자연의 통일체인 인간이나 동물은 통각의 기초지음에 상응하는 신체적으로 기초지어진 통일체로서 나타남에 적합하게 구성된다.

모든 초월하는 통각의 경우처럼, 여기에서도 이중의 태도가 본질에 적합하게 실행될 수 있다. 어떤 태도에서는 파악하는 시선이 예컨대 초월하는 파악을 관통해 통각된 대상으로 향하고, 다른 태도에서는 순수한 파악하는 의식으로 반성해 향한다. 그에 따라 우리는 한편으로 자연적으로 태도를 취한 시선이 체험, 예를 들어 인간 또는 동물의 체험상태인 기쁨의 어떤 체험으로 향하는 **심리학적 태도**를 지닌다. 다른 한편 우리는—반성하면서 또 초월적 정립을 배제하면서 절대적 의식, 순수 의식으로 시선을 향하고 이제 어떤 절대적 체험의 상태통각을 발견하는—본질가능성으로서 함께 얽힌 현상학적 태도를 지닌다. 〔절대적 체험의 상태통각은〕 그래서 위의 예에서 절대적인 현상학적 자료인 기쁨의 느낌체험이지만, 느낌체험에 영혼을 불어넣는 파악기능의 매개 속에, 곧 나타나는 신체와 결부된 인간의 자아주체의 상태를 '드러낼 수 있는' 파악기능의 매개 속에 그러하다. '순수' 체험은 어떤 의미에서는 심리학적으로 통각된 것, 인간의 상태인 체험 속에 '놓여 있다.' 왜냐하면 순수 체험은 자신의 고유한 본질에 의해 상태의 형식과, 따라서 인간-자아(Menschen-Ich)와 인간-신체성(Menschen-Leiblichkeit)으로의 지향적 관련을 받아들이기 때문이다. 해당된 체험, 우리의 예에서는 기쁨의 느낌이 이 지향적 형식을 잃어버린다면(이러한 일은 어쨌든 생각해볼 수 있다), 그것은 물론 변화되지만, 이 변화도 단지 그것이 순수 의식 속에 단순화된다는 것, 더 이상 자연의 의미를 갖지 않는다는 것뿐이다.

54. 계속. 초월적인 심리학적 체험은 우연적이며 상대적이고, 선험적 체험은 필연적이며 절대적이다

우리가 자연을 지닌 통각을——그렇지만 끊임없이 부당하게——수행했고, 이 통각이 우리에게 경험의 통일체가 구성될 수 있을 어떠한 일치하는 연관도 허용하지 않는다고 생각해보자. 달리 말하면, 위에서 상론한[11] 의미에서 전체 자연, 우선 물리적 자연이 '무화(無化)되었다'고 생각해보자. 그렇다면 더 이상 어떤 신체도, 따라서 어떤 인간도 존재하지 않을 것이다. 인간으로서 나는 더 이상 존재하지 않을 것이고, 더구나 어떤 동료 인간도 나에게 존재하지 않을 것이다. 그러나 나의 의식은, 아무리 그 체험의 존립요소가 변화되더라도, 자신의 고유한 본질을 지닌 절대적 체험의 흐름으로 남아 있을 것이다. 그래도 체험을 어떤 개인적 자아의 '상태'——이 상태의 변화 속에 동일한 개인적 속성이 알려질 것이다——로 포착하게 만드는 것이 여전히 남아 있다면, 우리는 이 파악을 해체하고 이 파악을 구성하는 지향적 형식을 폐지하며 순수 의식으로 환원할 수도 있을 것이다. 또한 심리적 상태는 절대적 체험의 규칙성을 소급해 지시한다. 이 절대적 체험 속에 심리적 상태는 구성되며, '상태'라는 지향적 형식과 자신의 방식에서 초월적 형식을 받아들인다.

확실히 신체 없는 의식, 아무리 역설적으로 들리더라도, 또한 영혼 없는 의식, "인간의 신체성에 영혼을 불어넣지"* 않은 의식은 생

---

11) 앞의 49항 초반부를 참조할 것.
* 이 부분은 1912년부터 1929년까지 후설이 난외에 주석을 달거나 수정한 자료를 토대로 1976년 슈만(K. Schumann)이 편집한 개정판에는 "개인적이지"로

각해볼 수 있다. 즉 그 속에서 지향적 경험통일체 —신체, 영혼, 경험적 자아주체 —가 구성되지 않은 체험의 흐름, 이 모든 경험개념과 따라서 심리학적 의미에서 체험(어떤 " "* 개인의, 동물적 자아의 체험으로서)의 경험개념도 어떤 지지발판도 또 어쨌든 어떤 타당성도 갖지 못할 체험의 흐름을 생각해볼 수 있다. 모든 경험적 통일체와 그래서 심리학적 체험도 두드러지게 부각된 본질형태 —그밖에 바로 또 다른 형태도 생각해볼 수 있다 —를 지닌 절대적 체험연관을 가리키는 지표다. 이 모든 것은 동일한 의미에서 초월적이며, 단순히 상대적이고, 우연적이기 때문이다. 자신의 체험과 타인의 체험은 각각 경험에 적합하게 자명성을 지니고 동물적 주체의 심리학적 상태와 심리물리적 상태로 간주되고 또 완전한 정당성으로 간주되며 (앞에서) 지적한 관점에서 그 정당성의 한계가 있다는 사실, 절대적 체험은 경험적 체험의 의미의 전제로서 경험적 체험에 대립해 있다는 사실, 이 절대적 체험은 어떤 형이상학적 구축이 아니라 이에 상응하는 태도변경을 통해 자신의 절대성 속에 의심할 여지없이 제시될 수 있는 것, 즉 직접 직관 속에 주어질 수 있는 것이라는 사실을 우리는 확신해야 한다. 심리학의 의미에서 심리적인 것 일반, 즉 심리적 인격, 심리적 속성, 체험이나 상태는 경험적 통일체라는 사실, 따라서 이것은 모든 종류와 단계의 실재성처럼 지향적 '구성'의 단순한 통일체 —이것의 의미에서 참으로 존재하는 것, 즉 직관할 수 있고 경험할 수 있으며 경험에 근거해 학문적으로 규정할 수 있는 것 —이며 그래서 단순히 '상대적'이라는 사실을 확신해야 한다. 그러므로 이것들을 절대적 의미 속에 존재하는 것으로 만드는 것은 이치에 어긋난다.

대체되었다.

* 앞의 역주와 마찬가지로, 이 부분에서도 본래 "객관적으로 실재적인"의 문구가 1976년 개정판에는 생략되었다.

55. 결론. 모든 실재성은 '의미부여'를 통해 존재한다. 결코 '주관적 관념론'이 아니다

어떤 방식으로 또 언어사용에서 몇 가지를 조심해 이렇게도 말할 수 있다. 즉 모든 실재적 통일체는 '의미의 통일체'다. 의미의 통일체는 의미를 부여하는 의식을 전제한다(우리가 어떤 형이상학적 요청에서 연역하기 때문이 아니라, 완전히 의심할 여지없는 직관적 수행절차 속에 그것을 제시할 수 있기 때문이라고 나는 반복해 강조한다). 이 의미를 부여하는 의식은 자신의 측면에서 절대적이며, 또 그 자체가 다시 의미부여를 통해 주어지지 않는다. 실재성의 개념을 가능한 경험의 통일체인 자연적 실재성에서 이끌어낸다면, '세계 전체'(Weltall), '전체 자연'(Allnatur)은 물론 실재성의 전체만큼이다. 그러나 이것을 존재의 전체(All)와 동일하게 확인하는 것, 그래서 이것 자체를 절대화하는 것은 이치에 어긋난다. 절대적 실재성은 '둥근 사각형'과 정확히 똑같은 정도로 타당하다. 실재성과 세계는 여기에서 바로 어떤 타당한 의미의 통일체에 대한 명칭, 즉 자신의 본질에 따라 다른 것이 아니라 바로 그렇게 의미를 부여하고 의미의 타당성을 증명하는 절대적 의식인 순수 의식의 일정한 연관과 관계된 '의미'의 통일체에 대한 명칭이다.

우리의 논의에 직면해 누가 이 논의는 모든 세계를 주관적 가상(假象)으로 완전히 변화시키며 일종의 '버클리와 같은 관념론'에 몰두하는 것이라고 반론을 제기한다면, 우리는 다만 그가 이러한 논의의 의미를 포착하지 못했다고 답변할 수 있다. 우리가 사각형은 둥글다는 것을 부정함(이 경우 이것은 물론 명백한 자명성이다)으로써 사각형의 완전히 타당한 기하학적 존재에서 아무것도 떼어낼 수 없듯이, 실재성의 전체인 세계의 완전히 타당한 존재에서 아무것도 떼어낼 수 없다. 실재적 실제성이 '바뀌어 해석되거나' 하물며 부정되는 것이 아니라, 실재적 실제성에 대한 이치에 어긋난 해석 — 따라서 통찰해 해명된 자신의 고유한 의미에 모순되는 해석 — 이 제거되는 것이다. 그 이치에 어긋난 해석은 자연적 세계고찰에 철저히 생소한 세계를 철학적으로 절대화하는 것에서 유래한다. 이러한 세계고찰은 바로 자연적이고, 우리가 〔앞에서〕 기술한 일반정립의 수행 속에 소박하게 살아가며, 따라서 결코 이치에 어긋날 수 없다. 이치에 어긋남은 우리가 철학을 할 때 그리고 세계의 의미에 관해 궁극적 정보를 추구하는 가운데 세계 자체가 자신의 전체 존재를 일정한 '의미' — 이 의미는 의미부여의 장(場)인 절대적 의식을 전제한다 — 로서 갖는다는 사실을 전혀 알아차리지 못할 때, 비로소 생긴다.[12] 그리고 우리가 이러한 사실과 하나가 되어 이 의미부여의 장, 즉 절대적 근원의 이 존재영역은 최고의 학문적 권위를 지닌 무한히 풍부한 학문적 인식과 함께 직시하는 탐구에 접근할 수 있다는 사실을 전혀 알아차리지 못할 때, 비로소 생긴다. 물론 이 사실을 우리는 아직 밝혀내지 않았지만, 우리의 연구가 계속 진행되면 비로소 명백해질 것이다.

결국 방금 〔위에서〕 숙고한 것에서 우리가 절대적 의식 속에 자연적 세계의 구성에 관해 이야기했을 일반성은 충격을 일으키면 안 된다는 사실을 여전히 진술해야 할 것이다. 학문적으로 경험을 쌓은 독자는 우리가 위로부터〔공허하게〕 철학적 착상을 감행한 것이 아니라, 체계적 기초작업에 근거해 이 의미부여의 장 속에 신중하게 획득된 인식을 일반적으로 유지된 기술(記述)로 결집했다는 사실을 〔우리가〕 서술한 것의 개념적 규정성을 통해 알아차릴 수 있을 것이다.

---

12) 나는 지나가는 길에 여기에서 더욱 인상 깊게 대조시킬 목적으로 비상하지만 어쨌든 자신의 방식으로 인정된 '의미'(Sinn)라는 개념의 확장을 허용한다.

더 자세한 상론과 열려 있는 공백을 충족시킬 욕구가 절실할지 모르며, 절실해야 할 것이다. 계속 서술하는 것은 지금까지 대강 그려진 윤곽을 더 구체적으로 형태짓는 데 상당히 기여할 것이다. 그러나 우리의 목적은 여기에서 그러한 선험적 구성을 상세히 실행한 이론을 제공하고 동시에 실재성의 영역에 관해 새로운 '인식론'의 밑그림을 그리는 것이 아니라, 오직 선험적 순수 의식의 이념을 획득하는 데 도움을 줄 수 있는 일반적 사고를 통찰하게 하는 것에 있다는 사실에 주목해야 한다. 우리에게 본질적인 것은 자연적 태도 또는 자연적 태도의 일반정립을 배제하는 현상학적 환원이 가능하다는 명증성, 또 현상학적 환원을 한 다음 절대적으로 또는 선험적으로 순수한 의식이 잔여—이 잔여에 여전히 실재성을 요구하는 것은 이치에 어긋난다—로서 남아 있다는 명증성이다.

제4절 현상학적 환원

56. 현상학적 환원의 범위에 관한 물음. 자연과학과 정신과학

자연을 배제한 것은 우리에게는 선험적으로 순수한 의식 일반으로 시선을 전환하기 위한 방법적 수단이었다. 우리가 이 방법적 수단을 직시하는 시선 속에 가져온 지금, 순수 의식을 탐구할 목적에서 도대체 무엇이 배제되어 남아야 하는지, 또 필연적 배제는 단지 자연의 영역에만 해당하는지를 역(逆)으로 숙고해보는 것은 언제나 여전히 유익하다. 정초하려는 현상학적 학문의 측면에서 이 문제는 또한 현상학적 학문을—그 순수한 의미를 잃어버리지 않은 채—어떤 학문에서 길어내는가, 미리 주어진 것으로서 어떤 학문을 이용해도 좋고 어떤 학문을 이용하면 안 되는가, 따라서 어떤 학문에 '괄호침'이 필요한가를 뜻한다. '근원'의 학문인 현상학의 본래 본질에는 모든 소박한('독단적') 학문과 거리가 먼 그러한 방법적 물음은 현상학에 의해 신중하게 숙고되어야 한다는 사실이 놓여 있다.

우선 물리학적 세계와 심리물리적 세계인 자연적 세계를 배제함으로써 평가하고 실천적인 의식기능을 통해 구성되는 개별적 대상성 — 모든 종류의 문화형성물, 기술과 예술의 작품, 학문(학문이 타당성의 통일체가 아니라 바로 문화의 사실로서 문제 되는 한), 미적이고 실천적인 모든 형태의 가치 — 도 배제된다는 사실은 자명하다. 마찬가지로 국가·도덕·법률·종교와 같은 실제성도 물론 배제된다. 그래서 자신의 축적된 인식 전체를 지닌 — 바로 자연적 태도가 필요한 학문인 — 모든 자연과학과 정신과학은 배제된다.

57. 순수 자아를 배제하는 문제

어려움은 하나의 한계점에서 생긴다. 자연의 존재이며 개인적 연대 또는 '사회'의 연대 속의 개인인 인간은 배제된다. 마찬가지로 모든 동물적 존재도 배제된다. 그런데 순수 자아의 경우는 어떠한가? 현상학적 환원을 통해 발견되는 현상학적 자아도 하나의 선험적 무(無)가 되는가? 순수 의식의 흐름으로 환원해보자. 그러면 구성하는 가운데 수행된 모든 사유작용(cogitatio)은 사유주체(cogito)라는 명시적 형식을 받아들인다. 우리가 선험적 환원을 할 때, 사유작용은 이러한 형식을 잃어버리는가?

우리가 선험적 환원을 한 다음 여러 가지 체험의 흐름 — 이것은 선험적 잔여(殘餘)로 남아 있다 — 어디에서도 순수 자아를 다른 체험 가운데 하나의 체험으로서 — 또한 그 부분이 마치 발생하고 다시 사라지는 것과 같은 체험을 지닌 하나의 본래 체험부분으로서 — 우연하게라도 만나게 되지 않는다는 것은 처음부터 매우 분명하다. 자아는 끊임없이, 필연적으로 거기에 존재하는 것처럼 보이며, 이 끊임없음은 둔감하게 항속(恒續)하는 어떤 체험이나 '고정된 이념'의 끊임없음이 명백히 아니다. 오히려 자아는 다가오고 흘러가버리는 모든 체험에 속하며, 자아의 '시선'은 모든 현실적 사유주체를 '통해' 대상적인 것으로 향한다. 자아의 시선발산(視線發散)은 각각의 사유주체와 함께 변화하며 새로운 사유주체와 함께 새롭게 돌출하고 이러한 사유주체와 함께 사라져버리는 것이다. 그러나 자아는 동일한 것이다. 적어도 원리상 고찰해보면, 모든 사유작용은 필연적으로 지나가버리는 것인지 아니면 우리가 그것을 발견하듯이 단지 사실적으로 지나가버리는 것인지를 의심할 때조차도, 모든 사유작용은 변화하며 나타났다가 사라질 수 있다. 그러나 이에 반해 순수 자아는 원리상 필연적인 것으로 보이며, 또 실제적이거나 가능한 체험의 모든 변화에도 불구하고 절대적으로 동일한 것인 순수 자아는 어떠한 의미에서도 체험 자체의 내실적 부분이나 계기로 간주될 수 없다.

순수 자아는 모든 현실적 사유주체 속에 특별한 의미로 살아나간다. 그러나 모든 배경체험 역시 순수 자아에 속하고, 순수 자아도 모든 배경체험에 속한다. 나의 체험의 흐름인 하나의 체험의 흐름에 속한 이것〔순수 자아와 모든 배경체험〕모두는 반드시 현실적 사유작용으로 변화되거나 이러한 사유작용 속에 내재적으로 포함된다. 칸트의 언어로 말하자면, '나는 생각한다'(Ich denke)는 반드시 나의 모든 표상을 수반할 수 있어야 한다.[13]

---

13) 칸트, 『순수이성비판』(*Kritik der reinen Vernunft*), B 132. 칸트는 '순수 오성개념의 선험적 연역' '통각의 근원적-종합적 통일에 관해'로 시작하는 이 문구에 바로 이어 이렇게 진술한다. "왜냐하면 그렇지 않다면, 전혀 생각될 수 없는 것이 내 속에 표상될 것이고, 이러한 일은 표상이 불가능하거나 적어도 나에

우리가 세계와 이 세계에 속한 경험적 주관성을 현상학적으로 배제한 잔여로서 순수 자아(그런 다음 모든 체험의 흐름에 대해 원리상 다른 순수 자아)에 머물러 있다면, 이 순수 자아와 함께——구성되지 않은——**독특한 초재**, 즉 내재(內在) 속의 **초재**(超在)가 제시된다. 이 초재가 모든 사유작용에서 하는 직접적 본질 역할 때문에 우리는, 많은 연구에서 순수 자아의 문제가 정지되어 남아 있을 수 있더라도, 이 초재를 배제하면 안 될 것이다. 그러나 순수 자아가 직접 명증하게 확정할 수 있는 본질특유성 그리고 순수 의식과 함께 주어져 있음이 도달하는 한에서만, 우리는 순수 자아를 현상학적 자료로 간주할 것이다. 반면 이 테두리를 넘어서는 순수 자아에 관한 모든 학설은 배제될 것이다. 그밖에 우리는 순수 자아에 관한 어려운 문제를 해명하고 동시에 우리가 여기에서 수행한 '잠정적으로 태도를 취함'을 확보하는 데 대해 이 책의 제2권에서 독자적인 절*을 바칠 기회를 발견할 것이다.[14]

게는 무(無)라는 것을 뜻하기 때문이다."
* 이것은 『이념들』 제2권, 제2장 '동물적 자연의 구성'에서 제1절 '순수 자아'를 뜻한다.
14) 『논리연구』에서 나는 순수 자아의 문제에 대해 연구를 진전시키는 데 고수할 수 없는 회의적 태도를 대변했다. 따라서 내가 나토르프(P. Natorp)*의 심오한 저술 『심리학 입문』(Einleitung in die Psychologie, 제2권, 1888, 340쪽 이하)에 가한 비판은 어떤 주요점에 적확하지 않다.(유감스럽게도 나토르프 저술의 최근에 나온 신판을 더 읽지 않아서 고려할 수가 없다.)
  * 나토르프(1854~1924)는 코엔(H. Cohen)의 제자로 카시러(E. Cassirer)와 함께 신칸트학파(마르부르크학파)를 주도했다. 그는 정밀한 자연과학의 성과를 토대로 다양한 대립요소를 칸트의 순수이성에 입각해 정초하는 논리학과 인식론을 모색했다. 후설은 『산술철학』의 심리학주의에 대한 그와 프레게(G. Frege)의 비판에 크게 자극받아 오히려 심리학주의를 비판하게 되었다(『논리연구』 제1권, 156쪽 주1, 169쪽 주1을 참조할 것). 그는 페스탈로치(J. H. Pestalozzi)의 영향을 받아 공동체생활을 강조한 교육사회학을 창시했으

58. 신의 초재(超在)는 배제된다

자연적 세계를 포기한 다음에도 우리는 여전히 또 다른 초재에 직면하게 된다. 그것은 순수 자아처럼 환원된 의식과 하나가 되어 직접적으로 주어지지 않고, 마치 세계의 초재에 대립해 있는 극(極)처럼 매우 간접적으로 인식된다. 우리는 신의 초재를 말한다. 자연적 세계를 의식의 절대성으로 환원하는 것은 두드러진 규칙질서 ─ 이 속에서 경험적 직관의 영역에서 **형태학으로 질서지어진** 세계, 즉 그것에 대해 분류하고 기술하는 학문이 존재할 수 있는 세계가 지향적 상관자로서 구성된다 ─ 를 지닌 일정한 의식체험의 사실적 연관을 산출한다. 동시에 바로 이 세계는, 물질적 하부단계에 관해서는, 수학적 자연과학의 이론적 사고 속에 정밀한 자연법칙에 지배되는 **물리학적 자연**의 '나타남'으로 규정될 수 있다. 사실이 실제화하는 **합리성**(Rationalität)은 본질이 요구하는 그러한 합리성이 아니기 때문에, 이 모든 놀랄 만한 **목적론***이 놓여 있다.

게다가 경험적 세계 자체 속에 발견될 수 있는 모든 목적론에 대한 체계적 탐구, 예를 들어 인간에 이르기까지 일련의 유기체의 사실적 진화, 인간의 진화 속에 정신의 자산을 지닌 문화의 성장 등은 주어진 사실적 상황에서 유래하고 또 자연법칙에 따른 그러한 형성물의 자연과학적 설명으로 해결되지 않는다. 오히려 선험적 환원의 방법을 통해 순수 의식으로 이행하는 것은 그에 상응해 구성하는 의식이 이제 생기는 사실성의 근거에 관한 물음으로 이끈다. '근거' ─ 물론 이것은 사실적-인과적 원인이라는 의미를 갖지 않는다 ─ 에 관

며, 저서로 『심리학 입문』(1888), 『사회교육학』(1899), 『정밀과학의 논리적 기초』(1910), 『일반 심리학』(1912), 『사회적 관념론』(1920) 등이 있다.

한 물음을 강요하는 것은 사실 일반이 아니라, 무한히 상승하는 가치의 가능성과 실제성의 원천으로서의 사실이다. 우리는 종교적 의식(意識)의 측면에서 동일한 원리로 게다가 이성적으로 근거지어진 동기의 방식으로 이끌어갈 수 있을 그밖의 모든 것을 간과한다. 여기에서 우리가 관계하는 것은, 세계 외적인 '신과 같은' 존재의 현존에 대한 상이한 그룹의 그와 같은 이성의 근거를 단순히 암시한 다음에 이 신과 같은 존재가 세계뿐 아니라 명백히 '절대적' 의식에 대해서도 초월적인 것일 수 있다는 점이다. 따라서 그것이, 다른 한편으로 세계라는 의미에서 초월적인 것에 대립해 총체적으로 다른 의미에서 초월적인 것일 수 있듯이, 의식이라는 절대적인 것과는 총체적으로 다른 의미에서 '절대적인 것'일 수 있다는 점이다.

이러한 '절대적인 것'과 '초월적인 것'에 대해 우리는 당연히 현상학적 환원을 펼친다. 그것은 새롭게 제공될 탐구의 장(場) —— 이것이 순수 의식 자체의 장이 되는 한 —— 에서 배제되어 있어야 한다.

59. 형상적인 것의 초재.
보편수학(mathesis universalis)인 순수논리학을 배제함

모든 의미에서 개별적 실재성과 마찬가지로 우리는 이제 다른 모든 종류의 '초재'도 배제하려 한다. 이것은 일련의 '일반적' 대상이나 본질에도 해당된다. 이 대상이나 본질은 실로 순수 의식에 일정한 방식으로 '초월적'이며, 순수 의식 속에 내실적으로 발견되지 않는다. 그럼에도 우리는 무한히 초재를 배제할 수 없고, 선험적으로 순수화함은 모든 초재를 배제함을 뜻할 수도 없다. 왜냐하면 그렇지 않

---

*   후설의 '목적론'에 관해서는 185쪽의 역주를 참조할 것.

으면 순수 의식은 남아 있지만, 순수 의식에 관한 학문의 어떠한 가능성도 남아 있지 않기 때문이다.

이 점을 명백히 밝혀보자. 형상적인 것을 가능한 한 최대로 광범위하게 배제함으로써, 따라서 그러한 모든 형상적 학문을 배제함으로써 시도해보자. 영역적으로 확정할 수 있는 개별적 존재의 모든 영역에는, 가장 넓은 논리적 의미에서, 일정한 존재론이 있다. 예를 들어 물리적 자연에는 자연의 존재론이, 동물성에는 동물성의 존재론이 있다. 이 모든 학과는, 이미 완성되었던 최초로 요청되었든, 환원의 수중에 떨어진다. 실질적 존재론에 대립해 '형식적' 존재론(사유의미의 형식논리학과 일체가 된)이 있고, 이 존재론에는 '대상 일반'이라는 유사(Quasi)-영역이 있다. 형식적 존재론도 배제하려 한다면, 동시에 형상적인 것을 무제한으로 배제할 가능성이 일어날 것이라는 우려가 생긴다.

그래서 다음과 같은 일련의 생각이 자꾸 떠오른다. 즉 우리는 학문의 목적을 위해 모든 존재분야에 일정한 형상적 영역을——곧장 탐구의 분야로서가 아니라, 관련된 분야의 탐구자가 그 분야의 고유한 본질 속에 연관된 이론적 동기가 그가 그렇게 하게끔 권고할 때마다 항상 파고들어가 포착해야 할 본질인식의 장소로서—— 첨가해야 한다. 무엇보다 어쨌든 모든 탐구자는 형식논리학(또는 형식적 존재론)을 자유롭게 증거로 내세울 수 있어야 한다. 왜냐하면 그가 탐구하는 것이 무엇이든 그것은 언제나 대상이고, 대상 일반(속성·사태 일반 등)에 대해 형식적으로 타당한 것도 탐구자 자신의 것이기 때문이다. 그리고 그가 개념과 명제를 파악하고 결론을 이끌어내더라도, 형식논리학이 그러한 의미와 의미의 종류에 관해 형식적 일반성에서 확정하는 것 역시 모든 전문과학자와 같이 동일한 방식으로 그에게 관계된다. 따라서 현상학자에게도 관계된다. 모든 순수한 체험도 논리적으로 가장 넓은 대상의 의미에 종속된다. 따라서 우리는 형식논리학과 형식적 존재론을 배제할 수 없다. 그리고 명백히 동일한 근거에 입각해 판단하는 사고 일반―이것의 의미내용은 오직 형식적 일반성으로만 규정된다―이 이성적인 것(Vernunftigkeit)과 비-이성적임에 관한 본질통찰을 표명하는 일반적 인식작용학(Noetik)도 마찬가지로 배제할 수 없다.

그러나 더 자세히 숙고해보면, 형식논리학과 이와 함께 형식적 수학(대수학·수(數)이론·다양체이론 등)의 모든 학과도 '괄호' 속에 넣을 가능성이 일정한 전제 아래 생긴다. 즉 현상학의 순수 의식에 대한 탐구가 순수 직관(pure Intuition) 속에 해결될 수 있는 기술하는 분석과 다른 어떤 과제도 내세우지 않고 또 내세우지 않아야 한다고 전제되면, 수학적 학과의 이론형식과 그 모든 간접적 정리(定理)는 현상학에 전혀 도움을 줄 수 없다. 개념형성과 판단형성이 [이것을] 구상하는 태도를 취하지 않는 곳에는, 어떠한 간접적 연역의 체계도 구축되지 않은 곳에는, 수학 속에 제시되듯이, 연역적 체계 일반의 형식이론은 실질적 탐구의 도구로 기능할 수 없다.

현상학은 이제 사실상, 선험적으로 순수한 의식의 장을 순수 직관 속에 철저히 탐구하는, 순수하게 기술하는 학과다. 따라서 현상학이 그 증거로 내세울 수 있을 기회를 이제껏 발견할 수 있었을 논리적 명제는 모순율―그러나 현상학은 이 모순율의 일반적인 절대적 타당성을 그 자신의 주어져 있음에서 범례로 통찰할 수 있게 할 수 있었다―처럼 철저하게 논리적 공리일 것이다. 그래서 우리는 형식 논리학과 수학 일반 전체를 명백히 배제하는 판단중지 속에 끌어넣을 수 있으며, 현상학자인 우리가 따르려 하는 '우리가 의식 자체에서 순수 내재 속에 본질적으로 통찰할 수 있는 것 이외에 아무것도 요구하면 안 된다'는 규범의 정당성을 확신할 수 있다.

우리는 동시에 이 규범에 따라 기술하는 현상학이 그 모든 학과로부터 원리상 독립적이라는 명시적 인식에 이르게 된다. 이러한 확정은 현상학의 철학적 평가와 관련해 중요하지 않다고 할 수 없으며, 따라서 이 확정을 이 기회에 즉시 기록하는 것은 유용하다.

60. 질료적-형상적 학과를 배제함

이제 질료적인 형상적 영역에 관해서는, 이 영역 가운데 하나가 자명하게 그것을 배제함을 생각할 수 없다는 방식으로 우리에게 부각된다. 그것은 현상학적으로 순수화된 의식 자체의 본질영역이다. 비록 순수 의식을 그 단일적 특수화 속에, 따라서 사실과학적으로, 하지만 어쨌든 경험적-심리학적으로는 아니게 (왜냐하면 우리는 세계를 현상학적으로 배제하는 효력범위 속에 움직이고 있기 때문이다) 연구하는 목적을 세웠더라도, 우리는 의식의 아프리오리 없이 지낼 수는 없을 것이다. 사실과학은 자신의 고유한 분야의 개별적 대상성에 관련된 본질진리를 사용할 수 있는 권리를 단념할 수 없다. 그러나 이미 [앞의]「머리말」에서 말한 것에 따라, 이제 곧바로 우리의 목적은 현상학 자체를 형상적 학문으로, 선험적으로 순수화된 의식의 본질이론으로 정초하는 것이다.

현상학을 이렇게 정초한다면, 현상학은 자신의 고유한 것으로서 모든 '내재적 본질', 오직 하나의 의식의 흐름이 개별적 사건 속에 흘러가버리는 그 어떤 단일의 체험으로 단일화되는 것을 포괄한다. 이제 가령 모든 본질이 이러한 주변범위에 소속되지 않는다는 사실, 오히려 개별적 대상성에 대해서와 정확히 마찬가지로 이에 상응하는 본질에 대해서도 내재적인 것과 초월적인 것 사이의 차이가 이루어진다는 사실을 통찰하는 것은 근본적으로 중요하다. 따라서 '사물' '공간형태'·'운동'·'사물의 색깔' 등도 그렇지만, '인간'·'인간의 감정'·'영혼'과 '영혼적 체험'(심리학적 의미에서의 체험), '개인', '성격특징' 등도 초월적 본질이다. 현상학을 현상학적 배제함의 테두리 안에서 체험의 흐름 속에 파악할 수 있는 사건인 내재적 의식형태를 순수하게 기술하는 본질이론으로 형성하려 한다면, 그 테두리에는 어떠한 초월적인 개별적인 것도 속하지 않으며, 그래서 '초월적 본질'의 어떤 것도 그 테두리에 속하지 않는다. 오히려 초월적 본질의 논리적 장소는 해당된 초월적 대상성의 본질이론 속일 것이다.

그러므로 현상학은 자신의 내재 속에 그와 같은 본질의 어떤 존재정립도, 그 존재정립의 타당성이나 부당성에 관한 또는 이것에 상응하는 대상성의 이념적 가능성에 관한 어떤 진술도 하면 안 되고, 그 존재정립과 관련된 어떤 본질법칙도 확정하면 안 된다.

초월적-형상적 영역과 학과는 실제로 순수 체험영역을 엄수하려는 현상학에 결코 전제로서 기여할 수 없다. 이제 현상학을 이렇게 순수하게 정초하는 것이 우리의 목적(이미 앞에서 표명한 규범에 따라)이기 때문에, 또한 최대의 철학적 관심은 이렇게 순수하게 완전히 깨달은 실행에 달려 있기 때문에, 우리는 근원적 환원을 모든 초월적-형상적 분야와 이것에 속한 존재론으로 명백히 확장한다.

그래서 실제적인 물리적 자연과 경험적 자연과학을 배제하듯이, 형상적 학문, 즉 물리적 자연의 대상성 자체에 본질적으로 속한 것을 탐구하는 학문도 배제한다. 기하학, 운동학, 질료의 '순수' 물리학은 그 괄호[속에 넣음]를 유지한다. 마찬가지로 동물적 자연존재에 관한 모든 경험과학과, 개인적 연대 속의 개인적 존재, 역사의 주체이자 문화의 담지자인 인간, 문화의 형태 자체에 관한 모든 경험적 정신과학도 배제했듯이, 이제 이 대상성에 상응하는 형상적 학문도 배제한다. 우리는 이것을 이미 또 이념[관념] 속에 실행한다. 왜냐하면 모두에게 알려져 있듯이, 지금껏 이러한 형상적 학문(예를 들어 이성적 심리학, 사회학)은 일정한 정초에 또는 순수하고 완벽한 정초에 이르지 못했기 때문이다.

현상학이 떠맡게 임무를 부여받은 철학적 기능을 고려해 앞에서 상론한 것에서 다른 모든 학문뿐 아니라 **물질적인 형상적 학문에 대한 현상학의 절대적 독립성**이 동시에 확립되었다는 점을 여기에서 다시 진술하는 것이 좋겠다.

현상학적 환원을 이렇게 확장하는 것이 명백히 자연적 세계와 이와 관련된 학문을 근원적으로 단순히 배제하는 것과 같은 근본적 의미를 갖지는 않는다. 이 1차적 환원을 통해 실로 현상학적 장(場)과 이것이 주어져 있음 일반의 파악으로 시선을 비로소 전환할 수 있다. 따라서 1차적 환원을 전제하는 그밖의 환원은 2차적인데, 그러나 그 때문에 결코 그 의미가 사소한 것은 아니다.

61. 현상학적 환원의 체계화의 방법론적 의미

여기에서 윤곽지으려 했던 총체적인 현상학적 환원에 관한 체계적 이론은 현상학적 방법에 (더 나아가 선험적-철학적 탐구 일반에) 매우 중요하다. 현상학적 환원의 명확한 '괄호침'은 관련된 존재영역과 인식영역이 선험적-현상학적 영역으로 탐구되어야 할 영역 밖에 **원리적으로** 놓여 있다는 사실, 또 그 괄호쳐진 분야에 속하는 전제가 선험적-현상학적 분야로 밀고 들어오는 것은 이치에 어긋난 혼합, 진정한 **기초이동**(metabasis)*에 대한 표시라는 사실을 우리에게 끊임없이 지적하는 방법론적 기능을 한다. 자연적 경험태도의 분야처럼 현상학적 분야가 그렇게 직접 자명하게 제시된다면, 또는 가령 기하학적 분야가 경험적으로 공간적인 것에서 시작해 생기듯이 현상학적 분야가 자연적 경험태도에서 형상적 태도로 단순히 이행함으로써 생긴다면, 그에 속한 어려운 숙고를 지닌 번거로운 환원도 필요하지 않을 것이다. 또한 잘못된 기초이동——특히 형상적 학과의 대상성을 해석하는 경우——을 향한 끊임없는 유혹이 존재하지 않는다면, 〔현상학적 환원의〕 개별적 단계를 주도면밀하게 구별할 필요도 없을 것이다. 그러나 그 유혹은 너무나 강력해, 개별분야에서 일반적 오해로부터 벗어나던 사람조차 위협할 정도다.

우선 여기에는 형상적인 것을 심리학화(心理學化)하는 극도로 확장된 최근의 경향이 있다.* 자신을 '관념론자'라 칭하는 많은 사람도 이 경향에 굴복한다. 실로 그만큼 관념론 진영에 대한 경험론 견해의 영향은 강력하다. 이념이나 본질을 '심리적 형성물'로 간주하는 사람, 사물의 색깔·형태 등을 지닌 사물에 관한 범례적 직관에 근거해 색깔·형태의 '개념'이 획득되는 의식의 조작을 고려해 그때그때 결과로 생긴 이 색깔·형태의 본질에 관한 의식과 이 본질 자체를 혼동하는 사람은 의식에 원리적으로 초월적인 것을 〔의식의〕 내실적 존립요소인 의식의 흐름에 속한 것으로 돌린다. 그러나 이것은 한편으로 그것이 이미 경험적 의식에 관계하기 때문에 심리학의 타락이며, 다른 한편으로 (우리가 여기에서 관계하는) 현상학의 타락이다. 따라서 추구했던 영역이 실제로 발견되었다면, 이러한 관점에서 명석함을 수립하는 것은 매우 중요한 문제다. 그러나 이것은 우리가 탐구해가는 길에서, 즉 우선 형상적인 것 일반의 일반적 정당화 속에, 그런 다음 특히 형상적인 것을 배제함인 현상학적 환원에 관한 이론의 연관

---

* 후설은 그리스어로 'matabasis eis allo genos'(허용되지 않는 다른 유[類]로 이행함)에서 유래한 이 말을 간단히 'matabasis'로 줄여, 학문이나 개념 또는 영역, 특히 이념적인 것과 실재적인 것처럼 근본적으로 구별해야 할 것을 혼동한 오류를 지적하는 데 사용한다.

속에 자연스럽게 일어난다.

이제 이 배제함은 물론 모든 의미에서 초월적인 개별적 대상성의 형상학(Eidetik)에 제한되어야 한다. 여기에서 새로운 근본적 계기가 고려된다. 이미 본질과 본질사태를 심리학화하는 경향에서 벗어났다면, 우리가 손쉽게 내재적 본질과 초월적 본질에 관한 구분이라 부른 효과적 구분을 사람들이 인식하고 어디에서나 일관되게 고려하게 된 것은 결코 첫 번째 단계와 더불어 즉시 그렇게 생기는 것이 아닌 새로운 중대한 단계다. 한편으로 의식 자체의 형태에 관한 본질이 있고, 다른 한편으로 의식에 초월적인 개별적 사건의 본질, 따라서 오직 의식의 형태에서만 '드러나는' 것, 예를 들어 감성적 나타남을 통해 의식에 적합하게 '구성되는' 것에 관한 본질이 있다.

적어도 나에게는 두 번째 단계가 첫 번째 단계 다음인데도 몹시 어렵다. 『논리연구』를 주의 깊게 읽은 독자는 지금 이 점을 놓칠 수 없다. 첫 번째 단계는 거기에서 아주 단호하게 수행되었으며, 형상적인 것의 심리학화에 대립해 형상적인 것의 고유한 권리가— '플라톤주의'와 '논리학주의'*에 대해 아주 생생하게 반응했던 그 시대의 감각에 매우 대립해—상세하게 정초되었다. 그러나 두 번째 단계는 논리적-범주적 대상성에 관한 그리고 이 대상성을 부여하는 의식에 관한 이론에서와 같은 몇 가지 이론에서 단호하게 행해졌다. 반면 그책의 다른 상론에서는 동요가, 즉 논리적 명제의 개념이 때로는 논리적-범주적 대상성으로 때로는 이에 상응하는 판단하는 사고에 내재적인 본질에 관련되는 한, 명백히 동요가 있었다.

현상학의 초보자에게는 반성하는 가운데 다른 대상적 상관자를 지

---

* 후설은 『논리연구』 제1권에서 이념적 논리법칙을 심리적 사실에 근거한 실재적 심리법칙으로 간주하는 심리학주의는 결국 회의적 상대주의에 빠질 수밖에 없다고 비판했다.

닌 다른 의식태도를 잘 다룰 수 있게 배우는 것이야말로 정말 어렵다. 그러나 그것은 모든 본질영역에도 적용된다. 즉 형식논리적 또는 존재론적 본질과 본질사태(따라서 '명제' '추론' 등과 또한 '수'數, '집합의 순서', '다양체' 등과 같은 본질에 대한)에 대해서뿐 아니라, 자연적 세계의 영역('사물' '물체적 형태' '인간' '개인' 등과 같은)에서 이끌어낸 본질에 대해서도 이러한 통찰을 획득하는 모든 본질영역에까지 적용된다. 이러한 통찰을 가리키는 지표가 확장된 현상학적 환원이다. 이것을 확장한 결과 우리가 잘 다루게 된 실천적 의식, 즉 자연적 세계의 영역뿐 아니라 이 모든 형상적 영역도 현상학자는 원리상 그 참된 존재에 관해 아무것도 주어진 것으로 간주하면 안 된다는 것, 그 탐구영역의 순수성을 확보하기 위해 그 영역은 판단에 적합하게 괄호쳐야 한다는 것, 이와 관련된 모든 학문에서 단 하나의 정리나 실로 어떤 공리조차 이끌어내면 안 되고 현상학적 목적을 위한 전제로 허용해도 안 된다는 것 ─ 이러한 실천적 의식은 이제 방법론적으로 매우 중요한 의미가 있다. 바로 이 실천적 의식을 통해 우리는 타고난 독단주의자인 우리 속에 아주 깊게 뿌리내린 그 혼동으로부터 우리를 방법적으로 보호한다. 그러지 않으면 그 혼동을 피할 수 없을 것이다.

---

* 후설은 『논리연구』 제1권에서 학문이론으로서의 순수논리학을 정립하고자 심리학주의를 비판했을 뿐 아니라, 헤르바르트(J.F. Herbart)·해밀턴(W. Hamilton)·볼차노·마이농 등의 주관을 배제한 논리학주의도 이념적인 순수논리법칙을 이것의 실천적 적용인 실재적 규범으로 혼동했다고 비판했다. 결국 그의 궁극적 관심사는 "『논리연구』가 마무리되었던 1898년경부터 경험의 대상과 이것이 의식에 주어지는 방식 사이의 보편적 상관관계(Korrelation)의 아프리오리를 체계적으로 규명하는 것"(『위기』, 169~170쪽 주)이었다.

62. 인식론적 예시. '독단적' 태도와 현상학적 태도

나는 방금 '독단주의자'라는 말을 사용했다. 여기서는 단순히 그 말을 유비적으로 사용하는 것이 아니라, 인식론적인 것을 연상시키는 것이 사태의 고유한 본질에서 발생한다는 점을 여전히 입증할 것이다. 여기에서 독단주의(Dogmatismus)와 비판주의(Kritizismus)의 인식론적 대립을 생각해보는 것, 또 환원의 수중에 떨어진 모든 학문을 독단적 학문이라 하는 것은 충분한 근거가 있다. 왜냐하면 〔한편으로〕 관련된 학문은 실제로 '비판'을, 더구나 그 학문 자체가 원리상 수행할 수 없는 비판을 요구하는 바로 그러한 모든 학문이라는 점, 다른 한편으로 다른 모든 학문과 동시에 자기 자신에 대해 비판하는 독특한 기능을 지닌 학문은 현상학 이외에 없다는 점[15]은 본질적 원천에서 통찰할 수 있기 때문이다. 더 정확하게 말하면, 그 형상적 일반성의 범위 속에 모든 인식과 학문을 포괄하고 게다가 이 인식과 학문에서 **직접 통찰할 수 있는** 관점에서 또는 적어도 그것이 진정한 인식이라면 반드시 직접 통찰할 수 있어야 할 관점에서 포괄한다는 것은 현상학의 두드러진 특색이다. 모든 가능한 직접적 출발점의 의미와 권리 그리고 가능한 방법 속의 모든 직접적 단계의 의미와 권리는 현상학의 효력범위에 있다.

그러므로 모든 형상적 (따라서 무조건 일반적으로 타당한) 인식 — 이 인식과 함께 임의로〔증거도 없이〕 주장된 인식과 학문에 관련된 '가능성'의 근본문제가 답변된다 — 은 현상학 속에 포함되어 있다. 그래서 응용된 현상학으로서 현상학은 원리상 고유한 모든 학문을

---

15) 이에 대해서는 앞의 26항 초반부를 참조할 것. 물론 그런 다음 같은 곳에서 언급한 이른바 특수한 철학적 학문은 현상학에 근거한다.

궁극적으로 평가하는 비판을 하며, 이와 함께 특히 그 대상의 '존재'
의 궁극적 의미규정과 그 방법론의 원리적 해명을 한다. 따라서 현상
학은 마치 근대철학 전체가 은밀하게 동경해왔던 것으로 이해된다.*
이미 놀랄 만큼 심오한 데카르트의 근본성찰은 현상학으로 〔들어서
게〕 밀어붙였다.** 그런 다음 다시 로크학파의 심리학주의 속에 흄은
거의 이 영역으로 들어섰지만, 현혹된 시각을 지녔다.*** 그리고 칸
트는 이 영역을 최초로 올바르게 파악했다. 칸트의 가장 위대한 직관
은, 우리가 현상학적 분야가 지닌 특유한 것을 완전히 자각해 명석하

---

* 후설은 철학을 근본적으로 새롭게 형성하려는 결정적 전환이 소크라테스와
  플라톤·데카르트·칸트 그리고 선험적 현상학이라고 주장한다(『엄밀한 학
  문』, 292쪽; 『위기』, 103~104쪽). 이 책 이후에도 (특히 『제일철학』 제1권과 제2
  권) 데카르트와 칸트에게서 선험적 현상학(선험철학)의 싹을 발견하고, 근대
  철학 전체가 현상학을 은밀히 동경하며 발전해왔다고 보며, 더구나 『위기』에
  서는 이러한 목적론적 시각을 근대철학 전체로 확장해 해명한다.
** 이것은 후설이 데카르트가 방법적 회의를 통해 선험적 주관성에 이르는 길을
  원초적으로 마련했다고 파악하기 때문이다. 그는 데카르트의 철저한 방법적
  회의를 새롭게 이어받은 선험적 현상학을 "신(新)-데카르트주의"(『성찰』, 43
  쪽)라고도 부른다. 그러나 그는 데카르트가 객관주의에 심취해 순수 자아에
  서 신체(Leib)를 제거함으로써 자아(ego)를 '마음=영혼=지성'으로 왜곡해 심
  리학적으로 규정했기 때문에, 근대의 합리론뿐 아니라 경험론도 데카르트에
  서 출발한다(『위기』, 80~86쪽)고 근대철학사를 독특하게 해석한다. 이 점에
  관해서는 133쪽의 역주를 참조할 것.
*** 후설의 이러한 평가는, 흄이 로크의 연상심리학과 인식론에서 영향을 받아
  존재하는 것은 끊임없이 일어나는 '지각의 다발'뿐이라고 모든 실체를 부정
  하는 회의론에 빠져 이 현상 속에서 본질과 의미를 해명하는 의식의 지향성
  과 순수 자아를 보지 못한 결과 단순한 현상론으로 전락했다고 파악하기 때
  문이다. 그래서 그는 수학적 개념을 포함한 모든 객관성과 인과법칙, 심지어
  인격의 동일성도 관념들의 연상적 결합일 뿐이라는 흄의 회의론은 결국 독아
  론으로 귀착되며, 수학화하는 독단적 객관주의뿐 아니라 객관주의 일반을 뿌
  리째 동요시키기 때문에 경험론의 발전과 형이상학의 해체는 객관적 인식이
  파산되는 동일한 사건이라 비판한다(『위기』, 89~93쪽을 참조할 것).

게 만들어냈을 때, 비로소 완전히 이해할 수 있게 된다. 그때 칸트의 정신적 시선이, 그가 여전히 현상학적 분야를 자신의 것으로 만들 수도, 고유한 엄밀한 학문의 작업 장으로 인식할 수도 없었더라도, 이 현상학의 장(場)에 머물러 있었다는 것은 명증하다. 그래서 예를 들어 『순수이성비판』 초판의 '선험적 연역'은 본래 이미 현상학적 토대 위에서 움직이지만, 칸트는 이 토대를 심리학적 토대로 오해했으며, 그 결과 이 토대를 다시 스스로 포기했다.*

---

* 후설은, "순수논리학을 수립하려는 목표는 본질상 칸트의 인식비판 목표와 일 치한다"(알브레히트(G. Albrecht)에게 보낸 1901년 8월 22일치 편지)고 했듯이, 1890년대 후반부터 계속 칸트에 관한 강의와 연구에 몰두했다. 그러나 1907년 '구성'에 대한 착상을 구체화하면서 "인식을 통해 알려진 객관성은 의미의 궁 극적 규정을 주관성 또는 주관성과 객관적인 것의 상관관계 속에 추구한 점에 서 일치하지만, 그 상관관계의 참된 의미(구성)를 파고들어가지 않았기 때문 에 칸트와의 일치는 단지 외면일 뿐"(『제1철학』제1권, 386쪽)이라 한다. 이렇게 그가 칸트를 비판한 논점을 '선험적'이라는 용어, '구성'의 개념 그리고 여기에 서 제기한 '선험적 연역'과 관련해 요약하면 다음과 같다.

① 칸트의 '선험적'(transzendental)은 "대상이 아니라 대상 일반을 인식하 는 방식을 다루는, 아프리오리하게 가능한 한, 모든 인식"(『순수이성비판』, B 25), 즉 경험에 대한 인식의 형식적 가능조건을 뜻한다. 그러나 후설은 이 용 어를 점차 그 존재정립을 소박하게 받아들이는 타당성을 판단중지하는 철저 한 반성적 태도, 즉 "모든 인식형성의 궁극적 근원을 되돌아가 묻고 …… 자 기 자신과 자신의 인식하는 삶을 스스로 성찰하려는 동기"(『위기』, 100쪽; 『경 험과 판단』, 48~49쪽)로 확장한다.

② 칸트의 '구성'(Konstruktion)은 감성에 잡다하게 주어진 것을 오성의 아프 리오리한 사유형식인 범주를 집어넣어 인식을 구성하는 것이다. 반면 후설에 게서는 인식의 형식뿐 아니라 내용도 아프리오리하다. 그러나 그 내용이 우 리에 대해 완성되어 주어지지 않기 때문에 경험의 지평구조를 발생적으로 분 석하고 해명해야 한다. 따라서 그의 '구성'(Konstitution)은 "대상성에 의미를 부여하여 명료하게 밝히는 것"(『이념』, 71쪽), "대상을 표상하게 만드는 작용" (『위기』, 110쪽)일 뿐이다.

③ 후설은 칸트가 '선험적 연역'에서 근원적 원천을 정초하려 시도하지만 은 폐된 전제에 의거하며, 그의 이론 자체에 궁극적 학문성이 고려되지 않았다

그럼에도 우리는 이것에 의해 다가올(이 책 제3권에서 전개할) 서술을 예견한다. 여기에서 예비적으로 말한 것은 왜 우리가 반성의 수중에 떨어진 학문의 복합체를 독단적 학문이라 부르고 이 학문을 완전히 다른 차원의 학문인 현상학에 대립시켰는지를 정당화하는 데 이바지할 것이다. 동시에 우리는 이와 나란히 독단적 태도와 현상학적 태도를 대조시킨다. 이때 자연적 태도는 명백히 독단적 태도에 특수한 경우로서 종속된다.

주석

우리가 가르친 특수한 현상학적 배제함이 개별적 현존의 형상적 배제함에 독립적이라는 상황은 그 현상학적 배제함의 테두리 속에서도 선험적으로 환원된 체험에 관한 사실과학이 도대체 가능한가 하는 물음을 쉽게 품게 한다. 이 물음은, 모든 원리적 가능성의 물음과 마찬가지로, 오직 형상적 현상학의 토대 위에서만 결정될 수 있다. 그 물음은 왜 현상학적 사실과학과 함께 소박하게 시작하는 모든 시도가 현상학적 본질이론을 상술하기 이전에는 하나의 난센스인지가 이해될 수 있는 방식으로 답변된다. 즉 비-현상학적 사실과학과 나란히 이 사실과학에 평행하고 또 동등한 위치에 있는 현상학적 사실과학은 존재할 수 없다는 점이 밝혀진다. 게다가 이러한 점은 모든 사실과학에 대한 궁극적 평가가 사실과학 모두에 상응하는 사실적 연관과 사실적 가능성으로서 동기지어진 현상학적 연관——이 현상학적 연관의 결부된 통일체는 실종된 현상학적 사실과학의 장일뿐

고 비판한다. 즉 칸트가 소박하게 전제한 것은 '형식논리학'을 그 자체로 완결된 것이라 간주한 것과, 모든 학문적 사고에 앞서 언제나 경험을 통해 친숙하게 알려진 자명하게 미리 주어진 '생활세계'(Lebenswelt)다(『형식논리학과 선험논리학』, 267쪽; 『위기』, 105~114쪽을 참조할 것).

이다──을 통일적으로 결부시키는 데로 이끌어가기 때문이라는 근거를 토대로 밝혀진다. 따라서 이 현상학적 사실과학은, 그 주요부분의 하나에 따르면, 일상적 사실과학이 형상적 현상학을 통해 가능해진 '현상학적 전환'이며, 그래서 오직 남아 있는 문제는 이것으로부터 더 이상의 것이 어느 정도 수행될 수 있는가 하는 것뿐이다.

제3장 순수현상학의 방법론과 문제제기

제1절 방법론적 예비숙고

63. 현상학에 대한 방법론적 숙고의 특별한 의미

현상학적 환원이 지시하는 규범에 주의를 기울이면, 그 환원이 요구하는 것과 똑같이 모든 초재(超在)를 배제하면, 따라서 체험을 그고유한 본질에 따라 순수하게 받아들이면, 〔앞에서〕 설명한 모든 것에 의해 형상적 인식의 장(場)이 열린다. 이 장은, 출발의 어려움을 극복했을 때, 모든 측면에서 무한한 것으로 제시된다. 내실적이고 지향적인 본질의 존립요소를 지닌 체험의 종류와 형식의 다양성은 바로 모두 다 논할 수 없을 만큼 무한하며, 따라서 그 다양성에 근거하는 본질연관과 필증적인 필연적 진리의 다양체도 그렇다.

그러므로 자신의 특유성 속에 결코 자신의 권리를 얻지 못했고 본래 결코 보이지도 않은 의식의 아프리오리의 이 무한한 장을 개척해야 하며, 그 장에서 매우 가치 있는 성과를 끌어내야 한다. 그러나 어떻게 올바른 출발〔점〕을 발견하는가? 사실 그 출발은 여기에서 가장 어려운 일이고, 그 상황은 일상적 상황이 아니다. 그 새로운 장은, 우리가 간단히 포착할 수 있고 주어져 있음을 학문의 객체〔대상〕로 만들 가능성을 확신할 수 있으며, 심지어 여기에서 그것에 따라 진행해 나갈 방법을 확신할 만큼, 풍부하게 부각되어 주어져 있지만 우리의 시선 앞에 확장되어 있지 않다.

그것은 자연적 태도에서 주어져 있음의 경우와 다르며, 특히 자주적으로 탐구하면서 그 인식을 계속 촉진시키려 하면, 끊임없는 경험과 천 년간의 사고훈련을 통해 ─ 다양한 특성에 따라, 요소와 법칙에 따라 ─ 매우 친숙해진 자연의 객체의 경우와 다르다. 이 경우 알려지지 않은 모든 것은 이미 알려진 것의 지평(Horizont)이다.* 모든 방법적 노력은 주어져 있는 것〔방법〕을 이어받고, 방법의 모든 발전은 이미 현존하는 방법을 이어받는다. 일반적으로는 실증된 학문적 방법론 일반의 미리 주어지고 확고한 양식에 순응하고 또 그 방법을 발견하는 데 이러한 양식이 지도하는 특수한 방법의 단순한 발달이 중요한 문제다.

그러나 현상학에서는 어떻게 다른가? 사태를 규정하는 모든 방법에 앞서 이미 일정한 방법, 즉 일반적으로 선험적으로 순수한 의식의 사태의 장을 파악하는 시선 속에 끌어오기 위한 방법이 필요하며, 이때 항상 의식된 ─ 따라서 새롭게 겨냥되어 주어진 것과 마치 서로 얽혀 의식된 것과 새롭게 겨냥된 것을 혼동할 위험이 항상 위협하더라도 ─ 자연적으로 주어진 것으로부터 힘겨운 시선을 전환해야 할 뿐 아니라, 자연적 대상영역에 대해 우리에게 유익한 모든 것, 즉 배

---

* 후설에 따르면, 세계에 대한 의식의 근본구조, 또한 경험할 수 있는 모든 개별적 실재의 지평인 세계의 근본구조는 '알려져 있음'(Bekanntheit)과 '알려져 있지 않음'(Unbekanntheit)으로 이루어져 있다. 모든 경험은 스스로 거기에 주어진 핵심을 넘어서 처음에는 주시하지 않았던 국면을 친숙한 유형(Typus)에 따라 점차 드러내 밝혀줄 가능성을 미리 지시하는 생생한 지평을 갖는다.

위 익힌 직관을 통한 친숙함과 상속된 이론화(理論化)와 전문적 방법도 지원되지 않았다. 이미 형성된 방법론에 대해 이것을 받아들이는 믿음도 자명하게 없다. 이 믿음은 인정받은 학문과 삶의 실천 속에 성과가 풍부하고 또 실증된 적용에서 그 자양분을 다양하게 이끌어낼 수 있을 것이다.

따라서 새롭게 등장하는 현상학은 회의(Skepsis)의 근본 기분을 예상해야 한다. 현상학은 새로운 종류의 사태에서 새로운 종류의 인식을 발견하는 방법을 발전시켜야 할 뿐 아니라, 그 방법의 의미와 타당성에 관해 모든 진지한 반론을 견뎌낼 수 있는 가장 완전한 명석함을 수립해야 한다.

이에 덧붙여——이것은 원리적인 것에 관련되기 때문에 훨씬 더 중요하다——현상학은 그 본질상 '제일'철학*이 되려는 또 수행하려는 모든 이성비판에 수단을 제공하는 요구를 제기해야 한다. 따라서 현상학은 가장 완전한 무전제성(Voraussetzungslosigkeit)**을 요청하고, 또 자기 자신과 관련해 절대적인 반성적 통찰을 요청한다. 현상학의 고유한 본질은 자신의 고유한 본질에 관해 그래서 또한 자신의 방법의 원리에 관해 가장 완전한 명석함을 실현하는 것이다.

이러한 근거로부터 방법의 근본요소에 대한 통찰, 따라서 새로운

---

* '제일철학'(Erste Philosophie)이란 용어는 아리스토텔레스가 철학의 한 분과로 도입했으나, 그 후 '형이상학'(Metaphysik)이란 표현으로 대체되었다. 후설은 이 고대의 표현을 다시 채택함으로써 보편적 이성에 대한 탐구라는 형상적 현상학(보편적 존재론)의 이념을 복원하고, 데카르트의『제일철학의 성찰』(Meditationes de prima philosophia)이 독단적 형이상학이라 비판했다. 이 용어는 1920년 중반부터 '선험철학'(Transzendentalphilosophie)이 된다.

** 후설이 주장하는 '무전제성'은 철학적 탐구를 언어나 논리학까지 모두 배격하는 절대적 무(無)에서 출발하려는 것이 아니라, 기존의 철학체계나 형이상학 등 단순히 가정된 개념뿐 아니라 모든 편견에서 해방되어 의식에 직접 주어지는 사태 그 자체를 직관하려는 것이다.

학문에 대해 처음부터 동등하게 그리고 그 학문이 진행되는 가운데 끊임없이 방법적으로 규정하는 것을 통찰하려는 신중한 노력은 현상학에서 완전히 다른 의미, 즉 다른 학문에서 그 학문 각각이 가질 수 있는 유사한 노력과는 완전히 의미가 다르다.

64. 현상학자의 자기-배제

우선 당장 첫 번째 단계를 방해할 수 있을 방법적 의혹을 언급해야 할 것이다.

우리는 자연적 세계 전체와 모든 초월적-형상적 영역을 배제했고, 이것을 통해 '순수' 의식을 획득할 것이다. 그러나 우리는 '우리'가 배제한다고 말하지 않았는가? 현상학자인 우리는, 어쨌든 우리도 자연적 세계의 구성원인데, 우리 자신을 활동 밖에 둘 수 있는가?

우리는, 오직 '배제함'의 의미를 바꾸지 않는 한, 그것은 어떤 어려움도 없다고 즉시 확신한다. 더구나 우리는, 자연적 인간으로서 이야기해야 하듯이, 편안하게 계속 이야기할 수 있다. 왜냐하면 현상학자인 우리는 자연적 인간으로 존재하기를 중지하지 못할 것이고, 논의에서도 우리를 그러한 것으로 두기를 중지하지 못할 것이기 때문이다. 그러나 새롭게 출범하는 현상학의 근본저술로 끌어들일 수 있는 확정을 위한 방법의 한 부분으로서 우리는 현상학적 환원의 규범을 제시한다. 그 규범은 우리의 경험적 **현존**과 함께 관련되어 있기에, 명시적이든 묵시적이든 그러한 자연적 정립을 포함하는 명제를 끌어들이는 것을 금지한다. 개별적 현존이 문제 되는 한, 현상학자는 모든 형상학자(Eidetiker), 예를 들어 기하학자와 마찬가지로 처리해간다. 기하학자는 자신의 학문적 논문에서 종종 그 자신과 자신의 탐구 작업에 대해 이야기한다. 그러나 수학화(數學化)하는 주체는 수학적 명제 자체의 형상적 형태에 함께 속하지 않는다.*

65. 현상학이 자기 자신으로 되돌아가 관계함

또한 사람들은 우리가 현상학적 태도에서 순수 체험을 탐구하려고 시선을 그 어떤 순수 체험으로 향한다는 사실, 그러나 이러한 탐구 자체의 체험, 즉 현상학적 순수성 속에 받아들인 이러한 태도와 시선을 향하는 체험이 동시에 탐구하려는 자의 분야에 속해야 한다는 사실에 불쾌해 할 수 있을 것이다.

그러나 이것 역시 어려운 문제가 아니다. 사정은 심리학에서와 정확히 똑같이 논리적 인식작용학(Noetik)에서도 마찬가지다. 심리학자의 사유작용은 그 자체로 심리학적인 것이며, 논리학자의 사유작용은 논리적인 것, 즉 그 자체로 논리적 규범의 범위에 함께 속한다. 이렇게 자기 자신으로 소급해 관계함은, 관련된 탐구분야에서 그밖의 모든 사태의 인식이 그때그때 사유하는 자의 그때그때 사유작용의 현상학적·심리학적·논리적 인식에 종속될 경우에만, 염려스러울 것이다. 물론 이것은 명백히 이치에 어긋난 전제다.

물론 자기 자신으로 소급해 관계하는 모든 학과의 경우 어려움은 다음과 같은 점에 있다. 즉 이들 학과로 최초의 입문뿐 아니라 최초로 탐구해 파고들어가는 것은 그 학과가 나중에 가서야 비로소 학문

---

* 갈릴레이(G. Galilei)는 기하학적 질서(ordine geometrico)에 따라 자연을 수학화(數學化)해 객관적 자연으로 파악하기 시작했지만, 정작 이 수학화하는 주체, 즉 자연의 객관성에 의미를 부여하고 해명하는 주관성은 문제 삼지 않았다. 그래서 후설은 갈릴레이를 "발견의 천재인 동시에 은폐의 천재"(『위기』, 53쪽)라 비판하며, 이론가의 자기망각 때문에 학문은 실증적 자연과학으로 전락하고 인간성은 삶에서 그 의미와 가치가 소외되는 위기가 발생했다고 역설한다.

적으로 최종 형성할 수 있는 방법적 보조수단을 통해 다루어야 한다는 점이다. 잠정적이고 준비된 실질적인 방법적 숙고 없이는 새로운 학문에 대한 어떠한 초안도 그릴 수 없다. 그러나 개념과 이것으로 시작하는 심리학이나 현상학 등이 그렇게 준비된 작업 속에 다루는 그밖의 방법적 요소는 그 자체로 심리학적인 것이나 현상학적인 것 등이며, 자신의 학문적 각인(刻印)을 이미 정초된 학문의 체계 속에 비로소 획득한다.

이러한 방향에는 그러한 학문, 특히 현상학을 실제로 수행하는 데 방해할 수 있을 심각한 의혹은 명백히 없다. 더구나 이제 현상학이 단순한 직접적 직관의 테두리 속의 어떤 학문, 즉 순수하게 '기술하는' 본질학문이려 하면, 현상학의 진행절차에 대한 일반적인 것은 완전히 자명한 것으로서 미리 주어져 있다. 현상학은 순수 의식의 사건을 범례로 눈앞에〔확실히〕 세워야 하며, 그 사건을 완전한 명석함으로 이끌고, 이 명석함 안에서 분석과 본질파악을 하며, 통찰해 본질연관을 추구하고, 그때그때 간취된 것을 충실한 개념적 표현으로 포착해야 한다 등등. 이 표현은 간취된 것 또는 유(類)적으로 통찰된 것을 통해 순수하게 자신의 의미를 지시하게 한다. 소박하게 이루어진 이 진행절차는 처음에는 단지 새로운 분야를 둘러보고 이 분야 속에 봄·파악함·분석함을 일반적으로 배워 익히며 그 주어진 것을 약간은 잘 알게 되는 데 기여한다면, 이제 진행절차 자체의 본질——이 진행절차 속에 일어나는 주어진 것의 본질, 완전히 충실하고 또 확고한 개념적 표현뿐 아니라 완전한 명석함·통찰 등과 같은 것의 본질·작업수행·조건——에 대한 학문적 반성은 방법의 유적이며 논리적으로 엄밀한 정초의 기능을 이어받는다. 〔이러한 점을〕 의식해 따르다 보면, 이 학문적 반성은 이제 경우에 따라 엄밀하게 정식화된 방법적 규범의 적용에서 제한적이며 개선된 비판을 하게끔 허용하는 학문적 방법의 특성과 지위를 지닌다.

여기에서 현상학이 자기 자신과 본질적으로 관련됨은 그래서 명석함·통찰·표현 등의 명칭 아래 방법적으로 반성하는 가운데 숙고되고 확정되는 것은 그 자신의 측면에서 자체로 현상학적 영역에 속한다는 사실, 모든 반성적 분석은 현상학적 본질분석이며 이것의 확정 자체에 관해 획득된 방법론적 통찰은 이 통찰이 정식화한 규범에 지배된다는 사실 속에 밝혀진다. 따라서 우리는 새로운 반성 속에 방법론적 진술로 언표된 사태는 완전한 명석함으로 주어질 수 있다는 사실, 이때 사용된 개념은 주어진 것에 실제로 충실하게 들어맞는다는 등의 사실을 항상 확신할 수 있어야 한다.

위에서 말한 것은 현상학에 관련된 모든 연구—그 테두리를 아무리 확장하더라도—에도 명백히 적용된다. 그래서 현상학에 길을 마련하려는 이 저서 전체가 그 내용상 그 자체로 철저하게 현상학이라는 사실이 이해된다.

66. 명석하게 주어진 것에 대한 충실한 표현. 명백한 전문용어

앞의 항에서 부각된 지극히 일반적인 방법론적 착상을 즉시 더 추적해보자. 따라서 우리는 순수 직관 안에서 오직 본질이론이려는 현상학 속에 선험적 순수 의식이 범례로 주어진 것에서만 직접 본질통찰을 하고, 이것을 개념적으로 또는 전문용어로 확정한다. 이때 사용된 말은 일상적 언어에서 유래할지 모르고, 다의적(多義的)이며, 그 변화하는 의미에 따라 모호할 수도 있다. 그러나 그 말은 현실적 표현의 방식으로 직관적으로 주어진 것과 '합치'하자마자, 그것의 '여기 그리고 지금'(hic et nunc)으로 규정된 현실적이며 명석한 의미를 지닌다. 이것으로부터 그 말은 학문적으로 확정될 수 있다.

직관적으로 파악된 본질에 충실하게 들어맞는 말을 단순히 적용시킨다고, 또 이 직관적 파악의 측면에서 필요한 것이 완전히 수행되었다고, 실로 모든 것이 이루어진 것은 아니다. 학문은 오직 사유의 결과가 지식의 형식으로 보존될 수 있고 또 계속된 사유에 대해 진술명제에 관한 체계의 형식으로 사용할 수 있는 곳에서만 가능하다. 이 진술명제는 논리적 의미상 판명하지만, 그 표상의 기반이 명석하지 않아도, 따라서 통찰이 없어도, 이해될 수 있거나 판단에 적합하게 현실화될 수 있다. 물론 학문은 그것이 속한 정초와 현실적 통찰을 임의로 (게다가 상호주관적으로) 수립하기 위한 주관적이면서도 동시에 객관적인 준비대책을 요구한다.

이 모든 것에는 동일한 말과 명제가 그 '충족시키는 의미'를 형성하는 직관적으로 파악할 수 있는 본질에 명백하게 첨부한 것을 유지한다. 따라서 그 말과 명제는 직관(Intuition)과 또한 잘 배워서 익힌 범례의 개별적 직관에 근거해, 그것이 현실적 사유작용의 모든 가능한 연관 속에 자신의 사유개념을 고수하며 다르게 충족되는 본질을 지닌 그와 다른 직관적으로 주어진 것에 들어맞을 수 있는 능력을 상실하는 (마치 어떤 상황에서 습관적으로 자꾸 떠오르는 다른 의미를 '말소하는 것'과 같이) 방식으로, 분명하고 또 명백한 의미를 부여받게 된다. 또한 충분한 근거에 입각해 일반적으로 통용되는 언어에 생소한 전문용어는 가능한 한 피해야 하고, 일반적 언어사용법에서 흔히 있는 다의성에 대립해 이전의 연관 속에 확정된 것이 새로운 연관에도 실제로 똑같은 의미로 적용되는지를 주의하고 종종 재확인할 필요는 항상 있다. 어쨌든 이러한 규칙과 또 유사한 규칙(예를 들어 상호주관적 공동작업의 한 형성물인 학문*과 관련을 맺는 규칙)으로 더

---

* 후설은 학문은 어떤 천재에 의해 완성되지 않고, 동일한 정신과 방법을 공유한

자세하게 파고들어갈 장소는 아니다.

67. 해명의 방법. '주어짐에 가까움'과 '주어짐에 떨어져 있음'

우리에게 더 큰 관심은 표현에 관련된 대신 이 표현을 통해 표명될 수 있고 또 그 이전에 파악될 수 있는 본질과 본질연관에 관련된 방법적 숙고다. 탐구하는 시선이 체험을 향해 있다면, 이 체험은 일반적으로 단일적 확정에도 형상적 확정에도 이용할 수 없게 하는 공허하고 모호하게 멀리 떨어져 제시될 것이다. 체험 자체 대신 오히려 체험이 주어지는 방식에 관심을 갖고 공허함과 모호함 자체의 본질을 탐구하려 한다면, 공허함이나 모호함이 이제 모호한 것이 아니라 가장 완전한 명석함 속에 주어지므로, 사정은 완전히 다를 것이다. 그러나 모호하게 의식된 것 자체, 가령 기억이나 상상의 막연히 눈앞에 아른거림이 그 자신의 고유한 본질을 제공한다면, 이것은 단지 불완전한 것일 수 있다. 즉 본질파악에 기초로 놓여 있는 개별적 직관이 더 낮은 단계의 명석함을 갖는 곳에서는, 본질파악 역시 그러하며, 이와 상관적으로 파악된 것도 그 의미에서 '막연하고', 이것은 외적으로나 내적으로 구별되지 않게 희미해진다. 그래서 여기저기에서 파악된 것이 동일한 것(또는 동일한 본질)인지 다른 것인지를 결정하기 불가능하거나 '단지 대충으로만' 가능하다. 왜냐하면 어떤 구성요소가 실제로 그 속에 포함되어 있는지, 또 어쩌면 벌써 모호하게 부각

상호주관적 작업을 통해 발전해간다고 보았다. 실제로 그는 1913년 공동편집인으로 창간한 『연보』의 「들어가는 말」에서 현상학의 공동신조를 직접적 직관과 본질통찰로 천명했으며, 자신의 연구자료를 슈타인·하이데거·란트그레베(L. Landgrebe)·핑크(E. Fink)와 공동으로 작업했다. 그래서 현상학은 어떤 특정한 학파가 아니라 다양한 운동(movement)으로 전개되었다.

되는 가운데 〔이미〕 제시되는, 동요하면서 시사하는 구성요소는 무엇이 '본래인지' 확정될 수 없기 때문이다.

따라서 그때그때 유동적으로 막연하게, 즉 다소간에 직관에 멀리 떨어져 눈앞에 아른거리는 것을, 이것에서 그에 상응하는 가치 있는 본질직관—이 속에서 겨냥된 본질과 본질관계는 완전한 주어짐에 이른다—을 하기 위해, 정상으로 가깝게, 즉 완전히 명석하게 가져오는 것이 필요하다.

그래서 본질파악에는 눈앞에 아른거리는 개별자와 같이 그 자체로 자신의 명석함의 단계가 있다. 그러나 본질에 상응하는 개별자의 계기와 마찬가지로 모든 본질에 대해, 그 속에 본질의 주어져 있음이 이러한 일련의 단계에 절대적으로 주어지게 되는 이른바 절대적 가까움(Nähe), 즉 순수한 스스로 주어져 있음(Selbstgegebenheit)이 있다. 대상적인 것은 일반적으로 시선 앞에 '그 자체'가 있는 것으로 그리고 '주어진 것'으로 의식될 뿐 아니라, 순수하게 주어진 그 자체로서, 철두철미하게 그것이 그 자체로 존재하는 그대로 의식된다. 여전히 막연함의 잔재가 남아 있는 한, 그만큼 그 잔재는 '그 자체로' 주어진 것 속에 그래서 순수하게 주어진 것의 빛의 범위 속에 이르지 못한 계기를 음영지운다. 완전한 명석함의 대립 극(極)인 완전한 막연함의 경우 전혀 아무것도 주어지지 않으며, 의식은 '희미한 것', 더 이상 결코 직관적이지 않은 것, 본래의 의미에서 더 이상 '주어진 것'이 전혀 아니다. 따라서 다음과 같이 말해야 한다.

적확한 의미에서 〔대상을〕 부여하는 의식과—비-직관적 의식에 대립된—직관적 의식, 희미한 의식에 대립된 명석한 의식은 일치한다. 주어져 있음, 직관성, 명석함의 단계도 그러하다. 0의 한계는 희미함이며, 1의 한계는 완전한 명석함, 직관성, 주어져 있음이다.

그러나 이 경우 주어져 있음을 원본적인 주어져 있음, 지각에 적합하게 주어져 있음으로 이해하면 안 된다. 우리는 '스스로 주어져 있음'을 '원본적으로–주어져 있음' '생생하게 주어져 있음'과 동일하게 확인하지 않는다. 일정하게 지칭된 의미에서 '주어져 있음'과 '스스로 주어져 있음'은 동일한 종류이며, 이것을 넘어서는 표현을 사용하는 것은 더 넓은 의미에서 ─ 결국 이 의미 속에 그것이 표상에 (그러나 가령 '공허하게') 주어져 있는 듯이 모든 표상에 관해 언급된 ─ 주어져 있음을 제외하는 데만 도움이 될 것이다.

우리의 규정은 더 나아가, 곧 명백해지듯이, 여기에서 체험이 주어지는 방식과 이 체험의 현상학적(내실적이며 지향적인) 존립요소에만 관심을 쏟더라도, 임의의 직관 또는 공허한 표상에 대해, 따라서 대상성에 관해 무제한으로 타당하다.

그런데 앞으로 이루어질 분석을 고려해 순수 자아의 시선이 해당된 의식체험을 관통하는지, 더 명백하게 말하면, 순수 자아가 어떤 '주어진 것'을 '향하고' 경우에 따라 이것을 '파악하는지' 아닌지 하는 상태의 본질적인 것이 유지되어 남아 있다는 사실에도 주목해야 한다. 따라서 예를 들어 '지각에 적합하게 주어진(gegeben)'은 ─ 이 주어져 있음의 존재파악이라는 본래의 정상적 의미에서 '지각된'(wahrgenommen)과 같은 것 대신 ─ 단지 '지각할 준비된'을 뜻하고, 마찬가지로 '상상에 적합하게 주어진'도 '상상하면서 파악된'을 뜻할 필요가 없으며, 일반적으로 게다가 모든 명석함이나 희미함의 단계의 관점에서도 그렇다. 그래서 나중에 더 상세하게 논의할 '준비됨'이 미리 지시되어야 한다. 그러나 동시에 우리가 주어져 있음 ─ 여기에서는 반대되는 어떤 것도 첨부되어 있지 않거나 자명하게 그 연관 속에 있지 않다 ─ 의 명칭 아래 파악되어 있음을, 또 본질이 주어져 있음의 경우 원본적으로 파악되어 있음을 함께 이해한다는 사실을 언급해야 한다.

68. 참된 명석함과 거짓된 명석함의 단계. 정상적 해명의 본질

그러나 여전히 계속 기술해야 한다. 주어져 있음의 단계나 명석함의 단계를 이야기한다면, 우리는 명석함의 참된 점차적 단계──여기에다 희미함 안에서 점차적 단계도 첨부해야 한다──와 거짓된 명석함의 단계, 즉 경우에 따라 동시적인 내포된 명석함의 증가 아래 명석함의 범위의 외연된 확장을 구별해야 한다.

이미 주어진, 이미 실제로 직관된 계기──예를 들어 어떤 음이나 색깔──는 다소간 명석하게 주어질 수 있다. 그런데 직관적으로 주어진 것을 넘어서 도달하는 모든 파악을 제외하자. 그러면 우리는 직관적인 것이 그 즉시 실제로 직관적이 되는 테두리 안에서 움직이는 점차 단계지어지는 것을 다룬다. 직관성 자체는, 0에서 시작하지만 위로 고정된 한계로 끝나는 강도(強度)처럼, 명석함이라는 명칭 아래 지속적으로 강도의 성질을 지닌 차이를 허용하기 때문이다. 더 낮은 단계가 일정한 방식으로 이러한 한계를 지시한다고 할 수도 있다. 불완전한 명석함의 양상 속에 어떤 색깔을 직관하면서 우리는 그 색깔을 바로 완전한 명석함 속에 주어진 '그 자체 자신'으로 있는 그대로라고 '생각한다'. 그럼에도 우리는──마치 어떤 사태가 다른 사태에 대한 부호인 것처럼──지시함의 비유(Bild)에 의해 잘못 인도되면 안 되고, 마찬가지로 여기에서 (이미 앞에서도 논평한 것[1]을 기억해) 막연한 것을 통해 명석한 '그 자체 자신'에 대한 서술을──가령 어떤 사물의 속성이 어떤 감각계기를 통해 직관 속에 '서술되는', 즉 음영지어지는 것처럼──이야기하면 안 된다. 명석함의 점차적 차이는 철저히 주어지는 방식에 고유한 본성이다.

---

1) 앞의 44항 후반부를 참조할 것.

직관적으로 주어진 것을 넘어서 도달하는 파악이 실제로 직관적 파악과 공허한 파악을 엮어 짜는 경우, 또 이제 공허하게 표상된 것의 그 이상(mehr)이 항상 유사(類似)──점차적으로 직관적이 될 수 있거나 이미 〔거꾸로〕 직관적인 것의 그 이상이 공허하게──표상될 수 있는 경우, 이제 사정은 완전히 다르다. 따라서 명석하게 만듦은 여기에서 두 가지 서로 함께 결합된 과정──즉 직관화하는 과정과 이미 직관적인 것의 명석함을 증대시키는 과정──속에 있다.

어쨌든 이것으로써 정상적 해명(Klärung)의 본질이 기술되었다. 왜냐하면 어떤 순수 직관도 앞에 놓여 있지 않다는 것 또는 순수 공허한 표상이 순수 직관으로 이행하는 것이 일반적 규칙이기 때문이다. 어쩌면 오히려 중간단계로서 불순한 직관이 그것의 대상적인 것을 어떤 측면이나 계기에 따라 직관으로 이끌고 다른 측면이나 계기에 따라 단순히 공허하게 표상하는 주된 역할을 하기 때문이다.

69. 완전히 명석한 본질파악의 방법

완전히 명석한 파악은 그 본질에 따라 절대로 의심할 여지없는 동일하게 확인함과 구별함·해석함·관계함 등을 허용하며, 따라서 모든 '논리적' 작용을 '통찰하게' 허용하는 장점이 있다. 여기에는 위에서 이미 말했듯이, 지금 더 자세하게 해명한 명석함의 단계가──우리가 방금 전에 획득한 방법론적 인식이 완전한 본질의 주어져 있음을 성취하는 데로 이행되듯이──그 대상적 상관자로 이행되는 본질파악의 작용도 포함된다.

따라서 형상적 학문 일반의 방법의 근본부분인 그 방법은 단계적으로 진행해갈 것을 일반적으로 요구한다. 본질파악에 이바지하는 단일적 직관은 본질의 일반적인 것을 완전히 명석하게 획득하기 위해 대체로 벌써 명석할지도 모른다. 그러나 이것이 주도하는 지향만큼 도달하지는 않는다. 그것은 함께 얽혀진 본질을 더 자세하게 규정하는 측면에서 명석함이 결여되어 있기 때문이다. 따라서 범례적 단일성을 더 가깝게 끌어오는 것 또는—혼란되고 희미하게 지향된 단일적 특징이 부각되고 그런 다음 가장 명석한 주어져 있음으로 이끌 수 있는—더 적합한 단일성을 새롭게 제공해야 한다.

더 가깝게 끌어오는 것은 이미 희미함의 영역 속에 또한 여기의 도처에서 수행된다. 희미하게 표상되는 것은 그 자신의 방식으로 우리에게 더 가깝게 다가오고, 결국 직관의 문을 두드리지만, 그 때문에 직관의 문을 넘어갈 필요는 없다(아마 '심리학적 억압에 의해' 그렇게 할 수 없다).

더 나아가 그때그때 주어진 것이 대부분 규정되지 않은 규정할 수 있음의 마당(Hof)에 의해 둘러싸여 있다는 사실을 언급해야 한다. 이 마당은 일련의 표상으로 분리됨으로써 '펼쳐지는' 더 가깝게 끌어오는—우선 이를테면 다시 희미함 속에, 그런 다음 새로 주어져 있음의 영역 속에 지향된 것이 완전하게 주어져 있음의 뚜렷하게 밝혀진 범위 속에 들어올 때까지—자신의 방식을 지닌다.

여전히 본질파악의 모든 명증성은 그 밑에 놓여 있는 단일성의 완전한 명석함을 그것의 구체화(Konkretion)에서 요구한다고 말하는 것은 너무 지나치다는 사실에 주목해야 한다. 색깔과 음, 지각과 의지 사이의 본질차이처럼, 가장 일반적인 본질차이를 파악하기 위해서는 낮은 단계의 명석함 속에 있는 범례를 제시하는 것으로도 충분하다. 그것은 마치 본질차이에서 이미 가장 일반적인 것, 즉 유(색깔 일반, 음 일반)가 완전히 주어져 있지만, 종차(種差)는 아직 완전히 주어져 있지 않은 것과 같다. 이러한 논의는 감정을 상하게 하지만, 나는 이 논의를 피할 길을 모른다. 사람들[독자]은 이러한 상태를 생생한 직관 속에 현

71. 체험을 기술하는 형상학(形相學)의 가능성 문제

앞에서 우리는 거듭 현상학을 곧바로 하나의 형상적 학문이라 불렀다. 여기에서 다시 어떤 방법적 근본물음이 일어나고, 새로운 분야 속에 열렬히 파고들어가려는 우리를 억제하는 하나의 의혹이 제기된다. 현상학에 단순히 기술하는 목표를 삽입하는 것은 올바른가? 기술적 형상학——이것은 도대체 전도(顚倒)된 것이 아닌가?

이러한 물음에 대한 동기는 우리 모두에게 충분히 당연하다고 여겨진다. 우리와 같은 방식으로 새로운 형상학 속에 이른바 모색하고 여기에서 어떤 탐구가 가능하며 어떤 출발점을 취해야 하고 어떤 방법을 따라야 하는지를 묻는 자는 자신도 모르게 오래되어 고도로 발전된 형상적 학과, 따라서 수학적 학과——특히 기하학과 산술——로 눈길을 돌린다. 그러나 우리는 이 학과가 우리의 경우 [우리를] 주도할 소임을 받을 수 없다는 사실, 이 학과에는 [우리의 경우와는] 본질적으로 다른 관계가 놓여 있음에 틀림없다는 사실을 즉시 알아차린다. 아직 진정한 현상학적 본질분석을 전혀 배워서 알지 못한 사람에게는 현상학의 가능성을 잘못 이해하게 될 몇 가지 위험이 여기에 놓여 있다. 수학적 학과는 오늘날 학문적 형상학의 이념을 효과적으로 대변할 수 있는 유일한 학과이므로, 우선 여전히 다른 종류의 형상적 학과——그 이론적 유형 전체에 따라 이미 알려진 형상적 학과와 근본적으로 다른 비-수학적 학과——가 존재할 수 있을 것이라는 생각에서 멀리 떨어져 있기 때문이다. 따라서 만약 누가 일반적 숙고를 통해 현상학적 형상학의 요청에 따르게끔 자신을 설득했다면, 현상에 관한 수학을 확립하는 것과 같은 즉시 성공하지 못할 시도는 현상학의 이념을 포기하게끔 잘못 인도할 수 있게 된다. 그러나 이것은 더욱더 전도될 것이다.

따라서 체험의 본질이론의 특성에 대립된 수학적 학과의 특유성을 가장 일반적인 것에 따라 밝혀보고, 이와 함께 체험의 영역에는 원리상 적합하지 않을 어떤 목적과 방법이 본래 있는지를 밝혀보자.

72. 구체적인 그리고 추상적인 '수학적' 본질학문

본질과 본질학문을 질료적인 것과 형식적인 것 속에 구별하는 데서 출발하자. 현상학이 명백하게 질료적인 형상적 학문에 속하기 때문에, 우리는 형식적 학과와 함께 형식적 수학적 학과의 전체 총괄을 제외할 수 있다. 유비(類比) 일반이 방법적으로 주도할 수 있다면, 예를 들어 기하학 같은 질료적 수학적 학과로 한정하고 따라서 더 특별하게 현상학은 체험의 '기하학'으로서 구성되거나 구성될 수 있는지를 물을 경우, 유비는 가장 강력하게 영향을 발휘할 것이다.

여기에서 우리가 원했던 통찰을 획득하기 위해 일반적 학문이론에서 이끌어낸 몇 가지 중요한 규정을 마음에 새겨두어야 한다.[4]

각각의 이론적 학문은 자신의 측면에서 더 높은 유(類)에 의해 규정된 일정한 인식분야에 관련됨으로써 이념적으로 완결된 전체성을 결부시킨다. 우리는 단적인 최고 유로 되돌아감으로써, 따라서 그때그때의 영역과 영역적 유의 구성요소로 되돌아감으로써, 즉 영역적 유 속에 통일되고 어쩌면 서로 근거지어지는 최고 유로 되돌아감으로써 비로소 근본적 통일체를 획득한다. 부분적으로는 선언적(選言的)인 또 부분적으로는 서로 뒤섞여 기초지어진 (이러한 방식으로 서로 포함하는) 최고 유로부터 최고의 구체적 유(영역)를 구축하는 것은 부분적으로는 선언적인 또 부분적으로는 서로 뒤섞여 기초지어

---

4) 이후의 상론에는 제1장 제1절, 특히 12, 15항과 16항을 참조할 것.

진 가장 낮은 종차(種差) ─ 예컨대 사물의 경우 시간적·공간적·물질적 규정성 ─ 로부터 이에 속한 구체적인 것을 구축하는 것에 상응한다. 각각의 영역에는 일련의 자립적으로 완결된 학문, 경우에 따라 서로 의존하는 영역적 학문 ─ 바로 영역 속에 자신의 통일체를 갖는 최고 유에 상응하는 학문 ─ 을 지닌 영역적 존재론이 상응한다. 종속된〔하위의〕유에는 단순한 학과 또는 이른바 이론이 상응한다. 예를 들어 원추곡선(圓錐曲線)의 유에는 원추곡선의 학과가 상응한다. 그러한 학과는, 본성에 적합하게 자신의 인식과 인식의 정초 속에 본질인식의 기초 ─ 최고 유 속에 자신의 통일체를 갖는 기초 ─ 전체를 마음대로 처리할 수 있어야 하는 한, 당연히 어떤 완전한 자립성도 갖지 못한다.

최고 유가 영역적(구체적)인가 그 유의 단순한 구성요소인가에 따라 학문도 구체적 학문이거나 추상적 학문이 된다. 이 구별은 명백히 구체적 유 일반과 추상적 유 일반 사이의 구별에 대응한다.[5] 그에 따라 〔그〕분야에는 어떤 때는 자연의 형상학에서처럼 구체적 대상이, 다른 때는 공간형태·시간형태·운동형태처럼 추상적 대상이 있다. 모든 추상적 유의 구체적 유에 대한 본질관계 그리고 최종적으로는 영역적 유에 대한 본질관계는 모든 추상적 학과와 완전히〔추상적〕학문에 구체적인 영역적 학과와의 본질관계를 제공해준다.

형상적 학문의 구별은 그밖에 경험학문의 구별과 정확히 평행해간다. 이 경험학문은 다시 영역에 따라 구분된다. 예를 들어 우리는 하나의 물리적 자연과학을 가지며, 모든 단일의 자연과학은 본래 단순한 학과다. 즉 자연의 영역에서 모든 구분에 앞서 물리적 자연 일반에 속하는 형상적 법칙뿐 아니라 경험적 법칙에서 강력한 존립요소

---

5) 앞의 15항 후반부를 참조할 것.

는 이것에 통일성을 부여한다. 그밖에도 다른 영역은 경험적 법칙을 통해 결합된 것으로 입증될 수 있으며, 예를 들어 물리적인 것의 영역과 심리적인 것의 영역도 그러하다.

이제 이미 알려진 형상적 학문으로 눈길을 돌리면, 이 학문은 기술하면서 진행해가지 않는다는 사실, 예를 들어 기하학은 ──기술하는 자연과학이 경험적 자연형태에 관해 하듯이 ── 가장 낮은 형상적 종차를, 따라서 공간 속에 소묘될 수 있는 무수한 공간형태를 단일의 직관 속에 파악하고 기술하며 분류하면서 배열하지 않는다는 사실에 주목하게 된다. 오히려 기하학은 약간의 몇 가지 근본적 형성물 ── '공리' 속에 규정하는 역할을 하는 물체·표면·점·각 등의 이념 ──을 고정시킨다. 공리, 즉 원초적 본질법칙의 도움으로 이제 기하학은, 공간 속에 '현존하는' 모든 것, 즉 이념적으로 가능한 모든 공간형태와 이것에 속한 모든 본질관계를 정확하게 규정하는 개념의 형식 ──우리의 직관에 일반적으로 생소하게 남아 있는 본질을 대표하는 개념의 형식 ──으로 순수하게 연역으로 추론해낼 수 있는 위치에 있다. 기하학적 분야의 유에 적합한 본질 또는 공간의 순수 본질은 이러한 본성을 지녀서, 기하학은 그 방법에 따라 모든 가능성을 실제로 또 정확하게 지배한다는 점을 완전히 확신할 수 있게 된다. 달리 말하면, 공간형태 일반은 주목할 만한 논리적 기본속성을 갖는다. 우리는 이 기본속성에 대해 '결정된' 다양체 또는 '적확한 의미에서 수학적 다양체'라는 명칭을 도입한다.

이 다양체는 경우에 따라 그때그때 분야의 본질에서 이끌어낼 수 있는 개념과 명제인 유한수(有限數)는 순수하게 분석적 필연성의 방식으로 완전히 그리고 일의적으로 그 분야의 가능한 모든 형태의 전체성을 규정하며, 그 결과 그 분야에는 원리상 아무것도 더 이상 미해결로 남아 있지 않다는 사실을 통해 특성지어진다.

우리는 이에 대해 그러한 다양체는 '수학적으로 남김없이 정의할 수 있는 것'이라는 두드러진 속성을 갖는다고 할 수도 있다. '정의'(定義)는 공리적 개념과 공리의 체계 속에 있고, '수학적으로 남김없이'는 다양체와 관련해 정의하는 주장이 생각해볼 수 있는 가장 큰 선입견—규정되지 않은 것은 더 이상 아무것도 남아 있지 않다는 선입견—을 함축하고 있다는 사실에 있다.

결정된 다양체라는 개념과 같은 의미를 지닌 것은 다음의 명제에도 있다.

부각된 공리의 개념으로부터 그 논리적 형식에 따라 언제나 형성할 수 있는 모든 명제는 공리의 순수 형식논리적 귀결이거나, 바로 그러한 모순귀결, 즉 그 공리에 형식적으로 모순된 귀결이다. 그래서 그 명제에 모순된 대립은 공리의 형식논리적 귀결이다. 수학적으로-결정된 다양체 속에 '참'이라는 개념과 '공리의 형식논리적 귀결'이라는 개념은 같은 값을 지닌 것이며, 마찬가지로 '거짓된'이라는 개념과 '공리의 형식논리적 모순귀결'이라는 개념도 같은 값을 지닌다.

나는 순수한 분석으로 다양체를 [앞에서] 지적한 방식으로 '하나도 남김없이 결정하는' 공리체계를 또한 '결정적 공리체계'라 부른다. 그와 같은 체계에 의존하는 모든 연역적 학과는 결정적 학과 또는 적확한 의미에서 수학적 학과이기 때문이다.

정의는, 다양체의 실질적 특수화를 완전히 규정하지 않고 방치할 때, 따라서 형식화하는 일반화를 착수할 때, 총체적으로 존재해 남아 있다. 이때 공리체계는 공리형식의 체계로 전환하며, 다양체는 다양체의 형식으로 전환하고, 다양체에 관련된 학과는 학과의 형식으로 전환한다.[6]

---

6) 이에 관해서는 『논리연구』 제1권(제2판) 69항·70항을 참조할 것. 나는 여기

73. 현상학의 문제에 적용. 기술(記述)과 정확한 규정

이제 실질적 수학 일반의 대표자인 기하학과 비교해 현상학의 사정은 어떠한가? 현상학이 구체적–형상적 학과에 속한다는 사실은 분명하다. 추상적인 것이 아니라 구체적인 것인 체험의 본질은 현상학의 범위를 형성한다. 이 체험의 본질 자체는 많은 종류의 추상적 계기를 가지므로, 이제 다음과 같은 물음이 제기된다. 즉 이 추상적 계기에 속한 최고 유도 여기(현상학)에서 결정된 학과에 대한, 기하학의 본성에 따른 '수학적' 학과에 대한 분야를 형성하는가? 따라서 여기에서도 결정된 공리체계를 추구해야 하고, 그 위에 연역적 이론을 구축해야 하는가? 여기에서도 '근본형성물'을 추구해야 하고, 이것에서 그 분야의 다른 모든 본질형태와 그 본질규정을 구축하면서, 즉 공리를 일관되게 적용해 연역적으로 추론해야 하는가?

그러나 이와 같은 추론의 본질에는, 이것 역시 주목해야 하는데, 그것이 간접적인 논리적 규정 — 이 성과는 '도형에서 소모되었더라도', 원리상 직접적 직관 속에 파악될 수 없다 — 에 포함된다. 우리는 동시에 우리의 물음을 상관적으로 전환시켜 이렇게 포착할 수도 있다. 즉 의식의 흐름은 진정한 수학적 다양체인가? 의식의 흐름은, 사

에 소개한 개념을 이미 1890년대 초반 (나의 『산술철학』 속편으로 간주했던 『형식적–수학적 학과의 이론에 대한 연구』에서) 더구나 허수(虛數)의 문제에 대한 **원리적** 해결책을 발견하기 위한 목적으로 사용했다(『논리연구』 제1권[제1판], 250쪽의 간략한 시사를 참조할 것). 그때 이래 나는 강의와 연습에서 관련된 개념과 이론을 부분적으로는 완전히 상세하게 발전시킬 기회가 종종 있었으며, 1901~1902년 겨울학기 세미나에 괴팅겐 '수학학회'에서 행한 2회 강연에서 동일한 문제를 다루었다. 이러한 일련의 사고에서 나온 개별적인 것은 그 근원의 원천이 언급되지 않은 채 저술 속에 끼어들어갔다. 이 결정성(Definitheit)의 개념과 힐버트(D. Hilbert)가 산술의 정초를 위해 소개한 '완전성의 공리'의 밀접한 관련은 모든 수학자에게 즉시 밝혀질 것이다.

실성에서 말하면, 실로 물리학자를 궁극적으로 이끄는 이상(理想)이 타당하고 엄밀한 개념으로 포착될 때 하나의 구체적인 결정된 다양체라 부를 수 있을 물리학적 자연을 닮은 것인가?

여기에 관련되는 모든 원리적 물음에 대해 완전히 명석하게 밝히는 것, 따라서 결정된 다양체의 개념을 고정시킨 다음 실질적으로 규정된 분야가─이 분야가 이러한 이념에 상응할 수 있을 경우─만족시킴에 틀림없는 그 필연적 조건을 숙고하는 것은 매우 중요한 학문이론의 문제다. 이에 대한 하나의 조건은 '개념형성'의 정밀성이다. 이 개념형성은 결코 우리의 자유로운 자의(恣意)나 논리적 기술(技術)의 소관사항이 아니라, 어쨌든 직접적 직관 속에 반드시 입증할 수 있을 추정된 공리적 개념의 관점에서 파악된 본질 자체 속의 정밀성을 전제한다. 그러나 어떤 본질분야에 어느 정도까지 '정밀한' 본질이 발견될 수 있는지, 하물며 정밀한 본질이 실제적 직관 속에 파악할 수 있는 모든 본질에 또한 그래서 모든 본질의 구성요소에 기초가 될 수 있는지는 철저히 그 분야의 고유한 본성에 달려 있다.

방금 언급한 문제는 근본적이지만 여전히 해결되지 않은 문제, 즉 그 '기술적 개념'으로 '기술함'과 그 '이념적 개념'으로 '명백히' '정밀하게 규정함'의 관계를 원리상 해명하는 문제와 내적으로 얽혀 있다. 이와 평행해 '기술하는 학문'과 '설명하는 학문' 사이의 아직 잘 이해되지 않은 관계를 해명하는 문제와도 내적으로 얽혀 있다. 이와 관련된 시도는 이 연구가 계속되는 가운데 밝혀질 것이다. 여기에서는 우리가 고찰한 주된 논지를 너무 오랫동안 억제하면 안 되며, 그러한 물음을 지금 정말 남김없이 모두 다룰 충분한 준비가 되어 있지도 않다. 다만 일반적으로 가까이 다가설 수 있는 몇 가지 문제점을 다음과 같이 시사하는 것만으로도 충분할 것이다.

74. 기술적 학문과 정밀한 학문

우리의 고찰을 기하학과 기술하는 자연과학을 대조시키는 것에 연결시켜보자. 기하학자는 사실적인 감성적-직관적 형태에 대해 기술하는 자연과학자가 관심을 갖는 것처럼, 관심을 갖지는 않는다. 그는, 기술하는 자연과학자처럼, 감성적 직관의 근거 위에 직접 파악되는 모호한 형태-유형 —이것이 있는 그대로 모호하게 개념적으로 또는 전문용어로 고정되는 형태-유형 —에 대한 **형태학적 개념**을 형성하지 않는다. 개념의 **모호함**, 즉 개념이 적용되는 데 유동적 영역을 갖는 상황은 결코 개념에 부착될 수 있는 결점이 아니다. 왜냐하면 개념이 사용되는 인식영역에 대해 개념은 단적으로 없어서는 안 되며, 인식영역 속에 유일하게 정당화된 개념이기 때문이다.

직관적 사물의 주어짐을 이것의 직관적으로 주어진 본질특성 속에 적합한 개념적 표현으로 이끌어야 한다면, 그것은 바로 사물의 주어짐이 제시하는 그대로 사물의 주어짐을 받아들이는 것을 뜻한다. 그리고 사물의 주어짐은 다름 아니라 유동적 주어짐으로 제시되며, 유형적 본질은 사물의 주어짐에서 오직 직접 분석하는 본질직관 속에서만 파악될 수 있다. 가장 완전한 기하학과 이것을 가장 완전하게 다루는 실천적 구사력은 기술하는 자연과학자가 '톱니 모양' '물결 모양' '렌즈 모양' '산형화서(傘形花序) 모양' 등의 말 —이것들은 단지 본질적으로 또 필연적으로 정밀하지 않으며, 따라서 수학적이지도 않은 개념일 뿐이다 —로 그토록 단적으로, 이해하기 쉬운, 완전히 적합하게 진술한 바로 그것을 표현으로 (정밀한 기하학적 개념으로) 이끄는 데 도와줄 수 없다.

기하학적 개념은 '이념적' 개념이며, 우리가 '볼' 수 없는 것을 표현한다. 그 '근원'과 또한 그 내용은 직접 단적인 직관에서 이끌어낸 본질을 표현하며, 어떠한 '이념적인 것'도 표현하지 않는 개념인 기술함이라는 개념의 원천이나 내용과 본질적으로 다르다. 정밀한 개념은 칸트적 의미에서 '이념'*의 특성을 지닌 본질 속에 그 상관자를 갖는다. 이 이념 또는 이념적 본질에 기술하는 개념의 상관자인 형태학적 본질이 대립해 있다.

이념적 본질을 원리상 어떤 감성적 직관——그때그때 형태학적 본질은 결코 그 직관에 도달한 적도 없이 다소간 '접근한다'——속에 발견될 수 없는 이념적 '한계'로서 산출하는 이념화작용(Ideation), 이 작용은 단적인 '추상화작용'(Abstraktion)——이 작용에서 본질의 영역 속에 부각된 '계기'는 원리상 모호한 것, 유형적인 것으로 제기된다——을 통한 본질파악과 근본상 본질적으로 다른 것이다. 유동적인 것 속에 그 범위를 갖는 유의 개념 또는 유의 본질의 확고함과 순수하게 구별할 수 있음을 이념적 개념의 정밀성과 또 철저히 이념적인 것을 자신의 범위 속에 갖는 유와 혼동하면 안 된다. 그런 다음 정밀한 학문과 순수 기술하는 학문은 결합될 수 있지만 결코 서로를 대신할 수 없다는 사실, 아무리 발전된 정밀한 학문, 즉 이념적 하부구조를 다루는 학문이라도 순수 기술이라는 근원적이며 정당한 과제를 해결할 수 없다는 사실을 통찰해야 한다.

---

* 칸트에 따르면 "그 어떤 경험도 결코 이념에 합치할 수 없다는 점에 바로 이념의 특성이 있다"(『순수이성비판』, B 649). "이념은 범주보다도 객관적 실재성에서 더 멀리 떨어져 있다. 이념이 구체적으로 표상되게 만드는 어떠한 나타남〔현상〕도 발견될 수 없기 때문이다. 이념은 어떠한 가능한 경험적 인식도 도달하지 못하는 어떤 완전성을 포함한다"(같은 책, B 595~596).

75. 순수 체험의 기술적 본질학인 현상학

현상학은 현상학적 태도 속에 선험적으로 순수한 체험을 기술하는 본질학이 되려 하며, 하부구조를 이루지 않고 또 이념화하지 않는 모든 기술하는 학과와 같이, 현상학도 자신의 권리를 자체로 갖는다. 환원된 체험에서——내실적 존립요소로서든 지향적 상관자로서든——순수 직관 속에 형상적으로 파악될 수 있는 그 어떤 것은 현상학에 고유한 것이며, 현상학에 절대적 인식의 중요한 원천이다.

어쨌든 형상적으로 구체적인 것을 무수히 지닌 현상학적 장(場)에서 실제로 어느 정도까지 학문적 기술(記述)이 확립될 수 있는지, 무엇이 이 기술을 수행할 수 있는 상태인지 더 자세히 살펴보자.

서로 다른 차원에 따라 변동된다는 것은 의식 일반의 특유성에 포함된다. 그 결과 형상적으로 구체적인 것과 이것을 직접 구성하는 모든 계기를 개념적으로 정밀하게 고정하는 것은 문제될 수 없다. 예컨대 '사물의 상상'이라는 유의 어떤 체험을, 현상학적-내재적 직관 속이든 그밖의 (항상 환원된) 직관 속이든, 그것이 우리에게 주어진 그대로 받아들이자. 이때 현상학적으로 단일자(형상적 단일성)는, 그것이 체험의 흐름 속으로 흘러가는 것처럼 정확히——그것이 자신의 사물을 때로는 이 측면에서 때로는 저 측면에서 나타나게 만드는 규정성과 비-규정성 속에 정확히, 바로 사물상상에 고유한 판명함이나 희미해짐, 동요하는 명석함과 간헐적 막연함 속에 정확히——완전히 충만하게 구체화하는(Konkretion) 가운데 있는, 이 사물상상이다. 현상학은 오직 **개체화(Individuation)**만 단념할 뿐이다. 그러나 현상학은 본질내용 전체를 충만하게 구체화하는 가운데 형상적 의식 속으로 제기하며, 그 본질내용을 이념적으로-동일한 본질——이 본질은, 모든 본질과 같이, '지금 그리고 여기'(hic et nunc)뿐 아니라 무수한 범례 속에 단일화될 수 있을 것이다——로서 받아들인다. 우리는 이와 같이 유동적인 구체적인 것을 개념적으로 그리고 전문용어로 고정하는 것을 생각할 수 없다는 사실, 또 동일한 것이 그에 못지않게 유동적인 직접적 부분과 추상적 계기 각각에 대해 타당하다는 사실을 즉시 보게 된다.

이제 우리의 기술하는 영역 속에 **형상적 단일성**을 명백하게 규정하는 것 역시 문제가 되지 않더라도, 더 **높은 단계의 특수성**의 본질은 사정이 완전히 다르다. 이 특수성은 확고한 구별, 동일하게 확인하는 자기유지와 엄밀한 개념적 파악에 접근할 수 있고, 마찬가지로 구성하는 본질로의 분석에 접근할 수 있으며, 따라서 그 특수성을 포괄하는 학문적으로 기술하는 과제가 유의미하게 수립될 수 있다.

그러므로 우리는 **엄밀한** 개념 속에 유에 적합한 지각 일반의 본질 또는 물리적 사물성의 지각이나 동물적 존재의 지각 등과 같은 종속된[하위의] 종류의 본질을 기술하고, 그와 동시에 규정한다. 기억 일반, 감정이입 일반, 의지 일반도 마찬가지다. 그러나 이 모든 것에 앞서 최고의 일반성, 즉 실로 포괄적 본질기술을 가능케 하는 체험 일반, 사유작용 일반이 있다. 이 경우 유적 본질파악·분석·기술의 본성에는 더 높은 단계의 작업수행이 더 낮은 단계의 작업수행에 의존하는 일은 결코 없다는 사실, 가령 일반성의 사닥다리에 단계적으로 올라가는 체계적인 귀납적 수행절차가 방법적으로 요구될 것이라는 사실이 명백히 포함되어 있다.

여전히 일정한 귀결을 여기에 첨부할 수 있을 것이다. 연역적 이론화(理論化)는 앞에서 상론한 것에 따라, 현상학에서 제외된다. **간접적 추론**은 곧바로 현상학에서 거부되지 않는다. 그러나 현상학의 모든 인식이 기술해야 하고 내재적 영역에 순수하게 적합해야 하기 때문에, 추론과 모든 종류의 비-직관적 수행절차의 방식은 단지 나중에 이루어지는 직접적 본질직관이 주어질 수 있는 사태로 이끄는 방법적 의미만 지닌다. 본질직관에 끈질기게 달라붙는 유비(類比)는 실제적 직관에 앞서 본질연관에 관한 추측을 쉽게 떠올릴 수 있을 것이고, 이것으로부터 더 계속된 추론을 이끌어낼 수 있다. 그러나 결국 본질연관을 실제로 직시함은 추측을 해소해버림에 틀림없다. 그러지 않는 한, 우리는 어떠한 현상학적 성과도 거둘 수 없다.

환원된 현상의 형상적 분야(전체의 분야든 어떤 부분의 분야든) 속에 기술하는 수행절차 이외에 이념화하는 수행절차 ──직관적으로 주어진 것을 순수하고 엄밀한 이념적인 것으로 대체하는, 그런 다음 심지어 기술하는 현상학에 대응하는 체험의 수학(Mathesis)에 대한 근본수단으로서 이바지하는 이념적인 것으로 대체하는 수행절차──도 존재할 수 있는지 하는 끈질기게 달라붙는 물음은 물론 이것으로써 답변되지 않는다.

방금 수행된 연구가 개방되어야 하는 한, 이 연구는 우리를 상당히 촉진시키는데, 이것은 이 연구가 우리의 시야 속에 일련의 중요한 문제를 끌어들였다는 점에서만 그러한 것은 아니다. 현상학의 정초를 위해 유비화(類比化)에 의해서는 아무것도 획득되지 않는다는 것은 지금 우리에게 완전히 명백하다. 역사적으로 주어진 철저하게 **정밀한 이념학문**인 아프리오리한 학문의 방법론이 즉시 모든 새로운 학문, 특히 우리의 선험적 현상학에 대해──마치 유일한 방법적 유형을, 즉 '정밀함'의 유형을 지닌 형상적 학문만 존재할 수 있을 것처럼── 모범이 되어야 한다고 생각하는 것은 단지 잘못으로 이끄는 편견일 뿐이다. 그러나 기술하는 본질학문인 선험적 현상학은 수학적 학문과는 **총체적으로 다른 근본부류의 형상적 학문에 속한다.**

제2절 순수 의식의 보편적 구조

76. 다음 연구의 주제

현상학적 환원을 통해 선험적 의식의 영역은 일정한 의미에서 '절대적' 존재의 영역으로 우리에게 맡겨졌다. 선험적 의식의 영역은 다른 모든 존재영역이 그 속에 뿌리 내리는, 다른 모든 영역이 그 본질에 따라 그것에 관련되는, 따라서 본질에 적합하게 모두 그것에 의존하는 존재 일반의 근원범주(우리의 어법으로는 근원영역)다. 범주론은 철저하게 모든 존재구분 가운데 가장 근본적인 이 존재구분 — 의식으로서의 존재와 의식 속에 '드러난' '초월적' 존재로서의 존재 — 으로부터 출발해야 하며, 이 존재구분은, 우리가 통찰하듯이, 오직 현상학적 환원의 방법을 통해서만 그 순수성 속에 획득되고 평가될 수 있다. 이미 반복해 언급했지만 이제부터 더 깊게 탐구해야 할 현상학과 다른 모든 학문 사이의 관계 — 이 관계의 의미에는 현상학의 지배범위가 어떤 주목할 만한 방식으로 어쨌든 현상학이 배제하는 다른 학문 모두에 퍼져 있다는 사실이 포함된다 — 는 선험적 존재와 초월적 존재 사이의 본질관련 속에 근거한다. 이 배제함은 동시에 재평가하는 부호변경이라는 특성이 있으며, 이 부호변경에 따라 재평가된 것은 다시 현상학적 영역에 자리잡는다. 비유적으로 말하면, 괄호쳐진 것은 현상학적 식탁에서 사라진 것이 아니라, 바로 괄호쳐질 뿐이며, 이것을 통해 어떤 지표(Index)가 제공된다. 그러나 괄호쳐진 것은 이 지표와 함께 탐구의 주된 주제 속에 있다.

이러한 상태를 그 고유한 다른 관점에 따라 근본적으로 철저하게 이해해야 한다. 여기에는 예를 들어 물리적 자연이 배제되지만, 반면 그럼에도 자연과학적 경험작용과 사유작용의 측면에서 자연과학적 의식의 현상학이 존재할 뿐 아니라, 자연과학적 의식의 상관자인 자연 자체의 현상학도 존재한다는 사실이 있다. 마찬가지로, 비록 심리학과 정신과학이 배제되더라도, 인간의 현상학, 그 인격의 현상학, 그 개인적 속성의 현상학, 그 (인간의) 의식경과의 현상학도 존재한다. 더 나아가 사회적 정신, 사회적 제도, 문화형성물 등의 현상학도 존재한다. 모든 초월적인 것은, 의식에 적합하게 주어지는 한, 그것에 관한 의식의 측면 — 예를 들어 초월적인 것이 동일한 그것으로서 주어지는 다른 의식의 방식 — 에 따라서뿐 아니라, 이것에 의해 본질적으로 서로 얽혀 있더라도 주어진 것으로 그리고 주어져 있음 속에 받아들인 것으로 현상학적 연구의 대상이다.

이러한 방식으로 현상학적 탐구의 광대한 영역이 존재하는데, 이 영역은 사람들이 체험의 이념에서 출발하면서 — 특히 우리 모두와 마찬가지로 심리학주의적 태도와 함께 시작해 먼저 현대 심리학에서 체험의 개념을 받아들인 경우 — 전혀 파악하지 못했던 영역이며, 우선 내적 억압에 영향받아 현상학적 영역 일반으로 인정하는 경향이 거의 없었던 영역이다. 심리학과 정신과학의 경우 괄호쳐진 것을 이렇게 포함시킴으로써 그 결과 아주 고유한 그리고 우선은 혼란된 상태가 생긴다. 이러한 점을 심리학에서 시사하기 위해 우리는 심리학적 경험의 주어진 것인, 따라서 인간이나 동물의 의식으로서 의식은 경험적 심리학의 경험학문적 탐구와 형상적 심리학의 본질학문적 탐구에서 심리학의 대상으로 확립한다. 다른 한편 그 심리적 개체와 이것의 심리적 체험 — 이것 모두는 절대적 의식의 상관자다 — 을 지닌 세계 전체는 괄호침의 변양을 통해 현상학에 속한다.

그러므로 여기에서 의식은 다른 파악방식과 연관 속에 등장하며, 심지어 현상학 자체 안에서도 다른 파악방식 속에, 즉 어떤 때는 절대적 의식으로 다른 때는 〔절대적 의식의〕 상관자 속에 심리학적 의식 —어떤 방식으로는 재평가되었지만 어쨌든 의식으로서의 고유한 내용을 상실하지 않고 이제 자연적 세계에 자리잡은 의식 — 으로 등장한다. 이것은 어렵고도 극히 중요한 연관이다. 이 연관에서 절대적 의식에 관한 모든 현상학적 확정은 일정한 형상적-심리학적 확정 (이것은 엄밀하게 숙고해보면 그 자체가 결코 현상학적 확정은 아니다)으로 재해석될 수 있다 — 그러나 이때 현상학적 고찰방식이 더 포괄적이며, 절대적 고찰방식으로서 더 근본적이다 — 는 사실도 놓여 있다. 이 모든 것을 통찰하는 것, 또 계속된 결과 〔한편으로〕 순수현상학과 〔다른 한편으로〕 형상적 심리학이나 경험적 심리학 또는 정신과학의 본질관련을 완전히 투시된 명석함으로 이끌어오는 것은 여기에서 다루는 학과에 그리고 철학에 중대한 업무다. 특히 현대에 그토록 왕성하게 활개치는 심리학은, 앞에서 지적된 본질연관에 관해 광범위한 통찰을 마음대로 처리할 때만, 심리학에 여전히 결여된 철저한 근본토대를 획득할 수 있다.

방금 제시한 시사는 우리가 현상학을 이해하는 데 얼마나 멀리 떨어져 있는지를 절감하게 해준다. 우리는 현상학적 태도를 연습하는 것을 배워왔고, 혼란을 일으키는 일련의 의혹을 무시했으며, 순수 기술(記述)의 권리를 옹호해왔다. 즉 탐구의 장(場)은 자유롭게 놓여 있다. 그러나 이 탐구의 장 속에 무엇이 중요한 주제인지, 더 자세하게 말하면, 체험의 가장 일반적인 본질특성을 통해 기술하는 것의 어떤 근본방향이 미리 지시되는지를 아직 모른다. 이러한 관련에서 명석함을 수립하기 위해 다음 제3절에서 바로 이 가장 일반적인 본질특성을 적어도 몇 가지 특히 중요한 특징에 따라 특성지어보자.

이 새로운 고찰에 따라 우리는 방법의 문제를 본래 저버린 것은 아니다. 이미 지금까지의 방법적 논구는 현상학적 영역의 본질에 대한 가장 일반적인 통찰을 통해 규정되었다. 이 현상학적 영역을 — 그 단일성이 아니라 철저히 파악된 일반성에 따라──더 깊게 파고들어 가는 인식은 모든 특수한 규범이 그것에 결합되어 있음에 틀림없는 내용상 더 풍부한 방법적 규범도 우리에게 분명히 제공해주고 있다. 방법은 이 분야 밖에서 이끌어온 것도 또 이끌어올 수 있는 것도 아니다. 형식논리학 또는 인식작용학(Noetik)은 방법이 아니라 가능한 방법의 형식을 제공해주며, 그래서 방법론적 관련에서 유용한 형식 인식일 수도 있다. 즉 단순한 기술(技術)의 특수성이 아니라 일반적인 방법적 유형에 따라 규정된 방법은 분야의 영역적 근본종류와 그 일반적 구조에서 발생하는 규범, 따라서 그것을 인식에 적합하게 파악함에서 이 구조의 인식에 본질적으로 의존하는 규범이다.

77. 체험영역의 근본적 특유성인 반성. 반성에 대한 연구

순수 체험영역의 가장 일반적인 본질특유성 가운데 맨 먼저 반성을 다루자. 반성의 보편적인 방법론적 기능 때문에 그렇게 하려 한다. 즉 현상학적 방법은 철저히 반성의 작용 속에 움직인다. 그러나 우리가 무엇보다 근본적으로 해결해야 할 회의적 의혹은 반성의 작업수행 능력과, 따라서 현상학 일반의 가능성에 관련된다.

이미 앞에서 숙고한 것에서 반성에 관해 이야기해야 했다.[7] 아직 현상학적 토대에 들어서기 이전에 거기에서 생긴 것을 우리는 현상학적 환원을 엄밀하게 하는 지금도 똑같이 받아들일 수 있다. 왜냐하면 거기에서 확정은 체험의 단순히 고유한 본질적인 것과 관련되었고, 따라서 우리가 알고 있듯이 오직 파악에 따라 선험적으로 순수화되어 확실한 소유물로서 우리에게 남아 있는 것에 관련되었기 때문

---

7) 앞의 38항 초반부와 45항 초반부를 참조할 것.

이다. 우선 알려져 있는 것을 요약해 반복하고, 〔그런 다음〕 반성을 통해 가능해지고 요구된 현상학적 연구의 본성 속에 파고들어가는 일을 즉시 더 깊게 시도하자.

모든 자아는 자신의 체험을 겪으며, 이 체험 속에는 많은 종류의 내실적인 것과 지향적인 것이 포함되어 있다. 자아가 체험을 겪는다는 것은 자아가 체험을 그리고 체험 속에 포함된 것을 '시선 속에' 갖거나 체험을 내재적 경험 또는 그밖에 내재적 직관이나 표상의 방식으로 파악한다는 것을 뜻하지 않는다. 시선 속에 있지 않은 모든 체험이 이념적 가능성에 따라 '주시된 것'이 될 수 있으며, 자아에 대한 반성은 이제 그것이 자아에 대한 객체가 되는 것으로 향하며, 체험의 구성요소에 대한 그리고 그 지향성에 대한 (체험이 그것에 관한 의식인 것에 대한) 가능한 자아시선의 관계도 마찬가지다. 반성은 또다시 체험이며, 그러한 체험으로서 새로운 반성의 기체(基體)가 될 수 있고, 이것은 원리적 일반성에서 무한히 계속될 수 있다.

그때그때 실제로 겪은 체험은, 반성하는 시선 속에 새롭게 들어오면서 실제로 겪은〔체험된〕 것, '지금' 존재하는 것으로서 주어진다. 그러나 이것뿐 아니라 방금 전에 존재했던 것으로도 주어지고, 그것이 주시되지 않았던 한, 바로 반성되지 않았던 것으로 주어진다. 자연적 태도에서 우리는, 이에 관해 더 이상 생각해보지 않아도, 체험이 우리가 이것에 시선을 돌리고 이것을 내재적 경험 속에 파악할 때만 존재하는 것은 아니라는 사실, 체험은 실제로 존재했던 것이며, 게다가 체험이 **과거지향**('1차적' 기억)* 안에서 내재적 반성 속에 '방금 전에' 존재했던 것으로 '여전히 의식될' 때 실제로 우리가 겪었던 것이라는 사실도 자명한 일로 간주한다.

---

* '과거지향'과 '1차적 기억'에 관해서는 165쪽의 역주를 참조할 것.

더 나아가 우리는 회상(Wiedererinnerung)에 근거하고 이 '속에' 있는 반성도 '그 당시' 현재했던, 내재적으로 지각되지 않았더라도 그 당시 내재적으로 지각할 수 있었던 우리의 이전 체험에 관한 정보를 준다는 사실을 확신한다. 바로 이러한 것이 소박한-자연적 견해에 따라 앞을 내다보는 기대인 '앞선 기억'(Vorerinnerung)*에 관해서도 타당하다. 우선 여기에서 (우리가 말할 수 있듯이) 직접적 과거지향에 정확한 대응물인 직접적 '미래지향'(Protention)이 문제 되고, 그런 다음 이와 완전히 다르게 현전화하는 '앞선 기억', 재-기억[회상]의 대응물인 더 본래의 의미에서 재-생산하는 '앞선 기억'이 문제 된다. 이 경우 직관적으로 기대된 것, 앞을 내다봄 속에 '미래에 다가올 것'으로 의식된 것은 '앞선 기억' '속에' 가능한 반성 덕분에 ──소급해 기억된 것이 지각되었던 것이라는 의미를 갖는 것과 마찬가지로── 지각될 것이라는 의미를 동시에 갖는다. 따라서 '앞선 기억'에서도 우리는 반성할 수 있으며, 우리가 '앞선 기억'에서 태도를 취하지 못했던 고유한 체험을 '앞선 기억'이 되었던 자체에 속하는 것으로 의식하게 할 수 있다. 즉 반성하는 시선이 '미래의' 지각체험을 향했던 경우 우리는 다가올 것을 **보게 된다**고 말할 때마다 항상 우리가 그것을 실행하는 것과 같다.

이 모든 것을 우리는 자연적 태도에서 가령 심리학자로서 밝히고

---

* 후설이 '기대'(Erwartung)를 '앞선-기억'이라고 하는 것은, 다소 의아할지 모르지만, 시간의식의 지향적 지평구조에서 '기억'의 반대방향에 있다는 점을 부각시키려는 것 같다. 그는 거꾸로 된 과거지향인 '미래지향' 또는 '기대'를 이미 알고 있는 것을 토대로 미리 알려져 있음의 유형에 따라 가까운 미래에 대해 직관적으로 선취(先取)하는 "예언가의 의식"(『시간의식』, 56쪽)이라 한다. 어쨌든 기억(1차적 기억)과 기대(앞선-기억)의 원리적 차이는, 전자가 직관적 재생산의 연관을 해명함으로써 충족되는 데 반해, 후자는 현실적 지각 속에 충족된다는 충족방식의 차이에 있다.

있으며, 더 넓은 연관 속에 추구하고 있다.

이제 우리가 현상학적 환원을 하면, (그 괄호침 속에 있는) 확정은 우리가 순수 직관의 테두리 속에 우리 자신의 것으로 만들 수 있고 체계적으로 연구할 수 있는 본질일반성의 범례적 경우로 전환한다. 예를 들어 우리는 생생한 직관(심지어 상상이더라도) 속에 그 어떤 작용의 수행으로, 가령 자유롭고 성과가 풍부하게 경과하는 생각의 과정에 대한 즐거움으로 옮겨진다. 우리는 모든 환원을 하고, 그래서 현상학적 사태의 순수 본질 속에 놓여 있는 것을 보게 된다. 따라서 그것은 우선 경과하는 생각으로 향한 것이다. 우리는 범례적 현상을 계속 형성해간다. 즉 즐거움이 경과하는 동안 반성하는 시선은 즐거움을 향할 것이다. 그것은 주시되었고 내재적으로 지각된 체험이 되며, 반성하는 시선 속에 다양하게 파동을 일으키다 가라앉아버린다. 이 경우 생각이 경과하는 자유는 손상을 입으며, 이제 생각의 경과는 그 진행에 속한 즐거운 것이 본질적으로 함께 관련된 변양된 방식으로 의식된다. 우리가 다시 새로운 시선을 전환해야 할 때, 이러한 사실은 확인될 수도 있다. 그러나 지금 이러한 사실에 관여하지 않은 채 놔두고, 다음과 같은 사실에 주목해보자.

즐거움에 대한 최초의 반성은 이 즐거움을 현실적으로 현재하는 것으로서 발견하지, 방금 바로 시작하는 것으로서 발견하지 않는다. 그것은 벌써 체험되기 이전에 계속 지속하지만 단지 주목되지 않은 것으로서 거기에 있다. 즉 즐거운 것의 지나가버린 지속과 주어지는 방식을 추구할 가능성 그리고 이론적 사유경과의 이전 구간에 주의를 기울이고 이전에 그것을 향했던 시선에도 주의를 기울일 가능성이 명증하게 존재한다. 다른 한편으로 즐거움이 이 사유경과를 향한 것에 주의를 기울일 가능성과 대조를 통해 경과된 현상 속에 그 즐거움을 향한 시선이 결여되어 있음을 파악할 가능성도 명증하게 존재한다. 그러나 우리는 나중에 객체〔대상〕가 된 즐거움에 관해 즐거움을 객관화하는 반성에 대한 반성을 할 가능성도 갖는다. 그래서 체험되었지만 주시되지 않았던 즐거움과 주시된 즐거움의 차이를 더 효과적으로 명석하게 밝힐 가능성과, 마찬가지로 시선의 전환을 시작하는 파악하고 설명하는 등의 작용을 통해 들어오는 변양을 명석하게 밝힐 가능성도 갖는다.

이 모든 것을 우리는 현상학적 태도 속에 또 형상적으로 ─ 그것이 더 높은 일반성에서든 본질에 적합하게 특수한 체험종류에 대해 수립될 수 있는 것에 따라서든 ─ 고찰할 수 있다. 그래서 반성되지 않은 의식의 양상 속에 겪은 자신의 체험을 지닌 체험의 흐름 전체는 체계적 완전성을 겨냥하는 학문적 본질연구에 종속될 수 있고, 게다가 체험의 흐름 속에 지향적으로 포함된 모든 가능성의 관점에서, 또한 특히 어쩌면 체험의 흐름 속에 변양되어 의식된 체험과 이 체험의 지향적인 것의 관점에서 그러하다. 변양되어 의식된 체험에 대해 우리는 모든 현전화 속에 지향적으로 포함되고 반성을 통해 그 현전화 '속에' 끌어낼 수 있는 체험이 변양된 형식 ─ 예를 들면 모든 기억 속에 놓여 있는 '지각되었던 것', 모든 기대 속에 놓여 있는 '지각될 것'과 같은 형식 ─ 으로 그 예(例)를 알게 되었다.

체험의 흐름에 대한 연구는 자신의 측면에서 많은 종류의 본래 구축된 반성적 작용 속에 수행된다. 이 작용 자체는 다시 체험의 흐름에 속하고, 그에 상응하는 더 높은 단계의 반성 속에 현상학적 분석의 객체〔대상〕가 될 수 있고 또 되어야 한다. 왜냐하면 일반적 현상학에 대해 또 이 현상학에 완전히 필수불가결한 방법론적 통찰에 대해 그러한 분석이 기초가 되기 때문이다. 이와 유사한 것이 명백히 심리학에도 적용된다. 반성 속에 또는 사람들이 일상적으로 이와 동일하게 확인하는 기억 속에 체험의 연구에 관한 모호한 논의를 통해서는——여기에서 (바로 진지한 본질분석이 결여되어 있기 때문에) 동시에 함께 엮어지곤 하는, 예를 들어 내재적 지각이나 관찰 일반 같은 것은 존재할 수 없을 것이라는, 많은 거짓된 것은 제외하고——아무것도 이루어지지 않는다.

이러한 사항[문제]으로 더 자세히 파고들어가보자.

78. 체험의 반성에 현상학적 연구

반성은 방금 전에 상론한 것에 따라 여러 가지 모든 사건(체험계기, 지향적인 것)을 지닌 체험의 흐름이 명증하게 파악될 수 있고 분석될 수 있는 작용에 대한 명칭이다. 또한 반성은 의식 일반을 인식하기 위한 의식의 방법에 대한 명칭이라 표현할 수도 있다. 그러나 바로 이 방법 속에 반성 자체는 가능한 연구의 객체[대상]가 된다. 즉 반성도 본질적으로 함께 속한 체험의 종류에 대한 명칭, 따라서 현상학의 주요 절(節)의 주제다. 여기에서 과제는 다른 '반성'을 구별하고 또 체계적 질서 속에 완전히 분석하는 것이다.

이것에 관해 먼저 우리는 **모든 종류의 '반성'이 의식의 변양**이라는 특성을, 게다가 원리상 **모든 의식**을 경험할 수 있는 의식변양의 특성을 띤다는 사실을 밝혀내야 한다.

모든 반성이 본질에 적합하게 태도변경에서 나오며 이 태도변경을 통해 미리 주어진 체험이나 체험자료(반성되지 않은 것)는 바로 반성된 의식(또는 의식된 것)의 양상으로 일정하게 변형되는 한, 여기에서 변양이 문제 된다. 미리 주어진 체험은 그 자체로 벌써 어떤 것에 관한 반성된 의식이라는 특성을 띨 수 있으며, 그래서 변양은 더 높은 단계의 것이다. 그러나 최종적으로 우리는 절대적으로 반성되지 않은 체험과 이 체험의 내실적이거나 지향적인 '거기에 있을 만한 것들'(Dabilien)*로 되돌아간다. 모든 체험은 이제 본질법칙적으로 반성적 변양으로 이행될 수 있으며, 우리가 여전히 더 정확하게 알게 될 다른 방향에 따라 이행될 수 있다.

현상학에서 또 그에 못지않게 심리학에서 반성에 대한 본질연구의 근본적인 방법론적 의미는 [한편으로] 내재적 본질파악과 다른 한편으로 내재적 경험의 모든 양상이 반성이라는 개념에 속한다는 사실에 의해 밝혀진다. 따라서 예를 들어 내재적 지각은, 어떤 다른 곳에서 의식된 것으로부터 이것에 관한 의식으로 시선의 전환을 전제하는 한, 사실상 하나의 반성이다. 마찬가지로 우리가 (앞의 77항에서) 자연적 태도의 자명성을 논의하면서 언급했듯이, 모든 기억은 자기 자신으로의 반성적 시선의 전환일 뿐 아니라 기억 '속에' 있는 특유한 반성이다. 우선 기억 속에 가령 어떤 악곡(樂曲)의 경과는 반성되지 않은 채 '지나가버리는 것'의 양상으로 의식된다. 그러나 이렇게 의식된 것의 본질에는 그것이 지각되었다는 것을 반성할 가능성이 있다. 마찬가지로 기대의 경우, '다가올 것'으로 시선을 향한 의식의 경우, 이 다가올 것으로부터 이것이 지각되었을 것으로 시선을 전환할 본질가능성이 존재한다. 이 본질연관에는 '나는 A를 기억한다'와 '나는 A를 지각했다' '나는 A를 기대한다'와 '나는 A를 지각할 것이다'라는 명제는 아프리오리하게 그리고 직접 같은 값을 지닌다는 사실이 포함되어 있다. 그러나 그 의미는 다른 것이기 때문에, 단지 같

---

* 옮긴이는 이 말(영역본에서는 'Dabile'로 표기)을 독일어나 영어는 물론 라틴어 등의 사전에서 찾을 수 없었다. 그래서 이 말을 'Da+bilien'으로 결합된 후설 고유의 조어(造語)로 간주해 '거기에 있을[현존할] 만한 것들'로 번역한다. 그것은, 가령 Sensibilien(감성에 의해 지각할 수 있는 것들)이나 Intelligibilien(지성에 의해 알 수 있는 것들)에서처럼, 영어의 '~+able'을 활용해 명사화(名詞化)한 것으로 보았기 때문이다. 이러한 번역이 문맥의 의미에도 적합하기 때문이다.

은 값을 지닐 뿐이다.

여기서 현상학의 과제는 반성이라는 명칭에 속하는 총체적 체험변양을 이것과 본질관련 속에 있으며 또한 이것이 전제하는 모든 변양과의 연관 속에 체계적으로 탐구하는 것이다. 이 변양은 모든 체험이 원본적으로 경과하는 동안 반드시 겪는 본질변양의 총체에 관계하며, 그밖에도 모든 체험에서 관념적으로 '조작하는' 방식으로 수행되었다고 생각될 수 있는 다른 종류의 변형에 관계한다.

모든 체험은 그 자체로 생성됨(Werden)의 흐름이고, 체험의 생생한 지금(Jetzt)이 그것의 '이전으로'(Vorhin)와 '이후에'(Nachher)에 대립해 의식되는 원본성의 그 자체가 흐르는 국면을 통해 매개된 과거지향과 미래지향의 끊임없는 흐름이라는, 결코 변화할 수 없는 본질유형의 근원적 산출 속에 그것이 존재하는 그대로다. 다른 한편 모든 체험은 근원적 체험의 관념상 '조작적' 변형으로 간주될 수 있는 재생산의 다른 형식 속에 자신의 평행하는 것을 갖는다. 즉 모든 체험은 자신의 '정확하게 상응하는' 대응물, 어쨌든 철저하게 변양된 대응물을 회상 속에, 마찬가지로 가능한 '앞선 기억' 속에, 가능한 단순한 상상 속에 그리고 이와 같은 변화가 반복되는 가운데 갖는다.

물론 우리는 어떤 공통의 본질요소의 평행하게 된 체험으로서 평행하게 된 모든 체험을 생각하고 있다. 따라서 평행하는 체험은 동일한 지향적 대상성을 의식해야 하고, 가능한 변경의 다른 관점에서 일어날 수 있는 모든 주어지는 방식의 범위로부터 동일하게 주어지는 방식 속에 의식된다.

우리가 주목한 변양은 이념적으로 가능한 변화로서 모든 체험에 속하기 때문에, 따라서 어느 정도는 모든 체험에서 수행되었다고 생각될 수 있는 관념적 조작을 가리키기 때문에, 무한히 반복될 수 있으며, 변양된 체험에서 수행될 수도 있다. 그 반대로 우리는 이미 그러한 변양으로 특성지어지고 그런 다음 항상 그 자체로 그러한 것으로 특성지어진 모든 체험에서 일정한 근원체험으로, 즉 현상학적 의미에서 절대적인 원본적 체험을 드러내는 '인상'(Impression)*으로 되돌아가게 된다. 그래서 사물지각은 모든 기억·상상현전화 등과의 관계에서 원본적 체험이다. 그것은, 구체적 체험이 일반적으로 원본적일 수 있는 것처럼, 원본적이다. 왜냐하면 정확하게 고찰해보면, 구체화되는 가운데 단지 하나의, 그러나 항상 지속적으로 흐르는 절대적인 원본적 국면, 즉 생생한 지금의 계기만 갖기 때문이다.

우리는 이 변양을 최초로 반성되지 않은 채 의식된 현실적 체험에 관련시킬 수 있다. 왜냐하면 반성되어 의식된 모든 체험은, 체험에 대한 반성으로서 또 완전히 구체화해 보면 그 자체가 반성되지는 않았지만 어쨌든 의식된 체험이며 이러한 체험으로서 모든 변양을 받아들인다는 점을 통해, 그 자체에서 이 최초의 변양에 반드시 관여하고 있다는 사실을 즉시 알 수 있기 때문이다. 이제 반성 자체는 확실히 새로운 종류의 일반적 변양이다. 즉 자아가 자신의 체험에 이렇게 향해 있음, 이와 일치해 사유주체(cogito)의 작용(특히 가장 낮은 기본적 층層, 즉 단적인 표상의 층의 작용)을 수행함이다. 이 작용 '속에' 자아는 자신의 체험을 향해 있다. 그러나 바로 반성을 직관적이거나 공허한 파악 또는 포착과 결합하는 것은 반성적 변양에 관한 연구에

---

* '인상'은 방금 전에 체험된 것이 지각과 직접 연결된 의식이다. 후설은 이것을 '신선한 기억' '지금-파악' '지금-으로서-정립함'의 의미에서 지각, 일련의 과거지향에서 '혜성의 긴 꼬리의 핵심'이라 한다. 이 인상의 더 원초적인 형태는 '근원적 인상'(Urimpression)인데, 지속하는 시간객체가 산출되는 원천적 시점이다(『시간의식』, 28~31쪽을 참조할 것). 이것은 생생한 현재의 감각활동으로, 이것이 지속적으로 변양된 과거지향의 연속체는 시간의식의 흐름 속에 지각대상을 구성하기 위한 근원적 재료다. 그는 이 '근원적 인상'을 '중심적 체험 핵심' '원천적 시점(지금)' '근원적 현존' '본래 현재의 핵심'이라고도 한다.

위에서 시사된 변양에 관한 연구를 필연적으로 결합시킨다.

오직 반성적으로 경험하는 작용을 통해서만 우리는 체험의 흐름에 관한 것과 체험의 흐름이 순수 자아에 관련되어 있음에 관한 것을 알게 된다. 따라서 체험의 흐름은 하나의 동일한 순수 자아의 사유작용 (Cogitationes)이 자유롭게 수행되는 장(場)이라는 것, 순수 자아가 흐름의 체험으로 시선을 향하거나 '흐름의 체험을 관통해' 자아에 생소한 다른 것으로 시선을 향할 수 있는 한, 흐름의 체험 모두는 순수 자아의 체험이라는 것을 알게 된다. 우리는 이 경험이 그 의미와 권리를 환원된 경험으로 유지한다는 것도 확신하고, 유적[보편적] 본질일반성에서 그러한 경험 일반의 권리를 파악하며, 이와 마찬가지로 이에 평행해 체험 일반에 관련된 본질직관의 권리를 파악한다.

그러므로 우리는 예를 들어 내재적으로 지각하는 반성, 즉 내재적 지각 자체의 절대적 권리를 파악하고, 게다가 내재적 지각이 종결된 후에도 이 지각을 실제로 원본적으로 주어지게 이끄는 것을 파악한다. 마찬가지로 내재적 과거지향 속에 '여전히' 생생한 것과 '방금 전에' 존재했던 것의 특성으로 의식되는 것—그렇지만 당연히 이렇게 특성지어진 것의 내용이 미치는 범위에서만—의 관점에서 내재적 과거지향의 절대적 권리를 파악한다. 따라서 가령 그것이 어떤 음의 지각작용이었지 어떤 색깔의 지각작용이 아니었다는 관점에서 파악한다. 마찬가지로 이 기억의 내용이—개별적으로 고찰해보면—진정한 회상의 특성(일반적으로 결코 기억된 것의 각각의 계기에 의해 이루어지는 것은 아니다)을 가리키는 범위까지 미치는 권리, 즉 모든 회상의 경우 완전히 그렇게 생기는 권리인, 내재적 회상의 상대적 권리를 파악한다. 그러나 이것은 물론, 어쨌든 그 권리의 범위가 아무리 지배적이 될 수 있더라도, 단순히 '상대적' 권리일 뿐이다.

따라서 우리는 완전한 명석함에서 그리고 무조건 타당한 의식에서 다음과 같은 사실을 통찰한다. 즉 체험은 내재적 지각의 반성하는 의식 속에 주어지는 한에서만 인식에 적합하게 보증된다거나 심지어 그때그때 현실적 지금에서만 보증된다고 생각하는 것은 이치에 어긋난다는 사실, 시선을 소급해 전향함에서 '여전히'로 의식되어 발견된 것(직접적 과거지향)이 존재했다는 것을 의심하고 또 결국 시선 속에 들어오는 체험은 바로 이것 때문에 전적으로 다른 것으로 변화하는지 등을 의심하는 것은 전도(顚倒)될 것이라는 사실이다. 여기에서는 단지 모든 형식적 정밀성에도 불구하고 타당성의 근원원천에, 순수 직관의 근원원천에 전혀 들어맞지 않을 논증으로 혼란되지 않게 하는 것만 중요할 뿐이다. 완전한 명석함은 모든 진리의 척도라는, 완전한 명석함이 주어져 있음에 충실한 표현을 제공하는 진술은 여전히 매우 그럴듯한 어떤 논증에도 걱정할 필요가 없다는 '모든 원리 가운데 원리'*에 충실한 것이 중요하기 때문이다.

79. 비판적 논의. 현상학과 '자기관찰'의 어려움

방금 서술한 것에서 우리는 현상학은 경험적 심리학에서 평행하게 내적 경험의 가치를 매우 자주 부정하거나 부적절하게 제한하게 이끈 방법론적 회의에 영향을 받지 않는다는 사실을 알게 된다. 최근 와트(H.J. Watt)[8])는, 물론 『논리연구』에서 소개하려던 순수현상학의

---

* 이것은 "'모든 원본적으로 부여하는 직관은 인식의 권리원천'이라는 것으로, 앞의 제1장 제2절 24항 첫 부분을 참조할 것.
8) 발췌한 보고 2, 「1905년 기억심리학과 연상심리학의 최근 연구에 관한 보고」(Über die neueren Forschungen in der Gedädachtnis‑ und Assoziations‑ psychologie aus dem Jahre 1905, 『형태심리학 총서』[Archiv. f. d. ges. Psychologie] 제9권, 1907)를 참조할 것. 와트는 단지 립스(Th. Lipps)*와 논쟁하고 있을 뿐이다. 비록 여기에서 내 이름이 거명되지 않았더라도, 나는 어쨌든 와트의 비판이 또한

특유한 의미를 파악하지 못했고 또 경험적-심리학적 상태에 대립된 순수-현상학적 상태의 차이를 알아차리지 못했지만, 이 방법론적 회의를 현상학에 대한 것으로 주장할 수 있다고 믿었다. 양쪽의 어려움이 아무리 유사한 관계에 있더라도, 〔한편으로〕 현존확정——이것이 주어짐은 우리(인간)의 내적 경험을 표현하게 해준다——의 효력범위와 원리적 인식가치에 관한 물음, 따라서 심리학적 방법의 물음과, 다른 한편으로 순수 반성에 근거해 체험 자체가——자연에 대한 통각에서 자유로운 그 고유한 본질에 따라——관계해야 할 **본질확정**의 원리적 가능성과 효력범위에 관한 물음인 현상학적 방법의 물음 사이에는 엄연한 차이가 있다. 그럼에도 두 물음 사이에는 내적 관련이 있다. 우리가 와트의 반론을, 특히 다음과 같은 주목할 만한 진술을 고려하는 것을 정당화하는 상당한 정도의 일치가 존재한다.

우리는 어떻게 직접 체험하는 인식에 도달하는지 전혀 추측할 수 없다. 왜냐하면 그것은 앎(Wissen)도 앎의 대상도 아닌 다른 것이기 때문이다. 체험을 체험함에 대한 보고가, 아무리 거기에 있더라도, 어떻게 종이에 기록되는지 통찰할 수 없다. …… 그러나 이것은

나를 향한 것이라고 간주해도 좋다고 믿는다. 왜냐하면 그가 언급하는 서술의 대부분이 나의『논리연구』(1900~1901)에도 그리고 마찬가지로 이보다 나중에 나온 립스의 저술에도 마찬가지로 관련될 수 있을 것이기 때문이다.
* 립스(1851~1914)는 논리학·인식론·윤리학·미학은 개인의 의식체험을 기술하는 심리학에 포함된다는 심리학주의를 주장했다. 이러한 입장은 후설의 비판으로 다소 수정되었지만, 이 과정에서 그의 제자들은『논리연구』를 통해 뮌헨 현상학파를 형성하게 되었다. 그가 미(美)의식뿐 아니라 타인의 정신생활에 대한 인식에서 감정이입의 의미와 역할을 강조한 것은 후설의 감정이입을 통한 타자구성의 이론에 큰 영향을 주었다. 저서로『심리학 연구』(1885),『논리학 요강』(1893),『느낌·의지·사고』(1902),『심리학 길잡이』(1903) 등이 있다.

적어도 자기관찰이라는 근본문제의 궁극적 물음이다. 오늘날 사람들은 이 절대적 기술(記述)을 현상학이라 부른다.[9]

립스의 진술에 대해 언급한 뒤 와트는 계속 다음과 같이 말한다.

자기관찰의 대상이 알려진 실제성은 현재의 자아와 현재의 의식체험의 실제성에 대립해 있다. 이 실제성은 체험된다(즉 '알려진 것', 반성으로 파악된 것이 아니라 단순히 체험된다). 따라서 이 실제성은 바로 절대적 실제성이다. …… 이제 사람들은 이에 대해 매우 다른 견해를 가질 수도 있다.

그러면서 와트는 이제 자신의 측면에서 첨부해 이렇게 말한다.

이 절대적 실제성과 더불어 우리는 무엇을 시작할 수 있는가? …… 이 경우에도 자기관찰의 성과만 문제 된다. 그런데 항상 되돌아가 직시하는 이러한 고찰이 항상 대상으로서 방금 획득된 체험에 대한 앎이라면, 그것에 관한 어떤 앎도 가질 수 없고 단지 의식될 뿐인 상태를 어떻게 확정할 것인가? 논의 전체의 중요성은 바로 이것, 즉 결코 앎이 아닌 직접적 체험이라는 개념을 이끌어내는 것으로 문제가 돌아간다. 우리는 반드시 관찰할 수 있다. 결국 누구나 체험을 겪는다. 단지 그가 이 사실을 **모를** 뿐이다. 이 사실을 알았다면, 그는 자신의 체험이 실제로 자신이 생각하는 것만큼 그렇게 절대적이라는 것을 어떻게 알 수 있는가? 누구의 머리에서 현상학이 미리 준비되어 생생하게 솟구칠 수 있는가? 과연 현상학은 가능

---

9) 앞에서 인용한 책, 5쪽.

한가? 또 어떤 의미에서 가능한가? 이 모든 물음이 끈질기게 달라붙는다. 아마 자기관찰의 물음에 관한 논의는 실험심리학으로부터 그 분야에 새로운 빛이 비칠 것이다. 왜냐하면 현상학의 문제는 실험심리학에서도 필연적으로 생기는 문제이기 때문이다. 아마 실험심리학의 답변 역시 더 신중한 것일 수 있다. 왜냐하면 실험심리학에는 현상학의 발견자가 가진 정열이 없기 때문이다. 어쨌든 실험심리학은 그 자체에서 더 귀납적 방법에 의지한다.[10]

위의 마지막 줄에서 이야기한 귀납적 방법의 전능함에 대한 독실한 믿음(이 믿음을 와트는 이 방법의 가능한 조건을 숙고할 때 거의 고수하지 않았을 것이다)에도 불구하고, "기능적으로 분석하는 심리학은 앎의 사실을 결코 설명할 수 없을 것이다"[11]라는 고백에 물론 〔우리는〕 깜짝 놀라게 된다.

현대 심리학의 특성을 지닌 이러한 주장에 대립해 우리는──바로 이 주장이 심리학적으로 표명되는 한──우선 위에서 구별한 심리학적 물음과 현상학적 물음을 관철해야 하며, 이러한 관점에서 다음과 같은 사실을, 즉 기하학이 칠판 위의 도형이나 옷장 속의 모형의 현존이 어떻게 방법적으로 보증될 수 있는지에 관심을 가져야 하지 않듯이, 현상학적 본질이론 역시 현상학자가 그것을 통해 자신의 현상학적 확정 속에 기초로 이바지하는 체험의 현존을 보증할 수 있을 방법에 관심을 가져야 하는 것은 아니라는 사실을 강조해야 한다. 기하학과 현상학은 순수 본질(Essenz)에 관한 학문으로서 실재적 현존(Existenz)에 관한 확정을 전혀 모른다. 바로 이것은 이들 학문에서

---

10) 앞에서 인용한 책, 7쪽.
11) 앞에서 인용한 책, 12쪽.

명석한 허구는 좋은 기초일 뿐 아니라 중요한 범위에서는 더 좋은 토대이며, 현실적 지각과 경험이 주어져 있다는 사실과 연관된다.[12]

이제 현상학이 체험에 대한 어떠한 현존도 확정하면 안 되며, 따라서 사실학문이 경험과 관찰에 의지해야 할 자연적 의미에서 어떠한 '경험'과 '관찰'도 하면 안 된다면, 어쨌든 현상학은 그 가능성의 원리적 조건으로서 반성되지 않은 체험에 관한 본질을 확정한다. 그러나 현상학은 이러한 사실을 반성에, 더 자세히 말하면, 반성적 본질 직관에 힘입고 있다. 그 결과 자기관찰에 관한 회의적 의혹은 현상학에 대해서도, 게다가 이 의혹이 당연하다고 생각되는 방식으로 내재적으로 경험하는 반성에서 모든 반성 일반으로 확장되는 한, 고려할 문제가 된다.

사실상 〔와트가 진술했듯이〕 "체험을 체험함에 대한 보고가, 아무리 현존더라도, 어떻게 종이에 기록되는지 통찰할 수 없다"면, 현상학에서 무엇이 이루어질 것인가? 현상학이 알려진 체험, 즉 반성된 체험의 본질에 관해 진술할 수 있지만 체험 자체의 본질에 관해 진술할 수 없다면, 현상학에서 무엇이 이루어질 것인가? 〔와트가 진술했듯이〕 "우리가 어떻게 직접적 체험함에 관한 인식 또는 체험함의 본질에 관한 인식에 도달하는지에 대해 거의 한번도 추측할 수 없다"면, 무엇이 이루어질 것인가? 아마 현상학자는 자신의 이념화작용에 대한 범례적인 것으로서 자신의 눈앞에 아른거리는 체험들에 관련된 어떠한 현존도 확정할 수 없을 것이다.

사람들은 어쨌든 현상학자가 이 이념화작용 속에 단지 자신이 그때그때 바로 범례에서 마음에 그리는 것에 관한 이념만 직시한다고 반론할 수도 있을 것이다. 그런데 그의 시선이 체험에 향하자마자,

---

12) 앞의 70항 초반부를 참조할 것.

체험은 이제 비로소 자신을 시선에 드러낸다. 또한 그가 시선을 다른 곳으로 돌리자마자, 그것은 다른 체험이 된다. 파악된 본질은 단지 반성된 체험의 본질이며, 반성을 통해 절대적으로 타당한 인식 ─ 반성되었든 반성되지 않았든 체험 일반에 대해 타당한 인식 ─을 획득할 수 있다는 생각은 완전히 정초되지 않은 것이다. 〔와트가 진술했듯이〕 "우리가 그것에 관한 어떠한 앎도 가질 수 없는 상태를 어떻게 ─ 심지어 본질가능성으로서 ─ 확정할 것인가?"

이것은 분명히 모든 종류의 반성 ─ 현상학에서는 어쨌든 모든 반성의 각각을 절대적 인식의 원천으로 간주하지만 ─에 관련된다. 가령 상상 속에 어떤 사물이, 반인반마(半人半馬)일지라도, 나에게 아른거린다. 나는 그것이 어떤 '나타남의 방식'에서 어떤 '감각음영'과 파악 등에서 제시되는지 안다고 생각한다. 나는 그러한 대상 일반은 오직 그러한 나타남의 방식에서만, 오직 그러한 음영의 기능과 그 밖에 여기에서 어떤 역할을 할지도 모를 것에 의해서만 직관될 수 있다는 **본질통찰**을 여기에서 갖는다고 생각한다. 그러나 반인반마〔켄타우로스〕를 시선 속에 가지면서 나는 이것의 나타남의 방식, 음영 짓는 자료, 파악을 시선 속에 갖지 못한다. 그리고 반인반마의 본질을 포착하면서 나는 이것들〔그 나타남의 방식, 음영짓는 자료, 파악〕과 이것들의 본질을 포착하지 못한다. 그것들을 포착하기 위해서는 일정한 반성적 시선을 전환할 필요가 있다. 그러나 이 시선의 전환은 체험 전체를 흐름 속에 끌어들이고 변양시킨다. 그래서 나는 새로운 이념화작용 속에 새로운 것을 마음에 그리지만, 내가 반성되지 않은 체험의 본질의 구성요소를 획득했다고 주장하면 안 된다. 나는 그것이 시사된 방식으로 감각자료 ─ 이것은 자신의 측면에서 여러 가지로 파악된다 ─를 통해 음영지어지는 '나타남' 속에 제시될 수 있는 것으로서 사물의 본질에 속한다고 주장하면 안 된다.

또한 어려움은 지향적 체험의 '의미'의 관점에서 추정된 것, 지향적으로-대상적인 것 자체, 진술의 의미 등에 속한 모든 것의 관점에서 의식분석에 분명히 관련된다. 왜냐하면 이것 역시 특유하게 향한 반성 안에서의 분석이기 때문이다. 와트 자신은 더 나아가 심지어 다음과 같이 말한다.

심리학은 자기관찰과 더불어 기술할 수 있는 체험의 대상적 관련이 변화된다는 사실을 밝혀야 한다. 아마 이러한 변화는 사람들이 믿으려는 경향보다 훨씬 더 큰 의미가 있을 것이다.[13]

와트의 이러한 주장이 옳다면, 그래서 우리가 방금 전 여기에서 그의 저술에 주의를 기울였고 또 [지금도] 주의를 기울인다는 사실을 자기관찰 속에 확인하면서, 이것에 의해 우리는 매우 많은 것을 주장했을 것이다. 하지만 이것은 기껏해야 반성 이전에나 타당했다. 그러나 반성은 여기에서 주목함, 게다가 (와트에 따르면) 대상적 관련에 관한 주목함을 '기술할 수 있는 체험'을 변화시킨다.

그 본성과 방향이 어떠하든 간에 모든 진정한 회의주의는, 회의주의가 자신의 논쟁에서 자신의 정립 속에 부정한 바로 그것을 자신의 타당성의 가능한 조건으로서 묵시적으로 전제한다는 원리상 이치에 어긋남을 통해 밝혀진다. 우리는 이러한 징표(徵表)가 논의되는 논증에 대해서도 해당되는 사실을 손쉽게 확신한다. 또한 단지 "나는 반성이 인식의 의미를 의심한다"고 말하는 자는 이치에 어긋난 것을 주장하는 것이다. 왜냐하면 그는 자신의 의심에 관해 진술하면서 [동시에] 반성하고 있고, 이러한 진술을 타당한 것으로 내세우면서,

---

13) 앞에서 인용한 책, 12쪽.

반성이 의문시된 인식의 가치를 실제로 그리고 의심할 여지없이 (즉 앞에 주어진 경우에 대해) 갖는다고 전제하고, 반성이 대상적 관계를 변화시키지 않는다고 그리고 반성되지 않은 체험이 반성으로 이행하는 가운데 자신의 본질을 상실하지 않는다고 전제하기 때문이다.

더 나아가 이러한 논증에서는 항상 반성이 하나의 사실로서, 반성이 초래하거나 초래할 수 있는 것으로서 논의된다. 물론 이와 함께 '알려지지 않은', 반성되지 않은 체험도 다시 사실로서, 즉 그것에서 반성된 것이 생기는 그러한 사실로서 논의된다. 따라서 반성되지 않은 체험 — 이 가운데는 반성되지 않은 반성도 포함된다 — 에 관한 앎이 항상 전제되는 반면, 동시에 그러한 앎의 가능성이 문제로 제기된다. 즉 반성되지 않은 체험의 내용과 반성의 작업수행에 관한 그 어떤 것을 확인할 수 있는 가능성 — 반성이 얼마나 근원적 체험을 변화시키는가 그리고 반성이 근원적 체험을 총체적으로 다른 체험으로 이른바 왜곡시키지 않는가 하는 가능성 — 이 의문시되는 한, 이러한 일은 일어난다.

아무튼 이러한 의심과 이 의심 속에 정립된 가능성이 정당하다면, 일반적으로 반성되지 않은 체험과 반성이 존재하며 또 존재할 수 있다는 확실성에 대한 최소한의 권리근거도 남아 있지 않을 것이라는 사실은 분명하다. 더구나 어쨌든 끊임없는 전제였던 이 확실성은 오직 반성을 통해서만 알려질 수 있다는 사실, 직접적 앎인 그 확실성은 오직 반성해 〔대상을〕 부여하는 직관을 통해서만 정초될 수 있다는 사실도 분명하다. 이것은 반성에 뒤따라오는 변양의 실제성이나 가능성의 주장에 관해서도 마찬가지다. 그러나 이러한 변양이 직관을 통해 주어진다면, 그것은 직관내용 속에 주어진 것이다. 따라서 인식할 수 있는 아무것도, 반성되지 않은 체험의 내용과 이 체험이 겪는 변양의 종류에 관해 아무것도 존재하지 않는다고 주장하는 것은 이치에 어긋난다.

그 이치에 어긋남을 판명하게 하기 위해서는 이것으로 충분하다. 어디에서처럼 여기서도 회의(Skepsis)는 언어적 논증에서 본질직관으로, 원본적으로〔대상을〕부여하는 직관으로 또 직관의 근원적으로 고유한 권리로 되돌아감으로써 자신의 힘을 상실한다. 물론 이 모든 것은 우리가 그 직관을 실제로 수행하는지, 그 자체에 대해 의문스러운 것을 진정한 본질명석함의 빛 속으로 끌어올릴 수 있는지, 또는 앞의 항〔78항〕에서 추구한 것과 같은 서술을 이것이 수행되고 제시되는 그대로 직관적으로 받아들일 수 있는지에 달려 있다.

반성의 현상은 사실 순수한 그리고 어쩌면 완전히 명석하게 주어져 있음의 영역이다. 대상적으로 주어진 것 자체로부터〔대상을〕부여하는 의식과 그 주체에 대한 반성이 가능하다는 사실, 지각된 것, 즉 생생하게 '거기에' 있는 것에서 지각작용에 대한 반성이 그리고 '존재했던 것'으로서, 기억된 것으로서 '눈앞에 아른거리는' 것과 같은 기억된 것에서 기억작용에 대한 반성이 가능하다는 사실, 그것이 경과하는 주어져 있음 속에 있는 진술에서 진술작용에 대한 반성 등이 가능하다 ─ 이 경우 지각작용은 바로 이 지각된 것의 지각작용으로 주어지며, 그때그때의 의식은 이 그때그때 의식된 것의 의식으로 주어진다 ─ 는 사실은 직접적 **본질통찰** 때문에 항상 도달할 수 있는 본질통찰이다. 본질에 적합하게 ─ 따라서 가령 심지어 단순히 '우리에 대해' 그리고 우리의 우연적 '심리물리적 구성' 같은 단순히 우연적 근거로부터가 아닌 ─ 오직 이러한 반성을 통해서만 의식과 의식내용(내실적 또는 지향적 의미에서) 같은 것이 인식될 수 있다는 사실은 명증하다. 그러므로 신(神)도, '2+1=1+2'라는 통찰에 구속된 것과 마찬가지로, 이 절대적으로 통찰할 수 있는 필연성에 구속된다. 신도 자신의 의식과 의식내용에 관한 인식을 오직 반성적으로만 획

득할 수 있을 것이다.[14]

이것은 동시에 반성은 완전한 인식에 대한 이상(理想)과 함께 어떠한 이율배반적 논쟁에도 휩쓸려들어갈 수 없다는 것을 말해준다. 우리가 벌써 여러 번 강조했음에 틀림없는 모든 존재본성은 본질에 적합하게 자신의 주어지는 방식과 이와 함께 인식방법의 방식을 갖는다. 그러한 존재본성의 본질적 특유성을 결핍으로 다루는 것, 심지어 이 특유성을 본성 속에 '우리의 인간적' 인식의 우연적이지만 사실적인 결핍으로 간주하는 것은 이치에 어긋난다. 그러나 다른 물음, 하지만 똑같이 본질통찰 속에 숙고해야 할 물음은 의문스러운 인식의 가능한 '효력범위'에 관한 물음, 따라서 그때그때 실제로 주어진 것을 넘어서고 형상적으로 포착할 수 있는 것을 넘어서는 진술을 우리가 어떻게 경계해야 하는가 하는 물음이다. 또다른 물음은 **경험적 방법론**의 물음, 즉 가령 심리학자로서 인간인 우리는 우리의 인간적 인식에 가능한 한 최고의 권위를 부여하기 위해 주어진 심리물리적 상황에서 태도를 어떻게 취해야 하는가 하는 물음이다.

그밖에 다른 곳에서처럼 여기에서 반복해 통찰(명증성 또는 직관)로 되돌아오는 것은 판에 박힌 말이 아니라 시작하는 절(節)이라는 의미에서, 가장 원초적이고 논리적이며 산술적인 공리의 경우 통찰에 관한 논의에서와 정확히 똑같이, 모든 인식에서 궁극적인 것으로 되돌아감을 뜻한다는 사실을 강조해야 한다.[15] 그러나 의식의 영역

---

14) 여기에서는 가령 신학(神學)의 영역으로 넘어가는 논쟁을 벌이는 것이 아니다. 신의 이념은 인식론적 숙고에서 필연적인 한계개념 또는 철학을 하는 무신론자조차 그것 없이는 해나갈 수 없을 어떤 한계개념을 구축하기 위해 불가결한 지표다.

15) 이 책을 인쇄하는 동안 나는 방금 출판된 치엔(Th. Ziehen)의 저서 『심리생리학과 물리학의 기초에 관한 인식론』(*Erkenntnistheorie auf psycho-physiologischer und physikalischer Grundlage*, 1912)에서 아래의 독특한 표명을 대강 훑어보았다.

속에 주어진 것을 통찰해 파악하게 배웠던 사람은 이미 위에서 인용한 것과 같은 문장을 다만 놀라면서 읽을 수 있을 것이다.

우리는 어떻게 직접적 체험에 관한 인식에 도달하는지에 대해 어떠한 추측도 할 수 없다.*

"의심스러운 이른바 직관이나 명증성 …… 이것은 두 가지 주된 속성을 갖는데, 첫째는 철학자에서 [다른] 철학자로 또는 철학학파에서 [다른] 철학학파로 변화한다는 것이고, 둘째는 저자가 자신의 학설에서 매우 의심스러운 점을 곧바로 강연할 때 특히 곧잘 나타난다는 것이다. 이때 우리는 으름장을 놓아 그 의심으로부터 보호해야 할 것이다."

이 문맥에서 유추할 수 있듯이, 이 비판에서 문제가 되는 것은 『논리연구』에서 실시된 '일반적 대상' 또는 '본질'과 본질직관에 관한 학설이다. 그래서 치엔은 더 계속해 이렇게 말한다.

"이러한 초-경험적 개념을 일상적 개념의 공통적 다발과 구별하기 위해 사람들은 이때 이 초-경험적 개념에 더 '특별한 일반성' '절대적 정밀성' 등을 종종 부여해왔다. 그러나 나는 이 모든 것을 인간의 [부당한] 자만심이라 간주한다."(위의 책, 413쪽)

이 인식론에 대해 그에 못지않게 독특한 표명은 자아의 직관적 파악과 관련된 (그러나 저자의 의미에서 아주 일반적으로 타당한) 다음과 같은 진술이다.

"나는 그와 같은 1차적 직관에 대해 단지 하나의 실제적 공인(公認)을 생각해낼 수 있는데, 그것은 그러한 직관을 확인함에서 감각하고 사유하는 모든 개인의 의견일치다."(위의 책, 441쪽)

그밖에 '직관'에 대한 호소가 종종 횡포를 저지른다는 사실은 물론 부정되지 않을 것이다. 문제는 단지 이른바 직관의 횡포가 실제적 직관을 통한 것 이외에 달리 밝혀질 수 있을 것인지일 뿐이다. 경험영역에서도 경험에 대한 호소가 매우 상당한 횡포를 저지른다. 이 때문에 경험 일반을 '으름장'으로 부르고 경험 일반의 '공인'을 "그러한 '경험'을 확인함에서 감각하고 사유하는 모든 개인의 의견일치"에 달려 있게 만들려 하면, 괴로운 상태가 될 것이다. 이에 관해서는 이 책 제1장 제2절 [자연주의적 오해]을 참조할 것.
* 이 문장은 후설이 앞에서 인용한 와트의 책 5쪽 첫 부분에서 약간 수정한 것이다.

이 인용문에서 우리는, 내재적 본질분석이 모든 내재적 심리학적 기술(記述)에 결정적인 것으로서 기능해야 할 개념을 확정하는 데 유일하게 가능한 방법을 형성하면서도 내재적 본질분석이 여전히 현대 심리학에 얼마나 소원한지를 단지 추측해볼 수 있다.[16][17]

현상학과 심리학의 밀접한 관련은 여기에서 다룬 이 반성의 문제 속에 특히 뚜렷이 느낄 수 있게 된다. 체험의 본성에 관련된 모든 본질기술은 가능한 경험적 현존에 대해 무조건 타당한 규범을 표현한다. 이것은 내적 경험의 모든 양상에 적용되듯이, 특히 그 자체로 심리학적 방법에 대해 구성적인 모든 체험의 본성에도 물론 해당된다. 따라서 현상학은 심리학의 방법론적 근본물음을 다루는 법정이다. 현상학이 유(類)적으로 확립한 것을 심리학자는 자신의 더 앞으로의 모든 방법론의 가능조건으로 승인해야 하며, 경우에 따라서는 요구해야 한다. 현상학과 논쟁하는 것은, 물리학의 영역에서 기하학적 진리와 자연 일반의 존재론의 진리에 맞선 모든 대립이 원리상 자연과학의 이치에 어긋남의 특성인 것과 꼭 마찬가지로, 원리상 심리학의 이치

---

16) 『로고스』 제1권에 있는 나의 논문(『엄밀한 학문』) 302~322쪽을 참조할 것.
17) 또한 이 책이 인쇄되는 동안 내가 입수한 메서(A. Messer)와 콘(J. Cohn)의 두 논문(이것들은 프리샤이젠-쾰러(Frischeisen-Köhler)가 편집한 『철학연보』(Jahrbücher der Philosophie) 제1권에 수록되어 있다)은 심지어 주도면밀한 탐구자라도 지배적 편견의 굴레에서 벗어나는 것이 얼마나 어려운지, 또 현상학의 노력에 전적으로 공감해도 현상학의 고유한 본성을 '본질이론'으로 파악하는 것이 얼마나 어려운지를 새롭게 보여준다. 두 논문, 특히 메서의 논문(또한 『형태심리학 총서』(Archiv f. d. ges. Psychol.) 제22권, 1912)에서 그의 이전 논문(「심리학과의 관계에서 후설의 현상학」(Husserl's Phänomenologie in ihtem Verhältnis zur Psychologie)에서의 비판적 표명도)은 내가 서술한 것의 의미를 오해했고, 따라서 매우 오해했기에 거기에서 나의 학설로서 반박된 학설은 철저히 나의 학설이 아니다. 나는 이 책에서 더 상세하게 서술한 것이 그러한 오해가 더 이상 발생하지 않게 할 것이라 희망한다.

에 어긋남을 특징짓는다.

따라서 그러한 원리상 이치에 어긋남은 자기관찰의 가능성에 반대하는 회의적 의혹을 심리학적 귀납을 통해 실험심리학의 길[방법]로 극복할 수 있다는 희망 속에 표현된다. 또한 이것은 우리가 물리적 자연인식의 분야에서 결국 모든 외적 지각이 기만하지 않는가(왜냐하면 어쨌든 실제로 모든 외적 지각은, 단일화해서 보면, 기만할 수도 있기 때문이다) 하는 평행하는 회의를 실험물리학――이것은 실로 모든 단계에서 외적 지각의 권리를 전제한다――을 통해 극복하려 할 때와 마찬가지 사정이다.

그밖에 여기에서 일반적으로 진술된 것은 다음에 진술할 모든 것을 통해, 특히 반성적 본질통찰의 범위에 관한 해명을 통해 설득력을 얻을 것이다. 여기에서 가볍게 다룬 현상학(또는 여기에서 현상학으로부터 잠정적으로 아직 구별되지 않은 형상적 심리학과 어쨌든 현상학과 밀접하게 결합된 형상적 심리학의 관계)과 경험학문적 심리학의 관계도 이것들에 속한 모든 깊숙한 문제와 함께 이 책의 제2권에서 해명될 것이다. 나는 머지않은 미래에 현상학(또는 형상적 심리학)이, 실질적인 수학적 학과(예를 들어 기하학과 운동학)가 물리학에 기본이 되는 것과 동일한 의미에서, 경험적 심리학에 방법론으로 기초가 되는 학문이라는 확신이 널리 퍼질 것이라는 사실을 확신한다.

오래된 존재론적 학설, 즉 '가능성'의 인식은 실제성의 인식에 선행한다는 학설은, 내 견해로는, 이 학설이 올바르게 이해되고 올바른 방식으로 활용되는 한, 위대한 진리다.

80. 순수 자아에 대한 체험의 관계

선험적으로 순수화된 체험분야의 일반적 본질특유성 가운데 본래 첫 번째 자리는 당연히 '순수' 자아에 대한 모든 체험의 관계에 돌아가야 한다. 모든 '사유주체'(cogito), 부각된 의미에서 모든 작용은 자아의 작용으로 특성지어지며, 작용은 '자아로부터 나오며', 작용은 자아 속에 '현실적으로' '살아간다.' 우리는 이미 이에 관해 이야기했고, 앞에서 상론한 것을 몇 가지 문장으로 기억해본다.

관찰하면서 나는 어떤 것을 지각하고, 동일한 방식으로 나는 기억 속에 종종 어떤 것에 '몰두하며', 유사하게 관찰하면서 나는 날조하는 상상 속에 상상된 세계에 표류하는 것을 뒤쫓는다. 또는 숙고하며, 추론을 이끌어낸다. 어떤 판단을 취소하고, 경우에 따라 판단 일반을 '억제한다.' 좋아하거나 싫어하고, 기뻐하거나 슬퍼하며, 소망하거나 의욕하며 실행한다. 또는 기쁨·소망·의욕·행동도 '억제한다.' 이러한 모든 작용에서 나는 그 곁에(dabei), **현실적으로** 그 곁에 있다. 반성하면서 나는 그 곁에 나 자신을 인간으로 파악한다.

그러나 내가 현상학적 **판단중지**를 하면, 자연적 정립의 세계와 마찬가지로 '자아, 인간'은 배제하게 되고, 이때 자신의 고유한 본질을 지닌 순수한 작용체험은 뒤에 계속 남아 있다. 그렇지만 나는 순수한 작용체험을 인간의 체험으로 파악하는 것은, 그 현존의 정립은 도외시하고, 필연적으로 그 곁에 함께 있을 필요가 없는 여러 가지를 끌어들인다는 사실, 다른 한편으로 어떠한 배제함도 **사유주체**의 형식을 폐기할 수 없고 또 작용의 '순수' 주체를 삭제할 수 없다는 사실도 보게 된다. '~을 향해 있음' '~에 몰두해 있음' '~에 태도를 취함' '~을 경험하거나 겪음'은 **필연적으로** 자신의 본질 속에 그것이 바로 '자아로부터 그것으로' 나아간 것 또는 그 반대방향의 발산으로 '자아로 향한' 것이라는 사실을 포함한다. 따라서 이 자아는, 어떠한 환원도 전혀 손해를 입힐 수 없는 순수 자아다.

우리는 지금까지 '사유주체'의 특별한 유형의 체험에 관해 이야기했다. 자아현실성에 대해 일반적 환경을 형성하는 그밖의 체험은 물론 방금 논의한 부각된 자아관련성이 없다. 어쨌든 이 체험 역시 순수 자아에 관여하고, 순수 자아는 그 체험에 관여한다. 그 체험은 '순수 자아의 체험'으로서 순수 자아에 '속하며', 순수 자아의 의식배경이고 또 순수 자아의 자유의 장(場)이다.

그러나 '순수 자아'의 모든 체험과 이렇게 특유하게 얽혀 있으면서도, 체험하는 자아는 그 자신만으로 받아들여질 수 있고 또 자신의 연구대상이 될 수 있는 것이 전혀 아니다. 순수 자아의 '관련방식'이나 '행동방식'을 제외하면, 순수 자아는 본질의 구성요소에서 완전히 공허한 것이고, 해명될 수 있는 내용도 전혀 없으며, 그 자체에서 또 그 자체만으로 무엇이라 기술할 수 없는 것이다. 즉 그것은 순수 자아일 뿐이며, 그 이상 아무것도 아니다.

이런 까닭에 어쨌든 그때그때 체험의 종류나 양식 속에 체험하는 자아가 어떻게 있는가 하는 바로 특별한 방식에 관해 중요한 기술(記述)에 다양성의 계기가 존재한다. 이때 체험 자체와 체험작용의 순수 자아는——필연적으로 서로에 관련되어 있음에도 불구하고——항상 구별된다. 체험방식의 순수 주관적인 것*과 이른바 〔순수〕 자아를– 외면한 그밖의 체험의 내용(Gehalt)**도 구별된다. 따라서 체험영역의 본질에는 극히 중요한 일정한 두 가지 측면성이 있는데, 이에 관해 체험에는 주관적으로–방향이 정해진 측면과 객관적으로–방향이 정해진

---

* '주관적인 것'에 관해서는 191쪽의 역주를 참조할 것.
** 'Gehalt'는 의식에 내재적 내용을, 'Inhalt'는 어떤 것 속에 담겨 있다는 포괄적인 의미의 내용을 뜻한다. 따라서 이 둘을 구별하려고 'Gehalt'를 '내실'로 옮기려 했지만, 후설이 간혹 이 용어와 'reell'(내실적)을 묶어서 사용할 때도 있는데, 이 경우 번역이 매우 난감해지고, 또 후설이 이 구별을 특별히 중시하거나 일관되게 구별하지도 않기 때문에, 문맥에 따라 충분히 이해될 수 있다고 간주해 모두 '내용'으로 옮긴다.

측면이 구별될 수 있다고 말할 수도 있다. 그러나 실로 이러한 표현방식은, 마치 우리가 경우에 따라 체험의 '객체'〔대상〕가 이 체험에서 순수 자아와 유사한 것(Analoges)처럼 가르치는 것으로 오해하면 안 된다. 그럼에도 이 표현방식은 정당화된다. 그리고 우리는 이 두 가지 측면성은, 적어도 상당한 구간에서, 하나는 순수 주관성에 따라 방향이 정해지고 다른 하나는 주관성에 대해 객관성의 '구성'에 속한 것으로 방향이 정해진 〔우리의〕 연구를 나눔(결코 실제적 분리는 아니더라도)에 상응한다고 즉시 첨부한다. 우리는 체험(또는 순수하게 체험하는 자아)이 객체〔대상〕에 대한 '지향적 관련'에 관해 그리고 여러 가지 체험의 구성요소와 이것과 연관된 '지향적 상관자'에 관해 많은 것을 말해야 한다. 그러나 이러한 것은, 이 경우 순수 자아와 이 자아가 관여하는 방식에 어떻게든 더 깊이 파고들어가면서 몰두하지 않은 채, 포괄적 연구 속에 분석적이거나 종합적으로 탐구되고 기술될 수 있다. 물론 우리는, 순수 자아가 바로 필연적으로 그 곁에 있는 것인 한, 순수 자아를 자주 언급해야 한다.

우리가 이 제3장에서 계속 수행하려는 성찰은 자연적 태도에서 출발할 때 최초로 제시되는 객관적으로-방향이 정해진 측면에 우선적으로 적용될 것이다. 이 제3장의 예비〔입문〕 절〔제1절〕 속에 시사된 문제는 이미 이러한 측면을 지시한다.

81. 현상학적 시간과 시간의식

모든 체험의 일반적 특유성인 현상학적 시간은 독자적 논의가 필요하다.

하나의 체험의 흐름(하나의 순수 자아) 속에 모든 체험의 통일적 형식인 이 현상학적 시간과 '객관적' 시간, 즉 우주적 시간의 차이는 충분히 주목해야 한다.

현상학적 환원을 통해 의식은 자신이 물질적 실재성과 통각으로 '연결됨'(물론 이것은 하나의 비유다)과 자신이 비록 2차적이지만 공간 속에 포함됨뿐 아니라, 자신이 우주적 시간 속에 자리잡음도 상실했다. '지금' '이전에' '이후에' 그리고 이것을 통해 양식상(樣式上) 규정된 '동시에' '잇달아' 등 그 주어짐의 양상을 지닌 체험 그 자체에 본질에 적합하게 속한 그 현상학적 시간은 어떠한 태양의 위치에 의해서도, 어떠한 시계에 의해서도, 어떠한 물리적 수단을 통해서도 측정될 수 없고 결코 측정될 수 없다.

우주적 시간은, 마치 어떤 구체적 감각내용(가령 시각적 감각자료의 장에서 어떤 시각적 감각내용)의 내재적 **본질**에 속하는 '확장'이 객관적인 공간적 '연장'(延長), 즉 나타나는 객체와 또 이 감각자료 속에 시각적으로 '음영지어지는' 물리적 객체의 '연장'에 관계되는 것과 비슷한 방식으로 현상학적 시간에 관계된다. 색깔이나 연장 같은 감각의 계기를 이것을 통해 음영지어지는 사물의 색깔이나 사물의 연장 같은 사물의 계기와 함께 동일한 본질의 유 아래 놓는 것이 이치에 어긋난 것처럼, 현상학의 시간적인 것과 세계의 시간적인 것에 관해서도 마찬가지다. 체험과 그 체험의 계기 속에 초월적 시간은 나타남에 적합하게 제시될 수 있다. 그러나 제시함과 제시된 것 사이에 비유적 유사성 ─ 이것은 유사성으로서 본질의 합동[하나가 됨]을 전제할 것이다 ─ 을 상정하는 것은 다른 곳에서처럼 여기에서도 원리상 무의미하다.

그밖에 가령 우주적 시간이 현상학적 시간 속에 알려지는 방식은 세계의 실질적인 다른 본질계기가 현상학적으로 제시되는 방식과 정확히 동일한 것이라고 말하면 안 된다. 색깔이나 그밖의 감성적 사물의 성질(감각 장에 상응하는 감각자료에서)이 제시됨은 확실히 본질적으로 다른 종류이며, 또한 감각자료 안에서 확장의 형식으로 사물의 공간형태가 음영지어짐도 다른 종류다. 그러나 위에서 상술한 것에는 어디에서나 공통성이 존재한다.

더구나 시간은, 나중에 뒤따라올 연구에서 분명해지듯이, 완전히 **완결된** 문제영역에 대한 그리고 특별히 어려운 문제영역에 대한 명칭이다. 지금까지 우리의 서술은 무엇보다 오직 현상학적 태도에서만 투시할 수 있는 것과, 새로운 차원을 고려하지 않고 어떤 폐쇄된 연구분야를 형성하는 것이 혼란되지 않게 유지하기 위해 어느 정도 전체의 차원에 대해 침묵했으며 또 침묵할 수밖에 없었음이 밝혀진다.* 우리가 환원을 통해 표본화한 선험적으로 '절대적인 것'은 궁극적인 것이 아니며, 그것 자체가 깊이 놓여 있고 또 완전히 고유한 의미에서 구성된 것이고, 궁극적이고 참된 절대적인 것** 속에 자신의 근원적 원천을 갖는다.

---

* 후설은 초보자의 혼란을 방지할 교육적 목적과 현상학을 쉽게 이해시킬 방법적 의도로 『이념들』 제1권에서 내적 시간의식과 그 대상의 구성문제를 배제했다고 술회한다(『형식논리학과 선험논리학』, 252~253쪽을 참조할 것). 그리고 이러한 진술은 『이념들』 제2권(102~103쪽)에서도 반복된다. 결국 그의 시도는 가장 원초적으로 주어지는 것의 문제를 다루는 질료학의 가치를 부정하거나 시간의식에 대한 발생적 분석(이것은 이미 1904~1905년 강의 『시간의식』에서 수행되었다)이 마련되지 않아서가 아니라, <u>스스로 만족할 만한 수준의 체계적 완성</u>을 위해 유보했을 뿐이다.

** 내적 시간의식은 자아의 어떤 능동적 관여도 없는 비-정립적 의식에 근원적 경험(지각)이 주어지는(수용되는) 구조다. 여기에는 파악내용과 파악, 즉 질료와 형식을 구별하는 도식이 없다. 내적 시간성의 흐름 속에 있는 시간국면이 근원적 지향으로서 내적 대상을 직접 구성할 뿐이다. 후설은 "모든 구성에 앞서 놓여 있는 전체 통일성인 절대적 주관성의 시간, 즉 절대적 의식흐름에 관해 우리는 아무런 명칭도 갖고 있지 않다"(『시간의식』, 75쪽)고 하며, 이것에 대해 단지 "보라"(같은 책, 77쪽)고 한다. 모든 명칭은 이 흐름 속에 구성된 존재자에 대한 명칭이기 때문이다.

다행히 우리는 예비 분석에서 시간의식(Zeitbewßtsein)[18]의 수수께 끼를, 그 엄밀함을 손상시키지 않은 채, 그대로 놔둘 수 있었다. 오직 다음의 문장으로 이제야 겨우 이 문제를 언급한다.

　시간성(Zeitlichkeit)이라는 명칭이 체험 일반에 대해 표현하는 본 질속성은 일반적으로 모든 개별적 체험에 속한 것뿐 아니라, **체험을 체험과 결합하는 필연적 형식**도 가리킨다. 모든 실제적 체험(우리는 체 험실제성에 대한 명석한 직관에 근거해 이러한 명증성을 수행한다)은 필연적으로 지속하는 체험이다. 그리고 이 지속에 의해 체험은 지속 함의 무한한 연속체(Kontinuum) ──**충족된 연속체**── 에 자리를 잡는 다. 체험은 필연적으로 모든 측면에서 무한히 충족된 시간지평을 갖 는다. 이것은 동시에 체험은 하나의 무한한 '체험의 흐름'에 속한다는 것을 뜻한다. 모든 개별적 체험은, 예를 들어 기쁨의 체험은 시작할 수도 끝날 수도 있으며, 그래서 기쁨의 지속을 종결할 수도 있다. 그 러나 체험의 흐름은 시작할 수도 끝날 수도 없다. 시간적 존재인 모 든 체험은 자신의 순수 자아의 체험이다. 여기에는 필연적으로 자아 는 자신의 순수한 자아시선을 이 체험으로 향하고 이것을 실제로 존 재하는 것으로 또는 현상학적 시간 속에 지속하는 것으로 파악하는 가능성(우리가 알고 있듯이, 이것은 결코 공허한 논리적 가능성이 아니 다)이 포함되어 있다.

---

18) 이 문제와 관련된 그리고 오래전부터 노력해왔지만 헛된 나의 노력은 본질적 으로 1905년에 종료됐으며, 그 성과는 괴팅겐 대학 강의* 속에 전달되었다.

　＊ 이 괴팅겐 대학 강의 내용이 어떤 과정을 거쳐 1928년에야 알려지게 되었는 지는 165쪽의 역주를 참조할 것. 어쨌든 후설이 이렇게 반복해 『시간의식』 의 연구성과를 빈번히 인용하고 있다는 점에서 볼 때도 후설 현상학을 '정 적' 분석과 '발생적' 분석이라는, 또는 『이념들』 제1권의 선험적 관념론과 그 제2권의 경험적 실재론 혹은 『위기』의 생활세계 현상학이라는 단절된 틀 속에 도식적으로 파악하면 안 된다.

그러나 이러한 상태의 본질은 다음과 같은 가능성도 포함한다. 즉 그것은 자아가 시선을 시간적으로 주어지는 방식으로 향하고 또 — 그것이 주어지는 양상의 하나의 연속적 흐름 속에 지나간 것 또는 지속의 통일적인 것으로서 구성되지 않으면 — 지속하는 어떠한 체험도 가능하지 않다는 것을 (우리 모두가 기술된 것을 직관 속에 소생시키면서 사실상 이러한 명증성을 획득하듯이) 명증성을 갖고 인식하는 가능성이다. 더 나아가 시간적 체험 자체에 관한 이 주어지는 방식은, 새로운 종류와 차원의 것이라도, 하나의 체험이라는 가능성이다. 예를 들어 시작하며 끝나는, 그래서 그 사이에 지속하는 즐거움을 나는 우선 순수한 시선 속에 그 자체를 가질 수 있고, 그 즐거움의 시간적 국면과 함께 따라갈 수 있다. 그러나 나는 그 즐거움이 주어지는 방식에도 주목할 수 있다. 그것은 '지금'(Jetzt)의 그때그때 양상, 이 '지금'에 또 원리상 모든 '지금'에 필연적 연속성에서 새로운 '지금'과 또 끊임없이 새로운 '지금'이 연결되는 방식, 이와 일치해 모든 현실적 '지금'이 '방금 전에'(Soeben)로 변화하고, '방금 전에'는 다시 또 지속적으로 '방금 전에'에 대한 항상 새로운 '방금 전에' 등으로 변화하는 방식이다. 이것은 새롭게 연결되는 모든 '지금'에 대해서도 마찬가지다.

현실적 '지금'은 필연적이며, 언제나 새로운 질료에 대해 항속하는 형식인 시점(時點)인 것(Punktuelles)으로 남아 있다. 이것은 '방금 전에'의 연속성의 경우도 마찬가지다. 그것은 언제나 새로운 내용의 형식의 연속성이기 때문이다. 동시에 이것은 다음과 같은 것을 뜻한다. 즉 지속하는 즐거움의 체험은 불변하는 형식 — 동등한 것이 아니라 연속적-지향적으로 서로에 관계할 수 있는 과거지향의 연속성(과거지향에 관한 과거지향의 연속적 서로 뒤섞임)의 한계국면인 '인상'(Impression)이라는 국면 — 에서 하나의 의식연속체 속에 '의식에 적합하게' 주어진다. 이 형식은 언제나 새로운 내용을 유지하며, 따라서 '체험-지금'(Erlebnis-Jetzt)이 주어지는 모든 인상에, 지속의 연속적인 어떤 새로운 시점에 상응하는 인상에, 모든 새로운 인상이 연속적으로 '첨부된다'. 이 인상은 연속으로 과거지향으로 변화하며, 이 과거지향은 연속으로 변양된 과거지향으로 변화한다.

그러나 여기에 '이전에'에 상응하는 '이후에', 과거지향의 연속체에 상응하는 미래지향의 연속체라는 연속적 변화의 반대방향이 첨부된다.

82. 계속. 동시에 체험을 반성하는 지평인 세 겹의 체험의 지평

우리는 이 경우 더 많은 것도 인식한다. 모든 '체험의 지금'은, 새롭게 등장하는 어떤 체험의 시작국면에 있더라도, 필연적으로 자신의 '이전으로'(Vorhin)의 지평을 갖는다. 그러나 이것은 원리상 결코 공허한 '이전으로'일 수 없으며, 내용이 없는 공허한 형식은 난센스다. 필연적으로 그것은 이러한 형식 속에 지나가버린 어떤 것, 즉 지나가버린 체험을 포착하는 지나가버린 '지금'의 의미를 갖는다. 필연적으로 체험은 새롭게 시작하는 모든 체험에 시간적으로 이전에 지나가버린 것이고, '체험과거'는 연속으로 충족된다. 그러나 모든 '체험의 지금'도 자신의 필연적인 '이후에'(Nachher)의 지평을 가지며, 이것 역시 공허한 지평이 결코 아니다. 필연적으로 모든 '체험의 지금'은, 체험이 지속하기를 중지하는 최종국면이더라도, 새로운 '지금'으로 변화하며, 이것은 필연적으로 충족된 것이기 때문이다.

이에 대해 다음과 같이 말할 수도 있다. 즉 그 의식 자체가 다시 하나의 '지금'인 방금 전에 지나가버린 것의 의식은 '지금'의 의식에 필연적으로 연결된다. 어떠한 체험도 중지함이나 중지했음의 의식 없이

중지할 수 없으며, 이것이 새롭게 충족된 '지금'이다. 체험의 흐름은 무한한 통일체이며, 흐름의 형식은 순수 자아의 모든 체험을 필연적으로 포괄하는—여러 가지 형식체계를 지닌—형식이다.

이러한 통찰을 더 자세하게 형성하는 일과 그 거대한 형이상학적 결과를 증명하는 일을 〔앞에서〕 예고한 나중의 서술에 맡기자.

반성하는(내재적) 지각이 주어질 수 있음으로서 방금 전에 다룬 체험의 일반적 특유성은—모든 체험은 본질적으로 그 자체로 완결된 체험연관에서 시간적 계속의 관점 아래 있을 뿐 아니라 동시성의 관점 아래에도 있다는 사실을 본질법칙 속에 표명하는—더 포괄적인 특유성의 한 존립부분이다. 이것은 모든 체험은 바로 '지금'이라는 원본성의 형식도 지니며, 이러한 것으로서 순수 자아의 하나의 원본성의 지평을, 즉 순수 자아의 원본적인 '의식-지금'을 형성하는 체험의 지평을 지금 지닌다는 것을 뜻한다.

이 지평은 통일적으로 지나가버린 것의 양상 속에 들어온다. 변양된 '지금'인 모든 '이전으로'는 주시된 모든 체험—그것은 그것의 '이전으로'다—에 대해 무한한 지평, 즉 동일한 변양된 '지금'에 속한 모든 것을 포괄하는 지평, 요컨대 '동시에 존재했던 것'의 자신의 지평을 함축한다. 따라서 이전에 기술한 것은 새로운 차원을 통해 보충되어야 하며, 그래야 비로소 우리는 순수 자아의 완전한 현상학적 시간의 장(場), 즉 임의의 '순수 자아'의 체험에 관해 '이전에' '이후에' '동시에'의 세 가지 차원에 따라 끝에서 끝까지 측정할 수 있는 시간의 장(場)을 갖는다. 또는 그 본질에 따라 통일적이며, 그 자체로 엄밀하게 완결된 시간적 체험통일체의 완전한 흐름을 갖는다.

하나의 순수 자아 그리고 세 가지 차원 모두에 따라 충족되고—이 충족 속에 본질적으로 연관된—자신의 내용이 계속되는 가운데 자신을 요구하는 하나의 체험의 흐름은 필연적으로 상관자다.

83. '이념'으로서 통일적 체험의 흐름에 대한 파악

의식의 이 근원형식과 다음과 같은 것은 본질법칙으로 관련된다.

순수한 자아시선이 반성하면서 게다가 지각으로 파악하면서 그 어떤 체험에 정확하게 도달한다면, 이러한 연관이 도달하는 한, 그 시선을 다른 체험으로 향할 아프리오리한 가능성이 있다. 이 전체의 연관은 원리상 하나의 유일한 순수 시선을 통해 주어지거나 주어질 수 있는 것이 결코 아니다. 그럼에도 그 연관은, 원리상 다른 종류라도 일정한 방식으로—즉 자신의 체험지평의 고정된 체험에서 새로운 체험으로, 그 지평의 이러한 고정화(Fixation)에서 저러한 고정화로 등 내재적 직관이 '무한히 진행하는' 방식으로—직관적으로 파악할 수 있다. 그러나 여기에서 체험의 지평에 관한 논의는 그것이 기술된 차원에 따른 현상학적 시간성의 지평뿐 아니라, 새로운 종류의 주어지는 양상의 차이를 뜻한다. 따라서 자아시선의 객체[대상]가 된, 그래서 '눈여겨 본'이라는 양상을 지닌 체험은 자신이 눈여겨 보지 않았던 체험의 지평을 갖는다. '주목함'의 양상 속에 또 경우에 따라서는 점점 더 명석하게 파악된 것은 명석함과 희미함의 상대적 차이, 마찬가지로 부각되거나 부각되지 않은 상대적 차이를 지닌 배경의 주목하지 않은 지평을 갖기 때문이다. 이 지평에는 눈여겨 보지 않았던 것을 순수한 시선 속에 이끌어오고, 부수적으로 알아차린 것을 1차적으로 알아차린 것으로, 부각되지 않은 것을 부각된 것으로, 희미한 것을 명석한 것 그리고 더 명석한 것으로 만들 형상적 가능성이 뿌리내려 있다.[19)]

---

19) 여기서 '지평'은 35항 초반에 논의한 '마당'(Hof)이나 '배경'(Hintergrund)과 같은 뜻이다.

파악에서 파악으로 계속 진행해가면서 이제 일정한 방식으로 체험의 흐름도 통일체로서 파악한다고 나는 말했다. 우리는 이 체험의 흐름을 어떤 단일의 체험처럼 파악하지 않지만, 칸트적 의미에서 이념*의 방식으로 파악한다. 체험의 흐름은 닥치는 대로 정립되거나 주장된 것이 아니라, 절대로 의심할 여지없이 주어진 것 ─주어짐이라는 말에 상응하는 넓은 의미에서─ 이다. 이 의심할 여지없음은 ─직관에 근거해도─ 체험의 존재에 대해 존재하는, 따라서 내재적 지각 속에 순수하게 주어지는 의심할 여지없음과는 원천이 완전히 다르다. 그것은 바로 칸트적 '이념'을 직관하는 이념화작용 ─그렇기 때문에 가령 그 내용의, 여기에서는 체험의 흐름에 충전적 규정은 도달할 수 없는 것이라는 통찰을 상실하지 않는 이념화작용─ 에 특유한 것이다. 동시에 우리는 체험의 흐름과 그 구성요소 자체에는 일련의 구별할 수 있는 주어짐의 양상이 있으며, 이에 대한 체계적 탐구가 일반적 현상학의 주요과제를 형성해야 한다는 사실을 알게 된다.

이러한 고찰에서 우리는 어떠한 구체적 체험도 완전한 의미에서 자립적인 것으로 간주될 수 없다는 형상적으로 타당하고 명증한 명제를 이끌어낼 수 있다. 각각의 체험은 그 본성과 형식에 따라 임의가 아니라 결합된 연관의 관점에서 '보충해야' 한다.

예를 들어 그 어떤 외적 지각 ─우리가 이 일정한 집에 대한 지각이라고 구체적 충족 속에 말하는 외적 지각─ 을 고찰하면, 이때 그 지각에는 필수적 규정요소로서 체험의 주변이 있다. 그러나 물론 이것은 필연적이지만 어쨌든 '본질 외적인' 고유한 규정요소, 즉 그 변화가 체험의 고유한 본질내용을 전혀 변화시키지 않는 규정요소다. 그러므로 주변의 규정성의 변화에 따라 지각 자체도 변화한다. 반면 지각

---

*   '칸트적 의미에서 이념'에 관해서는 247쪽의 역주를 참조할 것.

이라는 유의 가장 낮은 종차, 그 내적 고유성은 동일한 것으로 생각될 수 있다.

이러한 고유성 속에 본질상 동일한 두 가지 지각 역시 주변의 규정성에 관해서도 동일하다는 것은 원리상 불가능하며, 그 지각들은 개별적으로 하나의 지각일 것이다.

어쨌든 우리는 두 가지 지각에 관해 그리고 하나의 체험의 흐름에 속한 두 가지 체험 일반에 관해 이것을 통찰할 수 있다. 모든 체험은 앞으로의 체험의 (밝은 또는 희미한) 마당에 영향을 준다.

더 자세히 고찰해보면 〔하나의〕 동일한 본질내용에 관한 두 가지 **체험의 흐름**(두 순수 자아에 대한 의식영역)은 생각도 하지 못할 것이라는 사실, 이미 이제까지 진술한 것에서 알아차릴 수 있는 것처럼, 어떤 흐름의 완전히 **규정된** 체험도 각기 다른 흐름에 속할 수 없다는 사실이 밝혀질 것이다. 오직 동일한 내적 특성의 체험만 (개별적으로 동일하게 공통적이지는 않더라도) 그 체험에 공통적일 수 있지만, 하나의 절대적으로 동일한 '마당'을 갖는 두 가지 체험은 결코 그렇지 않기 때문이다.

84. 현상학의 주요주제인 지향성

이제 체험의 특유성, 즉 곧장 '객관적으로' 방향이 정해진 현상학의 일반주제라 할 수 있는 '지향성'(Intentionalität)*으로 이행하자.

---

* 후설은 현상학 전체를 관통해 포괄하는 핵심인 '지향성' 개념을 브렌타노(F. Brentano)가 물리적 현상과 구별되는 심리적 현상의 탐구에 사용한 데서 이어받았다. 그러나 그는 브렌타노가 의식과 실재의 관계를 인과적으로 파악하는 자연주의적 편견 때문에, 인식론적으로는 실재론자이면서도 심리학적으로는 관념론자가 되었다고 비판한다(『심리학』, 309~310쪽;『위기』, 236쪽을 참

지향성은, 모든 체험이, 그 어떤 방식으로 지향성에 관여하는 한, ─ 그럼에도 예를 들어 가능한 반성의 시선 속에 객체〔대상〕로서 등장하는 모든 체험에 대해 그것 역시 추상적 체험의 계기라고, 즉 시간적 체험의 계기라고 말할 수 있는 것과 동일한 의미에서 모든 체험에 대해 그것이 지향성을 가졌다고 할 수는 없지만 ─ 체험영역 일반의 본질특유성이다. 지향성은 의식을 적확한 의미에서 특성짓는 것, 동시에 전체의 체험의 흐름을 의식의 흐름으로 그리고 하나의 의식통일체로 부르는 것을 정당화하는 것이다.

의식 일반에 관한 〔이 책〕 제2장의 예비적 본질분석에서는 (아직 현상학의 입구에 들어서기 전에 특히 환원의 방법을 통해 그 입구를 획득하는 목적에서) 이미 지향성 일반에 관한 그리고 '작용'의, '사유작용'(cogitatio)의 특성에 관한 가장 일반적인 일련의 규정을 뚜렷하게 부각시켜야 했다.[20] 우리는 〔그후〕 계속해서 이 규정을 사용해왔고, 비록 근원적 분석이 아직 현상학적 환원의 명확한 규범 아래 수행되지 않았지만, 그렇게 할 필요가 있었다. 왜냐하면 이 규정은 체험의 순수한 고유한 본질에 관계하며, 따라서 심리학적 통각과 존재정립을 배제함으로써 영향을 받지 않을 수 있기 때문이다. 지금 문제되는 것은 관통하는 현상학적 구조의 포괄적 명칭인 지향성을 규명하는 것, 또 이 구조에 본질적으로 관련된 문제제기(이 문제제기가 일반적 입문에서 가능한 범위로)를 입안하는 것이기 때문에, 우리는 이전에

조할 것). 그래서 그는 이 개념을 의식이 대상을 의미를 지닌 대상성으로 구성하는 의식작용으로 발전시킨다. 그에게 지향성은 단순히 의식과 대상을 연결하는 관계도, 이 관계에 대한 규정도 아니다. 현상으로서 의식에 주어진 대상은 인식의 매개수단이 아니라, 지각의 최종착점이며 지각된 사태 자체다. 결국 "우리는 지향성 속에 사물과 지성의 일치를 경험하는 것이 아니라, 이 일치 자체를 대상으로 만든다"(『수동적 종합』, 102쪽).

20) 이 책의 36~38항을 참조할 것.

언급한 것을 요약해 반복하지만, 지금 본질적으로 다르게 방향이 정해진 우리의 목적이 요구하는 데 필요한 형태로 그렇게 한다.

우리는 지향성 아래 체험의 고유성을 '무엇에 관한 의식으로 있음'으로 이해했다. 이성이론적이며 형이상학적인 모든 수수께끼로 되돌아오는 이 놀랄 만한 고유성을 우리는 명시적 사유주체 속에 최초로 떠올린다. 지각작용은 무엇, 가령 어떤 사물에 관한 지각작용, 판단작용은 사태에 관한 판단작용, 평가작용은 가치사태에 관한 평가작용, 소망함은 바라는 사태에 관한 소망함 등이다. 행동함은 행위에, 실행함은 실행에, 사랑함은 사랑받는 것에, 기뻐함은 기쁜 것에 관계한다. 모든 현실적 사유주체에는 순수 자아로부터 발산되는 시선이 사물이나 사태 등 그때그때 의식의 상관자인 '대상'을 향해 있고, 이 대상에 관한 매우 다른 종류의 의식이 수행된다.

그러나 이제 현상학적 반성은 모든 체험 속에 이렇게 표상하고 사유하고 평가하는 등 '자아가 향해 있음'(Ichzuwendung), 이러한 현실적 '상관자인 대상과 관계함' '상관자인 대상으로 향해 있음'(또는 그 대상으로부터 떠나지만 어쨌든 시선을 그 대상으로 향한)이 ─ 아무튼 체험이 지향성을 내포할 수 있음에도 불구하고 ─ 발견될 수 없다는 사실을 가르쳐주었다. 그래서 예를 들면 대상적 배경 ─ 이 배경으로부터 사유작용으로 지각된 대상은 두드러진 '자아가 향해 있음'이 그 대상에 주어짐으로써 부각된다 ─ 은 실제로 체험에 적합한 대상적 배경이라는 사실은 분명하다. 즉 우리가 지금 '사유주체'의 양상으로 순수한 대상을 향해 있는 동안, 어쨌든 여러 가지 대상이 '나타나며', 이것은 직관적으로 '의식되고', 의식된 대상의 장(場)의 직관적 통일체로 함께 흘러간다. 이것은 그렇게 나타나는 모든 것에 특별한 지각작용(알아차리는 사유주체)이 향할 수 있다는 의미에서 잠재적 지각의 장이다. 그러나 마치 체험에 적합하게 현존하는 감각음영—예를 들어 시각적 음영과 시각적 감각의 장의 통일체 속에 전개된 음영—이 모든 대상적 파악이 결여되었다가 시선을 향함에 따라 비로소 일반적으로 대상의 직관적 나타남이 구성된다는 의미에서 잠재적 지각의 장은 아니다.

더 나아가 여기에는 기쁨이 '솟구침', 판단이 솟구침, 소망이 솟구침 등과 같은 종류의 배경에서 먼 다른 단계의—또는 그때그때의 사유작용 속에 현실적으로 살아가는 순수 자아가 관계의 중심점이기 때문에 우리가 '자아에 먼'이나 '자아에 가까운'이라 할 수도 있는— 현실성배경에 대한 체험이 속한다. 기뻐함·소망함·판단작용 등은 특수한 의미에서 '수행될' 수 있다. 즉 이렇게 수행되는 가운데 '생생하게 활동하는'(또는 슬픔이 '수행되는' 가운데 현실적으로 '겪는') 자아에 의해 수행될 수 있다. 그러나 그러한 의식의 방식은 이미 '움직일' 수 있고, 그렇게 '수행되지' 않고도 '배경' 속에 등장할 수 있다. 그럼에도 이 비–현실성은 그것의 고유한 본질에 따라 이미 '무엇에 대한 의식'이다. 따라서 우리는 지향성의 본질 속에 사유주체의 특수한 것, '시선을 돌림' 또는 (그밖에 여러 번 더 이해해야 하고 현상학적으로 탐구해야 하는) '자아가 향해 있음'[21]을 함께 포함시키지 않았다. 오히려 이렇게 사유작용에 관한 것을 지향성이라 부른 일반적인 것의 특수한 양상으로 간주했다.

전문용어에 관한 주석

『논리연구』에서 바로 이 일반적인 것을 '작용특성'(Aktcharakter), 이러한 특성을 지닌 모든 구체적 체험을 '작용'(Akt)이라 했다. 이 작용개념이 겪은 끊임없는 오해가 내가 (이미 몇 년 전부터 내 강의에서

---

21) 앞의 37항 초반부를 참조할 것.

그런 것처럼 여기에서도) 전문용어를 다소 더 신중하게 한정하고, 작용이나 지향적 체험과 같은 표현을 더 이상 조심하지 않고 같은 값을 지닌 것으로 사용하지 않게끔 결정하게 했다. 더 나아가 나의 근원적 작용개념은 철저하게 불가결하다는 사실, 하지만 수행된 작용과 수행되지 않은 작용 사이의 양상에 차이를 끊임없이 고려해야 한다는 사실이 밝혀졌다.

아무것도 첨부되지 않고 단적으로 작용이 문제가 되는 곳에서는 오직 본래, 이른바 현실적으로 수행된 작용만 뜻할 것이다.

그밖에 아주 일반적으로 다음과 같은 사실을 진술해야 한다. 즉 시작하는 현상학에서 모든 개념이나 전문용어는—우선 구별되지 않은 통일성 속에 파악된 것 안에서 새로운 현상학적 층(層)에 대한 의식분석과 인식이 진보함에 따라 항상 구별할 준비가 된—일정한 방식으로 유동적으로 남아 있을 수밖에 없다는 사실이다. 선택된 모든 전문용어는 연관의 경향을 띠며, 이것은 관계의 방향을 지시한다. 이 관계의 방향으로부터 전문용어는 오직 하나의 본질 층 속에 자신의 원천을 갖지 않는다는 사실이 종종 밝혀지고, 이와 함께 동시에 전문용어가 더 잘 한정될 수 있거나 그렇지 않으면 변양될 수 있을 것이라는 사실이 생긴다. 따라서 최종 전문용어를 기대하는 것은 학문〔현상학〕이 상당히 진보한 발전단계에서야 비로소 가능하다. 전문용어의 논리학의 외적-형식적 척도를 최초로 출현하는 학문적 서술에 세워놓고 이제 막 출발한 전문용어를 거대한 학문적 발전의 최종성과가 최초로 고정되는 방식으로 요구하는 것은 잘못으로 이끌고 근본적으로 전도(顚倒)된 것이다. 출발에서는 모든 표현이 충분하고, 특히 우리의 시선을 명석하게 파악할 수 있는 현상학적 사건으로 돌릴 수 있는 적절하게 선택된 모든 비유적 표현으로도 충분하다.

명석함은 규정되지 않은 것의 일정한 마당을 제외하지 않는다. 규정되지 않은 것을 계속 규정하거나 해명하는 것은, 다른 측면에서 비교하거나 연관이 변화되는 가운데 수행할 수 있는 내적 분석 ─ 구성요소나 층으로 세분함 ─ 처럼, 바로 앞으로의 과제다. 그러나 제시된 직관적 입증에 만족하지 못해 '정밀한' 학문에서처럼 '정의'(定義)를 요구하는 사람, 또는 한 쌍의 조잡한 예(例)의 분석에서 이른바 확고한 개념으로서 획득된 현상학적 개념을 비-직관적인 학문적 사유 속에 자유롭게 처리하고 이것을 통해 현상학을 촉진시킬 수 있다고 믿는 사람은 아직도 현상학의 본질과 현상학에서 원리상 요구되는 방법론을 파악하지 못할 만큼 매우 〔서툰〕 초보자다.

이제까지 말한 것은 내재적-본질적인 것에 결부된 심리학적 현상학의 기술(記述)이라는 의미에서 경험적으로 향한 심리학적 현상학에 대해서도 마찬가지로 적용된다.

우리가 파악했듯이, 규정되지 않은 범위 속에 파악된 지향성이라는 개념은 현상학의 출발에서 완전히 불가결한 출발개념이자 근본개념이다. 이 개념이 지적한 일반적인 것은 더 자세하게 연구하기 전에는 여전히 매우 모호한 것일 수 있고, 본질적으로 다른 여전히 수많은 형태로 등장할 수 있으며, 본래 지향성의 순수한 본질 ─ 그 구체적 형태의 구성요소는 이러한 본질을 본래 내포하며 그 본질은 이 구성요소에 내적으로 생소할 수 있다 ─ 의 형성을 엄밀하고도 명석한 분석 속에 밝히는 것이 여전히 매우 어려울 수도 있다. 어쨌든 우리가 체험을 지향적 체험으로 인식하고 이 체험에 관해 '이것은 무엇에 관한 의식'이라 진술할 때, 체험은 일정한 그리고 극히 중요한 관점에서 고찰된다. 게다가 이렇게 진술할 경우 중요한 문제가 구체적 체험인지 추상적 체험의 층인지는 우리에게 상관없다. 왜냐하면 이것 역시 문제가 되는 특유성을 가리킬 수 있기 때문이다.

85. 감각적 질료(hyle)와 지향적 형상(morphe)

이미 위에서 (우리가 체험의 흐름을 의식의 통일체라 했을 때) 지향성은, 수수께끼로 가득 찬 그 형식과 단계는 제외하고, 결국 그 자체가 지향적인 것으로 특성지어지지 않는 모든 체험을 내포한 보편적 매개물을 닮았다고 시사했다. 그러나 우리가 이제까지 당분간 얽매였던 고찰의 단계에서, 즉 모든 체험의 시간성을 구성하는 궁극적 의식의 희미한 심층 속으로 내려가지 않고 오히려 체험을 통일적인 시간적 경과로서 내재적 반성 속에 제시되는 대로 받아들인 고찰의 단계에서, 원리상 다음과 같은 것을 구별해야 한다.

① 『논리연구』에서 '1차적 내용'이라 부른 모든 체험.[22]

② 지향성의 특별한 것을 내포한 체험 또는 체험계기.

①의 체험에는 최고 유에 따라 어떤 통일적인 '감각적'(sensuell) 체험, 즉 색깔·촉감·음(音) 등의 자료와 같은 '감각내용'이 속하며, 우리는 이것을 나타나는 사물의 계기·채색·거칢 등——이것은 오히려 감각내용에 의해 체험에 적합하게 '제시된다'——과 혼동하지 않는다. 감각적 즐거움·슬픔·욕망 등의 감각과 '충동'영역의 감각적 계기도 마찬가지다. 우리는 그러한 구체적 체험자료를 더 포괄적인 구체적 체험 속의 구성요소로서 발견하는데, 이 구체적 체험은 전체로서 지향적이다. 게다가 그래서 그 감각적 계기 위에 마치 '영혼을 불어넣는', 의미를 부여하는 (또는 의미부여를 본질적으로 함축하는) 층(層)이 놓이는 것을 발견한다. 이 층을 통해 그 자체로 지향성에 관한 아무것도 갖지 않는 감각적인 것으로부터 바로 구체적인 지향적 체

---

22) 『논리연구』제2-2권(개정판) 제7절 58항. '1차적 내용'이라는 개념은 그밖에도 이미 나의 『산술철학』(1891) 72쪽 도처에서 발견된다.

험이 이루어진다.

체험의 흐름 속에 있는 그러한 감각적 체험이 어디에서나 또 필연적으로 그 어떤 '영혼을 불어넣는 파악'(이 파악이 다시 특성에서 요구하고 가능하게 하는 모든 것과 함께)을 지니는지, 아니면 그러한 감각적 체험이 항상 **지향적 기능**을 하는지는 여기에서 결정될 수 없다. 다른 한편으로 우리는 지향성을 본질적으로 수립하는 특성이 감각적 토대 없이 구체화될 수 있는지를 우선 결정하지 않고 놔둔다.

어쨌든 현상학적 분야 전체에서 (끊임없이 고수해야 할 구성된 시간성의 단계 안에서 전체로) **감각적 질료와 지향적 형상**의 이 주목할 만한 이중성과 통일성이 지배적 역할을 한다. 사실 우리가 그 어떤 명석한 직관 또는 명석하게 수행된 평가함·기뻐함·욕구함 등을 현전화할 때, 이 소재(Stoff)와 형상(Form)이 곧바로 끈질기게 달라붙는다. 지향적 체험은 의미부여(매우 확장된 의미에서)를 통한 통일체로서 거기에 있다. 감성적 자료는 다른 단계의, 단적으로 또 고유한 방식으로 기초지어진 ─여전히 더 자세하게 논의해야 할─ 지향적 형상화(Formung) 또는 의미부여에 대한 소재로서 주어진다. 이러한 논의가 얼마나 적절한지는 (나중에) '상관자'에 관한 학설에 의해 다른 측면에서 더 입증될 것이다. 따라서 위에서 개방해 놓아둔 가능성에는 '형식 없는 소재'와 '소재 없는 형식'이라 이름붙일 수 있다.

전문용어의 관점에서 '1차적 내용'이라는 표현은 우리에게 더 이상 충분히 특징지어져 나타난다는 점을 첨부해야 한다. 다른 한편 동일한 개념에 대해 '감성적 체험'이라는 표현을 사용할 수 없다. 왜냐하면 감성적 지각, 감성적 직관 일반, 감성적 기쁨 등에 관한 논의─이 경우 단순한 질료적 체험이 아니라 지향적 체험이 감성적 체험으로 지칭된다─는 그 개념에 방해가 되기 때문이다. 분명히 '단순한' 또는 '순수한' 감성적 체험에 관한 논의도 그것이 지닌 새로운 모호함 때문에 문제를 개선하지 못할 것이다. 여기에다 '감성적'이라는 말에 속한, 현상학적 환원 속에 유지된 고유한 모호함이 첨부된다. '의미를 부여하는'(sinngebend)과 '감성적'(sinnlich)이라는 말의 대조 속에 등장하는, 때에 따라 방해하지만 더 이상 피할 수 없는 이중의 의미는 제외하더라도, 다음과 같은 사실, 즉 좁은 의미에서 감성은 정상적인 외적 지각 속에 '의미'를 통해 매개된 것의 현상학적 잔여를 지칭한다는 사실을 언급해야 한다. 환원 이후 외적 직관에 관련된 '감성적' 자료의 본질유사성이 드러나며, 이 본질유사성에는 고유한 유의 본질 또는 현상학의 근본개념이 상응한다.

그러나 더 넓은 그리고 본질상 통일적 의미에서 감성도 〔한편으로〕 자신의 고유한 유의 통일체를 가지며, 또다른 한편으로 더 좁은 의미에서 그 감성과 함께 일반적 종류의 본질유사성도 다분히 갖는 감성적 감정과 충동까지 포함한다. 이 개념 모두 질료(Hyle)의 기능적 개념이 표현하는 공동체를 제외한다. 이 두 개념은 함께 근원적으로 감성에 관한 더 좁은 논의를 감정의 영역과 의지의 영역으로의 낡은 전이(轉移), 즉 지시된 영역의 감성적 자료가 기능하는 '소재'로서 등장하는 지향적 체험으로의 낡은 전이를 강요했다. 따라서 우리는 어쨌든 기능의 통일성을 통해 그리고 형성하는 특성의 대조를 통해 그룹 전체를 표현하는 새로운 전문용어가 필요하며, 그래서 '질료의 자료' 또는 '소재의 자료' 그리고 '단적인 소재'라는 표현을 선택한다. 그 본성상 피할 수 없는 낡은 표현에 대한 기억을 일깨울 필요가 있는 곳에서, 우리는 감각적 소재, 심지어 감성적 소재를 말한다.

소재를 지향적 체험으로 형성하고 지향성의 특수한 것을 끌어들이는 것은 바로 의식에 관한 논의에 그 특수한 의미 — 따라서 바로 의식은 마땅히 의식이 그것에 관한 의식인 것을 지시한다 — 를 부여하는 것과 동일하다. 이제 의식의 계기, 의식됨, 이와 유사한 모든 형성물, 마찬가지로 지향적 계기에 관한 논의는 계속 판명하게 드러나는 여러 가지 모호함에 의해 완전히 사용할 수 없기 때문에, '인식작용의 계기' 또는 요약해 파악해보면, '인식작용'(Noesis)이라는 말을 도입한다. 이 인식작용은 그 말의 가장 넓은 의미에서 '지성'(Nus)*의 특수한 것을 형성하고, 이것은 자신의 모든 현실적 삶의 형식에 따라 우리를 사유작용으로 소급하며, 그런 다음 지향적 체험 일반으로 소급하고, 그래서 규범이라는 이념의 형상적 전제인 모든 것을 (본질적으로 오직 이것만) 포괄한다. 동시에 '지성'이라는 말이 자신의 부각된 의미(Bedeutung), 즉 바로 '의미'(Sinn)를 기억하게 한다는 것은——인식작용의 계기 속에 수행되는 '의미부여'(Sinngebung)가 다양한 것을 포괄하고 또 오직 기초로서 의미라는 적확한 개념에 연결되는 '의미부여'를 포괄하지만——받아들일 만하다.

체험의 이 인식작용 측면을 **심리적 측면**으로 부르는 것도 충분한 근거가 있다. 왜냐하면 **영혼**(psyche)과 심리적인 것(Psychisches)에 대한 논의에서 철학적 심리학자의 시선은——감성적 계기가 신체와 그 감각활동에 인정되는 동안——일정한 우선권을 갖고 지향성이 끝

---

* 이 말의 어원은 그리스어 'nous'이며, 이와 관련해 후설이 줄곧 사용하는 'noesis'를 정확하게 이해하려면 플라톤의 『국가』(*Politeia*) 제6권 '선분의 비유'(519d~521e)를 주목해야 한다. 여기에서 플라톤은 인식대상을 가시적인 것들(ta horata), 즉 감각의 대상들(ta aistheta)과 지성에 의해 알 수 있는 것들(ta noeta)로 나누고, 인식주관의 상태를 전자(前者)에서 그림자[像]에 대한 짐작(eikasia)과 실재에 대한 확신(pistis), 후자(後者)에서 수학적인 것에 대한 추론적 사고(dianoia)와 이데아(형상)에 대한 직관(episteme)을 대응시켰다. 그리고 전자를 속견(doxa), 후자를 지성에 의한 인식(noesis)이라 한다. 요컨대 '지성'(nous)은 이론적 사고인 '이성'(logos)을 포괄할 뿐 아니라, 그 인식을 통해 자신의 삶을 훌륭하게 실현하려는 실천적 의지도 지닌다.
이러한 맥락에서 'nous'를 '지성'으로 옮기지만, 'noesis'는 '인식작용'으로, 'Noetik'은 '인식작용[에 관한]학', 'noema'는 '인식대상'으로 옮긴다.

어들이는 것을 향하기 때문이다. 이러한 낡은 경향은 브렌타노(F. Brentano)*가 '심리적 현상'과 '물리적 현상'을 구별한 것에서 가장 최신의 모습을 발견하게 된다. 이 경향은 — 브렌타노 자신은 현상학적 토대에서 여전히 멀리 떨어져 있고 또 자신의 구별로 그가 본래 추구했던 물리적 자연과학과 심리학의 경험분야의 구별에 정확하게 도달하지 못했더라도 — 현상학의 발전에 선구적이었기 때문에 특히 중요하다. 여기에서 특히 우리가 관계하는 것은 오직 다음과 같은 점이다. 즉 브렌타노는 결국 소재의 계기라는 개념을 여전히 발견하지 못했다. 그 원인은 그가 소재의 계기(감각자료)인 '물리적 현상'과 이것이 인식작용의 파악 속에 나타나는 대상적 계기(사물의 색깔·형태 등)인 '물리적 현상'의 원리적 구별을 고려하지 않았기 때문이다. 이에 반해 그는 다른 측면에서 그것을 한계짓는 규정 가운데 하나의 규정 속에 '심리적 현상'이라는 개념을 지향성의 특유성을 통해 특성지었다. 바로 그 결과 브렌타노는 그 말의 역사적 의미에서 일정하게 강조했지만 아무것도 제거하지 않은 그 말의 부각된 의미에서 '심리적인 것'을 현대의 시야 속에 끌어들였다.

그러나 '심리적인 것'이라는 말을 지향성에 대해 같은 값을 지닌 것으로 사용하는 데 반대하는 것은, 지향성의 의미에서 심리적인 것과 심리학적인 것(따라서 심리학의 특유한 객체인 것)의 의미에서 심

---

* 브렌타노(1838~1917)는 독일관념론과 신칸트학파를 배격하고 자연과학에 따른 경험적-기술적 심리학의 방법으로 철학을 엄밀하게 정초하려 했으며, 윤리적 인식의 근원을 해명하는 가치론을 개척했다. 후설은 브렌타노의 이 기술 심리학에서 결정적 영향을 받아 수학에서 철학으로 전향했으며, 특히 물리적 현상과 구별되는 심리적 현상의 특징인 의식의 지향성에 대한 분석은 현상학의 형성에 지대한 역할을 했다. 저서로는 『경험적 관점에서의 심리학』(1874), 『도덕적 인식의 근원』(1889) 등이 있으며, 그의 사후에 『신(神)의 현존에 관해』 『인식에 관한 시론(試論)』 『올바른 판단론』 등이 전집으로 출간되었다.

리적인 것을 동일한 방식으로 부르는 것이 확실히 적절하지 않다는 상황 때문이다. 더구나 후자(後者)의 개념은 '영혼(Seele) 없는 심리학'*으로 잘 알려진 경향에 그 원천이 있는 불쾌한 이중의 의미도 있다. 사람들이 심리적인 것 ── 특히 그에 상응하는 '심리적 성향'에 대립된 현실적으로 심리적인 것 ── 이라는 명칭 아래 경험적으로 정립된 체험의 흐름에 통일체 속의 체험을 편애해 생각한다는 사실은 이러한 심리학에 관련된다. 그러나 이제 이 심리적인 것의 실재적 담지자, 즉 동물적 존재나 동물의 '영혼'과 그 영혼적-실재적 속성도 심리적인 것이나 심리학의 대상으로 부르는 것은 불가피하다. '영혼 없는 심리학'은 그 어떤 몽롱한 영혼의 형이상학이라는 의미에서 영혼의 실체를 배제하는 것을 영혼 일반, 즉 경험 속에 사실적으로 주어진 실재성 ── 이것의 상태가 곧 체험이다 ── 을 배제하는 것과 혼동하는 것처럼 보일지도 모른다. 이 실재성은 신체에 결합되고 또 일정한 방식으로 경험적으로 규칙화된 ── 이 규칙화에 대해 성향이라는 개념은 단순한 지표다 ── 단순한 체험의 흐름이 결코 아니다. 어쨌든 그렇더라도 현존하는 다의성(多義性)과 무엇보다 심리적인 것의 지배적 개념이 특수하게 지향적인 것으로 나아가지 않는 상황은 우리가 그 말을 사용할 수 없게 한다.

  그러므로 '인식작용'이라는 말을 유지하며, 다음과 같이 말하자.

---

* 후설은 이미 『엄밀한 학문』에서 의식을 자연화하고, 물질을 심리현상의 원인으로 간주하며, 자연과학적 실험심리학이 모든 정신과학의 근본토대라고 주장한 자연주의가 '인간'에서 자연의 한 부분만 강조해 규범의 담지자인 인격적 주체의 측면을 망각했다고 비판했다. 그 결과 여기에서의 표현처럼, "영혼(Seele), 심지어 심리(Psyche) 없는 심리학(Psychologie)"이라는 자가당착이 될 뿐이다. 그래서 그는 자연과학적 방법으로는 영혼뿐 아니라 정신(Geist)에 접근할 수 없기 때문에 근대의 객관주의적 심리학이 '심리학의 위기'를 초래했다고 진단한다(『위기』, 17쪽, 344~345쪽을 참조할 것).

현상학적 존재의 흐름은 소재의 층(層)과 인식작용의 층을 지닌다.

특히 소재적인 것으로 나아가는 현상학적 고찰과 분석은 **질료적-현상학적 고찰과 분석**, 다른 한편으로 인식작용의 계기에 관련된 것은 **인식작용의-현상학적 고찰과 분석**이라 할 수 있다. 그러나 월등하게 더 중요하고 풍부한 분석은 **인식작용인 것**의 측면에 있다.

86. 기능적 문제

어쨌든 가장 중요한 문제는 **기능적 문제** 또는 '의식대상성의 구성'의 기능적 문제다. 이 문제는 예를 들어 자연에 관해 인식작용이 소재적인 것에 영혼을 불어넣고 다양한-통일적 연속체와 종합에 얽히면서 어떻게 무엇에 대한 의식을 실현시켜 이 의식 속에 대상성의 객관적 통일체가 일치해 '드러나고' '증명되며' '이성적으로' 규정될 수 있는지 하는 본성에 관계한다.

이러한 의미(수학의 의미에 대립해 총체적으로 다른 의미)에서 '기능'(Funktion)은 인식작용의 순수한 본질에 근거하는 완전히 독특한 것이다. 의식은 곧 무엇에 '대한' 의식이며, '의미'——이른바 '영혼' '정신' '이성'의 핵심——를 내포하는 것이 의식의 본질이다. 의식은 '심리적 복합체', 융합된 '내용', '감각'——이것은 그 자체로 의미가 없고 임의의 혼합물에서도 어떤 '의미'도 빌려줄 수 없다——의 '다발'이나 흐름에 대한 명칭이 아니다. 그것은 철저하게 '의식', 즉 모든 이성과 비-이성, 정당함과 부당함, 실재성과 허구, 가치와 무가치, 행위와 범죄의 원천이다. 따라서 의식은 감각주의만이 보려는 것이나, 사실상 그 자체로는 무의미하고 비-이성적인——물론 이성화(Rationalisierung)에 접근할 수 있는——소재와 전적으로 다른 것이다. 이 이성화가 말하는 것을 곧 더 잘 이해할 수 있게 배울 것이다.

기능의 관점은 현상학의 중심적 관점이다. 이 관점에서 발산하는 연구는 거의 현상학의 영역 전체를 포괄하며, 결국 모든 현상학적 분석은 그 어떤 방식으로 존립요소로서 또 하부단계로서 자신의 직무를 맡는다. 단일의 체험에 부착된 분석·비교·기술·분류 대신, 단일성의 고찰이 '종합적' 통일체를 가능케 하는 그 기능의 '목적론적' 관점에서 이루어진다. 고찰은 본질에 적합하게 체험 자체 속에, 체험의 의미부여 속에, 체험의 인식작용 일반 속에 마치 미리 지시된 듯한——마치 체험에서 이끌어낼 수 있는 듯한——의식의 다양체로 향한다. 그래서 예를 들어 경험과 경험사유(Erfahrungsdenken)의 영역에서 고찰은 많은 형태의 의식연속체와——그 자체로 의미의 공속성 (共屬性)을 통해 연결된, 하나의 동일한 것에 대한 통일적으로 포괄하는 의식을 통해 때에 따라 다양한 방식으로 나타나며 직관적으로 주어지고 또는 사유에 적합하게 규정되는 객체[대상]적인 것에 연결된——중단된 의식체험들의 연결로 향한다.

고찰은 어떻게 동일한 것, 즉 내실적으로 내재적인 것이 아닌 모든 종류의 객체적 통일체가 '의식되고' '추정되는지', 어떻게 이 추정된 것의 동일성에 매우 다르지만 어쨌든 본질에 적합하게 요구된 구조의 의식형태가 속하는지, 어떻게 이 형태는 방법적으로 엄밀하게 기술될 수 있는지를 탐구하려 한다. 더 나아가 어떻게 '이성'과 '비-이성'의 이중적 명칭에 상응해 모든 대상적 영역과 범주의 대상성의 통일체가 의식에 적합하게 '증명되거나' '거부되는지', 어떻게 사유의 식의 형식으로 규정되고 '더 자세히' 규정되거나 '다르게' 규정되는지, 또는 전혀 '무화(無化)한' '가상'(假象)으로서 배척될 수 있고 반드시 배척되는지를 탐구하려 한다. 이와 연관해 사소하지만 아무튼 매우 수수께끼 같은 명칭 아래 모든 구별——'실제성'과 '가상', '참된' 실재성, '가상의 실재성', '참된' 가치, '가상의 가치나 무가치'

등──이 있으며, 이것들에 대한 현상학적 해명이 여기에 계속 이어 진다.

그러므로 가장 포괄적인 일반성에서 어떻게 모든 영역과 범주의 객체적 통일체가 '의식에 적합하게 구성되는지'를 탐구해야 한다. 또한 어떻게 통일체의 본질을 통해 그 통일체에 대한 실제이거나 가능한 의식의 연관 모두가 바로 본질가능성──지향적으로 그 연관에 관련된 단적이거나 기초지어진 직관, 더 낮거나 더 높은 단계의 사유형태, 혼란되거나 명석한 사유형태, 명확하거나 명확하지 않은 또는 학문 이전이나 학문적 사유형태, 그 위로는 엄밀한 이론적 학문의 최고형태까지──으로서 미리 지시되는지를 체계적으로 밝혀야 한다. 가능한 의식의 모든 근본종류와 본질에 적합하게 이것에 속한 변형·융합·종합을 형상적 일반성과 현상학적 순수성에서 체계적으로 연구하고 통찰해 밝혀야 한다. 의식의 근본종류가 자신의 고유한 본질을 통해 어떻게 모든 존재가능성(그리고 존재불가능성)을 미리 지시하는지, 존재하는 대상이 어떻게 절대적으로 확고한 본질법칙에 따라 완전히 규정된 본질내용의 의식연관에 대한 상관자가 되는지, 마찬가지로 그 반대로 어떻게 그러한 연관의 존재가 존재하는 대상과 같은 값을 지니는지, 그리고 이것이 어떻게 모든 존재영역과 아래로부터는 존재의 구체화에까지 일반성의 모든 단계에 항상 관련되는지를 체계적으로 연구하고 통찰해 밝혀야 한다.

모든 종류의 초재(超在)를 '배제하는' 그 순수한 형상적 태도 속에 현상학은 '순수 의식'이라는 자신의 고유한 토대 위에 특수한 의미에서 선험적 문제의 이 전체 복합체로 나아가며, 이렇기 때문에 현상학은 '선험적 현상학'이라는 이름에 걸맞다. 현상학은 자신의 고유한 토대 위에 임의의 죽은 듯한 사태처럼, 아무것도 의미하거나 뜻하지 않고 단지 존재하는 '내용복합체'처럼 체험을 요소·복합체형성물·분류와 하위분류에 따라 고찰하는 것이 아니라, 체험을 지향적 체험으로서 제시하고 순수하게 이 체험의 형상적 본질을 통해 '무엇에 대한–의식'(Bewußtsein-von)으로서 제시하는 원리상 고유한 문제제기를 능숙하게 장악해야 한다.

물론 순수 질료학(Hyletik)은 선험적 의식의 현상학 아래에 놓인다. 그런데 순수 질료학은 그 자체로 완결된 학과의 특성을 띠며, 이러한 학과로서 자신의 가치를 자체 속에 지닌다. 그러나 다른 한편으로 기능적 관점에서 볼 때 순수 질료학은 이것이 지향적 직물(織物) 속에 들어갈 가능한 실을 제공하고 지향적으로 형성하는 것에 대한 가능한 소재를 제공한다는 사실에 따라 의미를 지닌다. 절대적 인식의 이념이라는 관점에서 이 문제의 어려움뿐 아니라 등급단계에 관해서는, 순수 질료학은 명백히 인식작용이고 기능적인 현상학 아래에 깊이 놓여 있다(그런데 이 둘은 본래 분리될 수 없다).*

이제 다음 일련의 절에서 〔이 문제를〕 더 자세하게 상론할 것이다.

주석

슈툼프(C. Stumpf)**는 그의 중요한 베를린 아카데미 논문집[23]에

---

* 이 단락은 '순수 질료학'이 '인식작용학'보다 결코 가치가 낮다는 것을 뜻하지 않는다. 이러한 점은 그가 현상학 초보자의 혼란을 방지하고 쉽게 이해시킬 목적으로 내적 시간의식과 그 대상의 문제를 나중의 과제로 미룬 의도(이에 관해서는 286쪽의 역주를 참조할 것)와 같은 맥락이다.
** 슈툼프(1848~1936)는 브렌타노의 제자이자 후설의 선배로, '현상학'이라는 용어를 처음 사용하기 시작했으며, 실험적 방법으로 심리적 현상과 의식작용의 구조를 기술하는 실험심리학을 통해 후설의 초기사상인 기술적 현상학에 큰 영향을 주었다. 그래서 후설은 『논리연구』 제1권을 그에게 존경과 우정을 바쳐 헌정했다. 그의 이론은 제임스(W. James)의 근본적 경험론에 입각한 심리학에도 많은 영향을 끼쳤다. 저서로는 『음향 심리학』(1883, 1890), 『나타남과 심리적 기능』(1906) 등과 유작으로 『인식론』(1939) 등이 있다.

서 그가 '나타남'(Erscheinung)이라 한 것과 대립시킨 '심리적 기능'과 연관지어 '기능'(Funktion)이라는 말을 사용했다. 이 구별은 심리학적 구별로 생각되며, (오직 바로 심리학적인 것으로 적용될 때) '작용'과 '1차적 내용'을 대립시킨 우리의 경우와 일치한다. 그런데 의문스러운 전문용어가 우리의 서술에서는 존경받는 탐구자[슈툼프]의 경우와 완전히 다른 의미를 갖는다는 사실에 주목해야 한다. 양쪽 저술을 피상적으로 읽은 독자에게는 '슈툼프의 현상학'('나타남'에 관한 학설로서의)이라는 개념과 나의 현상학이라는 개념을 혼동한 사실이 여러 번 일어났다. 슈툼프의 현상학은 위에서 질료학으로 규정한 것 ─ 오직 우리의 규정이 그 방법론적 의미에서 선험적 현상학의 포괄적 테두리를 통해 본질적으로 제한되지만 ─ 에 상응한다. 다른 한편 질료학의 이념은 그 자체의 현상학으로부터 형상적 심리학 ─ 우리의 파악에 따르면 슈툼프의 '현상학'은 이 형상적 심리학으로 분류된다 ─ 의 토대로 이행된다.

제3절 인식작용과 인식대상

87. 예비고찰

지향적 체험의 특유성은 그 일반성에서 쉽게 지적된다. 우리 모두는 '무엇에 대한 의식'이라는 표현을 특히 임의의 범례화(範例化)에서 잘 이해하기 때문이다. 그러나 이 표현에 상응하는 현상학적 본질

---

23) 슈툼프, 「나타남과 심리적 기능」(Erscheinungen und psychische Funk- tionen, 4쪽 이하)과 「학문의 구분에 관해」(Zur Einteilung der Wissen -schaften). 이 두 논문은 『프로이센 왕립 학술아카데미 논문집』(*Abh. d. Kgl. Preuß. Akademie d. Wissensch.*, 1906)에 수록되어 있다.

특유성을 순수하고 올바르게 파악하는 것은 그만큼 더 어렵다. 이 명칭이 아주 까다로운 확정, 게다가 형상적 확정의 거대한 장(場)을 한정한다는 사실은 수많은 철학자와 심리학자에게 (문헌으로 판단해볼때) 오늘날에도 여전히 생소하다. 왜냐하면 모든 표상작용은 표상된 것에 관계되고 모든 판단작용은 판단된 것에 관계된다는 등으로 말하고 통찰하는 것만으로는 아무것도 이루지 않은 것과 마찬가지이기 때문이다. 또한 논리학·인식론·윤리학을 그 충분한 명증성을 통해 지적하고, 이제 그 지향성의 본질에 속하는 것으로 부르는 것만으로는 아무것도 이루지 않은 것과 마찬가지이기 때문이다.

동시에 현상학적 본질이론을 몹시 오래된 것으로, 낡은 논리학에 대한 새로운 명칭으로 그리고 기껏해야 낡은 논리학과 대등하게 위치할 수 있는 학과로 요구하는 것은 아주 단순한 방식이다. 왜냐하면 선험적 태도의 특성을 파악하지 않고는 또 순수한 현상학적 토대를 실제로 확보하지 않고는, 더구나 우리가 '현상학'이라는 말을 사용하더라도 아직 문제 자체를 파악한 것이 아니기 때문이다. 게다가 가령 순수논리학으로부터 현상학 같은 것을 이끌어내기 위해서는 태도를 단순히 변경하거나 현상학적 환원을 단순히 하는 것으로는 부족하다. 왜냐하면 어느 정도까지 논리적 명제나 동일한 의미에서 순수 존재론적 명제, 순수 윤리적 명제 그리고 이러한 명제에서 인용할 수도 있는 그밖의 어떤 아프리오리한 명제가 실제로 현상학적인 것을 표현하고 이 현상학적인 것이 어떤 현상학적 층(層)에 그때그때 속하는지는 결코 명백하지 않기 때문이다.

그 반대로 극도로 어려운 문제가 내포되어 있으며, 이 문제의 의미는 물론 척도를 부여하는 근본구별을 전혀 모르는 모든 사람에게 은폐되어 있다. 사실 (나 자신의 고유한 경험에 근거해 어떤 판단을 내리게 허용된다면) 그것은 순수 논리적 통찰로부터, 의미론·존재론·인식작용의 통찰로부터, 마찬가지로 일상의 규범적 인식론과 심리학적 인식론으로부터 진정한 의미에서 내재적-심리학의 주어져 있음과 그런 다음 현상학의 주어져 있음을 파악하고, 결국 선험적 관련을 아프리오리하게 이해할 수 있게 하는 모든 본질연관으로 이끄는 멀고도 험한 가시밭길이다. 이와 유사한 것은, 대상적 통찰로부터 본질적으로 이 통찰에 속한 현상학적 통찰에 이르는 길을 획득하려 착수하는 어느 곳에서든 적용된다.

그러므로 '무엇에 대한 의식'은 매우 자명하지만, 어쨌든 동시에 극히 이해하기 어렵다. 첫 번째 반성이 이끈 미로(迷路)와 같은 틀린 길은 완전히 불편한 문제영역을 부정하는 회의를 쉽게 일으킨다. 적잖은 사람은 지향적 체험을, 예를 들어 지각체험을 이 체험 자체에 고유한 본질과 함께 도저히 파악할 수 없다는 사실을 통해 이미 출입구를 차단한다. 그들은, 지각 속에 살아가면서 지각된 것을 고찰하고 이론화하면서 행하는 대신, 오히려 시선을 지각작용이나 지각된 것이 주어지는 방식의 특유성을 향하고 내재적 본질분석 속에 제시되는 것을 그것이 주어지는 그대로 받아들이는 데까지 이르지 못했다. 올바른 태도를 획득하고 확고하게 연마했다면, 그렇지만 무엇보다 철저하게 편견 없이 유통되고 배워 익힌 모든 이론에 개의치 않고 명석한 본질이 주어져 있음에 뒤따르는 용기를 획득했다면, 즉시 확고한 성과가 생긴다. 그리고 동일하게 태도를 취한 모든 사람에게서 동일한 성과가 생긴다. 그 자신이 본 것을 다른 사람에게 중개하고, 다른 사람의 기술(記述)을 재확인하며, 말의 공허한 의견(의미)을 주목하지 못한 채 혼합시킨 것을 부각시켜 드러내고, 모든 타당성의 영역에서처럼 여기에서도 가능한 오류를 직관에서 다시 측정함으로써 알리고 또 삭제할 확고한 가능성이 생기기 때문이다. 어쨌든 이제 우리의 문제로 되돌아가자.

88. 내실적이며 지향적인 체험의 구성요소. 인식대상

현재의 고찰 일반에서처럼 가장 일반적인 구별, 즉 이른바 현상학의 문턱에서 즉시 파악할 수 있고 또 계속되는 모든 방법적 진행에 결정적인 구분에서 출발한다면, 우리는 지향성에 관해 완전히 기초적인 구별, 즉 지향적 체험의 **본래 구성요소**와 이것의 **지향적 상관자** 또는 그 구성요소들 사이의 구별과 즉시 마주친다. 우리는 제2장의 형상적 예비숙고에서 이 구별을 이미 언급했다.[24] 이 구별은 자연적 태도에서 현상학적 태도로 이행함에서 현상학적 영역의 고유한 존재를 명백히 밝히는 데 도움을 준다. 그러나 그 구별은 이 영역 자체 안에서, 따라서 선험적 환원의 테두리 속에 현상학의 문제제기 전체를 조건짓는 근본적 의미를 획득한다는 사실이 거기에서는 문제가 될 수 없었다. 따라서 한편으로 우리는 체험에 대한 내실적 분석── 이 경우 체험을 그 요소 또는 그 체험을 내실적으로 구축하는 비-자립적 계기에 관해 심문하면서 다른 어떤 대상과 같이 대상으로 다룬다──을 통해 발견한 부분과 계기를 구별해야 했다. 그러나 다른 한편으로 지향적 체험은 무엇에 대한 의식이며, 그 본질상 예를 들어 기억·판단·의지 등으로서 무엇에 대한 의식이다. 그래서 우리는 이 '무엇에 관한'의 측면에 따라 본질에 적합하게 무엇이 진술될 수 있는지를 심문할 수 있다.

모든 지향적 체험은, 그 인식작용의 계기에 힘입어, 바로 인식작용의 체험이다. 어떤 '의미' 그리고 경우에 따라서는 여러 겹의 의미와 같은 것을 내포하는 것, 이 의미부여에 근거하고 이와 일치해 계속 작업──이것은 의미부여를 통해 '유의미'해진다──을 수행하는 것

---

24) 앞의 41항 초반부를 참조할 것.

은 지향적 체험의 본질이다. 이러한 인식작용의 계기는 예를 들어 순수 자아가 의미부여에 의해 '추정한' 대상으로 시선을 향함, 순수 자아의 '마음에 걸리는 것'으로 시선을 향함이다. 더 나아가 이 대상을 파악함, 시선이 '추정작용' 속에 들어오는 다른 대상을 향해 있는 동안에도 포착함이다. 마찬가지로 인식작용의 계기는 설명함, 관계함, 포괄함, 믿음·추측·가치평가 등 다양한 태도를 취하는 작업수행이다. 이 모든 것은 다르게 구축되고 그 자체로 변화될 수 있더라도 관련된 체험 속에 발견될 수 있다. 이 일련의 범례적 계기가 체험의 내실적 구성요소를 지시하더라도, 이것은 어쨌든, 즉 의미라는 명칭을 통해 내실적이지 않은 구성요소까지 지시한다.

어디에서나 내실적인 인식작용의 내용의 다양한 자료에는 실제로 순수한 직관 속에 제시될 수 있는 자료, 즉 상관관계의 '인식대상의 내용', 요컨대 '인식대상'(Noema)——이제부터는 항상 이 전문용어를 사용할 것이다——속에 제시될 수 있는 자료의 다양체가 상응한다.

예를 들어 지각은 그 인식대상을, 그 가장 밑에는 그 지각의 의미,[25] 즉 **지각된 것 그 자체**를 갖는다. 마찬가지로 그때그때의 기억은 자신의 기억된 것 그 자체를 바로 기억 속에 '생각된 것' '의식된 것'과 정확히 똑같이 자신의 것으로서 갖는다. 판단작용도 판단된 것 그 **자체**를, 기쁨은 기쁘게 된 것 그 자체 등을 갖는다. 어디에서나 인식대상의 상관자——여기서는 (매우 확장된 의미에서) '의미'〔뜻〕(Sinn)라 한다——는 판단·기쁨 등 지각의 체험 속에 '내재적으로' 놓여 있

---

25) 『논리연구』 제2-1권(개정판), 제1연구 14항 50쪽의 '충족시키는 의미'(이에 대해서는 『논리연구』 제2-2권, 55항 170쪽의 '지각의미'에 관한 것)에 관한 것을 참조할 것. 더 나아가 그 이상에 대해서는 『논리연구』 제2-1권, 제5연구 20항 이하의 '작용의 질료'에 관한 것, 마찬가지로 『논리연구』 제2-2권, 25~29항 등을 참조할 것.

는 정확히 그대로, 즉 우리가 순수하게 이 체험 자체를 심문한다면, 체험에 의해 우리에게 제시되는 정확히 그대로 받아들여야 한다.

어떻게 이 모든 것을 이해하는지는 범례적 분석(우리는 이 분석을 순수 직관 속에 수행할 것이다)을 상론함으로써 완전한 명석함에 도달할 것이다.

어떤 정원에서 꽃이 만발한 사과나무, 잔디밭의 어린 신록(新綠) 등을 매우 기쁘게 바라본다고 가정해보자. 분명히 〔이에 대한〕 지각과 〔여기에〕 수반되는 매우 기쁨은 동시에 지각된 것과 기쁘게 된 것이 아니다. 자연적 태도에서 사과나무는 우리에게 초월적 공간실제성 속에 현존하는 것이고, 매우 기쁨과 마찬가지로 지각은 실재적 인간인 우리에게 속한 심리적 상태다. 어떤 실재적인 것과 다른 실재적인 것 사이, 실재적 인간 또는 실재적 지각과 실재적 사과나무 사이에는 실재적 관계가 성립한다. 어떤 경우에는 그러한 체험상황에서 지각이 '단순한 환각'일 수 있으며, 지각된 것, 즉 우리 앞에 있는 이 사과나무가 '실제적' 실재성 속에 존재하지 않을 수도 있다. 또한 이전에 실제로 성립하는 것으로 생각되었던 실재적 관계가 지금은 파괴된다. 그러면 오직 지각만 남아 있고, 거기에는 지각이 관계하는 실제적인 것은 아무것도 없다.

이제 현상학적 태도로 이행해보자. 초월적 세계는 자신의 '괄호〔침〕'를 유지하며, 우리는 그 세계의 실제 존재와의 관련 속에 판단중지를 한다. 그런 다음 이제 지각의 인식작용의 체험과 마음에 드는 평가함의 복합체 속에 무엇이 발견될 수 있는지를 심문한다. 물리적인 또 심리적인 세계 전체와 더불어 지각과 지각된 것 사이의 실재적 관계가 실제로 성립함이 배제된다. 어쨌든 지각과 지각된 것 사이(기쁨과 기쁘게 된 것 사이와 마찬가지로)의 관계가 분명히 남게 된다. 이것은 '순수 내재' 속에, 즉 그것이 선험적 체험의 흐름에 분류되듯이 현상학적으로 환원된 지각체험과 기쁨체험에 근거해 순수하게 본질이 주어지는 관계다. 바로 이러한 상태가 지금 우리가 몰두하려는 순수한 현상학적 상태다. 현상학이 환각·환상·기만(欺瞞)하는 지각 일반에 관해 무엇인가를, 아마도 매우 많은 것을 말할 수도 있다. 그러나 이러한 것이 여기에서 자연적 태도로 수행하는 역할 속에 현상학적으로 배제된다는 사실은 명증하다. 여기서 우리는 지각과 또 임의로 진행되는 어떤 지각연관(이리저리 걸으며 꽃이 만발한 나무를 바라볼 때처럼)에서 '그' 실제성 속에 이 지각연관에 어떤 것이 상응하는지와 같은 어떠한 물음도 제기할 수 없다. 이러한 정립적 실제성은 실로 판단에 적합하게 우리에게 현존하지 않는다. 어쨌든 모든 것은 이른바 예전의 것 옆에 남아 있다. 현상학적으로 환원된 지각체험도 '이 정원 속에 꽃이 만발한 이 사과나무 등'에 대한 지각이며, 마찬가지로 환원된 매우 기쁨은 이 사과나무에 대한 매우 기쁨이다. 그 사과나무는 모든 계기·성질·특성 ──이것에 의해 사과나무는 이러한 지각 속에 나타나는 것, 이 기쁨 '속에' '예쁜 것' '매력적인 것' 등이었다── 에 의해 최소한의 뉘앙스도 상실되지 않는다.

현상학적 태도에서 '지각된 것 그 자체'가 무엇인지, 그것은 이러한 지각─인식대상으로서 그 자체 속에 어떤 본질계기를 내포하는지 하는 본질물음을 제기할 수 있고 제기해야 한다. 우리는 본질에 적합하게 주어진 것에 순수하게 몰두함으로써 그 답변을 얻고, '나타나는 것 그 자체'를 충실하게 완전한 명증성 속에 기술할 수 있다. 이에 대한 오직 다른 표현은, '인식대상의 관점에서 지각을 기술한다'는 것이다.

89. 인식대상의 진술과 실제성의 진술.
심리학적 영역에서 인식대상

기술하는 이러한 모든 진술이, 실제성의 진술과 같은 것으로 들릴 수 있지만, 철저한 의미변양을 겪었다는 사실은 분명하다. 마찬가지로 기술된 것 자체는, '정확하게 동일한 것'으로 주어지더라도, 어쨌든 이른바 전도(顚倒)되는 부호의 변경 때문에 철저하게 다른 것이다. 환원된 지각 '속에'(현상학적으로 순수한 체험 속에) 우리는 그 지각의 본질에 폐기할 수 없게 속한 것으로서 '물질적 사물' '식물' '나무' '꽃이 만발한' 등처럼 표현되는 지각된 것 자체를 발견한다. 이 인용부호는 명백히 유의미하며, 그 부호변경, 즉 그 말의 상응하는 철저한 의미변양을 표현한다. 자연 속의 사물인 나무 그 자체는 지각의 의미로서 지각에 그리고 불가분하게 속한 이 지각된 나무 자체가 전혀 아니다. 나무 그 자체는 불에 탈 수 있고, 그 화학적 요소로 분해될 수 있다. 그러나 의미——이 지각의 의미, 지각의 본질에 필연적으로 속한 것——는 불에 탈 수 없으며, 어떠한 화학적 요소나 어떠한 힘, 어떠한 실재적 속성도 갖지 않는다.

체험에 순수하게 내재하고 특유하게 환원된 모든 것, 체험이 그 자체로 존재하는 그대로 체험에 의해 없는 것으로 생각될 수 없는 모든 것과 형상적 태도 속에 그 자체에 형상으로 이행하는 모든 것은 모든 자연과 물리학으로부터 또 이에 못지않게 심연(深淵)을 통해 모든 심리학으로부터 분리되었다. 심지어 이러한 자연주의적 비유조차 그 차이를 시사하기에는 너무나 부족하다.

또한 자명하게 지각의미는 현상학적으로 환원되지 않은 지각(심리학의 의미에서 지각)에 속한다. 따라서 여기에서 동시에 현상학적 환원이 어떻게 심리학자에게도 대상 그 자체와 예리하게 구별되는 인식작용의 의미를 고정시키고, 분리할 수 없게—그런 다음 실재적으로 파악된—지향적 체험의 심리학적 본질에 속한 것을 인식하는 유용한 방법적 기능을 획득할 수 있는지 명백히 밝힐 수 있다.

이 경우 양쪽에서, 즉 현상학적 태도와 마찬가지로 심리학적 태도에서도 의미로 '지각된 것'은 경우에 따라 지각에 적합하게 나타나는 것—정확하게 바로 지각 속에 의식된 것인 양상 또는 주어지는 방식—속에 '실제로 나타나는' 것만 내포한다(따라서 '간접적 인식'에 근거해 지각된 것에 아무것도 요구하면 안 된다)는 사실을 예리하게 유의해야 한다. **독특한 종류의 반성**은 그 의미가 지각에 내재하는 대로 이러한 의미를 언제나 향할 수 있고, 현상학적 판단은 오직 지각 속에 파악된 것에만 충실한 표현으로 적합할 수 있다.

90. '인식대상의 의미' 그리고 '내재적 객체'와 '실제적 객체'의 구별

지각과 유사하게 모든 지향적 체험은 자신의 '지향적 대상', 즉 자신의 대상적 의미를 갖는다. 바로 이것이 지향성의 근본요소를 이룬다. 다만 달리 말하면, 의미를 갖는 것 또는 어떤 것을 '의미 속에 갖는 것'은 모든 의식의 근본특성이며, 그렇기 때문에 의식은 일반적 체험일 뿐 아니라 의미를 지닌 '인식작용의' 체험이다.

물론 앞에서 들었던 예의 분석에서 '의미'로 부각되었던 것은 충만한 인식대상(Noema)을 모두 다 길어내지는 않는다. 이에 상응해 지향적 체험의 인식작용 측면은 단순히 본래 '의미부여'의 계기만으로 이루어지지 않는다. 이 계기에는 특히 '의미'가 상관자로서 속한다. 충만한 인식대상은 인식대상의 계기들의 복합체 속에 있음이, 이 속에서 특수한 의미계기는 오직 일종의 필연적 **핵심층**을 형성하는 것

이 즉시 밝혀질 것이다. 그 이상의 계기는 이 핵심층 속에 기초지어
지고, 오직 그렇기 때문에 우리는 이 핵심층을 똑같이 하지만 확장된
의미에서 의미계기라 부를 수 있다.

어쨌든 우선 오직 명확하게 밝혀진 것에 머물자. 우리는 지향적 체
험이 의심할 여지없이 적절한 시선위치의 경우 그 체험에서 일정한
'의미'를 이끌어낼 수 있는 종류라고 밝혔다. 우리가 이러한 의미를
정의하는 상태, 즉 표상되거나 사유된 객체 그 자체의 비–존재(또는
비–존재에 관한 확신)는 해당된 표상(그래서 그때그때 지향적 체험 일
반)에서 그것이 표상된 것 그 자체를 빼앗을 수 없는 상황, 따라서 이
둘 사이를 구별해야 할 상황은 은폐된 채 남아 있을 수 없었다. 그렇
게 눈의 띄는 이 구별은 문헌으로 각인되어야 한다. 사실 스콜라 철
학이 한편으로 '정신적' 객체(대상), '지향적' 또는 '내재적' 객체와 다
른 한편으로 '실제적' 객체를 구별한 것은 이 구별을 소급해 지시한
다. 그럼에도 의식의 구별에서 최초의 파악으로부터 이 구별의 올바
른, 현상학적으로 순수한 확정과 정확한 평가에 이르기까지는 거대
한 [진보의] 발걸음인데, 성과가 풍부한 일치하는 현상학에 결정적
인 바로 이 발걸음은 실행되지 않았다. 결정적인 것은 무엇보다 현상
학적 순수성에서 그리고 주어진 것을 초월하는 모든 해석을 격리시
켜 실제로 앞에 놓여 있는 것을 절대적으로 충실하게 기술하는 것에
있다. 명칭을 붙이는 것은 여기에서 이미 해석을, 또한 종종 매우 틀
린 해석을 드러낸다. 그러한 해석은 여기에서 '정신적' 객체, '내재
적' 객체와 같은 표현 속에 밝혀지며, 적어도 '지향적' 객체와 같은
표현을 통해 더 촉진된다.

심지어 [이것들이] 너무 가까워 체험 속에 지향(Intention)이 그 지
향적 객체와 함께 주어져 있고, 이 지향적 객체 자체는 지향에 불가
분하게 속해 있으며, 따라서 지향 자체에 **내실적으로** 거주한다고 말

할 정도다. 실로 그에 상응하는 '실제적 객체'가 바로 실제성 속에 존재하든 존재하지 않든, 그 사이에 무화(無化)되든 아니든 등에 상관없이, 지향적 객체는 지향이 추정된 것, 표상적인 것 등이며 이러한 것으로 남아 있다고 말할 정도다.

하지만 이러한 방식으로 실제적 객체(외적 지각의 경우 자연의 지각된 사물)와 지향적 객체를 분리하고 지향적 객체를 지각에 '내재적인 것'으로서 체험에 내실적으로 삽입하려 하면, 우리는 ── 어쨌든 오직 하나의 실재성만 발견되고 가능할 뿐인데 ── 이제 두 가지 실재성이 서로 대립하게 되는 어려움에 빠진다. 나는 자연의 객체인 사물, 즉 정원의 거기에 있는 나무를 지각한다. 다름 아닌 바로 이것이 지각하는 '지향'의 실제적 객체다. 2차적인 내재적 나무 또는 나의 외부에 거기에 있는 실제적 나무의 '내적 심상(心象)'도 어쨌든 결코 주어지지 않으며, 이러한 것을 가정해 상정하는 것은 이치에 어긋날 뿐이다. 심리학적-실제적 지각 속의 내실적 구성요소인 모사(模寫)는 다시 실재적인 것, 즉 다른 것에 대해 심상으로서 기능했던 실재적인 것일 것이다. 그런데 이것은 오직 모사의식에 의해서만 가능할 것이다. 이 모사의식 속에 먼저 어떤 것이 나타나고 ── 이것에 의해 우리는 1차적 지향성을 가진다 ──, 이것이 다시 의식에 적합하게 다른 것에 대해 '심상객체'로서 기능했으며, 이것을 위해 1차적 지향성 속에 기초지어진 2차적 지향성은 필연적일 것이다.

그러나 이 의식방식의 모든 단일적인 것은 내재적 객체와 실제적 객체를 구별할 것을 요구하며, 따라서 구축을 통해 해결될 수 있을 동일한 문제를 내포한다는 사실도 못지않게 명증하다. 게다가 지각에 대한 구축은 우리가 이전에 규명한 반론[26]에 지배된다. 물리적인

---

26) 앞의 43항 초반부를 참조할 것.

것에 대한 지각에 모사기능을 삽입하는 것은 지각을 심상의식으로 대체하는 것을 뜻하기 때문이다. 이 심상의식은 기술해 고찰해보면 본질적으로 다른 방식으로 구성된 것이다. 아무튼 여기에서 주된 사항은 지각에, 더구나 일관되게 모든 지향적 체험에 모사기능을 요구하는 것은 (우리의 비판을 통해 즉시 명백해지듯이) 불가피하게 무한소급(無限遡及)으로 이끈다는 사실이다.

이와 같은 오류에 맞서 우리는 순수 체험 속에 주어진 것을 유지해야 하며, 이것을 이것이 주어지는 그대로 정확하게 명석함의 테두리 속에 받아들여야 한다. 그렇다면 '실제적' 객체는 '괄호쳐진다.' 이것이 무엇을 뜻하는지 숙고해보자.

우리가 자연적으로 태도를 취한 인간으로서 시작한다면, 실제적 객체인 사물은 저 멀리 거기에 있다. 우리는 그 사물을 보고, 그 사물 앞에 있으며, 눈을 고정시킨 채 그 사물을 향해 있고, 그래서 [그 사물을] 우리의 대응물로서 공간 속의 거기에서 발견하며, 이것을 진술하고 이것에 대해 진술한다. 마찬가지로 우리는 그 사물에 대해 평가하는 태도를 취하고, 이것을 공간 속에 보며, 이것은 우리를 기쁘게 해주거나 우리가 행동하게 규정한다. 거기에 주어진 것을 우리가 붙잡고, 가공하기 때문이다. 그런데 우리가 이제 현상학적 환원을 하면, 모든 초월적 정립은, 따라서 지각 자체 속에 놓여 있는 것은 자신을 배제하는 괄호[침]를 받는다. 그리고 이 괄호침은 기초지어진 모든 작용으로, 각각의 지각판단으로, 이 지각판단 속에 근거하는 가치정립과 경우에 따라서는 가치판단 등으로 이행한다.

여기에는 다음과 같은 사실이 포함되어 있다. 즉 우리는 오직 이 모든 지각·판단 등을 이것이 그 자체로 이것인 본질성(Wesenheit)으로 고찰하고 기술하는 것만, 어떻게든 이것에서 또는 이것 속에 명증하게 주어진 것을 확정하는 것만 허용한다는 사실이다. 그러나 우리는 '실제적' 사물이나 '초월적' 자연 전체의 정립을 사용하고 또 이 정립에 '관여한' 어떤 판단도 허용하지 않는다. 현상학자인 우리는 그와 같은 모든 정립을 억제한다. 그런데 우리는 우리가 '정립의 토대 위에 서지 않았다'는, 정립에 '관여하지 않았다'는 이유 때문에 정립을 포기하지 않는다. 정립은 실로 거기에 있으며, 본질적으로 현상에 함께 있다. 오히려 우리는 정립을 주시한다. 즉 정립에 관여하는 대신, 정립을 객체로 만들고, 현상의 존립요소로 받아들이며, 지각의 정립을 바로 그 지각의 구성요소로 받아들인다.

　그래서 우리는 일반적으로 도대체 이 배제함을 그 명석한 의미 속에 지키면서 전체로 '환원된' 현상 속에 명증하게 '놓여 있는 것'은 무엇인지를 심문한다. 그렇다면 지각은 자신의 인식대상의 의미, 자신의 '지각된 것 그 자체'를 가지며, '공간 속의 거기에 이 꽃이 만발한 나무'——인용부호와 함께 이해된——를, 바로 현상학적으로 환원된 지각의 본질에 속한 상관자(Korrelat)를 갖는다. 비유적으로 말하면, 지각이 겪은 '괄호침'은 지각된 실제성에 관한 모든 판단(즉 변양되지 않은 지각에 근거한, 따라서 지각의 정립을 자신 속에 받아들인 모든 판단)을 저지한다. 그러나 괄호침은 지각이 어떤 실제성에 대한 의식(그런데 이 실제성의 정립이 함께 '수행되면' 안 된다)이라는 것에 관한 어떤 판단도 저지하지 않는다. 그리고 괄호침은 지각에 적합하게 나타나는 이 '실제성 그 자체'를 특별한 방식——이 속에서 실제성은 이 경우 예를 들어 다양하게 방향이 정해지는 가운데 나타나는 오직 '한 측면에서' 지각된 것으로서 곧바로 의식된다——으로 기술하는 어떤 것도 저지하지 않는다. 이제 우리는 세심한 주의를 기울여 실제로 본질 속에 포함된 것이 아니라면 다른 어떤 것도 체험에 삽입하면 안 되며, 포함된 것이 본질 속에 '놓여 있는' 그대로 정확하게 포함된 것을 '삽입해야' 한다는 점에 주목해야 한다.

91. 지향성의 가장 넓은 영역으로 이행함

그런데 이제까지 지각을 우선적으로 자세하게 논의한 것은 실제로 모든 종류의 지향적 체험에도 적용된다. 환원을 한 다음 우리는 기억 속에 기억된 것 그 자체를, 예상 속에 예상된 것 그 자체를, 날조된 상상 속에 상상된 것 그 자체를 발견한다.

이 모든 체험에는 인식대상의 의미가 '거주해 있다'. 그리고 이 인식대상의 의미가 다른 체험 속에 비슷하고 어쩌면 핵심의 존립요소에 따라 본질상 같더라도, 그것은 아무튼 종류가 다른 체험 속에 다른 종류의 인식대상의 의미이며, 경우에 따라 공통적인 것은 적어도 다르게 특성지어지고, 이것은 필연적이다. 어디에서나 꽃이 만발한 나무는 문제가 될 수 있고, 어디에서나 이 나무는 나타나는 것 그 자체를 충실하게 기술하는 것이 필연적으로 동일한 표현과 함께 그 결과로 생기는 방식으로 나타날 수 있다. 그러나 인식대상의 상관자는 어쨌든 그 때문에 지각, 상상, 심상적 현전화, 기억 등에 대해 본질적으로 다른 것이다. 어떤 때는 나타나는 것이 '생생한 실제성'으로 특성지어지고, 다른 때는 허구로, 그런 다음 다시 기억의 현전화 등으로 특성지어진다.

이것은 우리가 지각된 것, 상상된 것, 기억된 것 자체 ─지각의 의미·상상의 의미·기억의 의미─ 에서 불가분하게 발견하고, 해당된 인식작용의 체험과의 상관관계에 필연적으로 속한 것으로 발견하는 특성이다.

따라서 지향적 상관자를 충실하고 완전하게 기술해야 할 곳에서, 결코 우연적인 것이 아니라 본질법칙에 의해 지배된 그러한 모든 특성을 함께 이해해야 하고, 엄밀한 개념 속에 확정해야 한다.

우리는 이것으로써 충만한 인식대상(사실 앞에서 예고했듯이) 안에서 중심적 '핵심', 즉 순수한 '대상적 의미' 주위에 ── 우리의 예에서, 종류가 다른 평행하는 체험 속에 동일자(Identisches)가 존재할 수 있기 때문에, 어디에서나 순수하게 동일한 객관적 표현으로 기술할 수 있는 것 주위에 ── 그룹지어진 본질적으로 다른 층을 분리해야 한다는 사실을 알아차린다. 동시에 이와 평행해, 정립에서 수행된 괄호침을 다시 제거한다면, 의미의 다른 개념에 상응해 변양되지 않은 객체성 ── '대상 그 자체', 즉 어떤 때는 지각되고 다른 때는 직접 현전화되며 또다른 때는 묘사하는 가운데 비유로 제시되는 등 오직 하나의 중심적 개념만 시사하는 동일자 ── 의 다른 개념을 구별할 수 있어야 한다는 사실을 알게 된다. 그런데 잠정적으로는 이러한 시사로도 충분할 것이다.

의식영역에서 더 많은 것을 두루 살펴보고, 주요한 의식방식에서 인식작용–인식대상 구조를 알아보자. 동시에 실제적으로 증명함으로써 인식작용(Noesis)과 인식대상(Noema) 사이의 기초적 상관관계(Korrelation)*의 시종일관하는 타당성을 단계적으로 확인하자.

---

* 이 제3장의 제3절과 제4절에서 전개되는 인식작용과 인식대상을 구성하는 여러 계기와 그 상관관계에 대한 논의를 다음과 같이 정리해볼 수 있다.

▶ 인식작용의 계기   ▶ 인식대상의 계기
  ① 정립   ① 정립특성
  ② 의미부여   ② 의미핵심
  ③ 감각질료   ③ 충족양식

인식작용 측면에서 ①+②는 '순수 인식작용', ①+②+③은 '구체적인 지향적 체험' 또는 '충만한 인식작용'이다.

반면 인식대상 측면에서 ①+②는 '명제', ①+②+③은 '충만한 인식대상'으로 각기 인식작용의 그것과 상관관계를 맺으며 상응한다. 그리고 ②+③은 '충만한 인식대상의 핵심'이며, '충만한 인식대상'(①+②+③)에서 ①과 ③을 추상화해도 남는 ②는 '대상적 의미' 또는 '의미의 (중심적) 핵심'이다.

92. 인식작용의 관점과 인식대상의 관점에서
주의를 기울이는 변화

예비하는 절〔제3장 제1절〕에서는 일종의 주목할 만한 의식의 변화, 다른 모든 종류의 지향적 사건과 교차하고 그래서 고유한 차원의 완전히 일반적인 의식의 구조를 형성하는 의식의 변화를 벌써 여러 번 이야기했다. 즉 비유를 통해 순수 자아의 '정신적 시선'이나 '시선발산(視線發散)'에 대해, 순수 자아의 시선을 향함과 시선을 돌림에 대해 이야기했다. 이에 속한 현상은 통일적이고 완전히 명석하고 판명하게 부각되었다. '주목함'(Aufmerksamkeit)이 문제가 되는 어디에서나 이 현상은 다른 현상과 현상학적으로 분리되지 않고도 주된 역할을 하고, 다른 현상과 혼합되어 있으면서도 주목함의 양상이라 불렀다. 우리는 나름대로 〔주목함이라는〕 그 말을 고수하려 하며, 게다가 주의를 기울이는 변화에 대해 이야기하려 한다. 그러나 판명하게 분리한 사건과 관련해서만, 앞으로 더 자세하게 기술할 수 있을 함께 속한 현상학적 변화의 그룹과 관련해서만 이야기하려 한다.

여기에서 문제 되는 것은 이념적으로 가능한 일련의 변화, 즉 인식작용의 핵심과 이 핵심에 필연적으로 권한이 있는 다른 유(類)를 특성짓는 계기를 이미 전제하는 변화다. 이 변화는 그 자체로부터 이에 속한 인식대상의 작업수행을 변경시키지 않지만, 어쨌든 체험의 변화 전체를 그 인식작용 측면뿐 아니라 인식대상 측면에 따라 제시한다. 순수 자아의 시선발산은 때에 따라 다양한 인식작용의 층(層)을 관통해가거나 (예를 들어 기억 속의 기억의 경우처럼) 다양한 복합 단계를 때로는 곧장 때로는 반성하면서 관통해간다. 잠재적 인식작용 또는 인식작용의 객체가 주어진 전체 장(場) 안에서 우리는 때로는 전체 — 가령 지각으로 현재하는 나무 — 로, 때로는 그 나무의 다양한 부분계기로 시선을 돌린다. 그런 다음 다시 옆에 있는 사물 또는 많은 형태의 연관과 경과로 시선을 돌린다. 갑자기 시선을 '문득 떠오르는' 기억의 객체로 향하기도 한다. 즉 시선은 다양하게 분절되었더라도 연속적인 통일적 방식으로 끊임없이 나타나는 사물세계를 구성하는 지각의 인식작용을 통하기보다 기억의 인식작용을 통해 기억세계 속에 들어가며, 이 기억세계 속을 돌아다니면서 움직이고, 다른 단계의 기억이나 상상세계 등으로 이행한다.

단순화하기 위해 하나의 지향적 층, 즉 단순한 확실성에서 현존하는 지각세계에 머물자. 현상학적 지속(Dauer)을 다룬 상응하는 장〔제3장 제2절〕에서 그것에 대한 구체적 의식 전체를 완전히 내재적 본질에 따라 〔시선을〕 고정시킨 것과 마찬가지로, 그 인식대상의 내용에 관해 지각에 적합하게 의식된 사물 또는 사물의 경과를 이념 속에 〔시선을〕 고정시키자. 이 경우 주의를 기울이는 〔시선〕발산을 그것이 속한 **일정한** 〔제3장 제2절에서 다룬〕 이동(移動) 속에 고정시키는 것도 이러한 이념에 속한다. 왜냐하면 이 시선 역시 하나의 체험계기이기 때문이다. 그러면 우리가 바로 '주목함과 그 양상으로 배분함에서 단순한 변경'이라는 명칭으로 부른 고정된 체험의 변경방식이 가능하다는 사실은 명증하다. 이때 체험의 인식대상의 존립요소는, 이제 어디에서나 '항상 생생하게 현존하는 것으로, 즉 동일한 나타남의 방식, 동일한 방향이 정해짐, 동일한 나타남의 징표 속에 제시되면서 특성지어진 동일한 대상성이다'——이 대상성에 대해 규정되지 않은 시사와 비-직관적인 '함께 현재화'의 동일한 양상 속에 다양한 내용의 존립요소 등이 의식된다——라 할 수 있는 한, 동일한 것으로 남아 있다는 사실은 분명하다. 이와 평행하는 인식대상의 존립요소를 이끌어내 비교하면서 변경은 단순히 어떤 비교를 할 경우 이 대상의 계기가, 다른 비교를 할 경우 저 대상의 계기가 '우선적'

이라는 사실, 또는 하나의 동일한 것이 어떤 때는 '1차적으로 주목되고' 다른 때는 단지 2차적으로 주목되거나 '여전히 겨우 함께 인지된다'는—여전히 나타나는 것이더라도 '완전히 인지되지 않은 것'은 결코 아니므로—사실에 성립한다. 특히 주목함 그 자체에 속한 다른 양상이 존재한다. 이때 현실성의 양상의 그룹은 비-현실성의 양상, 즉 단적으로 '주목하지 않음'이라는 이른바 활기 없는 '의식해 가짐' (Bewußthabe)의 양상과 구별된다.

다른 한편으로 이 변양은 그 인식작용의 존립요소 속에 체험 자체의 변양이라는 사실뿐 아니라, 이 변양도 자신의 인식대상에 영향을 미치며—동일한 인식대상의 핵심을 손상시키지 않고—인식대상 측면에서 고유한 유의 특성화를 제시한다는 사실도 분명하다. 사람들은 흔히 주목함을 밝히는 빛과 비교한다. 특수한 의미에서 주목된 것은 다소간의 밝은 조명 속에 있다. 그러나 그것은 반(半)음영이나 완전한 어둠으로 이동할 수도 있다. 현상학적으로 확정할 수 있는 모든 양상을 여러 가지로 각인하려면 비유가 부족하더라도, 어쨌든 비유는 나타나는 것 그 자체에서 변경을 알려주는 만큼 충분히 특징을 드러낸다. 이러한 조명의 변화는 나타나는 것을 그 자신의 의미의 존립요소에 관해 변경하지 않지만, 밝음과 어둠은 그것이 나타나는 방식을 변양시키고, 시선을 인식대상의 객체로 향하는 가운데 이 나타남의 방식은 발견되고 또 기술될 수 있다.

명백히 이 경우 인식대상 속의 변양은 동일하게 남아 있는 것에 단순한 외적 부속물을 덧붙이는 것이 아니라, 오히려 구체적 인식대상이 철저히 변화하는 것이다. 문제가 되는 것은 동일자가 주어지는 방식의 필연적 양상이다.

그럼에도 더 자세히 살펴보면, 이제 상태는 그때그때 양상 속에 주목해 특성지어진 인식대상의 내용 전체(이른바 주목하는 핵심)는 임의로 주목하는 변양에 대립해 변함없이 유지할 수 있는 것이 아니다. 오히려 인식작용적 측면에서 보면, 어떤 인식작용은—필연적이든 자신의 일정한 가능성에 따르든—주목함의 양상을 통해, 특히 부각되는 의미에서 적극적 주목함에 의해 조건지어진다는 사실이 밝혀진다. 모든 '작용수행'(Aktvollzug), '현실적으로 태도를 취함', 예를 들어 의심을 결심함, 거부함, 주어를 정립함과 이것에 관해 술어화하며 정립을 '수행함', 평가함이나 '다른 것을 위해' 평가를 수행함, 선택하는 평가를 수행함 등—이 모든 것은 자아가 태도를 취하는 것으로 적극적 주목함을 전제한다. 그러나 이 모든 것은 긴장의 공간에 관해 확장되거나 축소되는 이동하는 시선의 이러한 기능이 상관적인 인식작용과 인식대상의 변양에 고유한 차원을 뜻하며, 이 차원의 체계적 본질탐구는 일반적 현상학의 근본과제에 속한다는 사실을 결코 변화시키지 않는다.

주목하는 형태는 그 현실성의 양상 속에 부각된 방식으로 주관성(Subjektivität)의 특성을 띠며, 이때 이 양상을 통해 양상화하거나 이 양상을 그 본성에 따라 전제하는 모든 기능은 이와 동일한 특성을 획득한다. 주목하는 〔시선의〕 발산은 순수 자아로부터 발산되고 대상적인 것에 한정하면서 대상적인 것으로 향하거나 대상적인 것으로부터 전환하는 것으로 주어진다. 〔시선의〕 발산은 자아에서 분리되지 않고, 그 자체로 자아의 발산(Ichstrahl)이며 자아의 발산으로 남아 있다. '객체'는 〔자아의 발산에〕 관련되고, 오직 자아에 (또 자아 자체로부터) 관련해 정립되었지만 그 자체가 '주관적'이지는 않은 목표점이다. 그 자체 속에 자아의 발산을 지닌 태도를 취함은 이 때문에 자아 자체의 작용이며, 자아가 실행하거나 겪는 것은 자유롭거나 제약되어 있다. 우리는 자아가 이러한 작용 속에 '살고 있다'고 표현한다. 이러한 삶은 내용의 흐름 속에 그 어떤 '내용'에 관한 존재를 뜻하는 것이 아니라, 순수 자아가 있는 그대로 '자유로운 존재'로서 사유주체(cogito)의 일반적 양상을 띤 지향적 체험 속에 살아가는 것을 기술할 수 있는 방식의 다양체를 뜻한다. 그러나 '자유로운 존재로서'라는 표현은 '자신에서-자유롭게-빠져나옴' 또는 '자신으로-되돌아감', 자발적으로 행동함, 객체로부터 어떤 것을 경험하고 겪는 삶의 양상을 뜻할 뿐이다. 자아의 발산 또는 사유주체 외부의 체험의 흐름 속에 진행되는 것은 본질적으로 다르게 특성지어지고, 자아의 현실성 외부에 있지만, 어쨌든 앞에서 시사했듯이, 자아의 자유로운 작용에 대한 잠재성의 장(場)인 한, 자아에 속한 것이다.

인식작용-인식대상의 주제의 일반적 특성묘사에 관한 많은 것은 주목함의 현상학 속에 체계적으로 철저하게 다루어야 한다.[27]

---

27) 주목함은 현대 심리학의 주요주제다. 현대 심리학의 지배적인 감각주의적 특성은 주목함이라는 주제를 다루는 곳 외에는 어디에서도 눈에 띄게 드러나지 않는다. 왜냐하면 주목함과 지향성 사이의 본질연관——주목함 일반은 지향적 변양의 근본적 종류일 뿐이라는 이 기본적 사실——조차도, 내가 알기로는, 이전에 전혀 강조된 적이 없었기 때문이다. 『논리연구』(이 책 제2-1권, 제2연구 22~23항 159~165쪽과 제5연구 19항 385쪽을 참조할 것)가 출간된 이래 비로소 어쩌다 주목함과 '대상의식'의 연관에 관한 한 쌍의 말이 언급되었지만, 약간의 예외(나는 립스와 펜더A. Pfänder*의 저술을 기억하고 있다)를 제외하고는, 여기에서 문제가 되는 것이 주목함에 관한 이론의 근본적이며 최초의 시작이라는 사실, 계속될 탐구는 지향성의 테두리 안에서 이끌어야 하며 더구나 바로 경험적 연구가 아니라 우선적으로 형상적 연구로 이끌어야 한다는 사실을 이해하는 데 실패한 방식으로 언급되고 있다.

* 펜더(1870~1941)는 라이나흐(A. Reinach)·가이거(M. Geiger)·콘라드(Th. Conrad)·다우베르트(J. Daubert)와 함께 뮌헨 현상학파의 중심인물로 1920년부터 1927년까지 『철학과 현상학적 탐구 연보』의 실질적 편집자로 활동했다. 그러나 실재론의 입장에서 '선험적 환원'과 '구성'의 문제를 받아들이지 않으면서 점차 후설과 멀어졌다. 저서로 『심리학 입문』(1904), 『성향(性向)의 심리학 1, 2』(1913, 1916), 『인간의 영혼』(1933) 등이 있다.

93. 더 높은 의식영역인 인식작용—인식대상 구조로 이행함

바로 다음 이어지는 고찰에서는 '더 높은' 의식영역의 구조—이 구조에서 구체적 체험의 통일체 속에 여러 겹의 인식작용이 서로 중첩되어 구축되고 그에 따라 인식대상의 상관자도 기초지어진다 —을 숙고하려 한다. 왜냐하면 인식작용의 계기에 특수하게 속한 인식대상의 계기가 없다면 어떠한 인식작용의 계기도 없다는 것은 어디에서나 증명되는 본질법칙이기 때문이다.

더 높은 단계의 인식작용—구체적 완전성에서 보면—의 경우 인식대상의 존립요소 속에 우선 우세하게 밀어붙이는 중심적 핵심, 즉 현상학적 환원이 요구하듯이 인용부호 속의 객체성*인 '추정된 객체성 그 자체'가 등장한다. 이 중심적 인식대상도 그 속에서 바로 인식대상, 즉 의식된 것 그 자체가 되는 변양된 객관적 존립요소에서 정확히 받아들여야 한다. 그런 다음 여기에서 이 새로운 객체성 — 왜냐하면 변양되어 받아들인 객체적인 것은, 자신의 권위를 지니더라도, 의미라는 명칭 아래 예를 들어 그것에 관한 학문적 연구 속에 그 자체가 다시 하나의 객체적인 것이 되기 때문이다 —은 자신의 주어지는 방식, '특성', 다양한 양상을 지니며, 이것과 함께 해당된 인식작용적 체험 또는 해당된 체험성질의 충만한 인식대상 속에 의식된다. 물론 여기에서도 인식대상 속의 모든 구별에는 이와 평행해 변양되지 않은 객체성에서 모든 구별이 상응해야 한다.

그렇다면 확고한 성질(예를 들어 지각)의 변화하는 특수화의 어떠한 인식대상이 바로 그 성질을 통해 본질법칙으로 결합되어 있는지,

---

*   '인용부호 속에 주어진 것'은 어떤 객체(대상)가 객관적 실재성을 지니고 주어졌다고 믿는 존재신념을 배제하고, 존재현상 또는 존재의미로서 주어진 것으로 받아들인다는 것을 뜻한다.

또 무엇이 구별짓는 특수화를 통해 본질법칙으로 결합되어 있는지를 밝혀내는 것은 더 자세한 현상학적 연구의 계속될 소관사항이다. 그러나 이 결합은 줄곧 진행하므로, 본질영역에는 결코 우연히 존재하지 않는다. 모든 것은 본질관련을 통해 결부되며, 특히 인식작용과 인식대상 역시 그러하다.

94. 판단분야에서 인식작용과 인식대상

기초지어진 본질의 이 영역에서 그 예로 술어화하는 판단을 고찰해보자. 판단작용, 즉 구체적 판단체험의 인식대상은 '판단된 것 그 자체'이지만, 이것은 우리가 일상적으로 간단히 '판단'이라 하는 것일 뿐이며, 적어도 그 주된 핵심에 따라 그러한 것일 뿐이다.

여기에서 충만한 인식대상을 파악하려면 구체적 판단에서 의식되는 충만한 인식대상이 구체화되는 가운데 받아들여야 한다. 판단된 것(Geurteiltes)은 〔무엇에 대해〕 판단내린 것(Beurteiltes)과 혼동되면 안 된다. 판단작용이 어떤 지각작용 또는 그밖에 단적으로 '정립하는' 표상작용의 근거에 입각한다면, 표상작용의 인식대상은 판단작용이 충만하게 구체화되어 들어오며(마찬가지로 표상하는 인식작용은 구체적 판단의 인식작용Urteilsnoese의 본질에 존립요소가 된다), 판단작용 속에 일정한 형식을 받아들인다. 표상된 것(그 자체)은 진술논리의 주어나 목적어 등의 형식을 얻는다. 간단하게 하기 위해 이 경우 언어적 '표현'의 더 높은 층(層)을 제외하자. 이 '대상이 된 것', 특히 주어의 대상은 판단내린 것이다. 이 대상으로부터 형성된 전체, 즉 전체로 판단된 본질(Was)과 게다가 그것이 체험 속에 '의식된 것'이 되는 주어지는 방식에서 특성화를 지니고 정확히 그렇게 받아들인 것은 판단체험의 (가장 넓게 이해된) '의미'인 충만한 인식대상의 상관자를 형성한다. 더 적확하게 말하면, 그것은 '자신이 주어지는 방식에서 방법(Wie) 속의 의미'—이 주어지는 방식이 그 의미에서 특성으로 발견되는 한에서—다.

그러나 이때 바로 판단체험의 순수한 인식대상을 획득하려면 판단내림에 '괄호침'을 요구하는 현상학적 환원을 간과하면 안 된다. 그렇게 판단내림에 괄호친다면, 현상학적 순수성 속에 판단체험의 충만한 구체적 본질, 또는 **본질로서 파악된 구체적 판단의 인식작용과**—이것에 속하며 필연적으로 이것과 일치하는—판단의 인식대상, 즉 **형상(Eidos)으로서 '내려진 판단'**—이것은 다시 현상학적 순수성 속에 있다—에 직면하게 된다.

심리학주의자는 여기서 어디에서나 불쾌한 기분을 느낄 것이며, 이미 경험적 체험인 판단작용과 '이념', 즉 본질인 판단을 구별하지 않는 경향이 있었다. 우리는 이 구별을 더 이상 정초할 필요가 없다. 그러나 이 구별을 받아들이는 사람 역시 타격을 받을 것이다. 왜냐하면 그에게는 이 하나의 구별만으로는 결코 충분하지 않다는 사실, 판단의 지향성의 본질 속에 두 가지 다른 측면에 따라 놓여 있는 여러 가지 이념을 확정할 필요가 있다는 사실을 인정하게 요구되기 때문이다. 무엇보다 모든 지향적 체험의 경우처럼 여기에서도 두 가지 측면, 즉 인식작용과 인식대상을 원리상 구별해야 한다는 사실을 인식해야 한다.

여기에서 다음과 같은 사실을 비판적으로 언급할 수 있다. 즉『논리연구』에서 확인된 **'지향적' 본질과 '인식에 적합한' 본질**[28]이라는 개념*은 정확하지만, 이 개념이 원리상 인식작용의 본질뿐 아니라 인식

---

28) 『논리연구』제2-1권(개정판), 제5연구 21항 391쪽을 참조할 것.

* 『논리연구』제2-1권, 제5연구 제2절 21항의 제목은 '지향적 본질과 ['인식에 적합한'이 아니라] 의미에 적합한 본질'이다.

대상적 본질의 표현으로서 이해될 수 있는 한, 여전히 두 가지 해석이 가능하다는 사실,『논리연구』에서 일면적으로 수행되었듯이 인식작용적 파악은 순수-논리적 판단개념(따라서 규범적인 논리적 인식작용학Noetik의 인식작용적 판단개념에 대립해 순수 수학의 의미에서 순수논리학이 요구하는 개념)의 구상을 위해 곧바로 고려되는 것이 아니라는 사실이다. 이미 일상적 발언에 스며든 '어떤 판단을 내림'과 '내려진 판단'의 구별은 판단체험에 상관적으로 인식대상인 그 판단 그 자체가 속한다는 올바른 점을 시사한다.

그렇다면 판단 그 자체는 바로 '판단' 또는 순수 논리적 의미 ─단지 순수논리학이 그 충만한 존립요소에서 인식대상에 관심을 쏟는 것이 아니라, 인식대상이 오직 위에서 언급된『논리연구』가 구별하려 시도한 그것의 더 자세한 규정의 길〔방법〕을 밝혀준 더 좁은 본질을 통해 규정된다고 생각되는 한에서만 그 인식대상에 관심을 쏟는 의미 ─에서 명제로 이해될 수 있을 것이다. 일정한 판단체험에서 출발하면서 충만한 인식대상을 획득하려면, 위에서 말했듯이, '그' 판단을 ─형식적-논리적 고찰에서 또한 '그' 판단의 동일성이 더 멀리 도달하는 반면에 ─그것이 바로 이러한 체험 속에 의식된 것과 정확히 그대로 받아들여야 한다. 'S는 P이다'라는 명증한 판단과 '동일한 것〔S는 P이다〕'의 맹목적 판단은 인식대상으로 다르지만, 오직 형식적-논리적 고찰에 대해서만 규정하는 것이 되는 의미핵심에 관해서는 동일하다. 이 구별은 이미 언급된 지각의 인식대상과 이에 평행하는 현전화 ─동일한 대상을 정확하게 동일한 규정내용 속에, ('확실히 존재하는' '의심스럽게 존재하는' 등으로서) 동일한 특성화 속에 표상하게 하는 현전화 ─의 인식대상의 구별과 유사하다. 그렇지만 작용의 방식은 다르며, 그밖에 현상학적 구별 ─그러나 인식대상적 본질(Was)은 동일하다 ─을 밝힐 거대한 공간이 남아 있다.

우리는 방금 전에 특성지은 형식논리학(술어적 의미에 관련된 보편 수학mathesis universalis의 학과)의 근본개념을 형성하는 판단의 이념에 상관적으로 인식작용의 이념——2차적 의미에서, 즉 형상적이고 또 형식을 통해 순수하게 규정된 일반성에서 판단작용 일반으로 이해된 '그 판단'——이 여전히 대립해 있다는 사실을 첨부한다. 이것은 판단작용에 형식적인 인식작용의 권리론(Rechtslehre)에 근본개념이다.[29]

---

29) 볼차노(B. Bolzano)*의 '판단 그 자체'나 '명제 그 자체'에 관해서는, 그의 『학문이론』(*Wissenschaftslehre*, 1837)의 서술에서 알아볼 수 있듯이, 볼차노는 자신이 개척한 구상의 본래 의미에 관해 명석함에 도달하지 못했다. 볼차노는 여기에 두 가지 가능한 해석이 앞에 놓여 있다는 사실, 둘 다 '판단 그 자체'로 부를 수 있을 판단체험의 특수한 것(인식작용의 이념)과 이것에 상관적인 인식대상의 이념이 있다는 사실을 결코 보지 못했다. 그의 기술(記述)과 해명은 모호하다. 그는 객관적으로 향한 수학자로서——때에 따라 이에 대립된 전향(轉向)(같은 책, 제1권 85쪽에서 메멜Mehmel의 『사유이론』[*Denklehre*, 1803]에 찬성하는 인용을 참조할 것)을 이야기하는 것처럼 보이더라도——어쨌든 인식대상의 개념을 염두에 두었다. 그는, 수(數)의 조작에 초점을 맞추었지만 수와 수에 관한 의식이 관련되는 현상학적 문제에 초점을 맞추지는 않은 산술학자가 수를 염두에 두는 것과 정확히 똑같이, 인식대상의 개념을 염두에 두었다. 현상학은 일반적 경우와 같이 여기 논리적 영역에서도 위대한 논리학자[볼차노]에게 완전히 생소한 것이었다. 이러한 사실은 이제는 유감스럽게도 드물어진 볼차노의 『학문이론』을 실제로 연구한 누구에게나, 게다가 기본적인 형상적 개념을 각각 애써 만들어내는 일——이것은 현상학적으로 소박한 작업수행이다——과 현상학적으로 가공해내는 일을 혼동하는 경향이 없는 누구에게나, 명백함에 틀림없다. 만약 누가 벌써 그러한 일을 일관되게 했음에 틀림없다면, 가령 집합이론의 근본개념을 독창적으로 구상한 점에 관해 칸토르(G. Cantor)**와 같은 모든 개념의 창조적 수학자를 현상학자라 해야 하며, 마찬가지로 결국 아득한 고대에 기하학의 근본개념을 창조한 알려지지 않은 사람들도 현상학자라 해야 한다.

* 볼차노(1781~1848)는 칸트와 독일관념론의 주관주의를 비판하고 수학과 논리학, 인식론과 윤리학에서 독특한 객관주의를 주장했다. 특히 논리학을 주관적으로 해석하는 심리학주의에 반대하고 판단작용과 판단내용을 구별

방금 전에 상론한 모든 것은 다른 인식작용의 체험에도 적용되며, 예를 들어 술어적 확실성 ─그래서 또한 그에 상응하는 추정·추측·회의·거부─ 으로서 판단작용에 본질적으로 같은 계통인 모든 것에도 자명하게 적용된다. 이때 일치는 인식내용 속에 어디에서나 동일한 의미내용이 등장하는 데까지 나아갈 수 있다. 인식대상의 핵심으로서 동일한 'S는 P이다'는 확실성, 가능한 것으로 추정하거나 추측하는 등의 '내용'일 수 있다. 인식대상 속에 'S는 P이다'는 홀로 떨어져 있는 것이 아니라, 거기에서 내용으로서 이끌어내 사유되듯이, 비-자립적인 것이다. 그것은 충만한 인식대상이 불가결한 변화하는 특성화 속에 그때그때 의식된다. 그것은 '확실한' '가능한' '개연적인' '무화(無化)된' 등의 특성 ─변양시키는 인용부호가 총체적으로 속한 특성, 상관자로서 특히 '가능한 것으로 간주함' '개연적인 것으로 간주함' '무화된 것으로 간주함' 등 인식작용의 체험계기에 배열되는 특성─ 속에 의식된다.

동시에 이것에 의해 '판단내용'에 관한 그리고 마찬가지로 추측내용·물음내용에 관한 두 가지 근본개념이 분리된다. 논리학자는 종종 명백히 (심지어 그토록 필요한 구별조차 하지 않은 채) 우리가 조금 전에 특성지은 두 개념인 판단이라는 인식작용의 개념과 판단이라는

해 객관적인 '명제 그 자체' '진리 그 자체'를 확립하려 순수논리학을 추구했다. 후설은 이러한 그의 이론에 큰 영향을 받아 『산술철학』에서 취한 심리학주의의 한계를 극복하고 『논리연구』 제1권에서 순수논리학을 정초한다. 저서로는 『학문이론』(1837), 『무한한 것의 역설』(1851) 등이 있다.

** 칸토르(1845~1918)는 삼각함수의 급수(級數)를 연구해 실변수 함수론의 기초를 확립했으며, 특히 무한(초한)수의 집합론을 통해 해석학을 비롯한 현대 수학에 획기적 전환을 마련했다. 이 이론으로 수학의 기초에 관한 '형식주의' '논리주의' '직관주의'의 격렬한 논쟁이 야기되었으며, 괴델(K. Gödel)의 '불완전성 정리'가 등장했다.

인식대상의-논리적 개념이 생각되는 방식으로 판단내용에 관한 발언을 사용한다. 추측·물음·회의 등의 경우 이에 상응하는 개념의 쌍은 그 개념과 평행하게 또 자명하게도 그 개념과 일치하거나 서로 함께 일치한 적도 없이 진행한다. 그러나 여기에서는 판단이 추측(또는 추측작용)·물음(또는 묻는 작용)과 다른 작용의 인식대상 또는 인식작용과 함께 동일하게 공통적으로 가질 수 있는 '내용'인 판단내용에 관한 2차적 의미가 생긴다.

95. 감정영역과 의지영역에서 유사한 구별

누구나 쉽게 확신하듯이, 이와 유사한 상론은 이때 감정의 영역과 의지의 영역, 기쁨과 불쾌함, 모든 의미에서 평가함·소망함·결심함·행동함의 체험에 적용된다. 이 모든 것은 여러 겹이나 종종 많은 겹의 지향적 층(層) ─ 인식작용의 층과 이에 상응하는 인식대상의 층 ─ 을 포함하는 체험이다.

이 경우 층은, 일반적으로 말하면, 현상 전체의 최고 층이 ─ 그밖의 층은 구체적으로 완전한 지향적 체험으로 존재하기를 중지하지 않고도 ─ 폐기될 수 있거나 그 반대로 어떤 구체적 체험이 새로운 인식작용의 층 전체를 받아들일 수 있다. 이것은 예를 들어 어떤 구체적 표상 위에 비-자립적 계기인 '평가작용'이 층을 이루거나 그 반대로 다시 폐기되는 것과 같다.

이러한 방식으로 지각작용·상상작용·판단작용 등이 이 작용을 전부 뒤덮는 평가작용의 층을 기초짓는다면, 우리는 최고단계에 따라 구체적 평가체험이라는 기초지음 전체 속에 다른 인식대상이나 의미를 갖는다. 지각된 것 그 자체는 의미로서 특히 지각작용에 속하지만, 구체적 평가작용의 의미 속에 그것의 의미를 기초지으면서 함께 들어온다. 따라서 〔한편으로〕 평가작용 속에 가치 있는 것으로 현존하는 대상·사물·성질·사태 또는 가치의식을 기초짓는 표상·판단 등 그에 상응하는 인식대상과, 다른 한편으로 가치대상 자체, 가치사태 자체 또는 이것에 상응하는 인식대상의 변양, 게다가 일반적으로 구체적 가치의식에 속한 완전한 인식대상을 구별해야 한다.

이것을 설명하려면 먼저 더 큰 판명성 때문에 (여기에 비슷한 모든 경우에도) 가치 있는 대상과 가치대상, 가치 있는 사태와 가치사태, 가치 있는 속성과 가치속성(이것은 그 자체로 여전히 모호하다)을 더 잘 구분해 유지하기 위해 구별되는 상대적 전문용어를 당연히 끌어들여야 한다는 사실을 언급해야 한다. 우리는 가치 있는 '사태'(Sache), 가치특성, 즉 가치성(Wertheit)을 지닌 단순한 '사태'에 관해 이야기한다. 반면 구체적 가치 자체나 가치객체성에 관해서도 이야기한다. 마찬가지로 이와 평행해 단순한 사태나 단순한 상태와 가치사태(Wertverhalt)나 가치상태(Wertlage) —즉 가치작용이 사태의식을 기초짓는 토대로 갖는 곳에서— 에 관해 이야기한다. 가치객체성은 이러한 사태를 함축하고, 새로운 객체의 층으로서 가치성을 끌어들인다. 가치사태는 이것에 속한 단순한 사태인 가치속성을 내포하며, 마찬가지로 사태속성과 이것을 넘어서는 가치성을 내포한다.

더구나 여기에서 가치객체성 그 자체와 인식대상 속에 놓여 있는 인용부호 속의 가치객체성도 구별해야 한다. 지각된 것 그 자체가 지각된 것이 참된 것을 지니는지에 관한 물음을 제외하는 의미에서 지각작용에 대립하듯이, 평가된 것 그 자체는 평가작용에 대립하며, 그렇기 때문에 가치(평가된 사물 그리고 이것이 참으로 가치 있음)의 존재도 문제가 되지 않는다. 모든 현실적 정립은 인식대상을 파악하기 위해 배제되어야 한다. 평가작용의 충만한 '의미'에도 그것이 해당된 가치체험 속에 의식된 것이 되는 완전한 충족을 지닌 그것의 본질

(Was)이 속한다는 사실, 또 인용부호 속의 가치객체성이 즉시 충만한 인식대상이 아니라는 사실에 매우 주의해야 한다.

마찬가지로 의지의 **영역** 속에 이러한 구별을 해보자.

한편으로 우리는 **결심함**, 즉 그것을 기반으로 요구하고, 구체화해서 보면, 그것을 내포하는 모든 체험과 더불어 그때그때 수행하는 결심함을 갖는다. 이 결심함에는 많은 종류의 인식작용의 계기가 속한다. 평가하는 정립, 사물정립 등은 의지정립의 기초가 된다. 다른 한편으로 우리는 결심을 의지의 영역에 특수하게 속한 객체성의 고유한 종류로 발견하며, 이것은 분명히 그와 같은 다른 인식대상의 객체성 속에 기초지어진 것이다. 그런데 우리가 현상학자로서 모든 정립을 배제하면, 현상학적으로 순수한 지향적 체험인 의지현상에는 **의지함**(Wollen)에 고유한 인식대상인 '의지된 것(Gewolltes) 그 자체' — 즉 '의지의 의견'(Willensmeinung) 그리고 그것이 (충만한 본질에서) 이 의지함 속에 '의견'이며 의지된 것과 '거기에서 겨냥하는 것'으로 의지된 것 모두를 지닌 것과 정확히 같은 것 — 가 다시 남는다.

그 '의견'(Meinung)은, '의미'〔뜻〕(Sinn)와 '의미'(Bedeutung)라는 말과 마찬가지로, 여기 도처에서 끈질기게 달라붙는다. 이때 '의견을 가짐'(Meinen) 또는 **추정함**(Vermeinen)에는 의견이 상응하고, **의미함**에는 의미가 상응한다. 그럼에도 이 말에는 총체적으로 전용(轉用)되어 아주 많은 모호함 — 적어도 그것의 학문적 분리를 엄밀하게 수행해야 할 이 상관적 층(層) 속에 굴러떨어짐으로써 유래하는 모호함은 아니지만 — 이 부착되어 있기 때문에 이 말과 관련해 극도의 신중함이 요구된다. 우리는 지금 '지향적 체험'이라는 본질 유의 가장 넓은 범위에서 고찰한다. 그러나 '의견을 가짐'이라는 용어는 어쨌든 동시에 더 넓은 영역의 현상의 하부 층으로서 기능하는 더 좁은 영역에 통상적으로 제한된다. 그래서 전문용어로서 이 말(이 말과 같은 계통의 표현)은 오직 더 좁은 영역에 대해서만 고찰될 수 있다. 일반성에 대해서는 우리의 새로운 전문용어와 이에 첨부된 예들의 분석이 확실히 더 효과적으로 도움을 준다.

96. 다음 절로 넘어감. 결론적 논평

우리는 인식작용(즉 그 인식작용의 구성요소를 강조하면서 뜻한 구체적으로 완전한 지향적 체험)과 인식대상을 일반적으로 뚜렷하게 부각시켜 구별하는 데 아주 세밀하게 공을 들여왔다. 왜냐하면 그 구별을 파악하고 숙달하는 것이 현상학에는 아주 중대한 영향을 미치고, 현상학을 올바로 정초하기 위해 곧바로 결정적이기 때문이다. 첫눈에는 '모든 의식은 무엇에 대한 의식이며, 의식의 방식은 매우 상이하다'는 것은 자명한 문제처럼 보인다. 그러나 더 자세하게 접근해보면, 우리는 큰 어려움을 느꼈다. 그 어려움은 인식대상의 존재방식 ─ 어떻게 인식대상이 체험 속에 '놓여 있고' 체험 속에 '의식될' 것인지의 방법 ─ 을 이해하는 데 관련된다. 그 어려움은 내실적 존립요소의 방식으로 체험 자체의 사태와 인식대상의 사태 ─ 이것은 인식대상에 고유하게 할당되어야 한다 ─ 를 순수하게 구별하는 데 무척 특별하게 관련된다. 또한 인식작용과 인식대상의 평행하는 구조에서 올바른 분류는 나중에 여전히 상당한 어려움이 생긴다. 우리가 표상과 판단에서 여기에 속한 구별 ─ 이 구별의 경우 표상과 판단이 처음으로 제시되며, 또 이것을 위해 논리학이 가치 있지만 충분한 것과는 거리가 먼 예비작업을 제공했다 ─ 의 주요부분을 이미 성공적으로 수행했더라도, 감정작용의 평행하는 구별을 요청하고 주장할 뿐 아니라 실제로 명석하게 주어지기 위해서는 상당한 노력과 자기극복이 필요하다.

단순히 위로 이끄는 우리 성찰과 연관되는 여기에서 현상학의 부분을 체계적으로 상론하는 것은 과제가 될 수 없다. 어쨌든 우리 목적은 지금까지보다 더 깊게 사태 속에 들어갈 것을, 이와 같은 연구의 단초를 구상할 것을 요구한다. 이것은 인식작용-인식대상 구조를 현상학의 문제제기와 방법론에 대한 그 구조의 의미가 이해될 수 있을 만큼 충분히 명석하게 하기 위해 필연적이다. 현상학의 풍성한 성과, 그 문제의 중대함, 그 수행절차의 방식에 대한 내용이 풍부한 표상은 계속 이 분야에 실제로 발을 들여놓고 이 분야에 속한 문제범위가 뚜렷이 보일 때만 획득될 수 있다. 그러나 그러한 모든 분야는, 현상학적으로 제거하고 해명하는 상론──이것에 의해 여기에서 해결할 수 있는 문제의 의미도 비로소 이해될 수 있다──을 통해서만 실제로 발을 들여놓고, 확고한 작업토대로서 느낄 수 있다. 우리의 계속되는 분석과 문제증명은, 지금까지의 분석과 문제증명이 부분적으로 이미 했듯이, 이러한 양식을 엄밀하게 고수할 것이다. 다른 주제가 초보자에게는 매우 다양한 형태로 나타나더라도, 어쨌든 우리는 제한된 영역 속에서만 유지한다. 당연히 우리는 관통하는 체계적 주요노선을 추구할 수 있기 위해 현상학으로 들어가는 입구에 상대적으로 가까이 놓여 있는 것, 또 무조건 필요한 것을 우선적으로 다룬다. 그 모든 것이 어려우며, 특수한-현상학적 본질직관이 주어짐에 대한 아주 힘든 주의집중을 요구한다. 현상학으로 들어가는 '왕도'(王道)는 없으며, 따라서 철학으로 들어가는 '왕도'도 없다. 현상학의 고유한 본질이 미리 지시하는 하나의 길만 있을 뿐이다.

끝으로 다음과 같은 논평을 첨부해야 할 것이다. 즉 현상학은 우리의 서술에서 **출발하는** 학문으로 제시된다. 여기에서 분석한 성과가 얼마나 타당한지는 미래에 가서야 비로소 분명히 알 수 있다. 확실히 우리가 기술한 것 가운데 많은 것은 '영원의 상(相) 아래'(sub specie aeterni)* 다르게 기술될 수 있을 것이다. 그러나 각각의 단계에서 우리의 시점(視點)으로부터 그리고 가장 진지한 연구 끝에 실제로 본 것을 충실하게 기술하는 한 가지만 얻으려 애써도 좋으며 또 그래야 한다. 우리가 진행하는 절차는 알려지지 않은 세계의 부분 속에 자신의 개척되지 않은 길 — 이 길이 항상 가장 짧은 지름길은 아닐 것이다 — 에서 제시되는 것을 신중하게 기술하고 탐구하는 여행자의 절차다. 그에게는 시간과 상황에 따라 진술해야 하는 것, 또 그것이 보인 것에 대한 충실한 표현이기 때문에 항상 자신의 가치를 지니는 것 — 새로운 탐구가 여러 가지로 개선된 새로운 기술(記述)을 요구하더라도 — 을 진술하는 확실한 의식이 넘칠 것이다. 이와 동일한 신념으로 우리는 계속 현상학적 형태를 충실하게 서술하는 자이려 하며, 그밖에 우리의 기술에서도 내적 자유(Freiheit)의 습관(Habitus)을 스스로 지키려 한다.

제4절 인식작용—인식대상 구조의 문제제기

97. 내실적 체험계기인 질료적 계기와 인식작용의 계기, 비—내실적 체험계기인 인식대상의 계기

우리는 앞 절에서 인식작용인 것과 인식대상인 것의 구별을 소개할 때 '내실적(reell) 분석'과 '지향적(intentional) 분석'이라는 용어를 사용했다. 여기에서 이것을 연결시키자. 현상학적으로 순수한 체험은 자신의 내실적 구성요소를 갖는다. 간단하게 하기 위해 가장 낮

---

* 이것은 스피노자의 용어로, '영원의 상(相) 아래' 인식하는 것은 사물을 우연히 고립된 것으로 보지 않고, 초시간적인 필연적 인과관계로 직관하는 것을 뜻한다.

은 단계의 인식작용의 체험으로 한정하자. 그래서 사유작용·감정작용·의지작용의 경우에서 확인하듯이, 그 지향성 속에 여러 겹으로 중첩되어 구축된 인식작용의 층을 통해 복합적인 것이 아닌 인식작용의 체험으로 한정하자.

감성적 지각, 가령 우리가 방금 전 정원에서 내다보면서 가진 단적인 나무[에 대한]지각은 예로서 유용할 것이다. 이때 우리는 지금은 움직이지 않고 거기에 있지만, 그런 다음 바람에 흔들리는 것으로 나타나고, 끊임없이 관찰하는 동안 그 나무에 대한 우리의 공간적 위치를 변화시킴에 따라 ― 가령 창문에 다가가거나 단순히 머리나 눈의 위치를 변경시키고, 동시에 수정체를 풀고 다시 조이는 등 ― 매우 다르게 나타나는 방식 속에 제시되는 거기에 있는 그 나무를 의식의 통일체 속에 관찰한다. 이러한 방식으로 하나의 지각의 통일체는 대단히 다양한 변양을 자체 속에 포괄할 수 있다. 즉 그것은 자연적으로 태도를 취한 관찰자인 우리가 때로는 실제적 객체에 이것의 변경으로서 돌리는 변양, 때로는 우리의 실재적 심리물리적 주관성과의 실재적이며 실제적인 관계에게 돌리는 변양, 결국 이 주관성 자체에 돌리는 변양이다. 그러나 지금은 '순수 내재(Immanenz)'로 환원하면 그 가운데 무엇이 현상학적 잔여로 남아 있는지, 이때 무엇이 순수 체험의 내실적 존립요소로서 간주될 수 있는지 또 무엇이 간주될 수 없는지를 기술해야 한다. 그리고 여기에서 더구나 지각체험의 본질 그 자체에는 '지각된 나무 그 자체'가 속한다는 사실, 또는 나무 자체와 세계 전체의 실제성을 배제하더라도 영향을 받지 않는 충만한 인식대상이 속한다는 사실, 그러나 다른 한편으로 인용부호 속에 자신의 '나무'를 갖는 이 인식대상이 실제성의 그 나무와 마찬가지로 지각 속에 내실적으로 포함되어 있지 않다는 사실을 완전히 명백하게 밝혀야 한다.

우리가 순수 체험으로서 지각 속에 내실적으로 발견하는 것은 무엇이며, 전체 속의 그 부분처럼, 지각 속에 그 존립요소와 나눌 수 없는 계기를 포함하는 것은 무엇인가? 우리는 그와 같은 진정한 내실적 존립부분을 이미 소재(素材)의 존립부분과 인식작용의 존립부분이라는 명칭 아래 때에 따라 부각시켜 강조했다. 이제 이것을 인식대상의 존립요소와 대조해보자.

순수하게 지각에 적합하게 의식된 것인 나무줄기의 색깔은 우리가 현상학적 환원 이전에 실제적 나무의 색깔로 (적어도 '자연적' 인간으로서 또 물리학적 지식이 혼합되기 이전에) 받아들인 것과 정확히 '동일한 것'이다. 이 색깔은 이제 괄호 속에 정립되어 인식대상에 속한다. 하지만 그 색깔은, 지각체험 속에 '색깔과 같은 어떤 것'—즉 '감각색깔', 그 속에 인식대상의 색깔 또는 '객관적' 색깔이 '음영지어지는' 구체적 체험의 질료적 계기—을 발견하더라도, 내실적 존립요소로서 지각체험에 속하지 않는다.

그러나 이 경우 하나의 동일한 인식대상의 색깔—따라서 변화할 수 있는 지각의식의 연속적 통일체 속에 동일한 것, 그 자체로 변경되지 않는 것으로 의식되는 색깔—은 감각색깔의 연속적 다양체 속에 음영지어진다. 우리는 눈의 위치, 그 상대적 방향이 정해짐이 여러 가지로 변화하고 시선이 중단 없이 줄기·가지 위로 돌아다니는 동안, 동시에 [나무에] 더 가깝게 다가가 다른 방식으로 지각체험을 흐름 속에 끌어오는 동안, 색깔에 관해—그 나무색깔에 관해—변화되지 않은 나무를 본다. 음영에 대한 반성인 감각에 대해 반성해보자. 그러면 우리는 이 음영을 명증하게 주어짐으로서 파악하고, 완전한 명증성 속에 태도와 주목함의 방향을 변화시키면서 음영과 이에 상응하는 대상적 계기를 서로의 관련 속에 정립할 수도 있고, 이 음영을 상응하는 계기로 인식할 수 있다. 이 경우 예를 들어 어떤 고정된 사물색깔에 속하는 음영색깔이 사물색깔에 대한 관계는 연속적 '다양체'가 '통일체'에 대한 관계의 경우와 같다는 사실도 즉시 알게 된다.

우리는 현상학적 환원을 하면서, 심지어 질료적 계기(또는 그것이 일련의 연속적 지각인 경우 연속적인 질료적 변화)가 다름 아닌 곧바로 대상인 나무일 때조차, 지각 속의 대상인 나무는 일반적으로 그것이 지각 속에 나타나는 그대로 객관적으로 규정된 것으로서, 오직 이 경우에만, 나타날 수 있는 유적(類的) 본질통찰을 획득한다. 따라서 이 본질통찰에는 지각의 질료적 내용의 모든 변경은, 곧바로 지각의 식을 폐기하지 않는다면, 적어도 나타나는 것이 ─ 그 자체로든 그 것의 나타남에 속한 방향이 정해지는 방식 등으로든 ─ 객관적으로 '다른 것'이 되는 성과를 반드시 가진다는 사실이 포함되어 있다.

이 모든 것과 더불어 여기에서 '통일체'와 '다양체'는 총체적으로 다른 차원에 속하며, 게다가 모든 질료적인 것은 내실적 존립요소로서 구체적 체험에 속하는 반면, 체험 속에 다양한 것으로서 '제시되는 것', '음영지어지는 것'은 인식대상에 속한다는 사실도 절대적으로 의심할 여지가 없다.

그러나 이미 앞에서 말했듯이, 소재는 인식작용의 계기에 의해 '영혼을 불어넣었고', 그래서 (자아가 이 소재가 아니라 대상을 향해 있는 동안) 우리가 반성하는 가운데 이 소재에서 또 이 소재와 더불어 포착하는 '파악' '의미부여'를 겪는다. 이와 관련해 질료적 계기(감각색깔·감각음音 등)뿐 아니라 이것에 영혼을 불어넣는 파악도 ─ 따라서 이 둘이 하나로, 즉 색깔·음과 대상의 모든 그러한 성질이 나타나는 것도 ─ 체험의 '내실적' 존립요소에 속한다는 사실이 즉시 명백해진다.

이제 일반적으로 다음과 같은 사실이 타당하다. 즉 지각은 그 자체로 그 대상에 대한 지각이며, '객관적으로' 향한 기술(記述)이 대상에서 이끌어내는 모든 구성요소에는 지각의 내실적 구성요소가 상응한다는 사실이다. 그러나 단지 대상이 이 지각 자체 속에 '현존하는' 그대로 기술이 대상에 충실하게 입각하는 한에서만 그렇다는 점에 주의해야 한다. 또한 우리는 오직 인식대상의 객체와 그 계기에 호소함으로써만, 따라서 예를 들어 의식 —— 더 자세히 말하면 지각의식 —— 은 어떤 나무줄기에 대한, 줄기의 색깔 등에 대한 의식이라 말해야만, 이 모든 인식작용의 구성요소를 지적할 수 있다.

다른 한편 우리의 고찰은 어쨌든 질료적 존립요소와 인식작용의 존립요소의 내실적 체험통일체는 '인식작용 속에 의식된' 인식대상의 존립요소의 체험통일체와 총체적으로 다른 것이라는 사실, 그 모든 내실적 체험의 존립요소가 이것을 통해 또 이것 속에 인식대상으로서 의식되는 것과 하나로 묶인 통일체와 총체적으로 다르다는 사실을 밝혀주었다. 소재의 체험에 '근거해' 인식작용의 기능을 '통해' '선험적으로 구성된 것'은 하나의 '주어진 것', 또한 우리가 순수 직관 속에 체험과 이 체험이 인식대상으로 의식된 것을 충실하게 기술하는 경우 명증하게 주어진 것이지만, 이것은 바로 체험이 내실적으로 그래서 본래 구성된 것과는 완전히 다른 의미에서 체험에 속한다.

현상학적 환원을, 또한 순수 체험영역을 '선험적'이라 부른 것은 바로 우리가 이 환원 속에 소재와 인식작용의 형식에 절대적 영역을 발견하며, 이것을 일정한 성질을 지닌 것으로 엮음에는 내재적 본질 필연성에 따라 다양하게 주어진 규정되거나 규정할 수 있는 것 —— 이것은 의식 자체에 대응물, 원리상 다른 비-내실적인 것, 초월적인 것이다 —— 의 이 불가사의한 '의식해 가짐'(Bewußt-haben)이 속한다는 사실, 또 여기가 초월적인 것에 관한 객관적으로 타당한 인식의 본질과 가능성이 관련되는 가장 깊은 인식문제의 유일하게 생각해볼 수 있는 해결을 위한 근원원천이라는 사실에 의거한다. '선험적' 환원은 실제성에 관해 **판단중지**를 한다. 그러나 선험적 환원이 이 실제성 가운데 그밖에 간직하는 것에는 인식대상 자체 속에 놓여 있는 인식대상의 통일체를 지닌, 또 실재적인 것이 의식 자체 속에 곧바로 의식되고 특히 주어지는 방식을 지닌 인식대상이 속한다. 여기에서 문제가 되는 것은 전적으로 **형상적 연관**, 따라서 무조건 필연적 연관이라는 인식은 인식작용인 것과 인식대상인 것, 의식체험과 의식 상관자의 본질관련이라는 거대한 탐구의 장(場)을 열어준다. 아무튼 의식체험과 의식상관자의 본질관련은 의식대상성 그 자체와 동시에 생각되거나 주어지는 인식대상의 방식에 형식이라는 본질명칭을 포함한다.

우리가 든 예에서 우선 다음과 같은 일반적 명증성이 일깨워진다. 즉 지각은 대상을 공허하게 '현재에 가짐'(Gegenwätighaben)이 아니라, '지각의' 대상을 갖는 것 그리고 대상을 일정한 인식대상의 존립요소──이것은 '동일한' 대상에 관한 다른 지각에 대해 언제나 다시 다른 인식대상의 존립요소이지만, 항상 본질에 적합하게 미리 지시된 인식대상의 존립요소다──의 통일체로서 갖는 것은 ('아프리오리하게') 지각의 고유한 본질에 속한다는 사실, 또는 그렇게 기술하는 성질의 지각 속에 곧바로 인식대상의 대상이 되는 것 그리고 오직 이 지각에서만 존재할 수 있다는 것 등은 객관적으로 다양하게 규정된 그때그때의 대상의 본질에 속한다는 사실이다.

98. 인식대상의 존재방식. 인식작용의 형식이론. 인식대상의 형식이론

그러나 여전히 중요한 보충이 필요하다. 먼저 어떤 현상으로부터 이 현상 자체를 내실적으로 분석하는 반성으로 이행하거나 이 현상의 인식대상을 분석하는 완전히 다른 성질의 반성으로 이행하는 모든 것은 새로운 현상을 산출한다는 사실, 또 어떤 방식에서 예전 현상의 변형인 새로운 현상을 예전 현상과 혼동하고 예전 현상 속에 내실적이거나 인식대상으로 놓여 있는 것을 새로운 현상의 것으로 돌린다면, 우리는 오류에 빠질 것이라는 사실에 매우 주목해야 한다. 따라서 예를 들어 소재적 내용 ──가령 음영지어진 색깔내용── 이 지각체험에서 그것이 분석하는 체험 속에 존재하는 것처럼 현존한다고 생각하면 안 된다. 단지 한 가지[차이]만 언급하면, 소재적 내용은 지각체험에서 내실적 계기로 포함되었지만, 이 속에서 지각되지도 대상적으로 포착되지도 않았다. 그러나 소재적 내용은 분석하는 체험에서 대상적으로 존재하며, 이전에 현존하지 않았던 인식작용의 기능이 목표로 삼는 점이다. 이 소재는, 여전히 계속 자신의 진술기능과 함께 부착되었더라도, 어쨌든 본질적 변화(물론 완전히 다른 차원의 변화)를 겪는다. 이 점은 나중에 더 논의할 것이다. 그러나 이러한 차이는 분명히 현상학적 방법을 위해 본질적으로 고려된다.

이렇게 논평한 다음 우리의 특별한 주제에 속하는 다음과 같은 점으로 주의를 돌리자. 즉 우선 모든 체험은 이 체험과 그 내실적 구성요소로 또한 마찬가지로 반대의 방향에서 인식대상 ──가령 보인 나무 그 자체── 으로 시선을 향할 수 있는 원리적 가능성이 존재하는 그러한 성질의 것이다. 이 시선위치 속에 주어진 것 역시 그 자체로, 논리적으로 말하면, 하나의 대상이지만, 전적으로 비–자립적 대상이다. 이 대상의 '존재'(esse)는 오직 그것이 '지각됨'(percipi) 속에 있다. 단지 이 명제는 버클리(Berkeley)의 의미에서 명제가 결코 아니다. 왜냐하면 여기에서 '지각됨'은 실로 내실적 존립요소로서 '존재'를 포함하지 않기 때문이다.

이러한 사실은 당연히 형상적 고찰방식으로 이행된다. 즉 인식대상의 형상(Eidos)은 인식작용의 의식에 형상을 지시하며, 이 둘은 형상적으로 함께 속한다. 지향적인 것 그 자체는 다양한 성질을 지닌 의식의 지향적인 것 ― 이것은 지향적인 것에 대한 의식이다 ― 이 그 본질이다.

그러나 이러한 비-자립성에도 불구하고 인식대상은 그 자체에서 고찰될 수 있고, 다른 인식대상과 비교될 수 있으며, 자신의 가능한 변형에 관해 탐구될 수 있다. 우리는 인식대상의 일반적이고도 순수한 형식이론을 구상할 수 있다. 이 형식이론에는 자신의 질료적이며 특수하게 인식작용의 구성요소를 지닌 구체적인 인식작용의 체험의 일반적이고 또한 못지않게 순수한 형식이론이 상관적으로 대립된다.

물론 이 두 형식이론은 이른바 거울에 비친 상(像)처럼 서로 마주 보는 관계나 단순한 부호변경을 통해 서로 뒤섞여 이행하는 것과 같은 ― 가령 우리가 'N에 관한 의식'을 각각의 인식대상 N으로 대체했던 것과 같은 ― 관계가 결코 아니다. 이러한 점은 이미 위에서 사물의 인식대상에서 통일적 성질과 가능한 사물지각에서 그 질료적 음영의 다양체의 공속성(共屬性)에 관해 상론한 것에서 분명해진다.

이제 동일한 것이 특수하게 인식작용의 계기에 관해서도 반드시 적용된다고 볼 수 있다. 우리는 특히 예컨대 색깔자료·촉각자료 등 질료적 자료의 복합적 다양체가 하나의 동일한 객관적 사물이 지닌 다양한 음영의 기능을 획득하게 하는 인식작용의 계기를 지적할 수 있다. 소재 자체 속에 그 본질상 객관적 통일체와의 관련이 명백하게 미리 지시되지 않고, 동일한 소재의 복합체가 불연속으로 서로 뒤섞여 솟아오르는 여러 가지 파악 ― 이 파악에 따라 다른 대상성이 의식된다 ― 을 겪을 수 있다는 사실만 기억할 필요가 있다.

따라서 체험의 계기로서 영혼을 불어넣는 파악 자체 속에 본질적 차이가 놓여 있다는 것, 이 차이가 뒤따르는 음영에 의해 세분되고 또 이 음영에 영혼을 불어넣음으로써 그 차이가 '의미'를 구성한다는 것은 이미 명백하지 않은가? 그래서 우리는 인식작용과 인식대상의 **평행론**(Parallelismus)은 현존하지만, 그 형태는 두 가지 측면에서 또 이 것이 본질에 적합하게끔 서로 상응하는 가운데 기술되어야 하는 점에서 현존한다고 결론을 이끌어낼 수 있다. 인식대상인 것은 통일체의 장(場)이며, 인식작용인 것은 '구성하는' 다양체의 장이다. 다양한 것을 '기능상' 하나로 묶고 동시에 통일체를 구성하는 의식은 사실 인식대상의 상관자 속에 '대상'의 동일성이 주어지는 곳에서는 결코 동일성을 알려주지 않는다. 그런데 예를 들어 사물의 통일체를 구성하는 지속하는 지각작용의 다른 단락이 동일자를, 즉 이 지각작용의 의미에서 변화되지 않은 이 나무—지금은 이렇게 그런 다음 저렇게 방향이 정해지는 가운데 지금은 앞면에서, 그런 다음 뒷면에서, 어떤 위치에서 시각으로 포착된 성질에 관해 처음에는 판명하지 않고 규정되지 않고 그런 다음에는 판명하고 규정되어 주어지는 나무—를 알려주는 곳에서 인식대상 속에 발견되는 대상은 말 그대로 동일한 대상으로 의식된다. 그러나 이 대상에 대한 의식은 그 내재적 지속의 다른 단락에서 동일하지 않은 것, 단지 결합된 것, 연속으로 일치하는 것이다.

이 모든 진술이 아무리 올바른 것을 많이 포함하더라도, 어쨌든 이끌어낸 결론은 완전히 정확하지 않다. 일반적으로 이러한 까다로운 문제에는 극도로 신중함이 요구되기 때문이다. 여기에서 성립하는 평행론—아주 쉽게 뒤죽박죽되는 여러 가지 평행론이 있다—에는 여전히 시급하게 해명해야 할 커다란 어려움이 붙어 있다. 우리는 그 질료적 계기를 포함하는 구체적인 인식작용의 체험과 인식작용의 계기에 단순한 복합체인 순수한 인식작용들 사이의 차이에 신중하게 유의해야 한다. 또한 충만한 인식대상과, 예를 들어 지각의 경우에서, '나타나는 대상 그 자체'를 구별해 유지해야 한다. 이 '대상'과 이것의 모든 대상적 '술어'——정상의 지각 속에 단적으로 지각된 사물이 실제적인 것으로 정립된 술어의 인식대상의 변양——를 받아들인다면, 이 대상과 그 술어는 물론 구성하는 의식체험(구체적 인식작용)의 다양체에 대립된 통일체다. 하지만 이것 역시 인식대상의 다양체의 통일체다. 우리는 지금까지 매우 소홀하게 다룬 인식대상의 '대상'(또한 그 '술어')이 인식대상으로 특성화되는 것을 고려하자마자 즉시 이러한 사실을 인식하게 된다. 따라서 예를 들어 나타나는 색깔은 **인식작용의 다양체**에 대립된, 특히 그러한 인식작용의 파악 특성의 다양체에 대립된 통일체다. 그러나 더 자세히 연구해보면, 이 특성의 모든 변화——거기에서 줄곧 나타나는 '색깔 자체'의 변화는 아니더라도 아무튼 그 색깔이 변화하는 '주어지는 방식', 예를 들면 그 색깔이 나타나는 '나에게 방향이 정해지는' 변화——에는 인식대상으로 평행하는 것이 상응한다는 사실이 밝혀진다. 그래서 일반적으로 인식작용의 특성화는 인식대상의 '특성화' 속에 반영된다.

어떻게 이것이 그러한 경우가 되는지는 단순히 여기에서 범례로 우선해 다룬 지각의 영역에 대해서뿐 아니라 이제 포괄적 분석의 주제가 되어야 한다. 우리는 여러 가지 인식작용의 특성을 지닌 다른 의식의 종류를 차례로 분석하고, 이것을 인식작용-인식대상으로 평행하는 것에 관해 철저히 탐구할 것이다.

그러나 다음의 사실을 미리 명심해야 한다. 즉 '감각' 속의 대상인 인식대상으로 이러저러하게 '추정된' 대상의 통일체와 구성하는 의식형태의 평행론('사물의 질서와 결합(ordo et connexio rerum) 그리고 관념의 질서와 결합(ordo et connexio idearum)')을 **인식작용과 인식대상의 평행론**——특히 인식작용의 특성과 이에 상응하는 인식대상의 특성의 평행론으로 이해된 평행론——과 혼동하면 안 된다는 사실이다.

바로 이 인식작용과 인식대상의 평행론을 고찰하자.

99. 현재화와 현전화의 영역에서 인식대상의 핵심과 그 특성

그러므로 충만한 인식대상과 충만한 인식작용에 도달하기 위해 두 가지 평행하는 계열인 인식작용의 사건과 인식대상의 사건 속에 제시된 것의 범위를 현저하게 확장하는 것이 우리의 과제다. 물론 우리가 그 속에 어떤 중요한 문제가 포함되어 있는지를 여전히 예감하지 못한 채 지금까지 우선 염두에 두었던 것은 바로 중심적 핵심이며, 게다가 한번도 명백하게 한정되지 않은 핵심이다.

먼저 위에서[30] 다른 **종류의 표상·지각·기억·심상표상** 등의 인식대상을 비교함으로써 순전히 객관적 표현에 의해 기술할 수 있게 된 그 '대상적 의미', 더구나 유리하게 선택된 한계경우——완전히 동일한 대상, 동일하게 방향이 정해지고 모든 관점에서 동일하게 파악된 대상, 예를 들어 지각·기억·심상 등에 적합하게 제시되는 나무의 경우——속에 서로간에 동일한 표현에 의해 기술할 수 있게 된 그 '대상적 의미'를 기억하자. 나타나는 것의 동일한 '객관적' 방식(Wie)을 지닌 동일하게 '나타나는 나무 그 자체'에 대립해 어떤 종류의 직관에서 다른 종류의 직관으로, 또 그밖의 표상의 종류에 따라 변화하는 주어지는 방식이 남아 있다.

그 동일자는 때에 따라 '원본적으로' 또는 '기억에 적합하게' 그런 다음 '심상에 적합하게' 등으로 의식된다. 그러나 이것에 의해 '나타나는 나무 그 자체'에서의 **특성**——체험과 그 내실적 존립요소로의 시선방

---

30) 앞의 91항 초반부 이하를 참조할 것.

향 속이 아니라 인식대상의 상관자로의 시선방향 속에 발견되는 특성—이 지시된다. 이것에 의해 인식작용의 계기라는 의미에서 '의식의 방식'이 아니라, 그 속에서 의식된 것 자체와 그렇게 의식된 것으로서 주어지는 방식이 표현된다. 이른바 '관념적인 것'(Ideelles)에서 특성으로서 그것 자체는 '관념적'이지 내실적이 아니다.

더 정확하게 분석해보면, 우리는 '범례적'이라 부른 특성은 하나의 계열에 속하지 않는다는 것을 알아차리게 된다.

한편으로 우리는 단적인 재생산적 변양, 자신의 고유한 본질 속에 — 충분히 주목할 만한—다른 어떤 것의 변양으로 주어지는 단적인 현전화를 겪는다. 현전화는 자신의 고유한 현상학적 본질 속에 지각을 소급해 지시한다. 예를 들어 과거의 것을 기억해 냄은, 이미 앞에서* 진술했듯이, '지각했음'을 함축한다. 따라서 어떤 방식으로 '상응하는' 지각(동일한 의미핵심에 대한 지각)은 기억 속에 의식되지만, 어쨌든 실제로 기억 속에 포함되어 있지 않다. 기억은 바로 자신의 고유한 본질 속에 지각 '의 변양'이다. 이와 상관적으로 과거의 것으로서 특성화한 것은 그 자체로 '현재에 존재했음'으로 주어지고, 따라서 변양되지 않은 것으로서 바로 지각의 '원본적인 것' '생생하게 현재의 것'인 '현재의 것'의 한 변양으로 주어진다.

다른 한편으로 심상화(心像化)하는 변양은 다른 계열의 변양에 속한다. 이것은 일정한 '심상'(Bild) '속에' 현재화한다. 그러나 심상은 우리가 지각으로 포착하는 원본적으로 나타나는 것 — 예를 들어 '그려진' 심상(이것은 예컨대 그것이 벽에 걸려 있다고 말하는 사물로서의 회화繪畵는 아니다[31]) — 일 수 있다. 그렇지만 심상은, 우리가

---

* 　이것은 앞의 77항과 78항을 가리킨다.

31) 이러한 차이에 관해서는 다음의 111항 후반부를 참조할 것.

기억 속에 또는 자유로운 상상 속에 심상표상을 가질 때처럼, 재생산적으로 나타나는 것일 수도 있다.

동시에 우리는 이 새로운 계열의 특성이 첫 번째 계열의 특성에 소급해 관련될 뿐 아니라 복합을 전제한다는 사실도 목격하게 된다. 이 복합은 의식의 본질에 인식대상으로 속한 구별, 즉 '심상'과 '묘사된 것'의 구별을 고려한 복합이다. 이것을 토대로 인식대상은 여기에서 잇달아 지시하는 특성 ── 다른 표상객체〔대상〕그 자체에 속한 특성이지만 ── 의 한 쌍(Paar)을 내포한다는 사실도 알게 된다.

마지막으로 부호(Zeichen)와 부호화된〔지시된〕것의 유사한 대응물을 지닌 부호표상은 변양하는 인식대상의 특성(어디에서와 마찬가지로 이것에는 평행하는 인식작용의 특성이 상응한다)과 밀접하게 관련되었지만 어쨌든 새로운 유형(Typus)을 우리에게 제공한다. 따라서 이 경우 다시 표상복합체가 등장하고, 부호표상인 이 표상복합체의 특유한 통일체의 상관자로서 인식대상으로 함께 속한 특성화의 쌍이 인식대상의 객체쌍에서 등장한다.

'심상'이 심상으로서 그 의미에 적합하게 이러한 변양 없이 바로 생생한 또는 현재화된 그 자체(Selbst)로서 현존한다는 것에 대한 변양으로 주어지듯이, 정확히 마찬가지로 '부호'도 ── 하지만 자신의 방식으로 ── 어떤 것에 대한 변양으로 주어진다.

100. 인식작용과 인식대상에서 표상의 본질법칙적 단계의 형성

이제까지 다룬 표상변형의 모든 유형은 지향성이 인식작용과 인식대상 속에 단계적으로 서로 잇달아 구축되거나 독특한 방식으로 서로 포개지는 정도로 항상 새로운 단계의 형성에 접근할 수 있다.

단적인 현전화, 즉 지각의 단적인 변양이 존재한다. 그러나 두 번째,

세 번째 단계와 본질에 적합한 임의의 단계의 현전화도 존재한다. 그 예로 기억 '속의' 기억을 들 수 있다. 우리는 기억 속에 살면서 현전화의 양상 속에 체험연관을 '수행한다'. 이러한 점을 우리가 기억 '속에' 반성하고(이것은 그것의 측면에서 원본적 반성의 현전화변양이다), 그런 다음 체험연관을 체험에 적합하게 '체험되었던 것'으로 특성화된 것을 발견한다는 사실을 통해 확신한다. 이렇게 특성화된 체험 가운데, 이 체험을 반성하든 않든 간에, 이제 기억 자체가 '체험되었던 기억'으로 특성화되어 등장할 수 있고, 시선은 이 기억을 관통해 두 번째 단계의 기억된 것으로 향할 수 있다. 그리고 또다시 2차적으로 변양된 체험연관 속에 기억이 등장할 수 있고, 이것은 이념적으로 무한히 그러하다.

단순한 부호변경(이것의 특색을 여전히 이해하게끔 익혀야 한다)은 이 모든 사건을 자유로운 상상의 유형으로 옮긴다. 그래서 상상 속에 상상이 생기고, 임의로 포개지는 단계에서 그렇게 된다.

마찬가지로 이때 계속 〔이것들의〕 혼합이 생긴다. 모든 현전화는 그 본질상 자신의 가장 가까운 아래 단계에 관해 지각의 현전화변양—이것은 놀랄 만한 반성을 통해 현전화 속에 포착하는 시선 속에 들어온다—을 내포할 뿐 아니라, 우리는 현전화 현상의 통일체 속에 지각의 현전화 이외에 동시에 기억·기대·상상 등의 현전화도 발견할 수 있으며, 이때 해당된 현전화 자체는 이 모든 유형에 관한 것일 수 있다. 이 모든 것은 다른 단계에서 발견될 수 있다.

이것은 묘사적 표상과 부호표상의 복합적 유형에도 적용된다. 더 높은 단계의 표상으로부터 매우 얽혀 있지만 아무튼 쉽게 이해할 수 있는 표상형성을 지닌 예를 들어보자. 어떤 이름을 부르면 그 이름이 드레스덴(Dresden) 화랑(畫廊)과 최근에 거기를 방문한 것을 기억나게 한다. 즉 우리는 전시장을 거닐다가 어떤 화랑을 그린 테니르스

(D. Teniers)*의 그림 앞에 선다. 여기다 가령 테니르스의 그림이 다시 그것의 측면에서 읽을 수 있는 표제 등을 표현한 그림을 표현할 것이라 가정하면, 우리는 포착할 수 있는 대상성의 관점에서 표상의 어떤 서로 뒤얽힘(Ineinander)이 또 어떤 매개성(Mittelbarkeit)이 실제로 수립될 수 있는지를 추측한다. 그러나 **본질통찰**에 대한 예로서, 특히 서로 뒤얽힘의 포개짐이 임의로 계속되는 이념적 가능성의 통찰에 대한 예로서 이처럼 매우 복잡한 사례는 필요없다.

101. 단계의 특성. 다른 종류의 '반성'

단계가 분절되는 가운데 반복된 현전화변양을 포함하는 모든 단계형성물에는 분명히 그에 상응하는 단계형성의 인식대상이 구성된다. 두 번째 단계의 모사(模寫)의식 속에 '심상'(Bild)은 그 자체에서 두 번째 단계의 심상으로, 즉 심상의 심상으로 특성화된다. 어제 젊은 시절의 어떤 체험을 어떻게 기억했는지 기억한다면, '젊은 시절의 체험'이라는 인식대상은 그 자체에서 두 번째 단계의 기억된 것으로서 특성화된다. 따라서 어디에서나 다음과 같다.

모든 인식대상의 단계에는 특성화된 모든 것 —그런데 1차적 객체든 그 어떤 반성의 시선방향 속에 놓인 객체든— 이 자신의 단계에 속하는 것으로서 알려지는 일종의 지표(Index)인 단계의 **특성묘사**가 속한다. 왜냐하면 모든 단계에는 실로 그 단계에서 가능한 반성이 있으며, 그래서 예를 들어 두 번째 기억단계 속에 기억된 사물에 관해 동일한 단계에 대한 반성은 바로 그 사물에 대한 지각(따라서 두 번째

---

* 테니르스(1610~90)는 당시 스페인 영토였던 네덜란드의 화가로, 주로 농민이나 도시 서민의 일상생활을 사실주의에 입각해 묘사했다.

단계에서 현전화된 지각)에 속하기 때문이다.

더 나아가 모든 인식대상의 단계는 뒤따라오는 단계가 주어져 있음에 '대한' '표상'이다. 그러나 여기에서 '표상'은 표상체험을 뜻하지 않으며, '~에 대한'은 여기에서 의식과 의식대상의 관련을 표현하지도 않는다. 이것은 마치 인식작용의 지향성에 대립된 인식대상의 지향성과 같다. 인식작용의 지향성은 의식의 상관자로서 인식대상의 지향성을 내포하며, 일정한 방식으로 인식대상의 지향성계열을 관통해간다.*

이러한 점은 우리가 주목하는 자아시선을 의식의 대상적인 것으로 향할 때보다 판명해진다. 자아시선은 이때 일련의 단계의 인식대상을 최종단계의 객체—자아시선은 이 객체를 관통하는 것이 아니라 고정시킨다—로까지 관통해나간다. 그러나 시선은 〔어떤〕 단계에서 〔다른〕 단계로 돌아다닐 수도 있지만, 그 단계 모두를 관통하는 대신, 오히려 각각의 단계가 주어져 있음에 고정시키면서 향해 있다. 그리고 이것은 '곧바른' 시선방향이나 반성하는 시선방향 속에 향해 있다.

앞에서 예로 든 시선은 드레스덴 화랑의 단계에 머물 수 있다. 즉 우리는 '기억 속에' 드레스덴으로 돌아가 화랑을 거닌다. 이때 기억 안에서 다시 그림관찰에 몰두하며, 이제 그림〔심상〕세계 속에 있는 우리 자신을 발견할 수 있다. 그렇다면 두 번째 단계의 심상의식 속에 그려진 심상〔의〕화랑을 향해, 우리는 그려진 동일한 심상을 관찰한다. 또는 단계적으로 인식작용을 반성한다 등등.

가능한 시선방향의 이 다양체는 서로 잇달아 관련되고 또 서로 뒤섞여 기초지어진 지향성의 다양체에 본질적으로 속하며, 우리가 유

---

* 결국 '인식작용'은 '대상과-관련된-주관'(the Subject-in-the relation-to-the Object), 인식대상은 '주관과-관련된-대상'(the Object-in-the-relation-to-the Subject)이다.

사한 지초지음을 발견하는 어디에서나——또 아래에서는 완전히 다른 방식의 많은 기초지음을 여전히 알게 될 것이다——변화하는 반성의 유사한 가능성이 밝혀진다.

이러한 관계가 학문적으로 파고들어가는 본질탐구에 얼마나 필요한지는 말할 필요도 없다.

102. 특성화의 새로운 차원으로 이행함

현전화를 통해 변양의 많은 형태의 분야 속에 마주친 고유한 모든 특성화에 관해 우리는 명백히 또 이미 들은 근거에 입각해 인식작용인 것과 인식대상인 것을 **구별해야** 한다. 인식대상의 '대상'——심상 객체나 묘사된 객체·부호로서 기능하는 것과 부호화한(지시된) 것, 하지만 이것에 속한 특성화인 '~에 대한 심상' '묘사된' '~에 대한 부호' '부호화한(지시된)'은 제외된다——은 명증하게 체험 속에 의식된 통일체이지만, 어쨌든 체험에 초월적인 통일체다. 그렇다면 이 통일체에서 의식에 적합하게 등장하고 또 이 통일체로 시선을 맞추는 가운데 통일체의 고유성으로서 포착되는 특성은 내실적 체험계기로서 간주될 수 없다. 내실적 체험의 존립요소인 것과 체험 속에 비-내실적인 것으로서 의식된 것——이 둘이 서로 마주 보며 있더라도, 여전히 매우 어려운 문제를 수반하더라도, 우리는 어디에서나 이 둘을 구별해야 하며, 게다가 인식대상의 '특성'이 그때그때 담지자로 등장하는 '지향적 대상 그 자체'(또 이 대상의 '객관적' 주어짐의 방식에서 볼 때)인 인식대상의 핵심에 관해서뿐 아니라 특성 자체에 관해서도 이 둘을 구별해야 한다.

어쨌든 인식대상의 핵심에 항상 붙어 있는 특성 중에는 여전히 매우 다른 특성도 존재하며, 그 특성이 이 핵심에 속하는 방식도 매우 다른 방식이다. 그 특성은 **근본적으로 다른 유**, 이른바 근본적으로 다른 **특성화의 차원**에 분류된다. 이 경우 여기에서 시사될 수 있거나 이미 시사된 모든 특성(필연적인 분석적-기술적 탐구에 대한 단순한 표제)은 보편적인 현상학적 효력범위에 관한 것이라는 사실을 처음부터 지적해야 한다. 우리가 이 특성을 상대적으로 가장 단순하게 구축된 지향적 체험—이것은 '표상'의 일정한 기본적 개념을 통합하며 다른 모든 지향적 체험에 대해 필연적 토대를 형성한다—에 우선권을 부여해 다룬다면, 특성의 동일한 근본 유(類)와 종차(種差)가 아무튼 이 모든 기초지어진 체험에서, 따라서 **모든 지향적 체험 일반**에서 발견된다. 이 경우 상태는 항상 그리고 필연적으로 인식대상의 핵심, 즉 '대상의 인식대상'이 의식되고, 이것은 그 어떤 방식으로 특성화됨에 틀림없지만, 각각의 유로부터 다양한 (자신의 측면에서 제외된) 종차에 따라 특성화된다.

103. 신념의 특성과 존재의 특성

이제 새로운 특성을 되돌아보면, 먼저 이전에 다룬 특성그룹에 명백히 총체적으로 다른 종류의 존재의 특성이 연결된다는 사실에 주목하게 된다. 존재의 양상과 상관적으로 관련된 인식작용의 특성— '속견의'(doxisch) 특성이나 '신념(Glauben)의 특성'—은 직관적 표상의 경우, 예를 들어 정상의 지각 속에 '보고 알아차림'(Gewahrung)으로서 내실적으로 포함된 지각의 신념이며, 더 자세하게는, 가령 지각의 확실성이다. 이 특성에는 나타나는 '객체'에서 인식대상의 상관자인 존재의 특성, 즉 '실제로'의 특성이 상응한다. '일정한' 재-현전화, 즉 존재했던 것, 지금 존재하는 것, 미래에 존재할 것(미리 기억하는 기대에서처럼)에 대한 모든 종류의 '확실한' 기억은 동일한 인식작용의 특성이나 인식대상의 특성을 알려준다. 이것은 존재를 – '정립하는' 작용, '정립적'(thetisch) 작용이다. 아무튼 이러한 표현에서 그 표현이 어떤 행위(Aktus), 특별한 의미에서 어떤 태도를 취함을 지시한다면 곧바로 고려하지 않아야 한다는 점에 유의해야 한다.

지각이나 또는 기억에 적합하게 나타나는 것은 지금까지 고찰된 영역 속에 '실제로' 존재하는 그 자체라는 특성 ── 다른 존재특성과 대조함에서도 말하듯이, '확실히' 존재하는 특성 ── 을 지녔다. 왜냐하면 이 특성은 변양될 수 있고, 어쩌면 동일한 현상에서 현실적 변양을 통해 변화될 수 있기 때문이다. '확실한' 신념의 방식은 단순한 추정·추측·의문·의심의 방식으로 이행할 수 있고, 따라서 이제 나타나는 것(특성화의 그 첫 번째 차원에 관해 '원본적' '재생산적' 등으로 특성화된 것)은 '가능한' '개연적인' '의문스러운' '의심스러운'이라는 존재의 양상을 받아들였다.

예를 들어 지각된 대상은 처음에는 단적인 자명함에서, 확실성에서 거기에 있다. 그런데 갑자기 우리는 단순한 '환상'(幻想)의 희생자가 되지는 않았는지, 보인 것, 들은 것 등은 '단순한 가상(假象)'은 아닌지 의심하게 된다. 또는 나타나는 것이 자신의 존재확실성을 유지하지만, 그 어떤 성질의 복합체에 관해 확신할 수 없게 된다. 간혹 사물은 인간과 같은 '느낌을 갖게 한다'. 이때 그것은 숲의 어둠 속에 움직이는 인간과 비슷하게 보이는 움직인 나무일 수 있다는 대립된 추정이 드러난다. 그러나 이제 어느 한 '가능성'의 '무게'가 현저하게 더 커져서, 우리는 가령 '그것은 그래도 어쨌든 하나의 나무였다'고 일정하게 추측하는 방식으로 그 가능성에 대해 결정한다.

이와 마찬가지로 기억 속의 존재의 양상도 변화하며, 그것도 아주 빈번하게 변화한다. 게다가 존재양상이 거대한 정도로 순수하게 직관 또는 희미한 표상의 테두리 속에 특수한 의미에서 그 어떤 '사유작용'이 함께 관여하지 않고 '개념'과 술어적 판단 없이, 확립되고 교환되는 방식으로 변화한다.

동시에 우리는 이러한 현상이 여러 가지 연구를 권고한다는 사실, 여기에 ('결정된', 가능성의 '무게' 등과 같은) 많은 종류의 특성이 등장한다는 사실, 특히 그때그때 특성의 본질적 토대에 관한 물음, 완전히 본질법칙으로 규칙화된 인식대상과 인식작용의 구조에 관한 물음도 더 깊은 연구를 요구한다는 사실을 여전히 알게 된다.

다른 곳에서처럼 여기에서도 **문제 그룹**을 명백히 제시한 것으로 충분하다.

104. 변양인 속견의 양상태

그러나 우리가 특별히 몰두하는 일련의 신념의 양상에 관해 여전히 이 신념의 양상 속에 또다시 변양에 관한 논의의 부각된 의미, 특히 **지향적 의미**가 타당해진다는 사실을 지적해야 한다. 이 지향적 의미를 우리는 일련의 인식작용의 특성이나 인식대상의 특성에 대한 이전의 분석에서 분명하게 밝혔다. 지금 일련의 신념의 양상에서 신념의 확실성이 신념의 방식의 변양되지 않은 근원형식, 또는 '양상화(樣相化)되지 않은' 근원형식의 역할을 명백히 한다. 이에 상응해 그 상관자 속에 존재의 특성 그 자체(인식대상으로 '확실히' 또는 '실제로' 존재하는 것)가 모든 존재의 양상의 근원형식으로 기능한다. 사실 이 근원형식으로부터 솟아나오는 모든 존재의 특성, 특히 그렇게 부를 수 있는 존재의 양상은 그 고유한 의미에서 근원형식에 소급해 관련된다. '가능한' 것은 그 자체 속에 '가능하게 존재하는' 것과 동등한 것을 뜻하며, '개연적인' '의심스러운' '의문스러운' 것은 '개연적으로 존재하는' '의심스럽게 또 의문스럽게 존재하는' 것과 동등한 것을 뜻한다. 인식작용의 지향성은 이러한 인식대상의 관련 속에 반영되며, 우리는 곧바로 '인식대상의 지향성'에 관해 인식작용의 지향성에 '평행하는 것'으로서 또 본래 그렇게 부른 것으로 이야기하게끔 촉구되는 것을 다시 느낀다.

이러한 사실은 이때 충만한 '명제'(Satz), 즉 의미의 핵심과 존재의 특성의 통일체로 옮겨진다.[32]

그밖에 이러한 전체 계열의 존재의 특성에 존재의 양상이라는 전문용어를 사용하는 것이 편리하며, 따라서 변양되지 않은 존재도—그 존재를 이러한 계열의 분절로 고찰해야 할 어디에서나—가령 산술학자가 수(數)라는 명칭 아래 또한 하나(1)를 다루는 것과 유사하게, 그 전문용어를 다루는 것이 편리하다. 동일한 의미에서 속견적 양상태에 관한 논의(용어)의 의미를 일반화하는데, 이 양상 아래 우리는—게다가 종종 의식된 애매함 속에—인식작용으로 또 인식대상으로 평행하는 것을 통합할 것이다.

더 나아가 양상화되지 않은 존재를 '확실히 존재함'이라 부를 경우 '확실히'라는 말의 애매함에 주의해야 하며, 이 말이 때로는 인식작용으로 때로는 인식대상으로 '확실히 존재함'을 뜻한다는 관점에서만 주의해야 하는 것은 아니다. 또한 그 말은 예를 들어 긍정의 상관자인 '예'(Ja)를 '아니오'(nein)와 '아님'(nicht)의 대립요소로 표현하는 데(이것은 여기에서 매우 혼란을 일으킨다) 사용된다. 이것은 여기에서 엄밀하게 제외해야 한다. 말(단어)의 의미는 논리적-직접적 같은 값을 지니는 테두리 속에 끊임없이 변천된다. 그러나 우리의 (소관)사항은 이 같은 값을 지님을 어디에서나 명백히 제시하는 것이

---

32) 우리의 특별히 확장된 의미에서 '명제'라는 개념에 대한 더 자세한 것은 제4장 제1절 이하에서 다룬다.

고, 본질적으로 다른 현상에서 같은 값을 지닌 개념 배후에 놓여 있는 것을 예리하게 분리해내는 것이다.

신념의 확실성은 적확한 의미에서 신념 그 자체다. 신념의 확실성은, 사실상 우리의 분석에 따르면, '신념'—또는 매우 적합하지 않은 방식이지만 그래도 여러 번 언급되듯이 '판단'—이라는 명칭에 모든 것이 포함되는 작용의 다양체 속에 극히 주목할 만한 특별한 지위를 갖는다. 그래서 이 특별한 지위를 고려하고 확실성이나 다른 신념의 양상과 통상 대등한 모든 기억을 지워버리는 고유한 표현이 필요하다. 이에 '근원신념'(Urglaube) 또는 '근원속견'(Urdoxa)이라는 전문용어를 도입하는데, 이 전문용어에 따라 우리가 명백히 제시한 모든 '신념의 양상'이 소급해 관련됨이 적합하게 각인된다. 우리는 여전히 (여기에) 이 '신념의 양상'(또는 '속견의 양상')이라는 표현을 근원속견의 본질 속에 근거하는 **모든** 지향적 변화에 사용할 수 있으며, 다음의 분석에서 새롭게 밝혀질 수 있는 것에도 사용할 수 있다는 사실을 첨부한다.

하나의 유(類)인 '신념'(또는 '판단')이, 마치 유 속에 색깔·음(音) 등의 감각성질이 조화를 이루는 것과 같이 이때 일련의 동등하게 질서지어진 종류(우리는 언제라도 이 일련의 종류를 끊어버릴 수 있다)이 문제인 것처럼, 확실성·추측 등에서 단지 세분화되는 근본적으로 틀린 이론은 비판할 필요조차 거의 없다. 게다가 (이러한 이론에 따르면) 우리는 다른 곳에서처럼 여기에서도 현상학적으로 확정한 귀결을 추구하는 것을 단념해야 한다.

105. 신념으로서 신념의 양상태와 존재로서 존재의 양상태

위에서 기술한 극히 주목할 만한 상태에 관해 2차적 양상이 근원속견에 소급해 관련되는 지향성에 대해 이야기하면, 이러한 논의〔용어〕의 의미는 일반적으로 더 높은 단계의 지향성의 본질에 속한 여러 가지 시선방향의 가능성을 요구한다. 이 가능성은 사실상 존재한다. 우리는 한편으로 예를 들어 개연성의식 속에(추측함 속에) 살아가면서 개연적으로 있는 것에 주목할 수 있다. 그러나 다른 한편으로 개연적인 것 자체에, 또 이와 같은 것으로서, 추측의 인식대상이 그것에 부여한 특성 속의 인식대상의 객체에 주목할 수 있다. 어쨌든 자신의 의미의 존립요소와 이러한 개연성의 특성을 지닌 '객체'는 두 번째 시선위치 속에 존재하는 것으로 주어진다. 따라서 단적인 신념의 의식은 변양되지 않은 의미에서 이 객체와 관련되어 있다. 마찬가지로 우리는, 가능성의 의식 속에('추정' 속에) 또는 의문과 의심 속에 살아가면서, 거기에서 우리에게 가능한·의문스러운·의심스러운 것으로 의식된 그것으로 시선을 향할 수 있다. 하지만 가능성·의문스러움·의심스러움 그 자체로 향할 수도 있으며, 어쩌면 의미객체에서 설명하면서 가능하게 존재함, 의문스럽게 존재함, 의심스럽게 존재함을 포착할 수 있고, 이것은 이때 변양되지 않은 의미에서 존재하는 것으로 주어진다고 진술할 수 있다.

그래서 일반적으로 극히 주목할 만한 본질특유성, 즉 모든 체험은 '지향적 객체 자체'에서 자신의 인식작용을 통해 구성되는 모든 인식작용의 계기와 관련해 근원속견이라는 의미에서 신념의 의식으로 기능한다는 본질특유성을 확인할 수 있다. 다음과 같이 말할 수도 있다.

새로운 인식작용의 특성의 첨부 또는 오래된 특성의 변양은 모두 단지 새로운 인식대상의 특성을 구성하는 것이 아니라, 이와 함께 그 자체에 의식에 대해 새로운 존재객체를 구성한다. 인식대상의 특성에는 의미객체에서 실제적으로 또 단순히 인식대상으로 변양되지 않은 술어가 될 수 있는 것들(Prädikabilien)로서 술어가 될 수 있는 특성이 상응하기 때문이다.

이러한 명제는 우리가 새로운 인식대상의 영역에 친숙해졌을 때 비로소 더 명석해진다.

106. 그 인식대상의 상관자와 같이 있는 긍정과 부정

또다시 새롭게 〔근원속견으로〕 소급해 관계하는 변양, 게다가 본질적으로 모든 종류의 신념의 양상에 지향적으로 소급해 관계함에 의해 경우에 따라 더 높은 단계의 변양은 거부이며, 마찬가지로 이와 유사한 찬성이다. 더 특별하게 표현하면, **부정과 긍정**이다. 모든 부정은 무엇(Etwas)에 대한 부정이며, 이 무엇은 우리에게 그 어떤 신념의 양상을 소급해 지시한다. 따라서 인식작용으로 부정은 그 어떤 '정립'(Position)의 '변양'이다. 이것은 긍정을 뜻하는 것이 아니라, 확장된 의미에서 그 어떤 신념의 양상의 '정립'(Setzung)을 뜻한다.

부정의 새로운 인식대상의 작업수행은 그에 상응하는 정립적 특성을 '말소하는 것'이며, 부정의 특수한 상관자는 말소하는 특성, 즉 '아님'(nicht)의 특성이다. 그 부정의 선(線)은 어떤 정립적인 것, 더 구체적으로 말하면, 어떤 '〔정립된〕 **명제**'(Satz)*를 관통해가며, 게다가 자신의 특수한 **명제의 특성**, 즉 자신의 존재의 양상을 말소함으로써 관

---

* 'Satz'는 단순한 '문장'이 아니라 순수 의식의 인식작용이 주어진 대상에 의미를 부여하여 '정립된 명제'를 뜻한다. 그리고 'Position' 또는 'postional'은 '지향적 의식이 대상에 대해 일정한 입장을 취하는, 즉 정립하는 작용'을 뜻한다. 또한 이와 같은 뜻으로 사용되는 'Setzung'이나 'These'에서도, 후자는 전자의 특성을 가리키지만(다음 117항 초반부를 참조할 것), 후설이 때때로 이들을 구별하지 않고 사용할 뿐만 아니라 이 용어들을 그때그때 이렇게 옮기는 것은 문장이 매우 어색해지고 특별한 의미가 없다고 생각하기 때문에 모두 '정립'으로 옮기며, 간혹 원어를 병기한다.

통해간다. 바로 이렇기 때문에 이 특성과 명제 자체는 다른 것의 '변양'으로서 거기에 있다. 즉 단적인 존재의식을 이에 상응하는 부정의식으로 변화시킴으로써 인식대상 속에 '존재하는'이라는 단적인 특성으로부터 '존재하지 않는'이라는 특성이 된다.

이와 비슷하게 '가능한' '개연적인' '의문스러운'으로부터 '가능하지 않은' '개연적이지 않은' '의문스럽지 않은'이 된다. 그렇기 때문에 인식대상 전체, 구체적인 인식대상의 충족에서 보면, '명제' 전체가 변양된다.

비유적으로 말하면, 부정이 〔선을 그어〕 말소하는 것과 마찬가지로, 긍정은 '〔밑줄을 그어〕 강조하는 것'이다. 긍정은 부정과 같이 일정한 정립을 '폐기하는' 대신, 일정한 정립을 '찬성하면서' '확증한다'. 또한 이것은 말소의 변양에 평행하는 일련의 인식대상의 변양을 낳는다. 여기에서는 이 문제를 계속 추적해갈 수 없다.

지금까지 우리는 순수 자아가──긍정 속에 긍정된 것에 기울어지고 이것으로 향하는 것처럼, 거부, 특히 여기에서는 부정하는 거부 속에 거부된 것, 즉 말소될 수 있는 존재에 '대립해' '향해 있는'── '태도를 취함'의 특유성을 제외했다. 또한 상태의 이렇게 기술하는 측면을 간과하면 안 되며, 고유한 분석이 필요하다.

마찬가지로 또다시 지향성이 서로 얽혀 있음에 따라 그때그때 상이한 시선방향이 가능하다는 상황을 고려해야 한다. 우리는 부정하는 의식 속에 살 수 있다. 달리 말하면, 부정을 '수행할' 수 있다. 이때 자아의 시선은 말소를 겪는 것으로 향한다. 하지만 포착하는 시선으로서 시선을 말소된 것 그 자체, 말소할 준비가 된 것으로 향할 수 있다. 이때 이것은 하나의 새로운 '객체'로서 거기에 있으며, 게다가 '존재하고 있다'는 단적인 속견적 근원의 양상 속에 거기에 있다. 새로운 태도는 새로운 존재객체를 산출하지 않으며, 또한 거부를 '수행함'

에서 거부된 것은 말소됨의 특성 속에 의식된다. 그러나 새로운 태도 속에 비로소 이 특성은 인식대상의 의미핵심이 술어가 될 수 있는 규정이 된다. 물론 이것은 긍정에 대해서도 마찬가지다.

따라서 이러한 방향에 현상학적 본질분석의 과제도 놓여 있다.[33)

107. 반복된 변양

그와 같은 분석의 단초에서 이미 획득한 것은 즉시 다음과 같은 통찰이 진보하기 위해서도 충분하다. 즉

모든 부정된 것과 긍정된 것 자체는 하나의 존재객체이고, 모든 것이 어떤 의식양상 속에 의식된 것이듯이, 긍정되거나 부정될 수 있다. 따라서 각각의 단계에서 새롭게 수행되는 존재가 구성된 결과 이념적으로 무한한 연쇄의 반복된 변양이 생긴다. 그래서 최초의 단계에는 '존재하지 않는 것이 아닌 것' '가능하지 않은 것이 아닌 것' '의문스럽지 않은 것이 아닌 것' '개연적으로 존재하지 않는 것이 아닌 것' 등이 생긴다.

이와 동일한 것이, 직접 조망할 수 있듯이, 앞에서 언급한 모든 존재의 변양에 적용된다. 어떤 것이 가능하다·개연적이다·의문스럽

---

33) 이 제4절에서 시도된 속견적 사건의 본질에 관한 해명을 근거로 라이나흐 (A. Reinach)*의 예리한 통찰력 있는 논문 「부정적 판단의 이론에 관해」(Zur Theorie des negativen Urteils, 『뮌헨 철학논문집』[*München Philos. Abhandlungen*], 1911)를 숙고해보는 것 그리고 그 문제제기를 우리가 조명할 시각 속에 끌어오는 것도 교훈적일 것이다.

* 라이나흐(1883~1917)는 후설의 수제자로 뮌헨 현상학파(264쪽 주8, 323쪽 주27을 참조할 것)의 일원이며 『철학과 현상학적 탐구 연보』의 공동편집자로 참여했다. 그는 『논리연구』의 실재론의 입장에서 실질적 존재론을 구체화해 종교철학과 사회철학·법철학의 현상학적 기초작업을 전개시켰으나, 일찍 사망했기 때문에 저서가 없고 후에 유고가 편집되어 출간되었다.

다 등은 그 자체가 다시 가능성·개연성·의문스러움의 양상 속에 의식되며, 인식작용의 형성에는 인식대상의 존재의 형성이 상응한다. 즉 '그것은 가능하다' '그것은 개연적이다' '그것이 의문스럽다'가 가능하고, '그것은 가능하다' '그것은 개연적이다'가 개연적이며, 모든 복합체에서도 그렇다. 이때 더 높은 단계의 형성에는 다시 긍정된 것과 부정된 것 — 이것은 또다시 변양될 수 있다 — 이 상응하며, 그래서 이것은, 이념적으로 말하면, 무한히 나아간다. 이 경우 단순히 언어적 반복이 문제 되는 것은 결코 아니다. 가능성과 개연성이 끊임없이 숙고되고, 부인되며, 의심되고, 추측되며, 심문되고, 확인되는 곳에서 개연성 이론과 이 이론의 적용만 기억하면 된다.

그러나 항상 여기에서 변양에 관한 논의[용어]는 한편으로 현상의 가능적 변화에, 따라서 가능한 현실적 조작(Operation)에 관계하고, 다른 한편으로 많은 관심을 끄는 인식작용이나 인식대상의 — 이들의 고유한 본질 속에 또 생성에 대한 어떤 것도 함께 고려하지 않고 다른 것, 즉 변양되지 않은 것을 소급해 지시하는 — 본질특유성에 관계한다는 사실에 주의해야 한다. 그렇지만 이 두 가지 관점에서 우리는 순수한 현상학적 토대 위에 서 있다. 왜냐하면 변화와 생성에 관한 논의는 여기에서 현상학적 본질사건에 관련되고, 자연의 사실인 경험적 체험을 전혀 뜻하지 않기 때문이다.

108. 인식대상의 특성은 결코 '반성'의 규정성이 아니다

우리가 명석하게 의식하게끔 이끈 인식작용과 인식대상 각각의 새로운 그룹에서 심리학주의적 사유습관에 몹시 거역하는 기초적 인식도 새롭게 확인해야 하며, 충실한 기술(記述)이 요구하는 것과 똑같이 바로 인식작용과 인식대상을 실제로 또 정확하게 구별해야 한다. 순수한 내재적 본질기술에 이미 숙달했고(평소 기술을 찬양하던 수많은 사람도 이 일에 성공하지 못했다), 모든 의식에는 이 의식에 속하고 또 내재적으로 기술할 수 있는 지향적 객체가 있다고 인정하는 데 동의했다면, 인식대상의 특성 ─ 아주 특별하게는 이전에 마지막으로 다룬 특성 ─ 을 단순히 '반성에 의해 규정된 것'으로 파악하려는 유혹은 더 클 것이다. 우리는, 보통의 관례상 반성에 관한 좁은 개념을 기억하면서, '규정된 것은 지향적 객체가 의식의 방식 ─ 이 속에서 지향적 객체는 곧 의식의 객체다 ─ 에 소급해 관련된다는 사실을 통해 지향적 객체의 것이 된다'고 말하는 것을 이해한다.

따라서 부정된 것, 긍정된 것 등은 '판단'의 대상이 부정함에 관계하는 반성 속에 부정된 대상으로, 긍정함에 대한 반성 속에 긍정된 대상으로, 마찬가지로 추측함에 대한 반성 속에 개연적 대상으로 특성지어지고 이것은 어디에서나 그렇다. 하지만 이것은 단순한 구축(Konstruktion)[34]이다. 즉 이러한 술어가 실제로 오직 관계하는 반성의 술어라면, 그 술어는 바로 작용의 측면을 현실적으로 반성하는 가운데서만 또 작용의 측면에 관계하는 가운데서만 주어질 수 있을 것이라는 사실 속에 이미 그것이 전도(顚倒)되었다는 점이 알려지는 단순한 구축일 뿐이다. 그러나 그 술어는 그러한 반성을 통해 명증하게 주어지지 않는다. 우리는 상관자의 고유한 사태가 무엇인지〔본질〕를 바로 그 상관자를 향한 시선방향 속에 직접 포착한다. 나타나는 대상 그 자체에서 부정된 것, 긍정된 것, 가능한 것, 의문스러운 것 등을 포착한다. 이 경우 우리는 어떤 방식으로도 그 작용을 소급해보지 않는다. 그 반대로 그러한 반성을 통해 생긴 인식작용의 술어는 결코 의문스러운 인식대상의 술어와 동일한 의미를 갖지 않는다. 이러한

---

34) 『논리연구』제2-1권(개정판), [제2장 제6절] 44항을 참조할 것.

것은 진리의 관점에서도 '존재하지 않음'(Nichtsein)은 명백히 '타당하게 있음'과 동일한 것이 아니라 단지 같은 값을 지닌 것이며, 마찬가지로 '가능하게 존재함'은 '타당하게 가능한 것으로 간주됨'과 동일한 것이 아니라 같은 값을 지닌 것 등이라는 사실과 연관된다.

또한 어떤 심리학적 편견에도 혼란되지 않는 자연적 논의가 여기에서 — 여전히 필요하다면 — 증언해줄 것이다. 입체경(立體鏡)으로 보면서 우리는 나타나는 이 각뿔이 '아무것도 아니며' 단순한 '가상'이라 말한다. 나타나는 것 자체는 술어화(述語化)의 명백한 주어[주체]이고, 우리는 이것(이것은 사물의 인식대상이지만 결코 사물이 아니다)에 우리가 그것 자체에서 특성으로서 발견하는 것, 즉 무화(無化)가 기인한다고 여긴다. 우리는 현상학의 어디에서나와 마찬가지로 여기에서 현상 속에 나타날 수 있는 것을 바꾸어 해석하는 대신, 그것 자체가 존재하는 그대로 받아들이고 이것을 성실하게 기술하려는 용기를 가져야 한다. 모든 이론은 이것에 따라 집중해야 한다.

109. 중립성변양

신념의 영역에 관계할 수 있는 변양 가운데 극히 중요한 변양 — 완전히 독자적 위치를 차지하고 따라서 위에서 논의한 일련의 변양과 함께 두면 안 되는 변양 — 을 지적하자 이 자리에서 그 변양을 상세하게 고찰하면, 이것은 그 변양이 신념의 정립에 관계하는 특유한 방식에 의해, 그리고 그 변양이 더 깊은 연구를 통해서야 비로소 그 특유성에서 — 결코 특별히 신념의 영역에 속하는 변양이 아니라 오히려 극히 중요한 일반적 의식의 변양으로서 — 분명히 제시되는 상황에 의해 정당화된다. 이 경우 의문스러운 새로운 변양과 쉽게 혼동되는 — 여전히 우리에게 결여되어 있는 — 일종의 진정한 신념의 변양, 즉 가정(假定)의 변양을 논의하는 기회도 발견할 것이다.

지금 우리에게 문제 되는 변양은 그 변양이 관련되는 모든 속견적 양상을 어떤 방식으로 완전히 폐기하고 완전히 무력하게 하는 ─ 게다가 이미 살펴보았듯이 부정된 것 속에 자신의 긍정적 작업수행을 갖는, 즉 그 자체가 다시 존재(Sein)인 비-존재(Nichtsein)를 갖는 부정과는 총체적으로 다른 의미에서 ─ 변양이다. 그것은 아무것도 말소하지 않고 '수행하지' 않으며, 모든 작업수행의 의식에 적합한 대응부분, 즉 모든 작업수행의 **중립화**(Neutralisierung)*다. 그것은 '작업수행을-억제함' '작업수행을-작용-중지함' '작업수행을-괄호침' '[작업수행을] 결정하지 않고-놓아둠', 그런 다음 이제 '결정하지 않게'-함, 작업수행-속에-'집어넣어 생각함' 또는 작업수행된 것을 '함께 관여하지' 않고 '단순히 생각함'에 포함되어 있다.

이 변양이 학문적으로 밝혀진 적도 없고 따라서 전문용어로 확정된 적이 없기 때문에(사람들이 이 변양을 다룰 때는 항상 다른 변양과 혼동해 다루었다), 그리고 이 변양에는 일반[일상] 언어에서도 하나의 명백한 명칭이 없기 때문에, 우리는 단지 윤곽을 지어가면서 또 단계적으로 제거해나감으로써 그 변양에 접근할 수 있다. 왜냐하면 잠정적 시사를 위해 방금 전에 열거한 모든 표현은 의미상 과잉(過剩)을 포함하기 때문이다. [그 표현들] 도처에 자의(恣意)의 행위가 내포되어 있지만, 그것은 [그 변양에 접근하는 데] 전혀 문제 되지 않을 것이다. 따라서 그것을 제외한다. 어쨌든 이러한 [제외하는] 행위의 결과는 특유한 내용을 갖는다. 이 내용은, 이것이 그 행위로부

---

* '중립화'는 어떠한 입장을 취하지 않는 것, 어떠한 정립도 하지 않는 것을 뜻한다. 그렇지만 이것도 여전히 그 무엇에 대한 의식, 즉 지향적 의식이다. 요컨대 '중립성변양'은 신념의 확실성이나 추측의 개연성 등 정립의 특성을 판단중지하는 의식작용이다.

터 '발생한다'는 사실(물론 이것 역시 현상학적 자료일 것이다)은 고려하지 않더라도, 도대체 어떻게 그러한 자의가 없어도 체험연관 속에 가능하며 또 일어나는지를 그 자체에서 고찰할 수 있다.

그러므로 '〔작업수행을〕 결정하지 않고-놓아둠'으로부터 모든 의지적인 것을 배제한다면, 이것 역시 의심스러운 것이나 가정적인 것의 의미에서 이해하지 않는다면, 어떤 '결정하지 않게'-함, 더 적절하게 말하면, '실제로' 현존하는 것으로 의식되지 않는 것을 '현존하게'-함이 남게 된다. 그러면 정립의 특성은 무력해진다. 신념은 이제 더 이상 진정한 신념이 아니며, 추측함은 진정한 추측함이 아니고, 부정함은 진정한 부정함이 아니다. 그것은 '**중립화된**' 신념·추측함·부정함이다. 이것의 상관자는 변양되지 않은 체험의 상관자를 반복하지만, 철저하게 변양된 방식으로 반복한다. 즉 단적으로 존재하는 것, 가능적으로-존재하는 것, 개연적으로-존재하는 것, 의문스럽게-존재하는 것, 마찬가지로 존재하지-않는 것과 그밖에 부정된 것과 긍정된 것 모두는 의식에 적합하게 현존하지만, '실제로'의 방식이 아니라 '단순히 생각된 것' '단순한 생각'으로 현존한다. 모든 것은 변양시키는 '괄호'를 갖는다. 이 괄호는 앞에서 매우 많이 논의한 것과 밀접한 관계가 있으며, 또 현상학으로 가는 길을 마련하는 데 매우 중요하다. 정립 그 자체, 중립화되지 않은 정립은 상관자의 결과로서 '〔정립된〕 명제'——이것은 '존재하는 것'으로서 총체적으로 특성지어진다——를 갖는다. 가능성·개연성·의문성·비-존재와 긍정존재(Jasein)——이 모든 것은 그 자체로 '존재하는 것', 즉 상관자 속에 그러한 것으로 특성지어지고 의식 속의 것으로 '추정된' 것이다. 그러나 중립화된 정립은 이것의 상관자가 정립할 수 있는 어떤 것도, 실제로 술어가 될 수 있는 어떤 것도 포함하지 않는다는 사실을 통해 본질적으로 구별되며, 중립적 의식은 그것이 의식한 것에 대해 어떠한 관점에서도 '신념'의 역할을 하지 않는다.

110. 중립화된 의식과 이성의 권능. 가정함

여기에 실제로 의식의 비교할 수 없는 특유성이 놓여 있다는 사실은 중립화되지 않은 본래의 인식작용은 그 본질상 '이성의 권능'에 지배되는 반면, 중립화된 인식작용에서는 이성이나 비-이성에 관한 물음이 전혀 의미가 없다는 사실에서 입증된다.

이와 상관적으로 인식대상에 대해서도 마찬가지다. 인식대상으로 (확실하게) 존재하는 것으로서, 가능하게·추정적으로·의문스럽게·무화(無化)된 등으로 특성지어진 모든 것은 '타당한' 또는 '부당한' 방식으로 그렇게 특성지어질 수 있으며, 그것은 '참으로'·가능하게·무화된 등으로 존재할 수 있다. 이에 반해 단순히 생각해봄은 아무 것도 '정립하지' 않으며, 결코 정립적 의식이 아니다. 실제성·가능성 등에 대한 '단순한 생각'은 아무것도 '주장하지' 않으며, 옳은 것으로서 승인될 수도 없고, 틀린 것으로서 거부될 수도 없다.

물론 모든 단순히 생각해봄은 가정함·추정함으로 이행할 수 있으며, 이 새로운 변양은 (생각해봄의 변양과 마찬가지로) 무제약적으로 자유로운 자의(恣意)에 지배된다. 그러나 추정함은 다시 정립함 (Setzen)과 같은 것이며, 추정은 다시 일종의 [정립된] 명제다. 다만 그것은 위에서 다룬 주요계열에 대립하고 또 옆에 떨어져 있는 완전히 고유한 신념정립의 변양일 뿐이다. 이것은 이성에 적합하게 판단을 내릴 수 있는 정립의 통일체 속에 구성원(가정적 '전제정립' 또는 결론정립인 그것의 추정)으로서 들어올 수 있으며, 이것에 의해 그 자체로 이성의 평가에 맡겨진다. 그것이 옳은 것인지 아닌지를 단순히 거기에 있는 [불확실한] 생각에 대해서는 말할 수 없지만, 가정적 추정에 대해서는 말할 수 있다. 이 둘을 혼동하는 것, 단순히 생각해봄 또는 단순한 생각에 관한 논의 속에 놓여 있는 애매함을 간과하는 것은 근본적 오류다.

게다가 마찬가지로 현혹시키는 애매함이 있다. 이 애매함은, 때로는 설명하고, 파악하며, 표현하는 사고의 두드러진 영역, 즉 특수한 의미에서 논리적 사고에 관련되고, 때로는——우리가 바로 여기에서 염두에 두었듯이——어떠한 설명이나 파악하는 술어화(述語化)에 관해서도 묻지 않는 정립적인 것 그 자체에 관련되는 한, 생각하는 말 속에 놓여 있다.

우리는 여기에서 논의된 모든 사건을 무엇보다 우선권을 부여한 단순한 감성적 직관의 영역과 이 직관이 희미한 표상으로 변화하는 것 속에 발견한다.

111. 중립성변양과 상상

그러나 '단순히 생각해봄'이라는 표현의 여전히 위험한 애매함이 문제가 된다. 또는 매우 당연하다고 생각되는 혼동, 즉 **중립성변양과 상상**(Phantasie)의 혼동을 방지하는 것이 문제 된다. 여기에서 혼란시키는 것과 실제로 쉽게 풀릴 수 없는 것은 상상 자체가 사실상 하나의 중립성변양이라는 점, 상상은 그 유형의 특수성에도 불구하고 보편적 의미를 지녔지만 모든 체험에 적용될 수 있다는 점, 상상은 생각해봄의 대부분 형태에서도 그 역할을 하지만 어쨌든 이 경우에도 모든 종류의 정립에 뒤따르는 자신의 다양한 형태를 지닌 일반적 중립성변양과 구별되어야 한다는 점에 있다.

더 자세하게 상론하면, 상상함 일반은 '정립하는' 현전화——따라서 생각할 수 있는 가장 넓은 의미에서 기억——의 **중립성변양이다.**[*]

일상적 논의에서는 현전화(재생산)와 상상이 매우 혼란되어 있다는 사실을 여기에서 주목해야 한다. 우리는 우리의 분석을 고려하면서 '현전화'라는 일반적 말을, 그에 속한 '정립'이 본래의 것인지 중립화된 것인지의 관점에서 아무것도 시사하지 않은 채 그 표현을 사용한다. 이때 현전화는 일반적으로 모든 종류의 기억과 이것의 중립성변양이라는 두 그룹으로 나누어진다. 그럼에도 이러한 나눔이 진정한 분류로 간주될 수 없다는 사실은 앞으로 입증될 것이다.[35]

다른 한편 모든 체험 일반(이른바 실제로 생생한 모든 체험)은 '현재에 존재하는' 체험이다. 체험의 본질에는 동일한 체험에 대한 반성—이 속에서 체험은 확실히 또 현재에 존재하는 것으로서 필연적으로 특성지어진다—의 가능성이 포함된다. 따라서 원본적으로 의식된 모든 개별적 존재와 마찬가지로 모든 체험에는 이념적으로 가능한 일련의 기억변양이 상응한다. 체험에 관한 원본적 의식인 체험함에는 체험함에 관한 기억이 평행할 수 있는 것으로 상응하고, 그래서 기억의 중립성변양으로서 상상도 상응한다. 이것은 모든 체험에 대해서도, 또 순수 자아의 시선방향이 어떻게 배열되더라도, 그러하다. 다음의 진술이 이러한 점을 해명하는 데 도움을 줄 것이다.

우리가 그 어떤 대상—당장 그것이 단순한 상상의 세계이며 우리가 그것을 주목해 향해 있다고 가정하자—을 현전화할 때마다 이 세계뿐 아니라 이 세계를 '부여하는' 지각작용도 상상되었다는 것이

---

*   '현전화'는 근원적 인상이 침전된 것을 다시 '지금' 현존하는 것으로 정립하는 것이다. 그런데 상상은 '지금' 여기에 현존하지 않는 것을 현존하게끔 만드는 작용이라는 점에서 일종의 '현전화'이지만, 여기에는 재생산된 '지금'의 어떠한 정립이나 재생산된 '지금'과 과거의 '지금'의 어떠한 합치도 주어지지 않기 때문에 '현전화의 중립성변양'이다(『시간의식』, 51쪽을 참조할 것).

35) 본질과 대립-본질에 관한 증명은 114항 중반부를 참조할 것.

상상하는 의식의 본질에 속하는 것으로 간주된다. 우리는 그 세계를, '상상 속의 지각작용'(즉 기억의 중립성변양)을 향해 있다. 하지만 이전에 언급했듯이, 우리가 '상상 속에 반성할' 때만 이것을 향해 있다. 그러나 이념적으로 항상 가능한 이러한 변양, 즉 모든 체험——상상하는 체험 자체도——이 정확하게 상응하는 **단순한 상상**으로 또는—— 동일한 것이지만——**중립화된 기억**으로 이행되는 변양을 우리가 모든 '정립하는' 체험에 대립시킬 수 있는 그 중립성변양과 혼동하지 않은 것은 근본적으로 중요한 의미가 있다. 이러한 관점에서 기억은 매우 특별한 정립하는 체험이다. 이와 다른 것은 정상의 지각이며, 이것과 다른 것은 지각이나 재생산의 가능성의식, 개연성의식, 의문성의식, 의심·부정·긍정·추정 등의 의식이다.

우리는 예를 들어 변양되지 않은 확실성 속에 정립하는 **정상의 지각의 중립성변양**이 중립적 **심상객체**(Bildobjekt)[의]의식——우리는 이것을 지각해 제시된 묘사하는 세계를 정상으로 고찰하는 가운데 구성요소로서 발견한다——이라는 사실을 확신할 수 있다. 이러한 사실을 명석하게 이해해보자. 예컨대 뒤러(A. Dürer)*의 동판화 「기사(騎士), 죽음 그리고 악마」를 고찰해보자.

우리는 여기에서 첫째 정상의 지각——그 상관자는 사물인 '**동판화 종이**', 즉 화첩(畫帖) 속의 종이——을 구별한다.

둘째 지각의 의식을 구별한다. 이 의식에서 어두운 선(線) 속에 색깔이 없는 작은 상(像)인 '말을 탄 기사' '죽음' 그리고 '악마'가 나

---

* 뒤러(1471~1528)는 르네상스 시대 독일을 대표하는 화가·판화가·미술이론 가로, 후기 고딕 양식의 엄격한 구성과 원근법을 결합하고 섬세한 형체표현으로 순수한 풍경화뿐 아니라 종교적 윤리와 인식을 주제로 종교전쟁과 농민 전쟁 시대의 혼란되고 복잡한 시대상을 묘사했다. 특히 뛰어난 에칭 기술로 제작한 동판화는 판화의 새로운 시대를 열었다.

타난다. 우리는 미학적 고찰에서 '객체'로서 이것에 향해 있지 않고, '심상 속에' 제시된, 더 정확히 말하면, '모사된' 실재성인 피와 살을 지닌 기사 등에 향해 있다.

모사(模寫)를 매개하고 가능케 하는 '심상'(기초지어진 인식작용에 의해 다른 것이 유사성을 통해 '모사적으로 제시된' 작은 회색빛 상)에 대한 의식은 이제 지각의 중립성변양을 위한 하나의 예다. 이 모사하는 심상객체는 존재하는 것으로도, 존재하지 않는 것으로도, 또한 어떤 그밖의 정립양상으로도 우리 앞에 놓여 있지 않다. 오히려 그것은 존재하는 것으로서 의식되지만, 존재의 중립성변양 속에 '마치-존재하는 것'으로 의식된다.*

그러나 순수하게 미학적으로 태도를 취하고 모사된 것을—이것에다 존재나 비-존재, 가능한 존재나 추정적 존재 등의 각인을 찍지 않고—다시 '단순한 심상'으로 받아들이면, 모사된 것 역시 마찬가지다. 하지만 이것은 명백히 어떤 결여(缺如)를 뜻하는 것이 아니라 일정한 변양, 즉 중립화의 변양을 뜻한다. 다만 이것을 이전의 정립에 연결된 변형시키는 조작으로 표상하면 안 된다. 그것은 때때로 그러한 조작일 수도 있지만 그럴 필요까지는 없다.

112. 상상변양의 반복할 수 있음과 중립성변양의 반복할 수 없음

중립화하는 현전화의 의미에서 상상과 중립화하는 변양 일반 사이

---

* 두 번째인 미학적 고찰의 지각적 의식에서는 첫 번째의 단순한 사물인 동판화가 찍힌 화첩 속의 종이가 지각의 중립성변양이다. 화첩에서 모사된 것에 주목하는 지각작용, 즉 지각정립에서는 첫 번째인 화첩의 종이에 관해서 그것이 존재하는 것으로든 존재하지 않는 것으로든 또는 그밖에 어떠한 중립성변양으로도 정립되어 있지 않기 때문이다.

의 근본적 구별은—여전히 이 결정적 차이점을 예리하게 강조하기 위해—현전화로서의 **상상변양**은 반복할 수 있지만(임의의 단계의 상상, 즉 상상 '속의' 상상이 존재한다), 반면 **중립성의 '조작'**을 반복하는 것은 본질적으로 제외된다는 사실 속에 밝혀진다.

반복해 재생산하는 (또한 모사하는) 변양이 가능하다는 우리의 주장은 아주 일반적인 반론에 직면할 것이다. 이러한 상황은 진정한 현상학적 분석으로 지금보다 더 숙달될 때 비로소 변경된다. 그러나 체험을 '내용'이나—원자화(原子化)하고 사물화(事物化)하는 심리학*의 모든 유행하는 논쟁에도 불구하고 어쨌든 일종의 작은 사물로 간주되는—심리적 '요소'로 다루는 한, 따라서 '감각내용'과 이에 상응하는 '상상내용'의 구별을 오직 '강도' '충족' 등 사실에 입각한 징표에서만 발견할 수 있다고 믿는 한, 결코 개선될 수 없다.

무엇보다 우선 여기에서 문제가 되는 것은 의식의 구별이라는 사실, 따라서 상상된 것은 단순히 퇴색된 감각자료가 아니라 그 본질상 그에 상응하는 감각자료에 대한 상상이라는 사실, 더구나 이〔~에〕 '대한'은 해당된 감각자료의 강도·내용충족 등을 매우 충분히 희박하게 만들더라도 결코 들어올 수 없다는 사실을 배우는 것이다.

의식의 반성에 숙달된 (또한 그 이전에 일반적으로 지향성이 주어져 있음을 배운) 사람은 상상 속의 상상에서, 기억 또는 상상 속의 기억에서 앞에 있는 의식의 단계를 바로 즉시 알게 될 것이다. 이때 그는

---

* 이것은 마흐(E. Mach)와 아베나리우스(R. Avenarius)로 대표되는 실증적 감각주의를 뜻한다. 이들에 따르면 진정한 실재는 감각적 경험요소인 '세계요소'뿐이며, 물질이나 정신은 단지 이 감각요소의 특수한 복합에 지나지 않는다. 그리고 과학은 경험을 초월한 통일원리에 따라 실재의 세계를 설명하는 것이 아니라 경험적 사실을 기술하는 것이며, 이러한 기술에서 개념이나 법칙은 모두 감각을 정리하기 위한 사유경제적 수단이다. 이러한 입장은 분트(W. Wundt)의 기술심리학에, 또 논리적 실증주의에 큰 영향을 주었다.

이러한 단계형성의 본질종류 속에 놓여 있는 것도 알게 될 것이다. 즉 더 높은 단계의 모든 상상은 이 상상 속에 간접적으로 상상된 것의 직접적 상상으로 자유롭게 이행할 수 있는 반면, 이 자유로운 가능성 은 상상으로부터 이에 상응하는 지각으로 이행하는 가운데는 일어나지 않는다는 사실도 알게 될 것이다. 여기에 자발성에서 균열이 있는데, 이것은 순수 자아가 오직 실재화하는 행위와 만들어냄(여기에는 자 의恣意로 환각을 일으킴도 포함될 수 있다)의 본질적으로 새로운 형식 속에서만 넘어설 수 있는 균열이다.[36]

113. 현실적 정립과 잠재적 정립

중립성변양과 정립에 관한 고찰은 계속될 중요한 논의를 재촉한 다. 우리는 '정립하는' 의식에 관한 논의를 필연적으로 세분해야 할 넓은 의미로 사용해왔다.

---

36) 이제까지 다루었던 중립성변양에 대한 이론의 논점에 관해서는 이미 『논리 연구』가 그 요점에서, 특히 상상과의 관계에 관한 것에서 올바른 파악으로 밀 고나갔다. 같은 책[제2-1권], 제5연구, 특히 39항의 '질(質)적' 변양과 '상상 에 의한 변양'의 대립——이 경우 전자(前者)는 여기에서 논의된 중립성변양의 의미가 있을 것이다——을 참조할 것.

마이농(A. Meinong)의 저술 『가정함에 관해』(*Über Annahmen*, 1902)가 이 제4 절에서 논의된 것과 밀접하게 관련된 물음에 관해 상세한 방식으로 다루었기 때문에, 나는 왜 오직 나의 옛 저술(『논리연구』)에만 연결시키고 그의 저술에 연결시킬 수 없었는지를 해명해야 한다. 내 견해로는, 다른 곳에서처럼 여기 에서도, ——질료와 이론적 사고에 관한——『논리연구』의 평행하는 단락과 상 당히 일치함을 보여주는 그의 저술은, 실질적으로도 방법적으로도 내 시도 를 능가하는 실제적 진보를 이루지 못했다. 내가 예전이나 지금이나 중시해 야 한다고 믿는 많은 사고의 동기가 거기에서는 주목되지 않았고, 특히 위에 서 다룬 논점도 주목되지 않았다. 우리의 마지막 상론에서 해명되었던 혼동 은 곧 가정함에 관해 마이농이 파악한 주요핵심을 형성한다.

현실적 정립과 잠재적 정립을 구별하고, 그럼에도 필수 불가결한 일반적 명칭으로서 '정립적 의식'이라는 말을 활용하자.

정립에 현실성과 잠재성의 구별은 이전에[37] 논의한 현실성에서 주목함과 주목하지 않음의 구별과 밀접하게 관련되지만, 결코 이 구별과 일치하지 않는다. 중립성변양을 고려함으로써 이중성이 주목하는 자아〔시선〕의 향함에 현실성과 비-현실성의 일반적 구별로, 또는 이중 의미가 현실성이라는 말의 개념으로 들어오게 되었는데, 이 본질을 밝혀야 한다.

중립성변양은 실제적 신념·추정함 등을 신념·추정함 등으로 '단순히 집어넣어 생각함'이라는 특유하게 변양된 의식과 대조함으로써 등장했다. 상관적으로 말하면 존재하는 것, 개연적으로 존재하는 것의 의식을 '실제로' 자신-앞에-가짐 또는 '실제로 정립시킴'이나 이것을 단순히 '거기에 현존하는 것'의 방식으로 실제로 정립시키지 않음의 의식과 대조함으로써 등장했다. 그러나 처음부터 우리는 정립의 잠재성에 관해 비-정립적 의식과 정립적 의식의 본질적으로 다른 태도도 시사했다. 모든 '실제의' 의식으로부터 그 속에 잠재적으로 포함된 여러 가지 정립을 이끌어낼 수 있으며, 이때 이것은 실제의 정립이다. 즉 실제로 정립적으로 추정된 모든 것에는 실제로 술어가 될 수 있는 것이 삽입되어 있다. 그러나 중립적 의식은 '실제로' 술어가 될 수 있는 어떤 종류도 '내포하지' 않는다. 의식된 대상적인 것을 주목하는 현실성을 통해, 다른 술어로 시선을 향함을 통해 전개하는 것은 순전히 중립적 작용이나 순전히 변양된 술어만 생길 뿐이다. 중립적 의식과 비-중립적 의식에서 다른 종류의 이 잠재성, 따라서 주목하는 주의를 향함의 일반적 잠재성이 이중적인 것으로 분열된다

---

37) 35항 초반부, 37항 초반부, 92항 초반부를 참조할 것.

는 이 놀랄 만한 사실은 지금 더 깊게 연구해야 한다.

이전 단락의 고찰에서 모든 실제적 체험은, 현재에 존재하는 것으로서—또는 현상학적 시간의식 속에 구성된 시간적 통일체로서—자신의 존재의 특성을 지각된 것과 유사한 일정한 방식으로 수반한다는 사실이 밝혀졌다. 모든 현실적 체험의 현재에는 관념적으로 중립성변양, 즉 가능하고 또 그것에 내용적으로 정확하게 상응하는 상상체험의 현재가 대응한다. 그러한 상상체험은 모두 실제로 현재에 존재하는 것이 아니라 '마치'(gleichsam) 현재에 존재하는 것으로 특성지어진다. 따라서 이것은 사실상 어떤 임의의 지각이 인식대상으로 주어져 있음과 그 지각에 관념적으로 정확하게 상응하는 상상함(Phantasierung)(상상의 고찰)이 인식대상으로 주어져 있음을 비교하는 것과 매우 유사한 관계에 있다. 모든 지각된 것은 '실제로 현재의 존재'로서 특성지어지고, 이와 평행하는 모든 상상된 것은 내용상 동일한 것으로서, 하지만 '단순한 상상' '마치'-현재의 존재로서 특성지어진다. 그러므로 다음과 같다.

근원적 시간의식 자체는 지각의식처럼 기능하며, 이에 상응하는 상상의식 속에 그 대응요소를 갖는다.

그러나 모든 것을 포괄하는 이 시간의식은 자명하게 적확한 의미에서, 즉 **현실적으로 정립하는** 지각작용—실로 이것 자체는 우리의 의미에서 하나의 체험이며, 내재적 시간 속에 놓여 있는 것, 현재에 지속하는 것, 시간의식 속에 구성된 것이다—의 의미에서 결코 **연속적인 내재적 지각작용**이 아니다. 달리 말하면, 그것은 자명하게도 그 속에 체험이 특수한 의미에서 **정립되고 현실적으로 존재하는** 것으로 파악되어 대상적이 될 것이라는 연속적인 내적 반성작용이 아니다.

체험 가운데는 내재적 반성, 특히—그 대상에 현실적으로 존재를 파악하면서, 존재를 정립하면서 향한—내재적 지각이라는 부각된 체험이 있다. 그밖에도 체험 가운데는 초월적으로 향한 동일한 의미에서 존재를 정립하는 지각, 이른바 외적 지각도 있다. 정상적인 말의 의미에서 '지각'은 일반적으로 그 어떤 사물이 자아에 **생생한 현재** 속에 나타난다는 사실뿐 아니라, 자아가 나타나는 사물을 깨닫고 이것을 실제로 현존하는 것으로 포착하며 정립한다는 사실도 뜻한다. 현존재정립의 이 현실성은, 이전에 상론한 것에 따르면, 지각적 심상의식 속에 중립화된다. '심상'(모사된 것이 아닌 것)에 〔시선을〕 향한 채 우리는 대상으로서 실제적인 것을 포착하는 것이 아니라, 바로 하나의 심상, 즉 허구(Fiktum)를 포착한다. '포착함'(Erfassung)은 시선을 향함의 현실성을 갖지만, 이것은 '실제의' 포착함이 아니라, '마치'의 변양 속의 단순한 포착함이며, 정립은 실제의 정립이 아니라, '마치' 속에 변양된 정립이다.

정신적 시선을 허구로부터 전향함으로써 중립화된 정립의 주목하는 현실성은 잠재성으로 이행한다. 즉 심상은 여전히 나타나지만, '주의가 기울여지지' 않으며, 그래서 심상은 — '마치'의 양상 속에 — 포착되지 않는다. 이러한 상태와 그 잠재성의 본질에는 현실적 시선을 향할 가능성이 포함되어 있다. 그러나 이 가능성은 여기에서 결코 정립의 현실성을 출현시킬 수 없다.

'현실적'(중립적이 아니라 실제로 정립하는) 기억을 기억된 것이 가령 시선전향을 통해 여전히 나타나지만 그래도 더 이상 현실적이지는 않은 기억과 비교할 때도 사정은 이와 비슷하다. '여전히' 나타나는 것에 대한 **정립**의 잠재성은 여기에서 주목하는 현실성을 통해 일반적으로 포착하는 사유작용(cogitationes)뿐 아니라 철저하게 '실제로' 포착하고 현실적으로 정립하는 사유작용이 출현한다는 사실을 뜻한다. 기억의 중립성변양, 즉 단순한 **상상**의 중립성변양에서 우리는 또다시 주목하는 잠재성을 갖는다. 이 잠재성이 현실성으로 변환하는 것은 '작용'(사유작용)을 낳지만, 철저하게 중립화된 정립, 즉 '마치'의 양상에서 철저하게 속견의 정립을 낳는다. 상상된 것은 '실제로' 현재의 것, 과거의 것 또는 미래의 것으로 의식되지 않고, 단지 정립의 현실성이 없는 것으로만 '눈앞에 아른거린다.' 단순히 시선을 향함은 이러한 중립성을 제쳐놓을 수 없으며, 다른 경우에서와 마찬가지로 정립현실성을 산출할 수도 없다.

여전히 계속 예시(例示)로서 이바지할 수 있는 모든 지각은 자신의 지각배경을 갖는다. 특수하게 파악된 사물은 지각으로 함께 나타나는, 특별한 현존재정립이 결여된 자신의 사물적 주변을 갖는다. 이 주변은 또한 '실제로 존재하는' 주변이며, 본질가능성의 의미에서 현실적으로 존재를 정립하는 시선이 그것을 향할 수 있게 의식된다. 그것은 어느 정도로는 잠재적 정립의 통일체다. 기억의 경우 그 기억의 배경에 관해서도 마찬가지다. 또는 지각이나 기억의 경우 과거지향과 미래지향에서 그 마당(Hof), 추억과 예상에서 그 마당에 관해서도 마찬가지다. 추억과 예상은 다소간의 충족 속에 또 그 명석함의 정도에서 변화하면서 밀려오지만, 현실적 정립의 형식으로 수행되지 않는다. 모든 경우 '잠재적 정립'의 현실화는 그에 상응하는 시선전향(주목하는 현실성)을 통해 필연적으로 항상 새로운 현실적 정립으로 이끌며, 이것은 이러한 상태의 본질에 속한다. 그러나 이와 평행하는 중립성변양으로 이행하면, 모든 것이 '마치'의 변양으로, 또한 '잠재성' 자체로 옮겨진다. 심상객체나 상상객체 역시 (그리고 필연적으로) 주목하는 배경을 갖는다. 또다시 '배경'은 잠재적 시선전향과 '포착함'에 대한 하나의 명칭이 된다. 하지만 실제로 시선전향을 수립하는 것은 여기에서 원리상 실제적 정립으로 이끄는 것이 아니라, 언제나 단지 변양된 정립으로 이끈다.

여기에서 여전히 특별한 관심을 끄는 것은 추측함·추정함·물음

등——또한 부정함과 긍정함——을 지닌 특수한 신념정립(속견적 근원정립)의 양상적 변화와도 마찬가지 관계에 있다. 이러한 것 속에 의식된 상관자, 즉 가능성·개연성·비-존재 등은 속견적 정립을 또 이와 함께 동시에 특수한 '대상화'를 겪을 수 있다. 그러나 추측함·물음·거부함·긍정함 등 '속에' '사는' 동안, 우리는 어떠한 속견의 근원정립——물론 개념의 필연적 일반화라는 의미에서 다른 '정립', 즉 추정의 정립, 의문성의 정립, 부정함의 정립 등을 수행하더라도——도 수행하지 않는다. 어쨌든 우리는 그에 상응하는 속견의 근원정립을 항상 수행할 수 있다. 이것 속에 포함된 잠재적 정립을 현실화하는 이념적 가능성이 현상학적 상태의 본질 속에 근거하기 때문이다.[38] 이러한 현실화는 이제, 처음부터 현실적 정립이 문제가 된다면, 출발한 정립 속에 잠재적으로 포함된 것으로서 현실적 정립으로 항상 다시 이끈다. 우리가 출발한 정립을 중립성의 언어로 옮긴다면, 잠재성 역시 중립성의 언어로 옮겨진다. 추측함·물음 등을 단순한 상상 속에 수행한다면, 실로 이전에 상론한 모든 것은 단지 변화된 부호를 지닌 채 계속 존속한다. 주목함의 가능한 시선전환을 통해 근원적 작용 또는 작용의 인식대상에서 이끌어낼 수 있는 모든 속견의 정립과 존재양상은 이제 중립화된다.

114. 정립의 잠재성과 중립성변양에 관한 계속된 논의

지금까지의 분석에 따르면, 비-중립적 의식과 중립적 의식의 차이는 사유주체(cogito)의 주목하는 양상 속의 의식체험뿐 아니라 주목하는 비-현실성의 양상으로 의식체험에도 해당된다. 이때 이 차이는

---

38) 앞의 105항 초반부를 참조할 것.

이러한 의식-'배경'(背景)의 이중적 태도 속에 그 배경이 '전경'(前景)으로 주목하는 변화의 경우, 더 정확하게 말하면, 그 배경이 주목하는 현실성 —— 이것에 의해 근원적 체험은 속견적 사유주체로, 실로 근원속견으로 이행한다 —— 으로 변화하는 경우 알려진다. 이것은 모든 상황에서 자명하게 가능하다. 왜냐하면 모든 지향적 체험의 본질에는 체험의 인식작용뿐 아니라 인식대상을, 인식대상으로 구성된 대상성과 그 술어를 '바라볼' 가능성, 즉 이것을 근원속견(Urdoxa)의 방식으로 정립하면서 포착할 가능성이 있기 때문이다.

또한 상태는 다음과 같다. 즉 중립성변양은 유일한 실제적 정립인 현실적 정립에 연결된 하나의 특별한 변양이 아니라, 현실적 근원속견으로 정립할 수 있음이나 정립할 수 없음에 대한 태도 속에 표현되는 모든 의식 일반의 근본상 본질적 특유성에 관계한다. 그렇기 때문에 중립성변양을 바로 현실적 근원정립에서 또는 이 정립이 겪는 변양에서 밝혀야 한다.

더 자세히 규정해보면, 다음과 같은 것이 문제가 된다.

그 종류와 형식이 어떻든 간에, 의식 일반은 근본적 구분으로 점철되어 있다. 즉 우리가 알고 있듯이, 우선 모든 의식에는 본질적으로 가능한 변양, 즉 순수 자아를 '사유주체'의 형식으로 이행시키는 변양이 속한다. 이 의식 속에 순수 자아는 처음부터 의식을 '수행하는 자'로서 살지 않으며, 따라서 처음부터 '사유주체'의 형식을 취하지도 않는다. 이제 사유주체의 양상 안에서 의식의 수행방식 속에 두 가지 근본적 가능성이 존재한다. 이것을 달리 표현하면, 다음과 같다.

모든 사유주체에는 그 인식대상이 이에 평행하는 사유주체 속에 정확히 이에 상응하는 자신의 대응하는 인식대상(Gegennoema)을 갖는 방식으로 정확히 이에 상응하는 대응요소가 속한다.

평행하는 '작용'의 관계는 두 가지 가운데 하나가 '실제의 작용'이

되고 사유주체는 '실제적' 사유주체, 즉 '실제로 정립하는' 사유주체가 되는 반면, 다른 작용은 이 작용의 '그림자'가 되고 비−본래의 사유주체, 즉 '실제로' 정립하지 않는 사유주체가 되는 사실에서 성립한다. 하나는 실제로 작업을 수행하고, 다른 것은 이 작업수행의 단순한 반영(反影)이다.

이것에 대해 그 상관자의 근본적 차이가 대응한다. 즉 한편으로 변양되지 않은 실제적 작업수행의 특성을 띠는 구성된 인식대상의 작업수행이 있고, 다른 한편으로 정확하게 이에 상응하는 작업수행의 '단순한 생각'이 있다. 실제로 변양된 작업수행은 이념상 절대적으로 정확히 자신에 상응하지만, 어쨌든 동일한 본질에 관한 것은 아니다. 왜냐하면 변양이 본질로 전이되기 때문이다. 즉 원본적 본질에는 동일한 본질의 '그림자'인 그것의 대응본질이 상응하기 때문이다.

물론 우리는 그림자·반영·심상에 관한 비유적 논의 속에 단순한 가상, 기만적 의견 등—실로 이것에 의해 실제의 작용이나 정립적 상관자가 주어질 수도 있다—의 어떤 것도 집어넣으면 안 된다. 여기에서 문제 삼는 변양을 상상변양—마찬가지로 내적 시간의식 속의 체험현재인 모든 체험에 그 상상심상인 대립요소를 만들어내는 상상변양—과 아주 당연하다고 생각하는 혼동에 대해 새롭게 경고할 필요는 없을 것이다.

지향적 체험을 실제성과 인식대상의 작업수행의 무력한 반영처럼 서로 마주 보는 두 부류로 근본적으로 분리하는 것은 (속견적 분야에서 출발하려는) 여기에서 다음과 같은 **기본명제**를 알려준다.

모든 **사유주체**는 그 자체로 속견적 근원정립이거나 아니다. 그러나 또다시 의식 일반의 유적 근본본질에 속한 법칙성에 의해 속견적 근원정립으로 이행할 수 있다. 하지만 이것은 여러 가지 방식으로 또 특히 사유주체에 속하는 인식작용의 '정립'(그에 상응하는 가장 넓은 의미에서)의 상관자로서 이 사유주체의 인식대상 속에 구성되는 가장 넓은 의미에서 모든 '정립적 특성'이 존재의 특성으로 변화되고, 따라서 최대로 넓은 의미에서 존재양상의 형식을 받아들이는 사실에서 그렇게 이행할 수 있다. 이러한 방식으로 '개연적'이라는 특성은 개연적으로 있음으로 변화된다. 이 특성은 추측작용의 인식대상의 상관자, 게다가 특히 추정작용 그 자체의 '정립'인 '작용특성'의 인식대상의 상관자다. 마찬가지로 '의문스러운'의 특성, 즉 의문스러움의 정립의 이 특수한 상관자는 의문스럽게 있음의 형식으로 변화되고, 부정의 상관자는 있지 않음(Nichtsein)의 형식으로 변화된다. 이 형식은 이른바 현실적인 속견의 근원정립에 각인을 받아들인 순전한 형식이다. 어쨌든 이것은 여전히 더 계속된다.

우리는 정립이라는 개념을 모든 작용영역에 확장시킬 근거를, 따라서 예를 들어 기쁨·소망·의지의 정립에 대해 '기쁜' '원하는' '실천적으로 했어야 할' 등 그 인식대상의 상관자와 함께 이야기할 근거를 발견하게 된다. 또한 이 상관자는 해당된 작용이 속견의 근원정립으로 아프리오리하게 이행될 수 있음으로써 극도로 확장된 의미에서 존재양상의 형식을 받아들인다. 그래서 '기쁜' '원하는' '했어야 할'은 술어가 될 수 있다. 왜냐하면 현실적 근원신념의 정립 속에 그것은 기쁘게 존재하는 것으로서, 원하는 존재하는 것으로서 의식되기 때문이다.[39] 그러나 이러한 예에서 이행은 근원적 체험의 인식대상을―단지 이행함으로써 법칙적으로 변화되는 주어지는 양상은 도외시하고―그 전체의 본질에 따라 유지하는 방식으로 이해되어야 한다. 아무튼 이러한 점은 여전히 보충해야 한다.[40]

---

39) 앞의 105항 결론부의 명제들을 참조할 것.
40) 117항 첫 번째 단락을 참조할 것.

이제 그때그때 근원속견이 실제적인 것, 이른바 실제로 믿어진 신념인가 아니면 그것의 무력한 대응요소, 즉 (존재 그 자체, 가능한 존재 등에 관한) 단순한 '생각해봄'인가 하는 사실에 의해 경우가 근본적으로 구분된다.

그때그때 근원체험의 속견적 변화가 자신으로부터 산출한 것은, 그 체험의 인식대상의 존립요소가 실제적인 속견의 근원정립 속에 전개된 것이든 오직 근원속견의 **중립성** 속에 전개된 것이든 간에, 해당된 지향적 체험의 **본질**을 통해 절대적으로 확고하게 미리 규정된다. 그러므로 처음부터 모든 의식체험의 본질에는 잠재적 존재정립의 확고한 총괄이 미리 지시되며, 게다가 해당된 의식이 처음부터 어떤 특성을 지녔는가에 따라 가능한 실제의 정립 또는 가능한 중립적 '그림자 정립'의 장(場)이 미리 지시된다.

또한 의식 일반은 근원심상과 그림자, **정립적 의식**과 **중립적 의식**이라는 이중적 유형의 특성을 지닌다. 그 하나는 자신의 속견의 잠재성을 실제로 정립하는 속견의 작용으로 이끈다는 사실로 특성지어지고, 다른 하나는 단지 그 속견의 작용의 그림자-심상을, 단지 그 작용의 중립성변양을 그 작용으로부터 드러나게 만든다는 사실로 특성지어진다. 달리 말하면, 그것은 자신의 인식대상의 존립요소 속에 속견으로 포착할 수 있는 것을 전혀 포함하지 않는다는 사실, 또는 어떠한 '실제의' 인식대상도 포함하지 않고 단지 그러한 인식대상의 대응심상을 포함한다는 사실로 특성지어진다. 단순히 하나의 속견으로 정립할 수 있음은 중립적 체험에도 남아 있다. 즉 내재적 시간의식의 자료로서 중립적 체험에 속하는 것, 바로 이것을 어떤 변양된 인식대상에 대한 변양된 의식으로 규정하면서 남아 있다.

'정립적'(positional)과 '중립적'(neutral)이라는 표현은 이제부터 전문용어로 사용될 것이다. 모든 체험은, 사유주체의 형식을 지녔든 또는 그 어떤 특수한 의미에서 작용들이든 아니든 간에, 이러한 대립으로 분류된다. 따라서 정립성은 실제적 정립이 현존함이나 수행됨을 뜻하지 않고, 다만 현실적으로 정립하는 속견의 작용을 수행하기 위한 일정한 잠재성을 표현한다. 어쨌든 체험이 처음부터 정립적 체험의 개념으로 함께 수행된 정립인 경우를 포함시키자. 이 개념은 다수의 잠재적 정립이 본질법칙으로 수행된 모든 정립에 속한다는 것보다 더 불편하지 않다.

정립성과 중립성의 차이는, 이미 입증되었듯이, 신념정립과 관련된 단순한 고유성이나 단순한 신념의 변양을 표현하지 않는다. 이 신념의 변양은 가령 추측함·물음 등 또는 다른 방향에서 가정함·부정함·긍정함이지만, 그래서 어떤 근원양상, 즉 적확한 의미에서 신념을 지향적으로 변화시킨 것은 아니다. 이것은 사실, 앞에서 말했듯이, 보편적인 의식의 차이다. 그러나 이것은 우리의 분석이 진행되는 가운데 충분한 근거에 입각해 속견의 사유주체의 좁은 영역 속에 특수하게 제시된 정립적(즉 현실적·실제적) 신념과 이것의 중립적 대응요소(단순히 '생각해봄')의 차이와 연결되어 나타나는 차이다. 여기에서 바로 신념의 작용특성과 이와 다른 종류의 모든 작용특성, 그래서 모든 종류의 의식 일반 사이의 극히 주목할 만하고 또 깊이 놓여 있는 본질의 얽혀 있음이 드러났다.

115. 적용. 확장된 작용의 개념. 작용의 수행과 작용이 일어남

앞에서 언급한 몇 가지를 고려해보는 것은 여전히 중요하다.[41] 사유주체(cogito) 일반은 명시적 지향성이다. 지향적 체험 일반이라는

---

41) 앞의 84항 초반부을 참조할 것.

개념은, 우리가 명시적 사유주체로 이행하는 가운데에서만 또 명시적이지 않은 체험과 그 인식작용-인식대상의 존립요소를 반성하는 가운데에서만 체험이 지향성이나 체험에 고유한 인식대상을 자신 속에 간직하고 있다는 사실을 인식할 수 있는 한, 이미 잠재성과 현실성의 대립을 게다가 일반적 의미에서 전제한다. 예를 들어 지각·기억 등에서 주목되지 않았지만 나중에 주목할 수 있는 배경에 대한 의식의 관점에서 그러하다. 명시적인 지향적 체험은 '수행된' '나는 생각한다'(Ich denke)이다.

그러나 이 동일한 것은 주목함이 변화되는 도중에 '수행되지 않은' '나는 생각한다'로 이행할 수도 있다. 수행된 지각의 체험, 즉 수행된 판단·감정·의지의 체험은, 주목함이 '오직' 어떤 새로운 것을 향해 있을 때만 사라지지 않는다. 이때 자아는 오직 새로운 사유주체 속에만 '살고 있다.' 이전의 사유주체는 '점차 수그러져' '희미하게' 가라앉지만, 여전히 항상──비록 변양된 것이지만──체험의 현존재를 갖는다. 마찬가지로 사유작용은 체험의 배경 속에 때로는 기억에 적합하게 또는 중립적으로 변양되어 때로는 변양되지 않고도 솟구쳐 올라온다. 예를 들어 어떤 실제적 신념이 '생긴다.' 우리는 '그것을 이전에 알고 있었다'고 이미 믿는다. 마찬가지로 어떤 상황에서 좋아함이나 싫어함의 정립·욕구·결단도, 우리가 이것 '속에' '살기' 이전에, 본래의 사유주체를 수행하기 전에, 자아가 판단하고, 좋아하고, 욕구하고, 의도하면서 '활동하기' 전에, 벌써 생동하고 있다.

따라서 사유주체는 사실상 (우리가 처음부터 그 개념을 불러들였듯이) 지각함·판단함·좋아함 등 본래의 작용을 일컫는다. 그러나 다른 한편 앞에서 기술한 경우에 자신의 모든 정립과 인식대상의 특성을 지닌 체험의 전체 구조는, 그것에 이 현실성이 없더라도, 동일한 것이다. 그러한 한에서 우리는 수행된 작용과 수행되지 않은 작용을 판명하게 구분한다. 수행되지 않은 작용은 '수행을 상실한' 작용이거나 작용의 동요(動搖)다. '작용의 동요'라는 말을 우리는 일반적으로 수행되지 않은 작용 일반에도 아주 잘 사용할 수 있다. 그러한 작용의 동요는 자신의 모든 지향성과 함께 의식되지만, 자아는 그 지향성 속에 '수행하는 주관'으로서 살지 않는다. 이것에 의해 작용의 개념은 일정한 그리고 완전히 불가결한 의미에서 확장된다. 수행된 작용, 또는 어떤 (즉 경과가 문제 되는) 관점에서는 더 적절하게 표현하면, 작용의 수행은 가장 넓은 의미에서 '태도를 취함'을 형성하는 반면, '태도를 취함'이라는 용어는 적확한 의미에서 기초지어진 작용을 나중에 더 상세하게 논의할 방식으로 소급해 지시한다. 예를 들어 증오(憎惡)나 증오된 것 — 이것은 그 자신의 측면에서 낮은 단계의 인식작용 속에 의식에 대해 현존하는 사람이나 사태로 이미 구성되어 있다 — 에 대해 증오하는 사람이 태도를 취함을 소급해 지시한다. 마찬가지로 여기에는 존재를 주장하는 부정이나 긍정 등의 태도를 취함도 속할 것이다.

이제 더 넓은 의미에서 작용이, 특수한 사유작용(cogitationes)과 정확히 마찬가지로, 중립성과 정립성의 차이를 내포한다는 사실, 그 작용이 사유작용으로 변화하기 전에 벌써 인식대상으로 또 정립적으로 작업을 수행하는 작용이며 단지 우리는 그 작업수행을 좁은 의미의 작용을 통해, 즉 사유작용을 통해 비로소 보게 된다는 사실은 분명하다. 정립 또는 '마치'의 양상 속의 정립은 이미 그 작업수행 속에 이 정립이 속하는 인식작용 전체와 더불어 실제로 현존한다. 즉 그 작용이 변화와 하나가 되어 지향적으로 풍부해지지도 않고 또 그밖의 다른 방식으로 변화되지도 않는다는 이상적인 경우를 전제한다. 어쨌든 우리는 이러한 변화(특히 변화 이후 즉시 체험의 흐름 속에 들어오는 지향적 풍성함과 새로운 형성도)를 제외할 수 있다.

우리의 전체 논의에서 중립성이라는 명칭으로 속견적 정립이 우선적 지위를 차지했다. 중립성은 잠재성 속에 그 지표를 지닌다. 이 모든 것은 각각의 정립적 작용특성 일반(각각의 작용'지향', 예를 들어 좋아함의 지향, 평가적 지향, 의도적 지향과 좋아함의 정립, 의지의 정립의 특수한 특성)이 일정한 방식으로 자신과 '합치되는' 속견의 정립이라는 유의 특성을 그 자체로 내포한다는 사실에 의거한다. 해당된 작용-지향이 중립화되지 않은 것인지 중립화된 것인지에 따라 이 작용지향 속에 포함된 속견의 정립 — 이것은 여기에서 **근원정립**(Urthese)으로 생각되었다 — 도 그러하다.

속견의 근원정립의 이러한 우선권은 앞으로의 분석에서 제한된다. 우리가 밝힌 본질법칙성은, 우선 또 일반적으로 속견의 양상태(가정함을 포괄하는 특수한 의미에서도)이 속견의 근원정립의 입장에서 모든 정립 속에 포함된 '속견의 정립'으로 간주되거나 이 속견의 정립을 위해 등장해야 하는 한, 더 정확한 규정을 요구한다는 사실이 분명해진다. 그러나 이때 속견의 양상태의 이러한 일반적 우월성 안에서 속견의 근원정립, 즉 신념의 확실성은 이 양상태 자체가 신념의 정립으로 바뀌며, 그래서 이제 다시 속견의 잠재성에서 모든 중립성은 근원정립으로 소급해 관련된 부각된 의미에서 그 지표를 지닌 완전히 특별한 우월성을 갖는다. 이 경우 속견적인 것 일반이 각 종류의 정립적인 것과 '합치하는' 방식은 더 자세하게 규정된다.[42]

이제 (몇 가지 부족하지만) 즉시 가장 넓은 일반성에서 세워진 명제, 그러나 다만 특수한 작용영역에서만 통찰하게 된 명제는 광범위한 정초의 기초(basis)가 필요하다. 인식작용과 인식대상의 평행론을 우리는 아직 모든 지향적 분야 속에 파고들어가 논구하지 않았다.

---

42) 더 이상은 아래의 117항 중반부 이후를 참조할 것.

제4장의 이 주요주제도 그 자체로부터 분석을 확장하게끔 재촉한다. 그러나 이렇게 확장하는 가운데 중립성변양에 관해 우리가 일반적으로 내세운 것은 동시에 입증되고 보충될 것이다.

116. 새로운 분석으로 이행함.
기초지어진 인식작용과 그 인식대상의 상관자

지금까지는 크지만 아주 제한된 테두리 안에서 인식작용과 인식대상의 구조 속에 일어난 일련의 일반적 사건을 연구해왔다. 물론 그 사건을 일정하게 부각시켜야 했던 한에서만, 인식작용과 인식대상이라는 보편적 이중의 주제를 수반하는 문제 그룹에 대한 일반적이지만 어쨌든 내용이 풍부한 표상을 마련하는 것이 주도적 목적인 한에서만, 매우 겸손하게 연구해왔다. 우리의 연구는, 여러 가지 복잡한 것을 끌어들였더라도, 언제나 상대적으로 간단하게 세워진 지향성에 속한 체험의 흐름의 단순한 하부 층에 관련되었다. 우리는 (궁극적으로 예견하는 고찰은 제외하고) 감성적 직관, 특히 나타나는 실재성의 감성적 직관을 우대했으며, 이 직관으로부터 희미하게 만듦으로써 출현하고 또 자명하게 유의 공동체를 통해 이 직관과 하나로 묶인 감성적 **표상**을 우대했다. 감성적 표상이라는 표현은 동시에 유 (Gattung)를 지칭한다. 이 경우 물론 본질적으로 이 유에 속한 모든 현상의 고찰에 함께 관련되고, 그래서 그 대상이 더 이상 감성의 사물이 아닌 반성적 직관과 표상 일반에 관련된다.[43]

---

43) 지시된 분야에서 가장 넓은 **표상개념**을 확고하게 본질적으로 한정하는 것은 당연히 체계적인 현상학적 탐구에서 하나의 중요한 과제다. 그 모든 물음에는 곧 출판되리라 기대되는 책[이 책의 제2권]이 언급할 것이며, 현재의 연구 속에 간략히 시사된 확정은 그 책의 이론적 내용에서 길어낸 것이다.

우리가 연구하는 방식에서 또 그 아래 분야에 묶을 수 있을 모든 것을 부차적인 것으로서 느낄 수 있게 만드는 방식에서 그 결과가 지닌 타당성의 일반성은, 탐구의 테두리를 확장하자마자, 즉시 끈질기게 달라붙는다. 이때 중심적 의미핵심(이것은 물론 훨씬 더 이상의 분석을 요구한다)과 이 의미핵심 주위에 그룹지어진 정립적 특성의 모든 차이가 반복되고, 마찬가지로 현전화·주목함·중립화의 변양과 같이 고유한 방식으로 의미핵심에도 영향을 미치는—그럼에도 의미핵심은 자신의 '동일자'로 남는다—모든 변양이 반복된다.

우리는 이제 양쪽이 표상 속에 기초지어진 지향성으로 이끄는 두 가지 다른 방향에 따라 진행할 수 있다. 그것은 인식작용의 종합으로의 방향이거나, 새로운 종류이지만 기초지어진 '정립'방식으로 우리를 위로 이끄는 방향이다.

후자의 방향을 선택해나가면, 우리는 (우선 가능한 한 단적인, 즉 더 낮거나 높은 단계의 종합에서 자유로운) 느끼고, 욕구하며, 의도하는 인식작용에 직면한다. 이 인식작용은 '표상'·지각·기억·부호표상 등에 기초지어져 있고, 그 구조 속에 단계적 방식의 기초지음의 명백한 차이를 지시한다. 우리는 지금 작용 전체에 대해 어디에서나 정립적 형식(그러나 이 형식은 중립적 하부단계를 제외하면 안 된다)에 우선권을 부여한다. 왜냐하면 정립적 형식에 관해 말하는 것은 적절하게 변양되어 그에 상응하는 중립화로 이행되기 때문이다. 예를 들면 가령 미학적 즐거움은 지각이나 재생산의 내용의 중립성의식 속에 기초지어져 있고, 기쁨이나 슬픔은 (중립화되지 않은) 신념이나 신념의 양상 속에 기초지어져 있으며, 의지나 반대의지도 마찬가지이지만, 쾌적하거나 아름다운 등으로 평가된 것과 관련된다.

이러한 종류의 구조로 들어가기 전에 여기에서 특히 우리의 관심사는 새로운 인식작용의 계기와 함께 그 상관자 속에 새로운 인식대상의 계기가 등장한다는 것이다. 한편으로 신념의 양상과 유사한, 동시에 그 자체로 자신의 새로운 내용 속에 속견논리로(doxologisch)* 정립할 수 있음을 소유한, 새로운 특성이 존재한다. 다른 한편으로 새로운 종류의 '파악'도 새로운 종류의 계기와 결합되고, 그 밑에 놓여 있는 인식작용의 의미 속에 기초지어진——동시에 이 의미를 포괄하는——새로운 의미가 구성된다. 이 새로운 의미는 총체적으로 새로운 의미의 차원을 끌어들이는데, 이 의미와 함께 단순한 '사태'의 어떤 새로운 규정요소가 구성되는 것이 아니라, 사태의 가치·가치성이나 구체적 가치 객체성(미와 추, 선과 악)과 사용객체(예술작품·기계·책·행위·행동 등)가 구성된다.

그밖에 더 높은 단계의 모든 충만한 체험도 자신의 충만한 상관자 속에 우리가 인식작용의 가장 낮은 단계에서 직시한 것과 비슷한 구조를 보여준다. 더 높은 단계의 인식대상에서는 가령 평가된 것 그 자체가 새로운 정립적 특성에 에워싸인 의미핵심이다. '가치 있는' '기분 좋은' '즐거운' 등은 '가능한' '추측적인' 또는 어쩌면 다시 '무화(無化)한' 또는 '정말 실제로'——이것을 이러한 계열 속에 넣는 것이 전도(顚倒)된 것이더라도——와 비슷하게 기능한다.

이 경우 이 새로운 특성에 관해 또다시 정립적 의식이다. 즉 '가치 있는'은 '가치 있게 존재하는'으로서 속견으로 정립될 수 있다. 더 나아가 '가치 있는'에 그 특성화로서 속한 '존재하는' 역시 모든 '존재하는' 또는 '확실한'처럼 양상화된 것으로 생각될 수 있다. 즉 의식은 이때 가능한 가치에 대한 의식이며, '사태'는 단지 가치 있는 것으로서 추정될 뿐이다. 사태는 추측으로 가치 있는 것으로서, 비-가치인 것

---

* 이 용어는 '속견'(doxa) 속의 '논리(이성)'을 해명한다는 뜻으로, '경험사유' (Erfahrungsdenken, 149쪽 역주)나 '경험논리'(erfahrungslogisch, 182쪽 역주)와 같은 맥락이다.

(nicht-wert)(그러나 이것은 '가치 없는'[wertlos], '나쁜', '추한' 등과 같은 것까지 뜻하지 않는다. '가치 있는'을 말소하는 것은 단순히 '비-가치인 것' 속에 표현되기 때문이다)*으로서 의식된다. 이러한 모든 변양은 가치의식에, 평가하는 인식작용에, 이에 상응하는 인식대상에 외적으로뿐 아니라 내적으로도 영향을 미친다.[44]

깊이 파고들어가는 변화의 다양체도, 여러 가지 본질가능성에 적합하게 주목하는 시선이 다른 지향적 층을 **통해** '사태'와 실질적 계기 ── 하부단계로서 이미 알고 있는 변양이 함께 속한 체계가 생기는 계기(그러나 이때 가치, 즉 이 가치를 구성하는 파악을 통해 계속 구성된 높은 단계의 규정성) ── 를 관통함에 따라, 인식대상 그 자체, 그 특성이나 다른 반성에서는 인식작용 ── 이 모든 것은 주목함, 부수적으로-알아차림, 알아차리지 못함 등 다른 특수한 양상으로 있다 ── 을 관통함에 따라, 주목하는 변양의 형식으로 생긴다.

이렇게 복잡한 구조를 순수하게 전개하고 또 완전히 명석하게 하기 위해서는, 예를 들어 어떻게 '가치파악'이 사태파악에 관계되는지, 어떻게 새로운 인식대상의 특성화('좋은' '아름다운' 등)가 신념의 양상에 관계되는지, 어떻게 이 특성화가 이러한 계열과 종류로 체계적으로 통합되는지 등 극히 어려운 문제를 연구해야 한다.

---

* '비-가치적'은 가치문제의 영역과 전혀 관련 없다는 분류적 의미인 반면, '가치 있음'이나 '가치 없음'은 가치의 영역 안에서 일정한 판단을 내리는 평가적 의미를 갖는다.

44) 다음 117항의 중반부를 참조할 것.

117. 기초지어진 정립과 중립화변양 이론의 결론. 정립의 일반적 개념

우리는 지금 여전히 인식작용·인식대상 의식의 층과 중립화의 관계를 숙고한다. 이 변양을 속견의 정립성(Positionalität)에 관련시켰다. 이 속견적 정립성은, 우리가 쉽게 확신하듯이, 지금 부각되는 층 속에 사실상 우리가 미리 가장 넓은 작용영역에서 그 층에 속하는 것으로 인정했고 또 판단양상태의 작용영역에서 특별하게 논의한 역할을 한다. 추측의 의식 속에 '추측적인' '개연적인' 것이 정립적으로 포함되어 '놓여 있고', 마찬가지로 좋아함의 의식 속에 '좋아하는' 것이, 기쁨의 의식 속에 '기쁜' 것이 정립적으로 포함되어 놓여 있다. 그것은 그 속에 놓여 있어 속견의 정립에 접근할 수 있고, 그 때문에 술어가 될 수 있다. 따라서 모든 감정의 의식은 자신의 새로운 종류의 기초지어진 감정의 인식대상과 함께 정립적 의식이라는 개념 — 우리가 이 개념을 속견의 정립성 또 궁극적으로 정립적 확실성과 관련해 정리한 것처럼 — 아래로 들어온다.

그러나 더 자세하게 살펴보면, 중립성변양과 속견적 정립성의 관련은, 중요한 통찰이 이 관련의 기초가 되더라도, 어쨌든 일정한 방식으로 하나의 우회로라 해야 한다.

먼저 좋아하는 작용('수행되었든' 않든 간에), 마찬가지로 모든 종류의 감정과 의지의 작용은 바로 '작용'이며, '지향적 체험'이라는 사실을 분명하게 밝히자. 그리고 이것에는 그때그때 '지향'(intenio), '태도를 취함'이 속한다는 사실, 가장 넓지만 본질적으로 통일적인 의미에서, 바로 속견이 아닌 '정립'(Setzung)이라는 사실을 분명하게 밝히자. 지나가는 길에 하는 말이지만, 우리는 위에서 작용의 특성 일반은 '정립'(These) — 확장된 의미에서 정립이며 특별한 의미에서 신념정립 또는 이와 같은 것의 양상태—이라고 아주 정확하게 말했다. 특수한 좋아하는 인식작용과 신념정립의 본질적 유사성은 명백하며, 원하는 인식작용, 의도하는 인식작용 등도 마찬가지다. 심지어 평가작용, 원하는 작용, 의도하는 작용에는, 속견의 정립성은 제외하더라도, 이 작용 속에 '놓여 있는' '정립된' 것이 있다. 이것 역시 다른 의식의 종류가 평행해지고 분류되는 모든 것의 원천이다. 즉 우리는 본래 정립의 종류를 분류한다.

모든 지향적 체험의 본질에는, 그 체험의 구체적 존립요소 속에 그밖의 것이 항상 발견될 수 있더라도, 적어도 하나의—보통은 다수의—정초하는 방식과 결합된 '정립특성', 즉 '정립'(These)을 갖는다는 사실이 속한다. 이때 다수의 정립(Setzung)의 특성에는 다른 모든 것을 그 자신 속에 하나로 묶고 이것을 철저히 지배하는 필연적으로 하나의 이른바 원리존재의(archontisch) 정립특성이 있다.

이 모든 특수한 '작용특성', 즉 '정립'특성을 결합하는 최고 유(類)의 통일체는 본질적이고 유에 적합한 차이를 제외하지 않는다. 그래서 감정의 정립은 정립으로서 속견의 정립과 비슷하지만, 어쨌든 결코 신념의 모든 양상태처럼 함께 속하지 않는다.

모든 정립의 특성의 유에 적합한 본질공동체와 더불어 이것의 인식대상의 정립상관자('인식대상의 의미에서 정립적 특성')의 본질공동체가 주어지고, 후자를 그것의 계속된 인식대상의 토대와 함께 받아들이면, 모든 '[정립된]명제'의 본질공동체가 당연히 주어진다. 그러나 이 속에 궁극적으로 일반적 논리학, 일반적 가치론과 윤리학—이것은 그 궁극적 심층으로 추적해보면 일반적인 형식적 평행학과인 형식논리학, 형식적 가치론, 실천론의 구성으로 이끌어간다—사이에서 항상 느끼는 유사함이 근거한다.[45]

그러므로 우리는 다음과 같은 명제와 관련해 일반화된 명칭인 '정

립'으로 되돌아가게 된다. 즉

모든 의식은 현실적 의식이거나 잠재적인 '정립적'(thetisch) 의식이다.
이 경우 '현실적 정립'과 '정립성'이라는 이전의 개념은 그에 상응해
확장된다. 여기에는 중립화와 이것의 정립성과의 관련에 관한 우리
의 이론이 '정립'(Thesis)이라는 확장된 개념으로 이행한다는 사실
이 포함되어 있다. 따라서 '중립화하는 변양'이라는 일반적 변양은
정립적 의식 일반(이제 수행된 것이든 아니든)에, 게다가 다음과 같은
방식으로 직접 속한다. 즉 한편으로 우리는 정립적 정립(These)을 이
것이 현실적 정립인지 현실적 정립으로 이행될 수 있는지를 통해, 따
라서 '실제로' 정립할 수 있는──확장된 의미에서 현실적으로 정립
할 수 있는──인식대상인지를 통해 특성지었다. 이에 대립해 비-본
래의 정립, 바로 중립화된 그 인식대상에 관해 일정한 현실적-정립
적 수행을 받아들일 능력이 없는 무력한 반영(反映)인 '마치'의-정
립이 있다. 중립성과 정립성의 차이는 평행하는 인식작용·인식대상
의 차이이며, 여기에서 파악했듯이 이 차이는 '정립'(Position)을 향
한 우회로를 거치지 않고도 속견적 근원정립──어쨌든 그 차이는 오
직 여기에서만 증명될 수 있다──이라는 좁고 단지 통상적 단어의미
에서 모든 종류의 정립적 특성에 직접 해당한다.

그러나 이것은 특수한 속견의 정립의 이 우선권이 그 깊은 기초를
사태 속에 갖는다는 사실을 뜻한다. 우리의 분석에 따르면, 바로 속
견의 양상태와 이 가운데 특별한 방식으로 속견의 근원정립, 즉 신
념확실성의 근원정립은 그 정립적 잠재성이 의식의 영역 전체를 포
괄하는 독특한 우월성이 있다. 본질법칙적으로 모든 정립(Thesis)은,
어떠한 유(類)라도, 그 본질상 폐기할 수 없는 속견의 특성화에 힘입

---

45) 이에 관해 더 이상은 제4장 제3절을 참조할 것.

어 현실적인 속견의 정립(Setzung)으로 변형될 수 있다. 정립적 작용은, 정립하는 '질'(質)이 무엇이든 간에, 속견으로 정립한다. 정립적 작용을 통해 다른 양상으로 정립된 것이라도, 존재하는 것으로 정립되지 현실적으로 존재하는 것으로 정립되지 않는다. 하지만 현실성은 원리상 가능한 '조작'의 방식으로 본질에 적합하게 산출될 수 있다. 모든 '[정립된]명제', 예를 들어 모든 소망의 명제는 그것으로부터 속견의 명제로 변형될 수 있고, 이것은 이때 일정한 방식으로 둘이 하나로, 즉 동시에 속견의 명제와 소망의 명제로 있다.

이 경우 본질법칙에 적합한 것은, 위에서 이미 시사했듯이, 우선 속견적인 것의 우월성이 본래 일반적으로 속견의 양상태에 관련된다는 것이다. 왜냐하면 각각의 감정체험, 각각의 평가작용·소망작용·의지작용은 그 자체로 확실한 존재나 추정된 존재 또는 추측하거나 의심하는 평가작용·소망작용·의지작용으로서 특성지어지기 때문이다.[46] 이 경우 예를 들어 가치는, 속견의 정립양상태로 태도를 취하지 않는다면, 자신의 속견의 특성 속에 바로 현실적으로 정립되지 않는다. 가치는 평가작용 속에, 마음에 드는 것은 좋아하는 작용 속에, 기쁜 것은 기뻐하는 작용 속에 의식된다. 그러나 때때로 우리가 평가작용 속에 완전히 '확신하지' 않거나 사태를 단지 가치 있는 것 — 아마 가치 있는 것 — 으로 추정하는 반면 우리가 평가작용 속에 그 사태에 여전히 편들지 않는 방식으로 의식된다. 평가하는 의식의 그러한 변양 속에 살아가면서, 우리는 속견적인 것(Doxisches)에 태도를 취할[초점을 맞출] 필요는 없다. 그런데 가령 추정의 정립 속에 살아가면서 이에 상응하는 신념의 정립으로 이행하면, 속견적인 것에 태도를 취할 수 있게 된다. 이 신념의 정립은, 술어적으로 파악해보면,

---

46) 앞의 116항 후반부를 참조할 것.

이제 '사태는 아마 가치 있을 것이다'라는 형식을, 또는 인식작용 측면과 평가하는 자아로〔시선을〕전환할 경우 '사태는 자아에 가치 있는 것(아마 가치 있는 것)으로 추정된다'는 형식을 얻는다. 이것은 다른 양상에 대해서도 마찬가지다.

모든 정립적 특성에는 이러한 방식으로 속견의 양상태가 삽입되어 있고, 그 양상이 확실성의 양상이라면, 속견의 근원정립은 인식대상의 의미에 따라 정립적 특성과 합치되어 있다. 그러나 이것 역시 속견의 변화에도 적용되기 때문에, 속견의 근원정립도 각각의 작용 속에 놓여 있다(하지만 이제 더 이상 인식대상의 합치 속에 있지는 않다).

따라서 각각의 작용이나 작용의 상관자는 명시적이든 암시적이든 '논리적인 것'(Logisches)을 내포한다. 모든 작용은 항상 논리적으로 해석될 수 있다. 즉 본질에 적합한 일반성 ─ 이것에 의해 '표현작용'의 인식작용의 층은 모든 인식작용적인 것에 (또는 표현의 인식작용적 층은 모든 인식대상적인 것에) 밀착시킨다 ─ 에 힘입어 논리적으로 해석될 수 있다. 이 경우 중립성변양으로 이행함으로써 표현작용 자체와 이것이 표현된 것 그 자체도 중립화된다는 사실은 명증하다.

이 모든 것에 따른 결론은 모든 작용 일반은 ─ 감정과 의지의 작용도 ─ 대상을, 그래서 다른 존재영역과 또 이것에 속한 존재론의 필연적 원천을 근원적으로 '구성하는' '객관화하는' 작용이라는 사실이다. 예를 들면 평가하는 의식은, 바로 평가하는 의식 일반의 본질을 통해 현실적인 속견의 정립이 이념적 가능성 ─ 새로운 종류의 내용의 대상성인 가치를 평가하는 의식 속에 '추정된 것'으로 부각시킬 가능성 ─ 으로서 미리 지시되는 한, 단순한 사태세계에 대립하는 새로운 종류의 '가치론적' 대상성을, 즉 새로운 영역의 '존재자'를 구성한다. 감정의 작용 속에 이 대상성은 감정에 적합하게 추정되며, 이러한 작용의 속견의 내용을 현실화함으로써 속견으로 추정된 존재, 더 나아가 논리적으로-표현되는 추정된 존재가 된다.

비-속견적으로 수행된 모든 작용의식은 이러한 방식으로 잠재적으로 객관화하며, 단지 속견적 사유주체만 현실적으로 객관화한다.

여기에 논리적인 것의 보편성, 최종적으로는 술어적 판단의 보편성이 그것에 입각해 해명될 수 있고(이 경우 아직 더 상세하게 다루지 않은 의미에 적합한 표현작용의 층이 첨가된다), 또 그것으로부터 논리학 자체가 지닌 권능의 보편성에 대한 궁극적 근거도 이해되는 가장 깊은 원천이 놓여 있다. 계속해서 감정과 의지의 지향성에 본질적으로 관련된 형식적이거나 실질적인 인식작용의 학과 또는 인식대상의 그리고 존재론의 학과의 가능성, 아니, 필연성이 파악된다. 몇 가지 보충적 인식을 확보한 다음 이 주제를 추적하자.[47]

118. 의식의 종합. 구문론의 형식

이제 위에서[48] 지적한 방향 가운데 두 번째 방향에서 주목하는 눈길을 **종합적** 의식의 형식으로 돌리면, 본질가능성으로서 일부는 모든 지향적 체험 일반에 속하고 일부는 지향적 체험의 특별한 유의 특유성에 속하는 지향적 결합을 통해 체험이 형성되는 여러 가지 방식이 우리의 지평 속에 들어온다. 의식과 의식은 일반적으로 함께 결합될 뿐 아니라, 하나의 의식으로 결합된다. 그 상관자는 자신의 측면에서 결합된 인식작용의 인식대상 속에 기초지어진 하나의 인식대상이다.

우리는 여기에서 내재적 시간의식의 통일성 —— 하나의 체험의 흐름

---

47) 계속된 것은 제4장의 결론절인 제3절 이하를 참조할 것.
48) 116항 초반부를 참조할 것.

에서 모든 체험에 대해 모든 것을 포괄하는 통일체로서 게다가 의식과 의식을 결합하는 의식의 하나의 통일체로서 그 통일성이 기억되어야 해도——을 겨냥하는 것은 아니다. 우리가 그 어떤 단일의 체험을 받아들이면, 그 체험은 연속적인 '근원적' 시간의식에서 현상학적 시간 속에 연장(延長)된 하나의 통일체로서 구성된다. 적절한 반성적 태도를 취할 경우 체험이 지속하는 다른 단락에 속한 체험의 구간이 의식에 적합하게 주어지는 방식에 주의를 기울일 수 있고, 따라서 이 지속의 통일체를 구성하는 전체 의식이 그 속에서 지속하는 체험의 단면이 구성되는 단면으로부터 연속으로 조립되며, 그래서 인식작용이 결합될 뿐 아니라 하나의 인식작용은 하나의 인식대상(충족된 체험지속)——이것은 결합된 인식작용의 인식대상 속에 기초지어져 있다——과 함께 구성된다. 단일의 체험에 타당한 것은 전체의 체험의 흐름에도 적용된다. 체험이 본질에서 서로 아무리 생소하더라도 체험은 총체적으로 하나의 시간의 흐름으로, 즉 하나의 현상학적 시간 속의 분절[부분]로 구성된다.

그럼에도 우리는 근원적 시간의식의 이 근원종합(Ursynthese)(이것은 하나의 능동적이며 단절적인 종합으로 생각될 수 없다)을 이것에 속한 문제제기와 함께 명백하게 제외했다.* 따라서 지금 이 시간의식의 테두리가 아니라 시간 자체, 즉 구체적으로 충족된 현상학적 시간의 테두리 안에서 종합에 관해 이야기하려 한다. 또는 지금까지 항상 받아들였듯이, 지속하는 통일체, 즉 체험의 흐름 속에 진행하는 경과로서 받아들인 체험 그 자체의 종합에 관해 이야기하려 한다. 이 체험의 흐름은 그 자체로 충족된 현상학적 시간일 뿐이다.

---

* 시간의식의 근원종합이라는 것과 이 문제제기를 제외한 이유에 대해서는 281쪽의 역주를 참조할 것.

다른 한편 우리는 예를 들어 본질적으로 모든 공간사물성을 구성하는 의식에 속하는 종합처럼 물론 매우 중요한 연속적 종합에 파고들어가지도 않는다. 이후에 이러한 종합을 더 자세히 알게 될 충분한 기회가 있을 것이다. 오히려 우리는 관심을 분절된 종합, 따라서 어떻게 단절되어 멀리 떨어진 작용이 하나의 분절된 통일체로, 즉 더 높은 단계질서에서 하나의 종합적 작용으로 결합되는지 하는 특유한 방식으로 향한다. 연속적 종합에서 우리는 '더 높은 질서의 작용'[49]에 관해 이야기하는 것이 아니다. 오히려 동일한 질서단계의 (인식대상이며 대상적인 것처럼 인식작용인) 통일체는 통일된 것과 같은 것에 속한다. 그밖에 앞으로 수행할 수많은 일반적인 것이 분절된 —다수정립적(polythetisch) — 종합에서와 동일한 방식으로 연속적 종합에서도 해당된다는 사실을 쉽게 알 수 있다.

더 높은 단계의 종합적 작용에 대한 예는 의지의 영역에서 '다른 사람을 위해' 관계짓는 의지작용을 제공해주며, 마찬가지로 감정의 작용의 범위에서 관계짓는 좋아하는 작용을, '다른 사람을 고려해' —또한 '다른 사람을 위해'라 말하듯이 —기뻐하는 작용을 제공해준다. 그리고 다른 유의 작용의 경우 모든 유사한 작용의 사건도 마찬가지다. 우선권을 지닌 모든 작용도 명백히 여기에 속한다.

다른 종류의 보편적 그룹의 종합을 더 자세하게 고찰해보자. 이것은 수집하는(총합하는) · 선택하는('이것이나 저것'을 향하는) · 해석하는 · 관계짓는 일반적 종합의 전체 계열을 포괄한다. 이 종합의 전체 계열은 [한편으로] 그 종합 속에 구성되는 종합적 대상성의 순수한 형식에 따라 형식적-존재론적 형식을 규정하고, 다른 한편으로 인식대상적 형성물의 구조에 관해 (철저하게 인식대상으로 향한 명제논리

---

49) 『산술철학』, 80쪽 등을 참조할 것.

학인) 형식논리학의 진술논리 의미형식 속에 반영된다.

형식적 존재론과 논리학의 관련은 이미 여기에서 본질에 적합하게 완결된 그룹의 종합 — 결합할 수 있는 체험(따라서 이것은 자신의 측면에서 또한 임의로 복잡한 인식작용의 통일체일 것이다)의 종류에 적용할 수 있는 무조건의 일반성이 당연히 주어지는 종합 — 이 문제가 된다는 사실을 시사한다.

119. 다수정립적 작용의 단일정립적 작용으로 변형

우선 모든 종류의 분절된 종합, 즉 다수정립적 작용에 대해 다음과 같은 사실을 주목해야 한다.

모든 종합적-통일적 의식은, 특수한 정립과 종합이 그 의식에 잘 정돈되어 있더라도 종합적-통일적 의식으로서 그 의식에 속한 전체 대상을 소유한다. 더 낮거나 더 높은 단계의 종합적 분절들에 지향적으로 속한 대상 — 이 대상 모두가 기초지음의 방식으로 전체 대상에 기여하고 전체 대상에 정리되는 한 — 에 대립되는 대상을 '전체 대상'이라 한다. 고유한 방식으로 한계지어진 모든 인식작용은, 비-자립적 층이더라도, 전체 대상의 구성(Konstitution)에 기여한다. 예를 들어 평가작용의 계기는 사태의식 속에 필연적으로 기초지어져 있기 때문에 비-자립적이고, 대상적 가치의 층, 즉 '가치성'(價値性)의 층을 구성한다.

이러한 새로운 층도 조금 전에 지시된 보편적 의식종합의 특수한 종합적 층, 즉 특수하게 종합적 의식 그 자체에서 유래하는 모든 형식, 따라서 결합의 형식과 분절 자체(분절들이 종합 속에 포함되는 한)에 부착된 종합적 형식이다.

종합적 전체 대상은 종합적 의식 속에 구성된다. 그러나 이 전체 대상은 종합적 의식 속에 단적인 정립이 구성된 것과는 완전히 다른 의미에서 '대상적'이다. 종합적 의식 또는 이 의식 '속의' 순수 자아는 많은 〔시선〕발산으로 대상적인 것을 향하고, 단적인 정립적 의식은 하나의 〔시선〕발산으로 대상적인 것을 향한다. 그래서 종합적 수집작용은 하나의 '복수(複數)' 의식이며, 이 의식은 하나씩 더해져 총합된다. 마찬가지로 원초적으로 관계짓는 의식에서는 이중의 정립작용의 관계가 구성된다. 그리고 이것은 어디에서나 비슷하다.

그 본질에 따라 '근원적으로' 단지 종합적으로만 의식될 수 있는 종합적 대상성의 그러한 모든 많은 〔시선〕발산의 (다수정립적) 구성에는 많은 〔시선〕발산으로 의식된 것이 하나의 〔시선〕발산 속에 단적으로 의식된 것으로 변화될 수 있는, 많은 〔시선〕발산 속에 종합적으로 구성된 것이 특수한 의미에서 하나의 '단일정립적'(monothetisch) 작용 속에 '대상적으로 만들 수 있는' 본질법칙의 가능성이 있다.

그러므로 종합적으로 구성된 집합은 부각된 의미에서 대상적인 것이 되며, 단적인 정립을 방금 전에 근원적으로 구성된 집합으로 소급해 관련짓는 가운데 따라서 어떤 정립을 종합에 특유한 인식작용적으로 연결시키는 가운데 단적인 속견이 정립하는 대상이 된다. 요컨대 복수 의식은 본질적으로 이 복수 의식으로부터 다수성(多數性)을 하나의 대상으로서, 즉 개별적인 것으로서 끄집어내는 단일 의식으로 이행될 수 있다. 이 다수성은 이제 그 측면에서 다른 다수성이나 그밖의 대상과 결부될 수 있고, 이것과의 관련 속에 정립될 수 있다.

이러한 상태는 수집하는 의식과 완전히 유사하게 구축된 선택하는 의식과 이 존재의 또는 인식대상의 상관자에 대해서도 명백히 동일하다. 마찬가지로 관계짓는 의식으로부터 종합적-근원적으로 구성된 관련이 〔이것에〕 연결된 단적인 정립 속에 이끌어낼수 있고, 부각된 의미에서 대상이 될 수 있으며, 이러한 대상으로서 다른 관련과 비교될 수 있고 일반적으로 술어의 주어로 사용될 수 있다.

그러나 이 경우 단적으로 대상화된 것과 종합적으로 통일적인 것은 실제로 동일한 것이라는 사실, 또 후속되는 정립이나 끄집어냄은 종합적 의식에 아무것도 덮어씌우지 않고 이 의식이 부여하는 것을 파악할 뿐이라는 사실을 완전히 명증하게 밝혀야 한다. 물론 본질적으로 다르게 주어지는 방식도 명증하게 밝혀야 한다.

논리학에서 이 법칙성은 '명사화'(名詞化)의 법칙 속에 드러난다. 이 법칙에 따르면, 모든 명제와 명제 속에 구별할 수 있는 모든 부분형식에는 일정한 명사적인 것이 상응한다. 즉 'S는 P이다'라는 명제 자체에는 명사적 문장명제(Daßsatz)가 상응한다. 예를 들어 새로운 명제의 주어 자리에서 'P이다'에는 'P-임'이 상응하고, '유사하다'의 관계형식에는 유사성이, 복수형식에는 다수(多數)가 상응한다.[50]

'명사화'에서 생기는 개념, 즉 오직 순수 형식을 통해 규정된 것으로 생각되는 개념은 대상성 일반이라는 이념의 형식적-범주적 변화를 형성하며, 형식적 존재론과 이 속에 포함된 모든 형식적-수학적 학과의 기초적 개념소재를 제공한다. 이러한 명제는 진술논리의 논리학인 형식논리학과 보편적인 형식적 존재론의 관계를 이해하는 데 결정적으로 중요한 의미가 있다.

120. 종합의 영역에서 정립성과 중립성

모든 본래의 종합 그리고 우리가 끊임없이 염두에 두었던 종합은 단적인 정립 위에 세워진다. 단적인 정립이라는 말은 우리가 위에서

---

50) 이러한 문제에 대한 최초의 시도는 『논리연구』 제2-1권, 제5연구 34항에서 36항까지, 더 나아가 같은 책 제2-2권, 49항 참조. 그리고 일반적인 종합에 관한 이론에 관해서는 같은 책 제2-2권, 제2장〔감성과 오성〕을 참조할 것.

확정했던 모든 '지향'과 모든 '작용특성'을 포괄하는 일반적 의미로 이해된다. 그리고 **종합** 자체는 정립, 즉 높은 단계의 정립이다.[51] 따라서 현실성과 비-현실성, 중립성과 정립성에 관한 우리의 모든 확정은, 어떠한 상론도 필요없듯이, 종합으로 옮겨진다.

이에 반해 기초짓는 정립의 정립성과 중립성이 어떤 다른 방식으로 기초지어진 정립의 정립성과 중립성에 관계하는지를 확정하려면 여기에서 더 상세한 연구가 필요하다.

단지 종합이라는 특수하게 기초지어진 작용에 대해서뿐 아니라 일반적으로 더 높은 단계의 정립적 정립(postionale Thesis)이 더 낮은 단계에서 순전한 정립적 정립을 전제한다고 당장 말할 수는 없다. 그래서 현실적 본질직시는 정립적 작용이지만, 그 어떤 범례로 직관하는 의식 ─ 이것은 자신의 측면에서 충분히 중립적 의식, 즉 상상의식일 수 있다 ─ 속에 기초지어진 중립화된 작용이 아니다. 이와 비슷한 것은 나타나는 좋아함의 객체에 관해 미적(美的) 좋아함에도, 모사하는 '심상'에 관해 정립적 모사의식에도 해당한다.

이제 관심사인 그룹의 종합을 고찰하면, 우리는 그 속에 각각의 종합이 자신의 정립적 특성에 따라 기초짓는 인식작용의 정립적 특성에 종속되어 있다는 사실, 더 정확하게 말하면, 종합은 총체적 하부정립이 정립적 하부정립일 때 정립적이며(그리고 오직 정립적일 수 있으며), 총체적 하부정립이 정립적이지 않은 하부정립일 때 중립적(neuteral)이라는 사실을 즉시 인식하게 된다.

예를 들어 수집작용은 실제로 수집작용이거나 '마치'의 양상 속의 수집작용이다. 그것은 실제적이거나 중립화된 정립적이다. 수집하

---

51) 그밖에 종합이라는 개념은, 때로는 충만한 종합적 현상을 때로는 현상의 최고의 정립인 단순한 종합적 '작용특성'을 지시하는 가운데, 거의 해롭지 않은 애매함을 갖는다.

는 개별적 분절에 관련된 총체적 작용은 어떤 경우 실제적 정립이고, 다른 경우 그렇지 않다. 논리적 구문론 속에 반영되는 부류의 그밖의 모든 종합도 사정은 마찬가지다. 순수한 중립성은 정립적 종합에 대해 결코 기능할 수 없고, 적어도 '추정'으로의 변형 ── 가령 가정하는 전제나 결론, 예컨대 '위(僞)-디오니시우스'(Pseudo-Dionysius)*처럼 가정해 추정된 명사적인 것 등 ── 을 겪는다.

121. 감정과 의지의 영역에서 속견의 구문론

이제 이러한 그룹의 종합이 어떻게 명제의 논리적 형식이론이 체계적으로 발전시킨 진술명제의 구문론 형식 속에 표현되는지 묻는다면, 그 대답은 벌써 주어져 있다. 그것은 '속견의 종합'이다. 또는 이 속견의 종합이 주조되는 논리적-문법적 구문론을 기억하듯이, '속견의 구문론'이다. 속견의 작용에 특수한 본질에는 '그리고'(und)의 이 구문론이나 그 복수(複數)형식, 어떤 술어를 주어정립의 토대에 관계짓는 정립인 '또는'(oder) 등의 구문론이 있다. 논리적 의미에서 '신념'과 '판단'이 밀접하게 함께 하나의 전체를 이룬다(이것을 곧바로 동일하게 확인하려 하지 않아도)는 것, 신념정립이 자신의 '표현'을 진술명제의 형식 속에 발견한다는 것 ── 이것은 실로 누구도 의심

---

* '위-디오니시우스'는 5세기 말~6세기 초 그리스 철학을 배운 이교도가 신플라톤주의와 기독교 교의(敎義)를 자신의 체험을 바탕으로 다양하게 해석하고 종합한 책과 자료를 남겼는데, 사람들은 「사도행전」(17장 34절)에 나오는 사도 바울이 가톨릭 교도로 개종시킨 '디오니시우스 아레오파기타'가 저술한 것으로 오해했기 때문에, 중세 전반에 더욱더 큰 권위를 갖게 되었다. 그래서 '위-아레오파기타'(Areopagita)라고도 한다. 특히 신을 인식하는 길로 '긍정의 길'과 '부정의 길'을 제시한 것 등은 중세 말 쿠사누스(N. Cusanus)의 신비주의에 직접 영향을 미쳤다.

하지 않을 것이다. 이것이 옳더라도, 어쨌든 지시된 파악이 전체 진리를 내포하지 않는다는 사실을 통찰할 수 있다. '그리고' '또는' '만약' 혹은 '왜냐하면'과 '그래서'의 이 종합, 요컨대 우선 속견적인 것으로서 주어지는 종합은 단순히 속견의 종합이 결코 아니다.

그러한 종합은 또한 비–속견의 정립의 고유한 본질에 속하며 게다가 다음과 같은 의미에서 그렇다는 것은 하나의 근본사실[52]이다.

집합적 기쁨, 집합적 좋아함, 집합적 의도함 등과 같은 것이 확실히 존재한다. 또는 내가 늘 표현하듯이, 속견의(논리적) '그리고' 이외에 가치론적 또 실천적 '그리고'도 존재한다. 이와 같은 것이 '또는'과 여기에 속한 모든 종합에도 해당된다. 예를 들어 사랑하면서 자신의 아이들을 바라보는 어머니는 사랑이라는 하나의 작용 속에 각각의 자식을 개별적으로 또 모두를 함께 껴안는다. 사랑의 집합적 작용의 통일성은 하나의 사랑이 아니며, 게다가 집합적 표상작용 ─ 사랑의 필연적 토대로 부착되었더라도 ─ 도 아니다. 오히려 사랑함 자체는 집합적인 것이며, 사랑함 '밑에 놓여 있는' 표상작용과 어쩌면 복수의 판단작용과 마찬가지로 많은 (시선)발산으로 이루어진다. 우리는 곧바로 복수의 표상작용이나 판단작용과 정확하게 같은 의미로 복수(複數)의 사랑함에 관해 이야기해야 한다. 구문론 형식은 감정의 작용 자체의 본질 속에, 즉 감정의 작용에 특수하게 특유한 정립적 층 속에 들어간다. 이것은 여기에서 모든 종합에 실행될 수는 없고, 주어진 예는 (이 문제를) 시사하기에 충분하다.

그러나 이제 위에서 연구한 속견의 정립과 정립 일반의 본질적 친밀성을 기억해보자. 모든 정립 일반에는, 그 정립이 예를 들어 이 사

---

52) 나는 (벌써 10여 년 전에) 형식논리학과 유사한 것인 형식적 가치론과 실천학을 실현하려는 시도에서 이러한 근본사실에 직면한 바 있다.

랑의 지향으로서 인식대상으로 수행된 것에 따라, 이에 평행하는 속견의 정립이 숨겨져 있다. 속견의 정립의 영역에 속하는 구문론과 다른 모든 정립에 속하는 구문론 사이의 평행론(속견의 '그리고' '또는' 등과 가치적이고 의도적인 '그리고' '또는' 등의 평행론)은 동일한 본질적 친밀성의 특별한 경우다. 왜냐하면 종합적 ─즉 여기에서 논의한 구문론적 형식에 관해 종합적─ 감정의 작용은 이에 상응하는 속견의 작용을 통해 명시된 객체화(Objektivierung)가 되는 **종합적 감정의 대상성**을 구성하기 때문이다. **사랑의 객체인 사랑받는 아이**는 하나의 집합체다. 즉 위에서 상론한 것과 상관적으로 전환해보면, 실질적 집합체 게다가 사랑일 뿐 아니라, **사랑의 집합체**다. 인식작용의 관점에서 자아로부터 나오는 사랑의 발산이 그 각각이 개별적 객체로 향하는 발산의 다발로 나누어지듯이, 그때그때 대상이 수집되는 그만큼의 많은 **인식대상의 사랑의 특성**이 사랑의 집합체 그 자체에 분배되고, 정립적 특성의 인식대상의 통일체에 종합적으로 결합되는 바로 그만큼의 정립적 특성이 있게 된다.

　우리는 이 모든 구문론 형식이 평행하는 형식이라는 사실, 즉 그 구문론 형식은 특수한 감정의 구성요소와 감정의 종합을 지닌 감정의 작용 자체에 속할 뿐 아니라, 감정의 작용과 평행하며 본질적으로 일치하는─그때그때 하위단계나 상위단계로 적절하게 시선을 전환함으로써 감정의 작용에서 이끌어낼 수 있는─속견의 정립성에도 속한다는 사실을 알게 된다. 물론 이것은 인식작용의 영역에서 인식대상의 영역으로 옮겨진다. 가치론적 '그리고'는 본질적으로 속견의 '그리고'를 내포하며, 여기에서 고찰된 그룹의 모든 가치론적 구문론 형식은 논리적 구문론 형식을 내포한다. 즉 이것은 단적인 모든 인식대상의 상관자가 '존재하는' 또는 다른 존재양상을, 그 기체(基體)인 '어떤 것'의 형식과 그밖에 이것에 속한 형식을 내포하는 것과 완전히 마찬가지다.

우리가 이른바 감정이 풍부하게 따라서 속견의 정립성을 현실화하지 않고 살아가는 감정의 작용에서 새로운 작용——이 속에서 최초에 단지 잠재적 감정의 대상성은 속견이거나 어쩌면 명백히 명시된 현실적 대상성으로 변화한다——을 형성하는 것은 항상 본질적으로 가능한 특별한 시선전환과 이것에 함께 포함된 정립적 또는 종합적-속견의 절차의 문제다. 이 경우 예를 들어 다수의 직관적 대상을 속견으로 정립하면서 바라보는 것, 이때 동시에 하나의 종합적 감정의 작용——예를 들면 집합적 좋아하는 작용의 통일체 또는 선택하는 감정의 작용, 선호해 좋아하는 작용의 통일체, 무시해 싫어하는 작용의 통일체——을 실행할 수 있으며 또 경험적 삶 속에 일상적이다. 이러한 것을 바라보고 실행하는 동안 우리는 현상 전체를 결코 속견으로 전환하지 않는다. 그러나 예를 들어 다수나 다수 가운데 하나를 좋아함에 관해, 다른 것에 견주어 어느 하나를 선호함 등에 관해 진술할 때, 우리는 그렇게 전환한다.

가치론이나 실천의 대상성·의미·의식방식의 본질을 인식하는 데에, 따라서 윤리적·미학적 개념과 인식 그리고 이것과 본질이 비슷한 그밖의 개념과 인식의 '근원'의 문제에 그렇게 치밀하게 분석하는 것이 얼마나 중요한지는 강조할 필요가 없다.

여기에서 본래 우리의 과제는 현상학적 문제를 해결하는 것이 아니라 현상학의 주요문제를 학문적으로 뚜렷이 드러내는 것 또는 이 문제와 연관된 연구의 방향을 미리 지시하는 것이기 때문에, 문제[사항]를 여기까지 이끌어온 것에 만족해야 한다.

122. 분절된 종합이 수행되는 양상. '주제'

정립과 종합의 분야에 중요한 그룹의 일반적 변양이 있는데, 이에 대해 간단히 시사하는 논의를 여기에서 곧바로 당장 연결하자.

종합은 단계적으로 수행될 수 있으며, 근원적 생산 속에 생성되고 발생한다. 의식의 흐름 속에 생성되는 이 원본성은 아주 특유한 것이다. 순수 자아가 단계를, 그것도 각기 새로운 단계를 밟는 사이에 정립과 종합은 생성된다. 순수 자아 자체는 이 단계 속에 살아가며, 이 단계와 더불어 '등장한다.' 정립함, 그것에 관해 정립함, 미리 정립함, 나중에 정립함 등은 순수 자아의 자유로운 자발성이며 능동성이다. 순수 자아는 정립 속에 수동적으로 그 속에 있음으로서 살아가지 않고, 정립은 산출의 근원원천인 순수 자아로부터 발산된 것이기 때문이다. 각각의 정립은 〔순수 자아가〕 시작되는 점, 시점(時點)으로는 근원정립과 더불어 시작한다. 종합의 연관 속에 있는 이후의 모든 정립과 마찬가지로 최초의 정립도 그렇다. 이 '시작함'은 바로 근원적 현실성의 주목할 만한 양식인 정립 그 자체에 속한다. 이것은 의도함이나 행동함이 시작되는 점과 같은, '뜻하는대로'(fiat)와 같은 것이다.

어쨌든 일반적인 것과 특수한 것을 혼동하면 안 된다. 자발적으로 결심함, 의도적 행동, 수행하는 행동은 다른 작용 곁에 있는 하나의 작용이다. 그 종합은 다른 종합 가운데 특별한 종합이기 때문이다. 하지만 어떤 종류라도 모든 작용은 순수 자아가 자발성의 주체로서 등장하는 이른바 창조적 발단인 이 자발성의 양상으로 시작할 수 있다.

시작함의 이 양상은 즉시 또 본질필연성에 따라 다른 양상으로 이행한다. 예를 들어 지각하는 파악작용, 포착작용은 즉시 또 중단 없이 '붙잡아둠'(im Griff haben)으로 변화된다.

그러나 정립이 종합에 대한 단순한 단계였을 때, 순수 자아가 새로운 단계를 수행할 때 그리고 순수 자아가 이제 종합적 의식의 관통하는 통일체 속에 방금 전에 붙잡아둔 것, 즉 '여전히' 붙잡아 '간직할' 때—새로운 주제의 객체를 파악하거나 오히려 전체 주제의 새로운 분절[부분]을 1차적 주제로 파악하면서, 하지만 이전에 파악된 분절을 동일한 전체 주제에 속하는 것으로 여전히 유지하면서—또다시 새로운 양상의 변화가 연결된다. 예를 들어 수집하면서 나는 파악하는 시선을 새로운 객체로 향하는 동안 방금 전에 지각하면서 파악한 것이 달아나는 것을 허용하지 않는다. 어떤 것을 증명하면서 나는 전제로 생각한 것을 단계 속에 계속 진행해가고, 어떤 종합적 단계도 포기하지 않으며, 내가 획득한 것을 붙잡지 않고 상실하지 않는다. 그렇지만 현실성의 양상은 새로운 주제의 근원적 현실성을 수행함으로써 본질적으로 변화되었다.

이 경우 문제가 되는 것은 또한, 그런데 결코 단순하지는 않은, 희미해짐이다. 오히려 우리가 방금 전 기술하려 시도한 차이가 명석함과 막연함의 차이에 대립해, 비록 이 두 차이가 매우 밀접하게 얽혀 있더라도, 완전히 새로운 차원을 제시해준다.

더 나아가 이 새로운 차이가 명석함의 차이와 그밖에 모든 지향적 차이에 못지않게 인식작용과 인식대상의 상관관계 법칙에 지배된다는 사실에 주목하자. 그러므로 인식작용의 현실성변양에는 여기에 속한 인식대상의 현실성변양이 상응한다. 즉 정립의 변화나 종합의 단계 속에 '추정된 것 그 자체'가 주어지는 방식이 변경된다. 우리는 이러한 변경을 그때그때 인식대상의 내용 자체에서 명시할 수 있으며, 이 내용에서 하나의 고유한 층으로 부각시킬 수 있다.

현실성양상(인식대상으로 말하면, 주어짐의 양상)이 이러한 방식으로—연속으로-흐르는 변경은 제외하고—분리된 유형에 따라 필연적으로 변화하더라도, 어쨌든 변화를 관통해 본질적으로 공통적인 것이 항상 남아 있다. 인식대상으로는 동일한 의미인 본질(Was)이 인식작용의 측면에서는 이 의미의 상관자, 더 나아가 정립과 종합에 따른 분절화(Artikulation)의 형식 전체가 유지되어 있다.

그런데 이제 새로운 본질변양이 생긴다. 순수 자아는 정립에서 완전히 물러설 수 있으며, 정립적 상관자를 자신의 '붙잡음'으로부터 풀어놓고, '다른 주제로 향한다'. 방금 전까지 다소 희미해진 자신의 모든 분절화와 함께 순수 자아의 주제(이론적·가치론적 등의 주제)였던 것이 의식에서 사라진 것이 아니다. 그것은 여전히 의식되지만, 아무튼 더 이상 주제로 붙잡음 속에 의식되지 않는다.

이것은 종합의 분절에 대해서와 마찬가지로 개별화된 정립에 대해서도 적용된다. 나는 방금 전 생각에 잠겼는데, 거리에서 들려온 호루라기 소리가 순간적으로 내 주제(여기에서는 생각의 주제)를 방해한다. 순간적으로 그 소리에 주의를 기울였지만, 즉시 나의 예전 주제로 되돌아간다. 그 소리를 파악한 것은 지워지지 않았고 호루라기 소리는 여전히 변양되어 의식되지만, 더 이상 정신이 붙잡는 가운데 의식되지 않는다. 그 소리는 주제에 속하지 않고, 심지어 평행하는 주제에도 속하지 않는다. 우리는 동시적이며 어쩌면 서로 침투하고 '방해하는' 주제와 주제의 종합의 이러한 가능성이 여전히 더 이상의 가능한 변양을 앞서 지시한다는 사실을 알게 된다. 즉 모든 근본종류의 작용과 작용종합에 관련된 '주제'라는 명칭이 도대체 어떻게 현상학적 분석의 중요한 주제를 형성하는지 알게 된다.

123. 종합적 작용이 수행되는 양상인 혼란됨과 판명함

이제 이른바 근원원천의 현실성이라는 우선적으로 다룬 양식에서 전도(顚倒)된 수행의 양상태를 더 고찰해보자. 간단하거나 다양한 정립이 부여된 어떤 생각은 '혼란된' 생각으로 떠오를 수 있다. 이 경우 어떠한 현실적-정립적 분절화도 없는 단순한 표상 같은 것이 주어진다. 우리는 가령 '머리에 떠오르는' 어떤 증명·이론·대화를 기억해낸다. 이 경우 처음에 이것에 전혀 주의를 기울이지 않고, 그것이 '배경' 속에 떠오른다. 그런 다음 자아의 시선은 분절되지 않고 붙잡는 가운데 해당된 인식대상의 대상성을 파악하면서 한 줄기 발산으로 그 대상성으로 향한다. 이제 혼란된 회상이 명석하고 판명한 것으로 이행하는 새로운 과정을 시작할 수 있다. 즉 증명의 과정을 한 단계씩 기억해내고, 증명의 정립과 종합을 '다시' 산출하며, 어제 나눈 대화의 단락을 '다시' 훑어본다. 물론 '이전에' 원본적으로 산출한 것을 재산출하는 회상의 방식으로 그러한 재생산은 본질 외적인 것이다. 우리는 가령 복잡한 이론을 주장하기 위한 새로운 이론적 착상을 처음에는 혼란되었지만 통일적으로, 그런 다음 자유로운 활동으로 수행된 단계로 전개시켰고, 또 종합적 현실성으로 변화시켰다. 이렇게 시사된 모든 것은 자명하게 동일한 방식으로 모든 종류의 작용에 관련지을 수 있다.

혼란됨과 판명함의 이 중요한 차이는 앞으로 논의할 '표현', 표현에 따른 〔명확한〕 표상·판단·감정의 작용 등의 현상학에서 중요한 역할을 한다. 우리는 다만 그때그때 읽은 것의 '사유내용'을 형성하는 매우 복잡한 종합적 형성물을 그때마다 항상 어떻게 파악하곤 했는지 그 방식을 생각하면 되고, 또 표현의 이러한 이른바 지적(知的) 토대의 관점에서 우리가 읽은 것을 이해하는 데 무엇이 실제로 원본적 현실화가 되는지를 숙고하면 된다.

124. '로고스'(logos)의 인식작용—인식대상의 층.
의미작용과 의미

지금까지 고찰한 모든 작용은 표현하는 작용의 층, 즉 인식작용과 인식대상의 평행론이 〔다른 작용의 층에〕 못지않게 명백히 밝혀질 수 있는 특수한 의미에서 '논리적' 작용의 층과 뒤섞여 있다. 이 평행론에 의해 조건지어지고 관련된 관계가 문제 되는 어느 곳에서나 효과적으로 밝혀지는 논의방식의 일반적이고 또 불가피한 애매함은 물론 표현과 의미에 관한 논의에도 작동한다. 애매함은, 그것을 그 자체로서 인식하지 못하는 한에서만 또는 평행하는 구조를 분리하지 않는 한에서만, 위험한 것이다. 그러나 그 구조를 분리하지 않는다면, 단지 그 평행하는 구조 가운데 어느 것이 우리의 논의에 관련되어야 하는지를 그때그때 의심할 여지가 없게 염려하면 된다.

표현의 감성적인 이른바 신체적 측면과 그 비-감성적인 '정신적' 측면의 잘 알려진 차이에서 시작하자. 전자에 대한 더 상세한 논의로 들어갈 필요는 없다. 마찬가지로 이 두 측면을 통일하는 방식에 대한 더 상세한 논의로 들어갈 필요도 없다. 물론 자명하게 그것에 의해서도 중요한 현상학적 문제에 대한 명칭이 지시된다.

우리는 '의미작용'과 '의미'만 주시한다. 근원적으로 이 말은 '표현작용'인 언어적 영역에 관련된다. 그러나 이 말의 의미를 확장하고, 이 말이 어떤 방식으로 인식작용—인식대상의 영역 전체에 적용될 수 있고, 따라서 모든 작용—표현하는 작용과 얽혀 있든 않든 간에—에 적용될 수 있게 적절히 변양시키는 것은 거의 불가피하며 동시에 중요한 인식의 진보다.[53] 그래서 모든 지향적 체험에서 항상

---

53) 이러한 관점에서『산술철학』, 28쪽 이하를 참조할 것. 여기에서 이미 '현상의

410

'의미'〔뜻〕(Sinn) ── 이 말은 어쨌든 일반적으로 '의미'(Bedeutung)와 같은 값을 지닌 것으로 사용된다 ── 에 관해 이야기했다. 판명함 때문에 우리는 옛 개념을 위해 특히 '논리적' 또는 '표현하는' 의미라는 복잡한 논의에서 '의미'(Bedeutung)라는 말을 선호할 것이다. 의미〔뜻〕라는 말은 이전에도 마찬가지였지만 앞으로도 더 포괄적인 범위로 사용할 것이다.

어떤 예에서 시작하기 위해 지각 속에 일정한 의미〔뜻〕를 지니고 일정하게 충족되어 단일정립으로 정립된 일정한 대상이 거기 있다고 하자. 우리는, 이 대상을 흔히 정상으로 최초의 단적인 지각파악에 즉시 연결시키듯이, 주어진 것을 설명하는 작용과 부각된 부분이나 계기를 관계짓는 '하나로 정립'(In-eins-setzen) ── 가령 도식(Schema)에 따라 '이것은 하얗다' ── 한다. 이러한 과정은 '표현'에 관한 최소한의 것도, 즉 말의 소리라는 의미에서 표현도, 말의 의미 ── 여기에서 말의 의미는 말의 소리에 자립적으로 (말의 소리를 '잊어버렸을' 때처럼) 현존할 수 있다 ── 와 같은 표현도 요구하지 않는다. 그러나 우리가 '이것은 하얗다'고 '생각했거나' 진술했다면, 새로운 층이 순수하게 지각에 적합하게 '의도〔생각〕된 것 그 자체'와 일치해 함께 거기에 있다. 이러한 방식으로 모든 기억된 것, 상상된 것 그 자체도 설명될 수 있고 표현될 수 있다. 모든 '의도〔생각〕된 것 그 자체', 어떤 임의의 작용에 인식대상의 의미에서 (게다가 인식대상적 핵심으로) 모든 의견(Meinung)은 '의미'(Bedeutung)를 통해 표현될 수 있다. 따라서 일반적으로 다음과 같이 이야기하려 한다. 즉 논리적 의미는 하나의 표현이다.

───────────

심리학적 기술(記述)'과 '그 의미의 진술'이 구별되고, 심리학적 내용에 대립된 '논리적 내용'이 언급되었다.

말의 소리는 단지 이것에 속한 의미가 표현하고 있기 때문에 '표현'이라 부를 수 있다. 표현작용은 근원적으로 의미 속에 놓여 있기 때문이다. '표현'은 모든 '의미'〔뜻〕(인식대상의 '핵심')에 적합하게끔 허용된 그리고 그 의미를 '로고스'*의 영역, 즉 개념적인 것과 그래서 '일반적인 것'의 영역으로 끌어올리는 주목할 만한 형식이다.

이 경우 마지막 말은 그 말의 다른 의미와 분리되어야 할 매우 일정한 의미 속에 이해된다. 일반적으로 방금 전에 시사된 것에 의해 논리적 사유와 그 상관자의 본질해명에 기초가 되는 현상학적 분석의 중대한 주제가 지시된다. 인식작용의 관점에서 '표현작용'이라는 명칭 아래 특별한 작용의 층이 지시될 수 있는데, 그밖의 모든 작용은 이 작용의 층에 독특한 방식으로 적합해질 수 있고 주목할 만한 방식으로 융합될 수 있으며, 바로 그래서 모든 인식대상의 작용의 의미와 따라서 이 의미 속에 놓여 있는 대상성과의 관련이 표현작용의 인식대상인 것 속에 '개념적으로' 뚜렷이 새겨진다. 이때 그 본질상 다른 모든 지향성을 형식과 내용에 따라 이른바 반영하고, 독자적 채색으로 모사하며, 게다가 그것에 자신의 고유한 '개념성'을 형성해 넣는 특징을 지닌 특유한 지향적 매개자(Medium)가 앞에 놓여 있다. 어쨌든 끈질기게 달라붙는 '반영한다' 또는 '모사한다' 같은 용어〔어투〕는, 이것이 적용되게 전달하는 비유성(比喩性)이 쉽게 잘못으로 이끌 수 있기 때문에, 신중하게 받아들여야 한다.

---

* 그리스어 'logos'는 ①계산·가치·고려·명성, ②관계·비율, ③설명·이유·근거·주장·진술·명제·원리·규칙·전제·정의(定義), ④이성·추리·생각, ⑤말·이야기·표현·담론·논의, ⑥주제·논제, ⑦절도(節度) 등 간단히 통일적으로 규정하기 힘든 매우 포괄적인 의미를 담고 있다. 그런데 이 용어를 '이성'으로 옮기는 것은 특히 근대 이후 개념을 통해 사유하고 판단하며 인식하는 지성과 실천적 자유의지로 제한해 이해해왔기에 만족스럽지 못하기 때문에, 원어를 그대로 표기한다.

극히 어려운 문제가 '의미작용'과 '의미'라는 명칭에 속한 현상에 연결되어 있다.[54] 모든 학문이 그 이론적 내용에 따라, 즉 그 속에 '학설'인 것(정리·증명·이론)에 따라 특수한 '논리적' 매개자인 표현의 매개자 속에 객관화되기 때문에, 표현과 의미의 문제는 일반적으로 논리적 관심에 의해 이끌리는 철학자와 심리학자에게 가장 가까운 문제이며, 이때 대개 우리가 진지하게 그 문제의 진상을 알려 하자마자 곧 현상학적 본질탐구로 밀어붙이는 첫 번째 문제다.[55] 우리는 거기[그 문제]로부터 '표현된 것'의 '표현작용'이 어떻게 이해될 수 있는지, 표현적 체험은 표현적이지 않은 체험과 어떤 관계에 있는지, 표현적이지 않은 체험은 첨부하는 표현작용 속에 무엇을 겪는지 하는 물음으로 이끌린다. 즉 그 체험의 '지향성'이, 그 체험에 '내재하는 의미'가, '질료'와 [작용의] 질(즉 정립의 작용특성)이 지시되어 있음을 발견하게 된다. 그리고 표현 이전의 것 속에 놓여 있는 이 의미[뜻]와 그 본질계기의 구별이, 표현하는 현상 자체의 의미와 이 의미에 고유한 계기의 구별 등이 지시되어 있음을 발견하게 된다. 우리는 여기에서 시사된 중대한 문제가 완전히 깊이 놓여 있는 그 의미에 관해 흔히 얼마나 평가받지 못하고 있는지를 오늘날의 문헌에서도 여전히 몇 번씩이나 알 수 있게 된다.

자신의 특유성을 형성하는 표현의 층은, 다른 모든 지향적인 것에 표현을 부여한다는 사실을 제외하면, 생산적이지 않다. 즉 **표현의 층의 생산성**, 그 인식대상의 작업수행은 표현작용 속에, 또 표현작용과 함

---

54) 『논리연구』 제2권[제2-1권, 특히 제1연구]에서 알아볼 수 있듯이, 거기에서 이 현상은 주요주제를 형성한다.
55) 사실 이것이 『논리연구』가 현상학 속에 밀고 들어가고자 노력했던 길이었다. 반대측면에서, 즉 내가 1890년대 초 이래에도 추적했던 경험과 감성적으로 주어진 것의 측면에서 두 번째 길은 『논리연구』에서 충분히 표현되지 못했다.

께 새롭게 들어오는 개념적인 것의 형식 속에 모두 다 길어올린다.

이 경우 표현하는 층은 정립적 특성에 따라 표현을 겪는 층과 완전히 본질적으로 하나가 되고, 합치하는 가운데 우리가 표현의 표상작용을 바로 그 자체로 표상작용으로 — 표현의 신념작용·추측작용·의심작용을 그 자체로 또 전체로서 신념작용·추측작용·의심작용으로, 마찬가지로 표현의 소망작용이나 의도작용을 바로 소망작용·의도작용으로 — 부르는 그만큼의 그 본질을 자신 속에 받아들인다. 정립성과 중립성의 차이 역시 표현적인 것으로 이행한다는 사실도 명백하며, 우리는 이 사실을 위에서 이미 언급했다. 표현하는 층은 표현되는 층과는 달리 성질화된 정립적 또는 중립적 정립을 가질 수 없고, 합치하는 가운데 우리는 분리될 수 있는 두 가지 정립이 아니라 오직 하나의 정립을 발견하게 된다.

여기에 속한 구조를 완전히 해명하는 것은 상당한 어려움을 불러일으킨다. 실제로 감성적 말의 소리 층을 추상화한 뒤에 우리가 여기에서 전제하는 종류의 층화(層化), 따라서 모든 경우 — 심지어 여전히 매우 막연하고 공허하며 단순히 언어적 사유작용의 경우 — 표현하는 의미작용의 층과 표현된 것의 하부 층이 여전히 앞에 놓여 있다는 사실을 인정하는 것은 실로 쉽지 않으며, 더구나 이 층화의 본질 연관을 이해하는 것도 결코 쉽지 않다. 왜냐하면 '층화'라는 비유에 너무 많은 것을 기대하면 안 되며, 그 표현은 겹쳐 칠한 봉랍(封蠟) 또는 그 위에 입힌 옷 같은 것이 아니기 때문이다. 표현은 지향적 하부 층에서 새로운 지향적 기능을 하고 또 이 하부 층으로부터 상관적으로 지향적 기능을 겪는 정신적 형성[물]이다. 이 새로운 비유가 다시 뜻하는 것은 현상 자체에서 또 현상의 모든 본질적 변양에서 연구되어야 한다. 특히 중요한 것은 여기에서 등장하는 다른 종류의 '일반성'을 이해하는 것이다. 그것은 한편으로 모든 표현과 표현의 계기에 또한 비-자립적인 '이다' '아니다' '그리고' '만약' 등에 속하는 일반성이고, 다른 한편으로 〔예를 들어〕 '브루노'(Bruno) 같은 고유 명사에 대립하는 '인간'과 같은 '일반명사'의 일반성, 또한 방금 언급한 의미의 다른 일반성과 비교해 그 자체로 구문론으로 형식이 없는 본질에 속하는 일반성이다.

125. 논리적-표현의 영역에서 수행되는 양상태와 해명의 방법

앞에서 시사한 어려움을 해명하기 위해 분명히 위에서[56] 다룬 현실성양상의 차이, 즉 모든 정립과 종합처럼 표현적인 것에도 관계하는 작용수행의 양상태의 차이를 특별히 고려해야 한다. 그러나 이것은 이중의 방식에서 차이다. 즉 한편으로 그 양상은 의미의 층, 특수하게 논리적 층 자체에 관계하고, 다른 한편으로 기초짓는 하부 층에 관계한다.

독서할 때 우리는 각각의 의미를 명확하게 발음하고 자유롭게 활동하며 실행할 수 있고, 이 경우 미리 지시된 방식으로 의미와 의미를 종합적으로 결부시킬 수 있다. 본래 산출하는 양상 속에 의미의 작용을 이렇게 수행함으로써 '논리적' 이해의 완전한 판명함을 획득한다.

이 판명함은 위에서 기술한 모든 양상의 혼란됨으로 이행할 수 있다. 즉 방금 전에 읽은 문장이 희미하게 가라앉고, 그 생생한 분절화 〔명확한 발음〕는 사라지며, 우리의 '주제'이기를, '여전히 붙잡음'이기를 중단한다.

그러나 이러한 판명함이나 혼란됨은 표현된 하부 층과 관계하는 판명함이나 혼란됨과 구분되어야 한다. 단어나 문장의 판명한 이해

---

56) 앞의 122항 초반부를 참조할 것.

(또는 진술하는 작용의 분절된 판명한 수행)는 토대(하부 층)의 혼란됨과 양립한다. 이 혼란됨은, 이것 역시 단순한 막연함을 뜻하더라도, 단순한 막연함만 뜻하는 것이 아니다. 하부 층은 혼란스러운 통일적인 것일 수 있다(또 대부분 그러하다). 이 통일적인 것은 자신의 분절화(分節化)를 그 자체 속에 현실적으로 지니지 않고, 실제로 분절화되고 또 근원적 현실성 속에 수행된 논리적 표현의 단순히 적응시킴으로써 자신의 분절화를 지닌다.

이러한 점은 매우 중요한 방법론적 의미가 있다. 우리는 해명의 방법에 관한 이전 논의[57]가 학문의 생사(生死)가 걸린 요소인 진술을 고려해 본질적으로 보충해야 한다는 사실에 주목하게 된다. 혼란된 사유함으로부터 본래 또 완전히 명시적인 인식함으로, 사유작용의 판명하고도 동시에 명석한 수행에 이르기 위해 필요한 것은 이제 쉽게 지적된다. 즉 우선 모든 '논리적' 작용(의미작용)은, 여전히 혼란된 양상 속에 수행되었던 한, 원본적인 자발적 현실성의 양상으로 이행될 수 있고, 따라서 완전한 논리적 판명함이 수립될 수 있다. 그러나 이제 이와 비슷한 것이 그 근거가 되는 하부 층에서도 수행되어야 한다. 모든 생생하지 않은 것은 생생한 것으로, 모든 혼란됨은 판명함으로, 모든 비-직관성은 직관성으로 변화해야 한다. 이렇게 변화시키는 작업을 하부 층에서 수행할 때——이렇게 하는 가운데 명백해지는 양립할 수 없음이 계속될 연구를 쓸데없는 것으로 만들지 않는 경우——비로소 이전에 기술한 방법이 작동하기 시작한다. 여기에서 명석한 의식인 직관의 개념이 단일정립적 작용으로부터 종합적 작용으로 이행한다는 사실을 고려해야 한다.

그밖에 더 깊은 분석이 밝혀주듯이, 그때그때 거기에서 획득해야

---

57) 67항 초반부를 참조할 것.

할 명증성의 종류 또는 이 명증성이 향해지는 층이 중요한 문제다. 순수–논리적 관계에, 인식대상의 의미의 본질연관에 관련된 모든 명증성 ── 따라서 형식논리학의 근본법칙으로부터 획득한 명증성 ── 은 의미가 주어져 있음을, 즉 관련된 의미법칙을 지정하는 형식을 표현하는 명제가 주어져 있음을 곧바로 요구한다. 의미의 비–자립성에는 법칙의 명증성을 매개하는 범례화(範例化)도 하부 층을, 게다가 논리적 표현이 겪는 하부 층을 수반한다는 사실이 필연적으로 따른다. 그러나 이 하부 층은, 순수–논리적 통찰이 문제가 될 때, 명석함으로 이끌 필요가 없다. 이것은 상응하는 변양을 통해 모든 응용된–논리적인 '분석적' 인식에 적용된다.

126. 표현의 완전성과 일반성

더구나 강조해야 할 것은 완전한 표현과 불완전한 표현의 차이다.[58] 현상 속에 표현하는 것과 표현되는 것의 통일체는 일정한 합치의 통일체이지만, 아무튼 상부 층은 하부 층 전체에 관해 표현하는 데로 도달할 필요가 없다. 표현은 하부 층의 모든 종합적 형식과 질료를 개념적으로–의미에 적합하게 주조할 때 완전하며, 그것을 ── 우리가 가령 오랫동안 기다린 손님을 태울 마차가 도착하면 집 안에서 "마차!" "〔여기〕 손님 있어요!"라고 외치는 복잡한 〔사건〕경과의 관점에서 실행할 때처럼 ── 단지 부분적으로만 실행할 때 불완전하다. 완전성의 이 차이는 상대적 명석함이나 판명함과 자명하게 대립한다.

방금 전에 이야기한 것과 총체적으로 다른 불완전성은 표현 자체의 본질에 속하는, 즉 그 일반성에 속하는 불완전성이다. '~을 하고

---

58) 『논리연구』 제2-1권, 제4연구 6항 이하를 참조할 것.

싶다'는 일반적으로 소망을, 명령형식은 명령을, '~일 것이다'는 추측 또는 추측적인 것 그 자체를 표현한다. 표현의 통일체 속에 더 자세하게 규정하는 모든 것은 그 자체로 다시 일반적으로 표현된다. 표현작용의 본질에 속하는 일반성의 의미 속에는 표현된 것의 모든 특수화가 표현 속에 결코 반영될 수 없다는 사실이 포함된다. 의미작용의 층은 일종의 하부 층의 중복이 아니며, 원리상 아니다. 하부 층에서 변경할 수 있는 전체 차원은 결코 표현하는 의미작용 속에 들어오지 않으며, 그 차원 또는 그 상관자는 결코 '표현되지 않는다.' 상대적 명석함과 판명함의 변양, 주목하는 변양 등도 그렇다. 그러나 표현이라는 용어의 특별한 의미가 시사하는 것에는 본질적 차이도 있으며, 종합적 형식과 종합적 소재가 표현을 발견하는 방식에 관해서도 본질적 차이가 있다.

여기에서 모든 형식의미와 모든 '공의적'(synkategorematisch)* 의미 일반의 '비-자립성'도 언급해야 한다. 개별화된 '그리고' '만약', 개별화된 소유격인 '하늘의'는 이해할 수 있지만, 어쨌든 비-자립적인 것이며 보충해야 한다. 여기에서 문제는 이 보충해야 한다는 것이 무엇을 뜻하는지, 두 가지 층에 대해 또 비-자립적 의미작용의 가능성을 고려해 이 보충해야 한다는 것이 무엇을 뜻하는지다.[59]

---

* 이것은 'syn'(함께·곁에·수반해·보조적 등)과 'kategorematisch'(범주적)의 합성어로, 범주들과 함께로만 나타나는 것, 즉 언어적으로는 부사·전치사·조사·접속사 등을, 논리적으로는 연결사(그리고·또는 등)를 가리킨다. 따라서 '공의적'(共意的)이란 표현의 의미는 직관적 자료에 연관되지 않지만, 명제나 사태의 맥락에 연관되어 그 본질을 기술하는 데 불가결한 요소다.

59) 『논리연구』 제2-1권, 제4연구 5항 이하(9항까지)를 참조할 것.

127. 판단의 표현과 감정의 인식대상의 표현

이 모든 점은, 지금까지 필수불가결한 현상학적 통찰이 결여되었으므로 해결되지 않고 남아 있던 의미의 영역에 속하는 가장 오래되고 가장 어려운 문제 가운데 하나——판단작용의 표현인 진술작용이 어떻게 그밖의 작용의 표현작용에 관계되는가 하는 문제——가 해결되어야 한다면, 명석함을 지녀야 한다. 우리는 "그래, 그대로야!"와 같은 것이 표현되는 표현의 술어화(述語化)를 갖는다. 우리는 표현적 추측·의문·의심, 표현적 소망·명령 등을 갖는다. 언어적으로 여기에서 부분적으로 본래 구축되었지만 아무튼 애매하게 해석될 수 있는 문장〔명제〕형식이 생긴다. 즉 진술문에 의문문·추측문·소망문·명령문 등이 열거된다. 근원적 논쟁은, 문법적 어법이나 그 역사적 형식은 제외하더라도, 이 경우 문제가 되는 것이 동등하게 질서지어진 의미의 종류인가 아닌가, 또는 이 모든 문장은 그 의미상 참으로 진술문장이 아니지 않은가 하는 물음에 관련되었다. 그래서 후자의 경우 여기에 속한 모든 작용의 형성물, 예를 들어 그 자체로 판단의 작용이 아닌 감정영역의 작용의 형성물은 다만 이 작용의 형성물 속에 기초지어진 판단작용을 경유하는 우회로에서만 '표현'될 수 있다.

어쨌든 문제를 작용, 인식작용에 관련짓는 것 전체만으로는 충분하지 않으며, 그러한 의미에 대해 반성할 때 곧바로 시선이 향하는 인식대상이 된 것을 간과하는 것은 관련된 문제를 이해하는 데 방해된다. 일반적으로 여기에서 무릇 올바른 문제설정으로 꿰뚫고 들어갈 수 있기 위해 우리가 제시한 다른 구조를 고려해야 한다. 즉 모든 지향적인 것을 관통해가는, 모든 정립적 층과 종합적 층을 관통해가는 인식작용·인식대상의 상관관계(Korrelation)에 대한 일반적 인식이 필요하고, 마찬가지로 논리적 의미의 층을 이 층을 통해 표현될 수 있는 하부 층에서 분리시켜야 하며, 더 나아가 지향적 영역에서 다른 곳에서와 같이 여기에서 본질가능한 반성의 방향과 변양의 방향을 통찰해야 한다. 그러나 특히 어떻게 모든 의식이 판단의식으로 이행될 수 있는지, 어떻게 모든 의식에서 인식작용·인식대상의 종류의 사태를 이끌어낼 수 있는지 하는 방식을 통찰해야 한다. 우리가 결국 되돌아가게 되는 근본적 문제는, 마지막 일련의 문제분석 전체의 연관에서 분명해지듯이, 다음과 같이 파악될 수 있다.

로고스(Logos)의 이 본래의 매개인 표현하는 의미작용의 매개는 특수하게 속견적인 것인가? 이것은 의미작용을 의미된 것에 적용하는 데 모든 정립성 자체 속에 놓여 있는 속견적인 것과 합치되지 않는가?

물론 이것이 우리가 감정의 체험에 관해 말하는 표현의 여러 가지 방식이 존재한다는 사실을 배제하지 않는다. 그 표현의 방식 가운데 하나는 분절된 표현을 분절된 감정의 체험에 직접 적용함으로써— 이 경우 속견적인 것은 속견적인 것과 합치된다—생기는 체험에 대한 (또는 '표현'이라는 용어의 상관적 의미인 체험의 인식대상에 대한) 직접적인, 즉 단적인 표현이다. 따라서 그 모든 구성요소에 따라 감정의 체험에 내재하는 속견의 형식은 속견-정립적 체험의 하나인 표현을 감정의 체험에만 적용할 수 있게 한다. 이 감정의 체험은 그 자체로서 또 그 모든 분절에 따라 여러 겹의 정립적인 것이지만 아무튼 그 분절 중에서는 필연적으로 또한 속견-정립적이다.

더 정확하게 말하면, 이 직접적 표현은, 충실하고 완전한 표현이려면, 단지 속견으로 양상화되지 않은 체험에 이를 것이다. 내가 소망함에서 확신하지 않으면, 내가 직접 적용하는 데 'S는 p이면 좋겠다'라고 말하면 그것은 옳지 않다. 왜냐하면 모든 표현작용은 그 기초에 놓인 파악의 의미에서 적확한 의미의 속견의 작용, 즉 신념확실성이기 때문이다.[60] 따라서 [직접적] 표현은 단지 확실성 (예를 들어 소망의 확실성, 의지의 확실성)만 표현할 수 있다. 표현은 이러한 경우에 단지 간접적으로만, 가령 '아마 S는 p이면 좋겠다'는 형식으로, 충실한 표현으로 수행될 수 있다. 양상이 등장하자마자, 가능한 한 적합한 표현을 획득하기 위해 이 양상 속에 이른바 숨겨져 있는──변경된 정립적 질료를 지닌──속견의 정립으로 되돌아가야 한다.

이러한 파악이 옳다고 간주하면, 여전히 다음과 같은 것을 보충하면서 상론해야 한다.

항상 '완곡함'을 지닌 간접적 표현의 여러 가지 가능성이 존재한다. 그것이 단적인 작용이든 여러 겹의 또 종합적으로 기초지어진 작용이든 어떤 작용을 통해 구성되었더라도, 모든 대상성 그 자체의 본질에는 관계짓는 설명의 여러 가지 가능성이 있다. 따라서 모든 작용에는, 예를 들어 소망작용에는, 이 작용에, 즉 그 인식대상의 대상성에 관련된, 그 인식대상 전체에 관련된 작용이 연결될 수 있다. 이것은 가령 근원적 작용 속에 추정된 소망이 판단에 적합하게 전개되고 이에 상응해 표현되는 주어정립과 이 위에 정립된 술어정립의 연관이다. 이때 표현은 근원적 현상에 적용되는 것이 아니라, 이 현상에서 도출된 술어적 현상에 직접 적용된다.

이 경우 [한편으로] 설명적 종합 또는 분석적 종합(개념적-의미에 적합한 표현 이전의 판단), 다른 한편으로 진술 또는 일상적 의미의 판단 그리고 끝으로 속견(믿음)이 충분히 분리될 수 있는 사태라는 사실에 항상 주목해야 한다. 사람들이 '판단이론'이라 부르는 것은 지극히

---

60) 우리는, 여기 도처에서 실행하듯이 표현작용 아래 의미작용 자체를 이해한다면, 표현작용이 어떤 속견적 작용을 표현한다고 말하면 안 된다. 그러나 우리가 표현작용이라는 용어를 말의 음성(音聲)에 관계짓는다면, 문제가 되는 방식으로 충분히 그렇게 이야기할 수 있을 것이다. 하지만 이때 그 의미는 완전히 변할 것이다.

애매모호한 것이다. 속견(Doxa)의 이념에 대한 본질해명은 진술이나 설명에 대한 본질해명과 다른 것이다.[61]

61) 이 단락 전체는 『논리연구』 제2-2권의 결론절[제9절]를 참조할 것. 독자는 그동안 내가 거기에서 멈추지 않았다는 사실, 논란의 여지와 미숙함이 많았지만 『논리연구』의 분석은 진보적으로 발전되었다는 사실을 보게 된다. 그 분석은 여러 번 반박되었지만, 그럼에도 그 반박은 『논리연구』에서 시도한 새로운 사유동기와 문제파악에 실제로 파고들어가지 못한 것이었다.

제4장 이성과 실제성

제1절 인식대상의 의미와 대상의 관계

128. 들어가는 말

앞의 마지막 절〔제3장 제4절〕의 현상학적 편력은 우리를 상당히 모든 지향적 영역으로 이끌었다. 우리는 내실적 분석과 지향적 분석, 인식작용의 분석과 인식대상의 분석을 구분하는 관점에 인도되어, 항상 다시 새롭게 갈라지는 구조와 도처에서 마주쳤다. 이렇게 구분하는 경우 사실 문제가 되는 것은 모든 지향적 구조를 관통해가는 기본구조라는 통찰을 더 이상 인정하지 않을 수 없다. 따라서 이 기본구조는 현상학적 방법론을 지배하는 주도적 동기를 형성하고 지향성의 문제에 관련된 모든 탐구의 진행을 규정함에 틀림없다.

동시에 이 구분과 함께 그 자체에 근본적으로 대립하면서도 어쨌든 본질에 적합하게 서로 잇달아 관련된 그 두 존재영역이 부각된다는 사실은 분명하다. 우리는 이전에 의식 일반은 하나의 고유한 존재영역으로 간주해야 한다고 강조했다. 그러나 그때 의식의 본질기술은 의식 속에 의식된 것의 본질기술로 되돌아간다는 사실, 의식의 상관자는 의식과 분리될 수 없으며 아무튼 의식 속에 내실적으로 포함되어 있지 않다는 사실을 인식했다. 그래서 인식대상인 것은 의식에 속하는 또 어쨌든 고유한 **종류의 대상성**으로 나누어졌다. 이 경우 우리는 대상 그 자체(변양되지 않은 의미로 이해된)는 근본적으로 다른 최고 유(類) 아래 포함되어 있는 반면, 모든 대상의 의미와 완전히 받아들인 모든 인식대상——그밖에 이것이 아무리 다르더라도——은 원리상 하나의 유일한 최고 유의 것이라는 사실을 알아차린다. 이때 인식대상과 인식작용의 본질은 서로 분리될 수 없다. 즉 인식대상의 측면에서 가장 낮은 모든 종차(種差)는 인식작용의 측면에서 가장 낮은 종차를 형상(形相)으로 소급해 지시한다. 물론 이러한 사실은 모든 유의 형성과 종의 형성으로 옮겨진다.

인식작용(Noesis)과 인식대상(Noema)에 따라 지향성의 본질적 이중 측면에 대한 인식은 체계적 현상학이 체험, 특히 지향적 체험의 내실적 분석을 한 측면에서 겨냥하면 안 된다는 결론을 낳는다. 그러나 그렇게 하려는 유혹이 처음에는 매우 크다. 심리학에서 현상학으로의 역사적이며 자연스러운 진행에는 우리가 순수 체험에 대한 내재적 연구, 즉 이 체험의 고유한 본질에 대한 연구를 자명하게 이 체험의 내실적 구성요소에 대한 연구로 이해한다는 사실이 필연적으로 따르기 때문이다.[1] 실로 두 측면에 따라 끊임없이 서로 잇달아 관련되지만, 위에서 밝혔듯이, 먼 거리에 따라 분리된 형상적 탐구의 거대한 분야가 열린다. 사람들이 작용분석, 즉 인식작용의 작용분석

---

1) 이것이 아직껏 [사람들이] 『논리연구』를 대하는 태도다. 아무리 상당한 정도로 사태의 본성이 바로 거기에서 인식대상적 분석을 하게끔 강요해도, 어쨌든 인식대상적 분석은 이에 평행하는 인식작용적 구조에 대한 지표 이상으로 간주된다. 이 두 구조의 본질에 적합한 평행론은 거기[『논리연구』]에서는 아직 명석하게 [해명]되지 않았다.

으로 간주한 것은 상당한 정도로 철저히 '추정된 것 그 자체'로 향한 시선방향 속에 획득되었고, 이때 기술한 것은 인식대상의 구조다.

우리는 바로 다음의 고찰에서 지금까지 종종 그렇게 불렀지만 아무튼 인식대상적 분석에 주도적이지 않았던 관점 아래 주안점을 인식대상의 일반적 구조로 돌릴 것이다. 즉 의식의 대상성과의 관련이라는 현상학적 문제는 무엇보다 의식의 인식대상의 측면을 지닌다. 인식대상은 그 자체 속에 대상적 관련을 맺으며, 게다가 자신에게 고유한 '의미'를 통해 맺는다. 이때 어떻게 의식의 '의미'가 그 의식의 대상인 또 매우 다른 인식대상의 내용의 여러 가지 작용 속에 '동일한 것'일 수 있는 '대상'에 다가서는지를 묻는다면, 어떻게 이것을 그 의미에서 알아차리는지를 묻는다면, 그 특별한 의미가 밝혀진 새로운 구조가 생긴다. 왜냐하면 이러한 방향으로 진행하고 또다른 한편으로는 이에 평행하는 인식작용을 반성하면서 우리는 결국 의식이 실제로 대상적인 것에 '관련되고' '맞아떨어진다'는 '주장'이 본래 무엇을 뜻하는지, 어떻게 '타당한' 또는 '부당한' 대상적 관련이 인식작용과 인식대상에 따라 현상학적으로 해명되는지 하는 물음에 직면하기 때문이다. 그래서 이성*의 거대한 문제 앞에 서게 된다. 이 이성의 문제를 선험적 토대 위에 명백히 설명하고, 이 문제를 현상학적 문제로서 공식화하는 것이 이 절(節)의 목표가 될 것이다.

---

* 후설에게서 '이성'은 가령 칸트의 경우처럼 '감성'이나 '오성'과 구별되거나 '이론이성'과 '실천이성'이 구분되는 것이 아니다. 물론 기술적·도구적 이성에 그치는 것도 아니다. 그것은 언제나 이론적·실천적·가치설정적 이성 일반인 '보편적 이성'(순수 자아)을 뜻한다. 지각·기억·판단·사고·평가 등을 수행하는 자아의 총체적 활동의 주체로서, 무의식까지 포함한 생생한 역사성과 구체적 사회성을 띤 '끊임없는 의식의 흐름', 즉 선험적 상호주관성이다.

129. '내용'과 '대상'. '의미'인 내용

이제까지 분석에서는 보편적인 인식대상의 구조는 어떤 인식대상의 '핵심'을 이 핵심에 속한 변화하는 '특성'——이 특성에 의해 인식대상적 구체화(Konkretion)는 상이한 종류의 변양의 흐름 속에 이끌려 나타난다——으로부터 분리시킴으로써 명시된 자신의 끊임없는 역할을 했다. 이 핵심은 아직 자신의 학문적 권리를 행사하지 못했다. 그 핵심은 직관적으로, 통일적으로 또 우리가 그것에 일반적으로 관계할 수 있는 한에서 분명하게 부각되었다. 이제 그 핵심을 자세하게 고찰하고 현상학적 분석의 중심에 세울 때다. 이렇게 할 때 모든 유의 작용을 관통해가는 보편적으로 중요한 차이가 부각된다. 이 차이는 거대한 그룹의 연구를 주도해간다.

의식의 내용이라는 통상 애매한 용어를 이어받아 이야기하자. 우리는 '의미'를 내용으로 파악하는데, 이 의미에 관해 우리는 의미 속에 또는 의미를 통해 의식은 그 '자신의 것'인 어떤 대상적인 것에 관련된다고 말한다. 우리 논의의 명칭으로 또 목적으로 이른바 다음과 같은 명제를 받아들인다.

모든 인식대상은 일정한 '내용', 즉 자신의 '의미'(Sinn)를 지니며, 이 의미를 통해 '자신의' 대상에 관련된다.

최근에 우리는 이제야 비로소 작용(Akt)과 내용(Inhalt) 그리고 대상(Gegenstand)을 근본적으로 구별했다는 사실을 커다란 진보라 찬양하는 소리를 종종 듣는다. 이렇게 함께 배열된 이 세 단어는 특히 트바르돕스키(K. Twardowski)*의 훌륭한 논문[2]이 발표된 이래 정말

---

* 트바르돕스키(1866~1936)는 브렌타노의 제자였으나, 논리학과 심리학의 관

슬로건이 되었다. 이 논문의 저자가 일반적으로 행해지는 일정한 혼동을 날카로운 통찰력으로 규명하고 그 오류를 명증하게 밝혀낸 공적이 매우 크고 의심할 여지가 없지만, 어쨌든 그가 (가령 이 때문에 그를 비난하면 안 된다) 그 개념적 본질을 해명함에서 이전 세대의 철학자들이 (부주의한 혼동에도 불구하고) 잘 알고 있던 것을 넘어서 현저한 진전을 이룩하지는 못했다. 바로 의식에 관한 체계적 현상학 이전에는 근본적 진보가 결코 가능하지 않았다. '작용' '내용' '표상'의 '대상'처럼 현상학적으로 해명되지 않은 어떠한 개념도 우리를 도와줄 수 없다. '작용'이라 부를 수 없는 것, 특히 표상의 내용이나 표상 자체라 부를 수 없는 것은 무엇인가? 그리고 그렇게 부를 수 있는 것은 그 자체로 학문적으로 인식되어야 한다.

이러한 관점에서 최초의 단계, 또 나에게 그렇게 보이는 필연적 단계는 '질료'와 〔작용의〕 '질'(質)을 현상학적으로 강조함으로써 '인식에 적합한 본질'과 구분되는 '지향적 본질'의 이념을 통해 시도되었다. 인식작용의 시선방향— 이러한 구분이 의도되고 수행된—의 일면성은 인식대상으로 평행하는 것을 고려함으로써 쉽게 극복된다. 따라서 우리는 개념을 인식대상으로 이해할 수 있다. '질'(판단의 질, 소망의 질 등)은 지금까지 '정립'(Setzung)의 특성으로, 가장 넓은 의미에서 정립적(thetisch) 특성으로 다룬 것일 뿐이다. 현대 심리학 (브렌타노의 심리학)에서 유래하는 표현은 나에게 별로 적합하지 않

계를 연구해 표상이나 판단의 내용과 대상을 구별하는 '대상이론'을 통해 기술적 심리학주의를 비판했다. 이 이론은 후설뿐 아니라 논리적 실증주의에도 큰 영향을 주었다. 폴란드의 현대철학을 대표하는 그의 저서에는 『관념과 지각』 (1892), 『표상의 내용과 대상』(1898) 등이 있다.

2) 트바르돕스키, 「표상의 내용과 대상에 관한 이론」(Zur Lehre von Inhalt und Gegenstand der Vorstellung, Wien, 1894).

은 것 같다. 고유한 종류의 모든 정립(Thesis)은 자신의 〔작용의〕 질을 갖지만, 그것 자체가 〔작용의〕 질로 지시되면 안 된다. 분명히 이제 그때그때 '무엇'〔내용〕(Was)인, 즉 〔작용의〕 '질'에 의해 정립의 특성을 겪는 '질료'는 '인식대상의 핵심'에 상응한다.

이제 과제는 이러한 단초를 일관되게 형성하고, 더 깊게 해명하며, 이 개념을 계속 분석하고 모든 인식작용-인식대상의 분야를 통해 이 개념을 올바르게 실행하는 일이다. 이러한 방향에서 실제로 성공한 모든 진보는 현상학에 각별한 의미가 있음에 틀림없다. 실로 문제가 되는 것은 부수적 특수성이 아니라, 모든 지향적 체험의 중심적 구조에 속한 본질계기다.*

문제에 더 가깝게 접근하기 위해 다음과 같은 고찰을 시작하자.

사람들은 지향적 체험이 '대상적인 것과 관련'된다고 흔히 말한다. 그러나 지향적 체험도 '무엇에 대한 의식', 예를 들어 여기 이 정원에 있는 꽃이 만발한 사과나무에 대한 의식이라 말한다. 우리는 우선 그와 같은 예에 직면해 두 가지 논의방식을 구별할 필요가 없다고 간주할 것이다. 앞에서 분석한 것을 기억하면, 우리는 충만한 인식대상과 관련된 충만한 인식작용을 그것의 지향적이고 또 충만한 무엇〔내용〕(Was)으로서 발견하게 된다. 그러나 이때 이러한 관련은 의식과 그 지향적인 대상적인 것과의 관련에 관한 논의 속에 의도된 관련일 수 없다는 사실이 분명하다. 왜냐하면 모든 인식작용의 계기, 특히 모든 정립적-인식작용의 계기에는 인식대상 속의 계기가 상응하고, 이 인식대상에는 정립적 특성의 복합체에 대립해 이 특성에 의해 특성지

---

* 옮긴이는 이상의 세 문단이 원문에 왜 보충이나 추가된 형태로 표기되어 있는지 아직까지 확인할 수 없다.

어진 인식대상의 핵심이 분리되기 때문이다. 더 나아가 일정한 상황에서 인식작용(현실적 사유주체cogito)을 관통해가는──특수한 정립적 계기를 자아의 정립현실성의 발산작용으로 변화시키는──'~에 대한 시선'을 기억하면, 어떻게 이 자아가 이제 그 정립적 계기와 함께 존재를 파악하거나 추측하고 소망하는 등의 자아로서 대상적인 것을 '향하게' 되는지 또 어떻게 자아의 시선이 인식대상의 핵심을 관통해가는지 정확하게 주의를 기울이면, 우리는 의식과 그 대상적인 것의 관련(특히 '방향')에 관한 논의에 따라 인식대상의 가장 내적인 계기가 지시되는 사실에 주목하게 된다. 이 가장 내적인 계기는 방금 전에 지시된 핵심 자체가 아니라, 이른바 핵심의 필수적 중심점을 형성하고 이 중심점에 특수하게 속한 인식대상의 속성에 대한──즉 '추정된 것 그 자체'가 인식대상으로 변양된 속성에 대한──'담지자'(擔持者)로서 기능하는 것이다.

그것을 더 자세하게 파고들어가는 즉시 우리는 사실상 '의식', 즉 지향적 체험뿐 아니라 그 자체로 받아들인 인식대상에 대해서도 '내용'과 '대상'을 구별해야 함을 깨닫게 된다. 따라서 인식대상도 일정한 대상에 관련되고, 그것에 '의해' 인식대상이 대상에 관련되는 일정한 '내용'을 소유한다. 이 경우 대상은 인식작용의 대상과 동일한 것이다. 왜냐하면 '평행론'이 다시 철저하게 실증되기 때문이다.

130. '인식대상의 의미'의 본질을 한정함

이 주목할 만한 구조를 더 자세히 살펴보자. 우리는 주의를 기울이는 변양을 문제 삼지 않음으로써, 더 나아가 정립적 작용──이 작용의 정립 속에, 어쩌면 일련의 기초지음의 단계에 따라 특별히 때에 따라 다른 부분정립 속에 (반면 그밖의 부분정립은 수행 중이지만, 아무튼 2차적 기능 속에만 있을 뿐이다) 우리는 살아간다 ── 에 제한을 가함으로써 고찰을 단순하게 만든다. 우리의 분석이 이렇게 단순화함으로써 그 타당성의 일반성에 전혀 손상되지 않는다는 사실은 추후에 또 즉시 명백하게 밝혀질 수 있을 것이다. 우리에게 당장 중요한 것은 그러한 변양에 맞서 손상되지 않는 본질이다.

따라서 우리가 생생한 사유주체로 옮겨지면, 사유주체는 자신의 본질에 적합하게 부각된 의미에서 일정한 대상성으로 '향한다.' 요컨대 사유주체의 인식대상에는 일정한 인식대상의 존립요소를 지닌 ── 인용부호 속의 ── 대상성이 있는데, 이 존립요소는 일정한 한정을 기술하는 가운데, 즉 모든 '주관적' 표현이 회피된, '추정된 대상성을 그것이 추정되는 그대로' 기술하는 가운데 전개된다. 이때 '대상' '성질' '사태'와 같은 형식적-존재론적 표현이 사용되고, '사물' '도형' '원인'과 같은 질료적-존재론적 표현이 사용되며, '거친' '딱딱한' '채색된' 등과 같은 실질적 규정이 사용된다. 이 모든 것은 자신의 인용부호를 지니며, 그래서 인식대상으로-변양된 의미를 지닌다. 이에 반해 '지각에 적합하게' '인식에 적합하게' '분명하게-직관적으로' '사유에 적합하게' '주어진'과 같은 표현은 이 추정된 대상적인 것 그 자체에 대한 기술에서 제외된다. 이 표현은 다른 차원의 기술, 즉 그것이 의식된 대상적인 것이 아니라 그것이 의식되는 방식에 속한다. 그렇지만 나타나는 어떤 사물객체의 경우 의문스러운 기술의 테두리 속에 또다시 빠져 다음과 같이 말한다. 즉 그 '앞면'은 색깔·형태 등에 따라 이러저러하게 규정되고, 그 '뒷면'은 '하나의' 색깔을 아무튼 '더 자세하게 규정되지 않은' 색깔을 지닌 것이 아니며, 그 사물객체는 일반적으로 다양한 관점에서 그것이 어떻게 규정되든 간에 '규정되지 않은 것'이라 말한다.

이것은 자연의 대상뿐 아니라 아주 일반적으로, 예를 들어 가치의 객체성에도 적용된다. 이것을 기술하는 것에는 추정된 '사태'가 속하며, 게다가 우리가 평가하는 생각작용의 '의미 속에' 나타나는 나무에 관해 "그 나무는 '황홀한' 향기 나는 꽃들로 덮여 있다"고 말할 때처럼, '가치'의 술어의 진술에 속한다. 이때 가치술어도 자신의 인용부호를 지니는데, 이것은 가치 그 자체의 술어가 아니라 가치의 인식대상의 술어다.

명백히 이것에 의해 완전히 확고한 내용은 모든 인식대상 속에 경계지어진다. 모든 의식은 자신의 무엇[내용](Was)을 가지며, 모든 의식은 '자신의' 대상적인 것을 추정한다. 우리가 모든 의식의 경우에, 원리적으로 말하면, 대상적인 것에 대한 그와 같은 인식대상을 기술할 수 있어야 한다는 사실이 명증하기 때문이다. 우리는 설명과 개념적 파악을 통해 형식적이거나 물질적인, 실질적으로 규정되었거나 '규정되지 않은' ('공허하게' 추정된[3]) '술어'의 완결된 총체를 획득한다. 그리고 이 술어는 자신의 변양된 의미 속에 문제 되는 인식대상의 대상핵심에 '내용'을 규정한다.

131. '대상'과 '인식대상의 의미 속에 규정할 수 있는 X'

그러나 술어는 '무엇'(etwas)에 대한 술어이며, 이 '무엇'은 문제되는 핵심에 함께 또 불가분하게 속한다. 즉 위에서 이야기한 중심적 통일점이다. 그것은 술어의 연결점 또는 '담지자'이지만, 술어의 그 어떤 복합체나 결합을 통일체라 부를 수 있을 의미에서 술어의 통일체가 결코 아니다. 그것은, 술어 옆에 세우거나 술어에서 분리할 수

---

3) 규정되지 않음의 이 공허함(Leere)은 직관의 공허함, 희미한 표상의 공허함과 혼동하면 안 된다.

없더라도, 술어에서 필연적으로 구별되어야 한다. 그 반대로 술어 자체는 이 무엇의 술어다. 즉 이 무엇이 없이는 생각해볼 수도 없지만, 어쨌든 이 무엇에서 구별할 수 있는 것이다.

지향적 객체가 연속적인 또는 종합적인 의식이 진행되는 가운데 항상 의식되지만, 이러한 진행에서 언제나 다시 '다르게 주어진다'. 또한 그것은 '동일한 것'이지만, 단지 다른 술어 속에 다른 규정내용과 함께 주어지며, '그것'은 규정되지 않고 남아 있는 술어가 더 상세하게 규정될 수 있을 다른 측면에서 제시되거나 '그' 객체는 주어지는 이 구간 속에 변경되지 않고 남아 있다. 그러나 이제 동일한 것인 '그것'이 변경되며 이러한 변경을 통해 아름다움이 증대하며 활용가치를 상실한다. 이것이 그때그때 추정된 것 그 자체의 인식대상의 기술로서 언제나 이해되면, 이 기술이 — 언제나 가능하듯이 — 순수한 일치〔충전〕(Adäquation) 속에 수행되면, 이때 동일한 지향적 '대상'은 변화하고 또 변경되는 '술어'와 명증하게 구분된다. 그것은 중심적인 인식대상의 계기로서 제외된다. 즉 이 계기는 그 '대상' '객체' '동일한 것' '그 가능한 술어를 규정할 수 있는 주어' — 모든 술어로부터 추상화하는 가운데 순수한 X — 이며, 이것은 이 술어에서, 더 정확하게 말하면, 술어의 인식대상에서 분리된다.

우리는 하나의 객체에 다양한 의식의 방식·작용 또는 작용의 인식대상을 분류해 넣는다. 명백하게 이것은 우연적인 것이 아니다. 연속적 통일체나 본래 종합적(다수정립적) 통일체 — 이 속에서 '그것', 즉 객체는 동일한 것으로서 또 어쨌든 인식대상으로 다른 방식으로 (특성지어진 핵심은 변화할 수 있으며 술어의 순수한 주어인 '대상'은 바로 동일하다는 방식으로) 의식된다 — 속에 결부된 다양한 지향적 체험도 생각해볼 수 없다면, 어떤 것도 생각해볼 수 없다. 우리가 어떤 작용의 내재적 지속에서 유래한 모든 부분구간을 하나의 '작용'

으로 간주할 수 있고 작용 전체를 연속으로 결합된 작용들의 일치하는 통일체로 간주할 수 있다는 사실은 분명하다. 이때 여러 가지 작용의 인식대상이 된 것은 여기 도처에서 다른 핵심을 갖지만, 그럼에도 이 작용의 인식대상이 된 것은 동일성의 통일체에, '어떤 것', 즉 모든 핵심 속에 놓여 있는 규정할 수 있는 것이 동일한 것으로 의식되는 통일체에 결합된다.

마찬가지로 어쨌든 예를 들어 두 가지 지각 또는 하나의 지각과 하나의 기억처럼 분리된 작용은 '일치하는' 통일체로 결합될 수 있고, 결합된 작용의 본질에 명백히 생소하지 않은 이 결합의 특색에 의해 이제 어쩌면 때에 따라 다양하게 규정된 어떤 것, 즉 처음에는 분리된 핵심의 어떤 것이 동일한 어떤 것으로 또는 일치하는 동일한 '대상'으로 의식된다.

그 결과 모든 인식대상에는 통일체의 점(點)인 이러한 순수한 대상의 어떤 것(Gegenstandsetwas)이 있으며, 동시에 우리는 인식대상의 관점에서와 같이 두 가지 대상개념을 구별할 수 있다. 즉 하나는 이 순수한 통일체의 점인 이 인식대상의 '대상 그 자체'이며, 다른 하나는 그때그때 '미해결로 남아 있는' 또 이러한 양상 속에 함께 추정된 규정되지 않음도 포함된 '이 대상이 규정되는 방식 속의 대상'이다. 이 경우 이 '방식'(Wie)은 정확하게 그때그때 작용이 미리 지시하는 것으로, 따라서 실제로 이 작용의 인식대상에 속하는 것으로 받아들일 수 있다. 우리가 반복해 이야기한 '의미'(Sinn)는 위에서 특성지어진 기술이 이 의미에서 명증하게 발견될 수 있고 개념적으로 표현될 수 있는 모든 것을 지닌 이러한 인식대상의 '방식 속의 대상'이다.

우리가 지금 신중하게 '핵심'이 아니라 '의미'를 말했다는 사실에 주의하자. 왜냐하면 인식대상의 실제적인, 구체적으로 완전한 핵심을 획득하기 위해 여전히 차이의 일정한 차원 ─ 이 차원은 특성지어진 기술(記述) 속에 또 의미를 정의(定義)하는 기술 속에 전혀 드러나지 않는다──을 고려해야 한다는 사실이 명백히 밝혀지기 때문이다. 여기에서 우선 순수하게 기술이 파악한 것에 입각하면, 따라서 '의미'는 인식대상의 근본요소다. 의미는 인식대상에서 〔다른〕 인식대상으로 일반적으로 변화하는 것이다. 그러나 어떤 상황에서 '규정되는 방식 속의 대상'이 바로 양 측면에서 동일하게 또 절대로 똑같이 기술할 수 있는 것으로 거기에 있는 한, 의미는 절대로 똑같은 것이며 심지어 '동일한' 것으로 특성지어진다. 어떤 인식대상에서도 의미가 없을 수 없고, 의미의 필수적 중심, 통일체의 점, 순수하게 규정할 수 있는 X가 없을 수 없다. '무엇'이 없는, 또한 '규정하는 내용'이 없는 '의미'는 있을 수 없다. 이 경우 그 의미가 추후에 따라올 분석과 기술을 비로소 끌어들이는 것이 아니라, 그 의미는 명증한 기술의 가능조건으로 또 기술에 앞서 실제로 의식의 상관자 속에 놓여 있다는 사실은 명증하다.

의미에 속한 의미의 담지자(공허한 X로서)를 통해 또 임의의 단계의 **의미통일체로 일치해 결합시키는** ──의미의 본질 속에 근거하는── 가능성을 통해 모든 의미는 자신의 '대상'을 가질 뿐 아니라, 상이한 의미는 바로 이것이 의미통일체 속에 자리잡을 수 있는 한에서 동일한 대상에 관련된다. 이 의미통일체 속에 일치된 의미의 규정할 수 있는 X는 서로 함께 또 그때그때 의미통일체의 전체 의미인 X와 합치된다.

우리의 상론은 단일정립적 작용으로부터 **종합적**, 더 분명하게 말하면, 다수정립적 작용으로 옮겨진다. 정립적으로 분절된 의식 속에 모든 분절은 기술된 인식대상의 구조를 갖는다. 모든 분절은 자신의 '규정하는 내용'을 지닌 자신의 X를 갖기 때문이다. 그러나 종합적 전체 작용의 인식대상도 '원리존재의'(archontisch)[4] 정립과 관련해 종합적 X와 그것의 규정하는 내용을 갖는다. 작용을 수행하는 가운데 순수 자아의 시선발산은 다수의 발산으로 나뉘면서 종합적 통일체에 이르는 X를 향해 나아간다. 명사화(名詞化)가 변화되는 경우 종합적 전체 현상은 변양되며, 그것도 현실성의 [시선]발산이 가장 높은 종합적 X를 향해 나아가는 방식으로 변양된다.

132. 그 충족의 양상에서 의미인 핵심

우리가 규정했듯이, 의미는 인식대상의 전체 존립요소에서 구체적 본질이 아니라, 그 인식대상 속에 내재하는 일종의 추상적 형식이다. 즉 우리가 의미를, 따라서 '추정된 것'을 정확히 추정된 것이 존재하는 규정내용과 함께 고수하면, 그것이 주어지는 방식들의 방식 속의 대상인 '방식 속의 대상'에 대한 두 번째 개념이 뚜렷하게 생긴다. 이 경우 주목하는 변양을 제외하면, 또 수행양식의 차이와 같은 모든 차이를 제외하면, 언제나 우선권이 부여된 정립성의 영역에서 인식에 적합하게 매우 잘 규정된 명석함의 충족에 대한 차이가 문제 된다.

희미하게 의식된 것 그 자체와 동일한 것이 명석하게 의식된 것은 그 인식대상의 구체화에 관해 매우 다른 것이며, 전체 체험도 마찬가지다. 그러나 희미하게 의식된 것, 즉 추정되는 규정내용이 명석하게 의식된 것의 규정내용과 절대적으로 동일하다는 사실을 가로막는 것은 전혀 없다. 기술은 합치될 것이고, 종합적 통일체의식은 양 측면의 의식을 포괄할 수 있을 것이므로, 실제로 문제 되는 것은 동일한 추정된 것이다. 따라서 우리는 해당된 인식대상의 존립요소의 충만한 구체화, 따라서 자신의 충족이라는 양식에서 의미를 바로 충만한 핵심으로 간주할 것이다.

---

4) 117항 초반부를 참조할 것.

133. 인식대상의 명제. 정립적 명제와 종합적 명제.
표상의 분야에서 명제

이제 모든 작용의 분야에서 이러한 구별을 치밀하게 해야 하며, 인식대상적인 것으로서 의미와 특별한 관련을 맺는 정립적 계기를 보충하면서 고려해야 한다.『논리연구』에서 이 정립적 계기는 ('질'質이라는 명칭 아래) 처음부터 의미(Sinn)('의미에 적합한 본질')라는 개념으로 받아들였고, 따라서 이 통일체 속에 '질료'(지금의 파악에서 '의미')와 〔작용의〕 '질'이라는 두 가지 구성요소가 구별되었다.5) 어쨌든 '의미'라는 전문용어를 단순히 그 '질료'로 정의하고, 그런 다음 의미와 정립적 특성의 통일체를 〔정립된〕 '명제'라 부르는 것이 훨씬 적절한 듯하다. 이때 우리는 하나의 분절을 지닌 명제(지각이나 그밖의 정립적 직관의 경우처럼)와, 술어적인 속견의 명제(판단), 술어로 분절된 질료를 지닌 추측명제처럼, 많은 분절을 지닌 종합적 명제를 갖는다. 더 나아가 좋아함 명제. 소망 명제, 명령 명제 등은 하나의 분절뿐 아니라 많은 분절을 지닌다. 따라서 '명제'라는 개념은 물론 특별하게 또 이상하게 확장되었지만, 아무튼 중요한 본질통일성의 테두리 속에 확장되었다. 의미와 명제라는 개념이 우리에게는 표현이나 개념적 의미를 전혀 포함하지 않지만, 다른 한편으로 모든 표현적 명제 또는 명제의미를 자신 속에 포괄한다는 사실에 끊임없이 유의해야 한다.

---

5)『논리연구』제2-1권, 제5연구 20항과 21항 [개정판의] 417~425쪽. 그밖에 제2-2권, 35항 [개정판의] 86~90쪽을 참조할 것. 우리는 중립적 '결정하지 않고'-놓아둠을 물론 거기[『논리연구』]에서처럼 지금도 다른 [작용의] 질 옆에 있는 하나의 [작용의] '질'(정립)로 간주하지 않고, 오히려 모든 [작용의] 질과 따라서 전체 작용 일반을 '반영하는' 변양으로 간주한다.

우리의 분석에 따르면 이 개념은 모든 인식대상이 된 것의 충만한 조직에 속하는 추상적 층을 지시한다. 이 층을 그 층을 완전히 포괄하는 일반성 속에 획득하는 것, 따라서 그 층이 실제로 모든 작용의 영역에서 자신의 자리를 갖는다는 사실을 통찰하는 것은 우리의 인식에 중대한 효력범위를 지닌다. 대상이라는 개념에 불가분하게 속한 의미와 명제라는 개념도 단적인 직관 속에 필연적으로 적용되며, 그래서 직관 의미와 직관 명제라는 특별한 개념이 필연적으로 각인되어야 한다. 그래서 예를 들어 외적 지각의 분야에서 지각됨이라는 특성을 추상화해서 '지각된 대상 그 자체'에 입각해 해명하고 파악하는 모든 사유작용 앞에 놓여 있는 것으로서 대상의 의미를 지각마다('동일한' 사물에 관해서도) 서로 다른 이 외적 지각에 사물의 의미를 이끌어내 직관할 수 있다. 이 의미를 그 직관적 충족과 함께 완전히 받아들이면, 나타남에 대한 규정된 또 매우 중요한 개념이 생긴다. 이 의미에는 명제, 직관 명제, 표상 명제, 지각 명제 등이 상응한다. 외적 직관으로서 변양되지 않은 의미에서 대상 그 자체가 아니라 인식작용의 상관자인 인식대상과 관계하는 외적 직관의 현상학에는 여기에서 명백히 밝힌 개념이 학문적 탐구의 중심에 있다.

우선 일반적 주제로 되돌아가면, 이제 의미의 근본종류 ─ 단적인 의미와 종합적(종합적 작용에 속한) 의미, 최초 단계의 의미와 더 높은 단계의 의미 ─ 을 체계적으로 구별하는 과제가 계속 생긴다. 일부는 내용적 규정의 근본종류를 추적하면서, 일부는 모든 의미의 분야에 동일하게 자신의 역할을 하는 종합적 형성의 근본형식을 추적하면서, 그래서 의미와 내용에 따라 아프리오리하게 의미의 일반적 구조에 대해 규정하는 모든 것 일반 ─ 모든 의식영역에 공통적인 것 또는 유(類)에 적합하게 완결된 영역에 특유한 것 ─ 을 고려하면서, 우리는 의미(Sinn)(의미Bedeutung)의 체계적이고 보편적인 형식이론의 이념으로 올라가게 된다. 정립특성의 체계적 구별을 고찰하면, 이것에 의해 동시에 명제의 체계적 유형이 성취된다.

134. 진술논리의 형식이론

여기에서 주된 과제는 '논리적' 의미(Bedeutung) 또는 술어적 명제, 즉 형식논리학 — 단지 분석적 또는 술어적 종합의 형식만 고려하고 이 형식 속에 들어오는 의미의 전문용어는 규정되지 않은 채 놔두는 형식논리학 — 의 의미에서 '판단'의 체계적인 '분석적' 형식이론을 구상하는 것이다. 이 과제가 특수한 것이더라도, 어쨌든 술어적 종합이라는 명칭이 가능한 모든 의미종류에 대해 가능한 조작의 부류를 지시한다는 사실을 통해 보편적 효력범위를 갖는다. 이 조작은 어디에서나 동일하게 가능한 설명의 조작과 또 설명된 것, 즉 규정주체의 규정으로서, 전체의 부분으로서, 그 지시하는 것[자]의 관계항(項)으로서 설명된 것을 관계짓는 파악의 조작이다. 이 조작과 함께 연언(連言)·선언(選言)·가언(假言) 결합의 조작이 얽혀진다. 이 모든 것은 모든 진술에 앞서는 것이며, 또 이 진술과 함께 새롭게 등장하는 표현적 또는 '개념적' 파악에 앞서는 것이다. 이 파악은 의미에 적합한 표현으로서 모든 형식과 질료에 꼭 들어맞는다.

이미 여러 번 그 이념을 언급하고 입증한 것에 따라 학문적 보편수학(mathesis universalis)의 원리적인 필연적 하부단계를 형성하는 이 형식이론은 지금의 연구성과를 통해 고립화에서 벗어나며, 이념으로 구상된 의미 일반의 형식이론 안에서 자신의 고향을 획득하며, 인식대상적 현상학 속에 그 궁극적 근원터전을 획득한다.

이 문제에 더 가깝게 접근해보자.

우리는 분석적-구문론적 조작은 모든 가능한 의미나 명제에 대한 조작이라 말했다. 그때그때 인식대상의 의미(이 의미는 '추정된 것 그 자체'와 그 규정내용의 방식Wie 속에 있는 것일 뿐이다)는 가능한 의미나 명제의 규정내용을 '설명하지 않은 채' 내포할 수 있다. 그러나 인식대상의 의미는 항상 설명되게 허용하며, 이 설명('분석')과 본질에 적합하게 연관된 그 어떤 조작이 수행되게 허용한다. 이렇게 발생한 종합적 형식(문법적 '구문론'과 유사한 점에서 '구문론' 형식이라 부른다)은 완전히 규정된 것으로, 확고한 형식체계에 속하며, 추상화를 통해 이끌어낼 수 있고, 개념적-표현적으로 포착될 수 있다. 그래서 우리는 예를 들어 단적인 지각정립 속에 지각된 것 그 자체를 "이것은 검고, 잉크병이다. 이 검은 잉크병은 하얗지 않고, 하얗지 않으면 검다" 등의 표현으로 알려지는 방식으로 분석적으로 다룰 수 있다. 각각의 단계에 따라 우리는 일정한 새로운 의미를 갖는다. 즉 근원적으로 하나의 분절을 지닌 명제 대신, 모든 근원속견의 명제를 표현할 수 있는 법칙에 따라 표현되거나 술어로 진술되는 종합적 명제를 갖는다. 분절된 명제 안에서 모든 분절은 분석적 종합에서 유래하는 자신의 구문론 형식을 지닌다.

이러한 의미형식에 속하는 정립이 속견의 근원정립이라 가정해보자. 그렇다면 논리적 의미에서 판단의 다른 형식(진술논리 명제)이 생긴다. 이 모든 형식을 아프리오리하게 규정하는 목표, 체계적 완전성에서 무한히 다양하지만 어쨌든 법칙에 적합하게 한정된 형식의 형성물을 지배하는 목표는 우리에게 진술논리 명제 또는 구문론의 형식이론의 이념을 지시해준다.

그러나 정립, 특히 종합적 전체 정립도 속견의 양상태(Modalität)일 수 있다. 즉 우리는 가령 '추측으로'의 양상 속에 의식된 것을 추측하고 설명한다. 또는 의식된 것이 의문스럽게 거기에 있다면, 의문스러운 의식 속에 의문스러운 것을 설명한다. 이 양상태의 인식대상의 상관자를 표현('S는 p일 것이다' 'S는 p인가?' 등)하면, 긍정과 부정을 표현(예를 들어 'S는 p가 아니다' 'S는 어쨌든 p이다' 'S는 확실히, 실제로 p이다')하듯이 동일한 것을 단적인 술어적 판단 자체에 대해서도 표현하면, 이것에 의해 형식의 개념과 명제의 형식이론의 이념은 확장된다. 형식은 이제[6] 부분적으로는 본래의 구문론적 형식을 통해 부분적으로는 속견의 양상태를 통해 여러 번 규정된다. 이 경우 전체 정립은 언제나 전체 명제에 속하며 또 속견의 정립은 이 전체 정립 속에 포함되어 있다. 동시에 이러한 모든 명제와 이 명제에 직접 맞추어진 개념적 '표현'은 양상적 특성묘사를 일정한 술어로 변화시키는 의미설명과 술어화(述語化)를 통해 일정한 진술명제로 이행되고, 다양한 형식의 내용의 양상태에 관해(예를 들어 'S는 p라는 것이 확실하다·가능하다·개연적이다') 판단하는 일정한 판단으로 이행된다.

판단의 양상태의 경우와 유사하게 기초지어진 정립 또는 감정과 의지의 영역의 의미와 명제, 특히 이것에 속한 종합과 이에 상응하는 표현방식의 경우도 그렇다. 이때 명제와 특히 종합적 명제에 관한 새로운 형식이론의 목표가 쉽게 지적된다.

이 경우 동시에 우리가 존재의 양상태와 바로 똑같은 방식으로 당위(當爲)의 양상태(비유하는 논의가 허용되는 경우라면)를 판단의 질료〔소재〕 속에 이어받는다면, 속견의 명제가 적절하게 확장된 형식이론 속에 모든 명제의 형식이론이 반영된다는 사실을 알게 된다. 이 이어받음이 뜻하는 것은 더 이상 긴 논의가 필요하지 않고, 기껏해야 범례에서 예시하면 된다. 즉 우리는 가령 'S는 p일 것이다' 대신, 'S가 p라는 것이 사실일지 모른다, 그러기를 바란다(하지만 바랐던 것은 아니다)'로, 'S는 p여야 한다' 대신, 'S가 p라는 것이 사실이어야 하고,

---

6) 앞의 127항 초반부와 105항 이하〔106항〕에서 상론한 의미로.

그것은 당연히 그래야 할 것이다'로 말한다.

현상학 자체는, 진술논리 형식이론에서 배울 수 있듯이, 원초적 공리의 근본형태로부터 그 이상의 모든 형태의 체계적 가능성이 연역적으로 추론되는 이 형식이론을 체계적으로 형성하는 데서 자신의 과제를 찾지 않는다. 현상학의 장(場)은 직접적 직관 속에 제시할 수 있는 아프리오리를 분석하는 것, 직접 통찰적 본질과 본질연관 그리고 이것을 기술하는 인식을 선험적 순수 의식에서 모든 층의 체계적 연대 속에 고정시키는 것이기 때문이다. 이론화하는 논리학자가 형식적 의미이론 속에 고립시키는 것, 즉 자신의 일면적 관심방향에 힘입어 현상학적으로 얽혀 있는 인식대상·인식작용의 연관에 주의를 기울이거나 이해하지 않은 채 그것이 그 자체로만 다루어진 것처럼 고립시키는 것을 현상학자는 그것의 완전한 연관 속에 받아들인다. 현상학적으로 본질이 얽혀 있음을 모든 측면에서 추구하는 것이 현상학자의 중대한 과제다. 논리적 근본개념을 완전히 공리(公理)로 제시하는 모든 것은 현상학적 연구의 표제가 된다. 실로 이때 가장 넓은 일반성에서 '명제'(판단명제), 정언(定言)이나 가언(假言)의 명제, 수식적 규정, 명사화된 형용사나 관계사 등으로 완전히 제시된 것은, 이것이 이에 상응하는 인식대상의 본질연관—이론화하는 시선은 그것을 이 본질연관에서 이끌어냈다—으로 되돌려놓이자마자, 순수현상학의 어렵고도 광범위한 문제 그룹을 발생시킨다.

135. 대상과 의식. 이성의 현상학으로 이행함

모든 지향적 체험이 인식대상을 또 이 인식대상 속에 일정한 의미를 지니며 이 의미를 통해 대상에 관련되듯이, 그 반대로 우리가 '대상'이라 부르는 것, 그것에 대해 논의하는 것, 실제성으로서 눈앞에 갖고 가능하거나 개연적인 것으로 간주하며 여전히 규정되지 않은 것으로 생각하는 것 — 이 모든 것은 바로 그 때문에 이미 의식의 대상이다. 그리고 이것은, 세계와 실제성 일반이 무엇이든 또 어떻게 부르든, 이에 상응하는 다소간에 직관적 내용에 의해 충족된 의미나 명제를 통해 실제적이거나 가능한 의식의 테두리 속에 대변되어야 한다는 사실을 뜻한다. 그래서 현상학이 '배제'하면, 현상학이 선험적 현상학으로서 실재성에 관한 모든 현실적 정립을 괄호치고, 앞에서 기술한 그밖의 괄호침을 하면, 우리는 지금 더 깊은 근거에 입각해 이전의 정립, 즉 현상학적으로 배제된 모든 것은 일정한 부호변경 속에 어쨌든 현상학의 테두리에 속한다는 정립[7]의 의미와 정당성을 이해하게 된다. 즉 배제함의 수중에 떨어진 실제적이거나 이념적인 실제성은 이것에 상응하는 의미와 명제의 전체 다양체를 통해 현상학적 영역 속에 대변된다.

그러므로 예를 들어 실제적 자연의 모든 사물은 모든 의미와 또 변화하면서 충족된 명제를 통해 대변된다. 이 명제 속에 사물은 다양하게 규정되고 또 계속 규정할 수 있는 것으로서 가능한 지향적 체험의 상관자다. 따라서 사물은 '충만한 핵심' 또는 사물이 동일한 것으로서 인식대상으로 구성될 수 있는 모든 가능한 '주관적 나타남의 방식'의 다양체를 통해 대변된다. 그러나 이 구성은 우선 본질상 가능한 개별적 의식에 관련되고, 그런 다음 가능한 공동체의식, 즉 본질상 가능한 다수의 '서로 교류하는' 의식-자아와 의식의 흐름에 관련된다. 이 의식-자아와 의식의 흐름에 대해 하나의 사물은 동일한 객관적으로 실제적인 것으로서 상호주관적으로 주어질 수 있고 확인될 수 있다. 우리의 상론 전체, 따라서 여기에서 이루는 상론도 현상

---

7) 76항 초반부를 참조할 것.

학적 환원의 의미에서 그리고 형상적 일반성에서 이해되어야 한다는 사실에 항상 주의해야 한다.

다른 한편 각각의 사물에도 결국 하나의 공간과 하나의 시간을 지닌 전체 사물세계에는 가능한 인식작용의 사건의 다양체, 이 사건과 관련된 단일의 개인과 공동체의 개인들의 가능한 체험의 다양체가 상응한다. 이 체험은 앞에서 고찰한 인식대상의 다양체에 평행하는 것으로 의미와 명제에 따라 이 사물세계에 관련되는 독자성을 그것의 본질 속에 그 자체로 갖는다. 따라서 체험에는 해당된 질료적 자료의 다양체가 그에 속한 '파악', 정립적 작용특성 등을 지니고 생긴다. 이 파악과 정립적 작용특성은 질료적 자료의 결합된 통일체 속에 바로 우리가 이 사물성에 대한 **경험의식**이라 부르는 것을 형성한다. 사물의 통일체에 대해 완전히 규정된 그리고 무한함에도 불구하고 〔전모를〕 개관할 수 있는 본질내용을 지닌 인식작용의 체험의 무한한 이념적 다양체가 대립해 있다. 이 모든 체험은 '동일한 것'에 대한 의식이라는 점에서 일치한다. 이 일치함은 의식영역 자체 속에, 즉 그것의 측면에서 다시 우리가 여기서 경계지은 그룹에 함께 속하는 체험 속에 주어진다.

왜냐하면 경험하는 의식으로 제한하는 것은, '세계'의 '사물'로 제한하는 것과 마찬가지로, 단지 범례로 생각되었기 때문이다. 각각의 모든 것은, 〔연구의〕 테두리를 확장하더라도, 아래로 가장 낮은 구체화에 이르기까지 일정한 일반성과 특수성의 단계에서 움직이더라도, 본질에 적합하게 미리 지시되어 있다. 체험영역이 그 선험적 본질구조에 따라 엄밀하게 법칙적이므로, 공간 속에 그려질 수 있는 모든 가능한 도형이 무조건 타당한 법칙성에 따라 그 어떤 공간의 본질을 통해 규정되듯이, 모든 가능한 본질형태는 인식작용과 인식대상에 따라 그 본질구조 속에 확고하게 규정되어 있다. 그래서 여기서

양 측면에서 가능성(형상적 존재)이라는 것은 절대적인 필연적 가능성이며, 형상적 체계의 절대적으로 확고한 조직 속의 절대적으로 확고한 분절이다. 〔우리의〕 목표는 그것의 학문적 인식을 획득하는 것, 즉 순수한 본질직관에서 솟아나오는 개념과 법칙진술의 체계 속에 그것의 이론적 각인과 지배〔숙달〕를 획득하는 것이다. 형식적 존재론과 이 존재론에 연결된 범주이론——존재영역과 그 존재범주를 분배하고 이것에 적합한 실질적 존재론을 구성하는 것에 관한 이론——을 만드는 모든 기본적 구분은, 우리가 개별적인 것까지 계속 진전시켜가면 이해하게 되겠지만, 현상학적 연구에 주요표제다. 이 연구에는 체계적으로 기술되고 가능성과 필연성에 따라 규정되어야 할 인식작용-인식대상의 본질연관이 필연적으로 상응한다.

지금의 고찰로 드러난 대상과 의식의 본질연관이 뜻하거나 뜻해야 할 것을 더 자세히 숙고해보면, 우리는 애매함을 느낄 수 있고, 이 애매함을 추구하면서 우리 연구에서 중대한 전환점에 직면해 있다는 사실을 알아차린다. 우리는 다양한 〔정립된〕 '명제' 또는 어떤 인식대상의 내용을 지닌 다양한 체험을 하나의 대상에 배정하고, 게다가 이것을 통해 동일하게 확인하는 종합이 아프리오리하게 가능하며 이 종합에 힘입어 대상이 동일한 것으로서 거기에 있을 수 있고 또 있어야 할 방식으로 배정한다. 다른 작용 속에 있거나 다른 '규정내용'을 지닌 다른 작용의 인식대상 속에 있는 X는 필연적으로 동일한 것으로 의식된다. 그러나 이것이 실제로 동일한 것인가? 그리고 대상 자체는 '실제로' 있는가? 어쨌든 일치하는 게다가 직관이 충족된 다양한 명제——그 본질내용이 무엇이든 간에——가 의식에 적합하게 경과했던 동안, 대상이 비-실제적일 수는 없지 않은가?

우리의 관심은 의식의 사실성(Faktizität)이나 그 경과가 아니라, 오히려 여기에서 공식화(公式化)할 수 있을 본질문제다. 의식 또는 의식주체 자체는 실제성에 관해 판단하고, 실제성에 대해 심문하고 추측하며, 실제성을 의심하고, 의심을 판정하고, 그래서 이때 '이성의 권능〔판결〕'을 수행한다. 이러한 권리의 본질과 이와 상관적으로 '실제성'──모든 형식적 범주와 영역적 범주에 따라 모든 종류의 대상과 관련된 실제성──의 본질은 선험적 의식의 본질연관 속에, 따라서 순수하게 현상학적으로 명석하게 이끌어야 하지 않는가?

따라서 대상성(예를 들어 사물의 대상성)의 인식작용–인식대상의 '구성'에 관한 우리의 논의에는 애매함이 있다. 무엇보다 우리는 그 구성에서 어쨌든 '실제적' 대상, 즉 '실제적 세계'나 적어도 '하나의' 실제적 세계 일반의 사물을 생각했다. 그러나 이때 의미와 명제를 통해 의식에 적합하게 주어진 대상에 대해 이 '실제적'이라는 것은 무엇을 뜻하는가? 그것은 이 명제 자체에 대해, 이 인식대상 또는 이와 평행하는 인식작용의 본질종류에 대해 무엇을 뜻하는가? 그것은 형식과 충족에 따라 인식대상과 인식작용이 지닌 구조의 특별한 방식에 대해 무엇을 뜻하는가? 특별한 대상영역에 따라 이 구조는 어떻게 특수화되는가?

그러므로 이 물음은, 현상학적 학문성(Wissenschaftlichkeit)에서 모든 의식연관이 어떻게 인식작용이나 인식대상으로 기술될 수 있는가 하는 물음이다. 이 의식연관은 어떤 대상 그 자체(이것은 일상적 어법의 의미에서 항상 어떤 실제적 대상을 뜻한다)를 바로 그 현실성에서 필연적으로 만든다. 그러나 더 넓은 의미에서 대상은, '실제적인 것이든 아니든 간에', 어떤 의식연관 속에 '구성된다'. 이 의식연관은, 이것이 동일한 X의 의식을 본질에 적합하게 수반하는 한, 통찰할 수 있는 통일체를 내포한다.

사실 우리가 상론한 것은 그 어떤 적확한 의미에서 단순히 실제성에만 해당되지 않는다. 실제성에 관한 물음은 모든 인식 그 자체 속에, 또한 대상의 가능한 구성과 관련된 현상학적 인식 속에 삽입되어 있다. 즉 모든 인식은 '실제로-존재하는' 것으로 생각된 '대상' 속에 자신의 상관자를 갖는다. 인식대상으로 '추정된' X의 동일성이 '단순히' 추정된 동일성 대신, '실제적 동일성'이 되는 것은 언제인가? 이 물음은 어디에서나 제기될 수 있는가? 그리고 이 '단순히 추정된' 것은 어디에서나 무엇을 뜻하는가?

그러므로 실제성에 관한 문제, 이와 상관적으로 이 문제를 그 자체로 증명하는 이성의식의 문제를 새롭게 고찰해야 한다.

제2절 이성의 현상학

전적으로 대상에 관해 이야기하면, 우리는 정상으로 그때그때 존재범주의 참으로 존재하는 실제적 대상을 뜻한다. 이때 우리가 대상에 관해 무엇을 표명했더라도, 이성적으로 말하면, 이 경우 의도된 것이든 진술된 것이든 그것은 '정초되고' '증명되고' 직접 '보이거나' 간접적으로 '통찰되어야' 한다. 원리상 논리적 영역, 즉 진술의 영역에는 '참으로-있음' 또는 '실제로-있음'과 '이성적으로 증명할 수-있음'이 상관관계에 있다. 이것은 모든 속견에 존재의 양상태나 정립의 양상태에서도 그러하다. 여기에서 문제 되는 이성적 증명의 가능성은 자명하게 경험적 가능성이 아니라, '이념적' 가능성, 즉 본질가능성으로 이해되어야 한다.

136. 이성의식의 첫 번째 근본형식: 원본적으로 부여하는 '봄'

그런데 이성적 증명이 무엇을 뜻하는지, 이성의식(Vernunftbewußtsein)

이 어디에 있는지 묻는다면, 예(例)의 직관적 현전화와 이 예에서 수행된 본질분석의 단초가 많은 차이를 제시해준다.

우선 정립된 것이 원본적으로 주어지는 정립적 체험과 원본적으로 주어지지 않는 정립적 체험의 차이다. 따라서 '지각하는' ─ 가장 넓은 의미에서 ─ '보는' 작용과 '지각하지 않는' 작용의 차이다.

따라서 기억의식, 가령 어떤 풍경에 대한 기억의식은 원본적으로 주어지지 않으며, 풍경은 우리가 그것을 실제로 볼 때처럼 지각되지 않는다. 이것에 의해 우리는 기억의식은 자신에 고유한 권리가 없다는 것이 결코 아니라, 다만 그것은 '보고 있는' 의식이 아니라는 것을 말하려 했을 뿐이다. 현상학은 이러한 대립에 유사한 것을 모든 종류의 정립적 체험에 대해 제시한다. 즉 예를 들어 '2+1=1+2'를 '맹목적'으로 단언할 수 있지만, 동일한 판단을 통찰하는 방식으로 수행할 수도 있다. 이때 사태, 즉 판단종합에 상응하는 종합적 대상성이 원본적으로 주어지며, 원본적으로 파악된다. 이 사태는 즉시 과거지향이 변양되는 가운데 희미해지는 생생한 통찰 이후에는 더 이상 원본적으로 주어지지 않는다. 이 과거지향의 변양 역시 동일한 인식대상의 의미에 대한 임의의 그밖의 희미하거나 혼란된 의식에 대립해, 예를 들어 이전에 언젠가 배웠거나 통찰했던 것이 '생각하지 않고' 이루어지는 재생산 ─ 이것은 더 이상 원본적으로 〔대상을〕 부여하는 의식이 아니다 ─ 에 대립해, 이성이 수행된다.

이 차이는 순수 의미나 명제에 관계하지 않는다. 왜냐하면 순수 의미나 명제는 그러한 예의 모든 쌍의 분절에서 동일한 것이며, 의식에 적합하게 동일한 것으로 항상 직관할 수 있기 때문이다. 이 차이는 의식의 인식대상이 구체화되는 가운데 단순히 추상된 것으로 보충하는 계기에 더 이상을 요구하는 단순한 순수 의미나 명제가 어떻게 충족되거나 충족되지 않은 의미나 명제가 되는가 하는 방식에 관계한다.

의미의 충족 혼자만 그것을 형성하지는 않고, 충족의 방식(Wie)도 문제가 된다. 의미의 체험방식은 '직관적' 방식이고, 이 경우 '추정된 대상 그 자체'는 직관적으로 의식된 대상이며, 여기에서 특별히 부각된 경우는 직관의 방식이 바로 원본적으로 부여하는 방식이라는 것이다. 풍경에 대한 지각에서 의미는 지각으로 충족되며, 자신의 색깔·모양 등(이것이 '지각 속에 들어오는' 한)을 지닌 지각된 대상은 '생생한' 방식으로 의식된다. 우리는 이와 비슷한 특징을 모든 작용영역에서 발견한다. 이 상태는 다시 평행론의 의미에서 두 측면, 즉 인식작용의 측면과 인식대상의 측면을 지닌 상태다. 인식대상을 향한 태도에서 우리는 순수 의미와 융합된 생생함(원본적 충족됨으로서)의 특성을 발견하는데, 이러한 특성을 지닌 의미는 이제 인식대상의 정립특성의 토대로서, 또는 존재특성의 토대로서 기능한다. 이와 평행하는 것은 인식작용에 대한 태도에서도 적용된다.

그러나 특수한 이성의 특성은, 결코 단순한 어떤 의미가 아니라 원본적으로 부여하는 충족된 의미에 근거한 정립일 때 그리고 오직 이럴 때에만, 본질에 적합하게 정립특성에 도달하는 특징으로서 정립특성에 고유한 것이다.

여기에서 모든 종류의 이성의식에서도 '속한다'는 말은 고유한 의미를 띤다. 예를 들어 어떤 사물의 모든 생생한-나타남에는 정립이 속하며, 정립은 일반적으로 이 나타남과 함께 하나(가령 심지어 단순한 일반적 사실로서 — 하지만 이것은 여기에서 문제 밖이다)를 이룰 뿐 아니라, 정립은 나타남과 함께 독특하게 하나다. 정립은 나타남을 통해 '동기지어지지만', 어쨌든 또다시 단순히 일반적으로가 아니라, '이성적으로 동기지어진다'. 이것은 정립이 원본적으로 주어지는 가운데 자신의 근원적 권리근거를 갖는다는 것을 뜻한다. 원본적이지 않은 주어지는 방식에서는 이 권리근거가 가령 없을 필요가 없지만, 권리

근거에 대한 상대적 평가에서 부각된 역할을 하는 **근원적 근거**의 우선성이 없다.

마찬가지로 본질직시 속에 '원본적으로' 주어진 본질이나 본질사태의 정립은 바로 본질이나 본질사태의 정립 '질료', 즉 본질이나 본질사태가 주어지는 방식에서 '의미'에 '속한다'. 정립은 이성적 정립이며, **신념확실성**으로서 근원적으로 동기지어진 정립이다. 정립은 '**통찰한다**'는 특수한 특성을 띠기 때문이다. 정립이 맹목적 정립이고 단어의 의미가 희미하고 혼란되어 의식된 작용의 토대에 근거해 수행된다면, 통찰이라는 이성의 특성은 필연적으로 결여되고, 그래서 이성의 특성은 사태가 그렇게(희미하고 혼란되어) 주어지는 방식(이 말을 여기에서 여전히 사용하려 할 때)과 또는 의미핵심이 그렇게 인식대상으로 구비되는 것과 **본질적으로 양립할 수 없다**. 다른 한편 이것은 본질인식의 불완전한 재(再)-현전화의 예가 보여주듯이, 2차적 이성의 특성을 제외하지 않는다.

따라서 통찰, 일반적으로 **명증성**은 완전히 부각된 사건이다. 이 사건은 그 '핵심'에 따라 이성의 정립과 이 정립을 본질적으로 동기짓는 것과의 **통일체**이기 때문이다. 이 경우 이 전체 상태는 인식작용으로도 인식대상으로도 이해될 수 있다. '**동기부여**'(Motivation)라는 말은 각별히 (인식작용의) 정립작용과 자신의 **충족되는** 방식에서 인식대상의 명제 사이의 관련에 들어맞는다. '**명증한 명제**'라는 표현은 그 인식대상의 의미에서 직접 이해할 수 있다.

명증성이라는 말을 때로는 인식작용의 특성이나 충만한 작용(예를 들어 판단작용의 명증성)에 때로는 인식대상의 명제(예를 들어 명증한 논리적 판단, 명증한 진술명제)에 적용하는 데서 이중의 의미는 인식작용과 인식대상의 상관관계의 계기에 관련된 표현의 일반적이고도 필연적인 이중의 의미성을 지닌 경우다. 이 이중의 의미의 원천을

현상학적으로 증명하는 것은 이 이중의 의미가 손상받지 않게 만들
며, 심지어 그것이 불가결하다는 점을 인식시킨다.

더구나 '충족'이라는 말이 완전히 다른 방향에 있는 또다른 이중의
의미를 갖는다는 사실을 깨달아야 한다. 그것은 어떤 때는 현실적 정
립이 의미의 특수한 양상을 통해 받아들인 특성으로서 '지향의 충족'이
고, 다른 때는 바로 이 양상 자체의 특유성 또는 이성적으로 동기짓
는 '충족'을 그 자체로 지니는 해당된 의미의 특유성이다.

137. 명증성과 통찰. '원본적' 명증성과 '순수' 명증성, 실연적 명증성과 필증적 명증성

위에서 사용된 한 쌍의 예는 동시에 두 번째와 세 번째의 본질적 차
이를 예시해준다. 우리가 일상적으로 명증성과 통찰(또는 통찰함)이라
부른 것은 정립적인 속견적 의식이고, 이 경우 '다른 존재를 제외하
는' 충전적으로 부여하는 의식이다. 왜냐하면 정립은 충전적으로 주
어짐을 통해 각별한 방식으로 동기지어지고, 최상의 의미에서 '이
성'의 작용이기 때문이다. 산술의 예는 이러한 사실을 예시해준다.
풍경의 그 예에서 우리는 어떤 봄(Sehen)을 갖는데, 이것은 일상적인
적확한 단어의미에서 명증성, 즉 '통찰함'(Einsehen)이 아니다. 더 자
세히 고찰하면, 우리는 대조된 예에서 이중의 차이를 알아차리게 된
다. 즉 어떤 예[산술]에서는 본질이 문제가 되고, 다른 예[풍경]에서
는 개별적인 것이 문제가 된다. 두 번째로 원본적으로 주어짐은 형상
적 예[산술]에서 충전적이고, 경험영역에서 끌어낸 예[풍경]에서는
비-충전적이다. 어떤 상황에서 서로 교차되는 이 두 차이가 명증성의
종류의 관점에서 중요한 것으로 입증된다.

첫 번째 차이에 관해서는, 어떤 개별적인 것을 이른바 '실연적(實然

的)으로' 봄, 예를 들어 어떤 사물이나 개별적 사태를 '알아차림'은 그 이성의 특성 속에 '필증적' 봄, 즉 어떤 본질이나 본질사태를 통찰함과 본질적으로 구별된다는 사실이 현상학적으로 확인될 수 있다. 그러나 마찬가지로 어쩌면 둘의 혼합을 통해, 즉 통찰을 실연적으로 보인 것에 적용하는 경우 또 일반적으로 어떤 정립된 단일자가 그렇게 존재함(Sosein)의 필연성에 대한 인식에서 수행되는 통찰함의 변양과도 구별된다.

명증성과 통찰은, 일상적인 적확한 의미에서 같은 뜻을 지닌 것으로, 즉 필증적 통찰함으로 이해된다. 그러나 우리는 이 두 말을 전문 용어상 분리하려 한다. 그 의미 속에 실연적 봄과 필증적 통찰함을 포괄하는 더 일반적인 말을 철저히 사용한다. 이 둘이 실제로 하나의 본질 유(類)라는 사실, 더 일반적으로 파악해보면, 이성의식 일반은 정립적 양상태 — 이 속에서 바로 원본적으로 주어짐에 관련된 '봄'(극도로 확장된 의미에서)은 확고하게 제한된 성질을 형성한다 — 에 관한 최고 유를 지칭한다는 사실을 지극히 중요한 현상학적 인식으로 간주한다. 이제 이 최고 유에 이름을 붙이기 위해 '봄'이라는 말의 의미(방금 전과 마찬가지이지만 매우 멀리 나아가는)를 확장하든가, '통찰함' '명증성'이라는 말의 의미를 확장하든가 선택해야 한다. 이때 가장 일반적인 것에는 '명증성'이라는 말을 선택하고, 주어짐의 원본성과의 동기부여 관련을 통해 특성지어진 모든 이성의 정립에는 '원본적 명증성'이라는 표현을 제시하는 것이 가장 적절할 것이다. 더 나아가 실연적 명증성과 필증적 명증성을 구별하고, '통찰'이라는 말에 이 필증성의 특별한 명칭을 위임해야 한다. 계속해서 순수한 통찰과 불순한 통찰(예를 들어 그 존재 자체가 명증할 필요조차 없는 어떤 사실적인 것의 필연성에 대한 인식)을 대립시켜야 한다. 마찬가지로 순수한 명증성과 불순한 명증성도 매우 일반적으로 대립시켜야 한다.

또한 더 깊이 연구해가면, 그 이상의 차이, 즉 명증성의 특성에 영향을 미치는 동기짓는 토대의 차이가 생긴다. 예를 들면 순수한 형식적('분석적' '논리적') 명증성과 **질료적**(종합적-아프리오리한) 명증성의 차이다. 어쨌든 첫 번째 예시를 넘어서면 안 된다.

138. 충전적 명증성과 비-충전적 명증성

이제 위에서 지적한 명증성의 두 번째 차이를 고려해보자. 이 차이는 충전적 주어짐과 비-충전적 주어짐의 차이와 연관되고, 동시에 '불순한' 명증성의 부각된 유형을 기술할 수 있는 기회를 준다. 사물이 생생하게 나타남에 근거한 정립은 이성적 정립이지만, 나타남은 언제나 일면적인, '불완전한' 나타남일 뿐이다. '본래' 나타나는 것뿐 아니라, 단지 일면적으로 직관적이며 게다가 여러 가지로 규정되지 않은 의미라도, 총체적 의미에 따라 전체인 단순한 이 사물 자체도 생생하게 의식된 것으로서 거기에 있다. 이 경우 '본래' 나타나는 것은 사물에서 가령 그 자체만의 어떤 사물로 분리될 수 없다. 왜냐하면 충만한 사물의 의미에서 '본래' 나타나는 것의 의미상관자가 **비-자립적 부분**을 형성하기 때문이다. 비-자립적 부분은 필연적으로 공허함과 규정되지 않음을 구성하는 요소를 내포한 하나의 전체 속에서만 의미통일체와 의미자립성을 가질 수 있다.

원리상 사물의 실재적인 것(Dingreales), 완결된 나타남에서 그러한 의미의 존재는 단지 '비-충전적으로'만 나타날 수 있다. 이러한 점은 그와 같이 비-충전적으로 주어진 나타남에 기인하는 어떠한 이성의 **정립**도 '**궁극적으로 타당하거나**' '**극복할 수 없는**' 것이 아니라는 사실과 본질적으로 연관된다. 또 어떠한 이성의 정립도 그 단일화에서 전적으로 '사물은 실재적이다'와 같은 값을 지닌 것이 아니라, ──경험의 진행이 근원적 정립을 계속된 연관 속에 '말소할 수 있는' 정립으로 제시하는 '더 강력한 이성의 동기'를 제출하지 않는다고 전제하면 —— '그것은 실제적이다'와 같은 값을 지닐 뿐이라는 사실과 본질적으로 연관되어 있다. 이 경우 정립은 오직 나타남(불완전하게 충족된 지각의 의미)을 통해서만 단일화되는 가운데 고찰된 그 자체에서 또 그 자체로만 이성적으로 동기지어진다.

그러므로 원리상 비-충전적으로 주어질 수밖에 없는 존재 종류(실재성의 의미에서 초재超在)의 영역에서 이성의 현상학은 이 영역에서 아프리오리하게 미리 지시된 사건을 연구해야 한다. 이성의 현상학은 어떻게 비-충전적인 주어짐의 의식이, 어떻게 일면적으로 나타나는 것이 연속으로 서로 뒤섞여 항상 새롭게 이행하는 나타남으로 연속해 진행되는 가운데 본질가능성을 명백하게 하는 하나의 동일한 규정을 할 수 있는 X와 관계하는지를 명석하게 해명해야 하며, 어떻게 여기에서 한편으로 경험이 진행 —— 앞서 지나간 나타남의 공허한 자리가 충족되고 규정되지 않음이 더 상세하게 규정되며 그래서 항상 부단히 강화되는 그 이성의 힘으로 시종일관 일치해 충족되는 방식으로 규정되는 바로 경험이 진행 —— 할 수 있으며 연속으로 앞에 놓여 있는 이성의 정립을 통해 언제나 동기지어지는지를 명석하게 해명해야 한다. 다른 한편 이에 대립된 가능성, 즉 항상 동일한 것으로 의식되는 X의 불일치함이나 '다르게 규정함' —— 이전의 지각이 경과하는 근원적 의미부여의 X가 그 지각의 의미와 함께 말소되는 것과 다르게 규정되는 ——의 융합이나 다수정립적 종합의 경우를 설명해야 한다. 또 어떻게 어떤 상황에서 전체 지각이 이른바 파열되어 '모순되는 사물의 파악', 즉 사물에 대한 추정으로 분열되는지, 어떻게 이 추정의 정립이 지양(止揚)되고 지양되는 가운데 독특하게 변양되는지, 또는 변양되지 않고 남아 있는 어떤 정립이 '대응하는 정립'이 말소되는 것을 '조건짓는지' 등 그밖의 사건을 설명해야 한다.

더 자세하게는 근원적 이성정립이 일치하는 충족이 진행되는 가운데 그 동기짓는 '힘'의 관점에서 현상학적으로 적극 강화되는 사실을 통해, 그래서 근원적 이성정립이 끊임없이 '무게'를 획득하며, 따라서 언제나 또 본질적으로 무게 —하지만 단계적으로 다른— 를 지닌다는 사실을 통해 근원적 이성정립이 겪는 특유한 변양도 연구해야 한다. 더구나 어떻게 정립의 무게가 '대응하는 동기'에 따라 영향받는지, 어떻게 정립이 의심하는 가운데 서로 '균형을 유지하는지', 어떻게 어떤 정립이 '더 강력한' 무게를 지닌 다른 정립과의 경쟁에서 '압도되고' '포기되는지' 등에 관해 다른 가능성을 분석해야 한다.

게다가 물론 정립특성에서 변경에 대해 본질적으로 규정하는 의미 —그에 속한 정립의 질료인 의미— 속의 사건(예를 들어 나타남이 '대립하는' 또는 '경쟁하는' 사건)은 포괄적으로 본질을 분석해야 한다. 왜냐하면 현상학적 영역의 어디에서와 마찬가지로 여기에서도 우연이나 [단순한] 사실성은 존재하지 않고, 모든 것은 본질에 적합하게 규정되어 동기지어지기 때문이다.

동일한 방식으로 모든 종류의 직접적 이성작용에 대한 본질탐구는 인식작용으로 또 인식대상으로 주어짐에 대한 일반적 현상학의 연관 속에 실행되어야 한다.

주장된 대상의 모든 영역과 범주에는 의미나 명제의 근본종류뿐 아니라 그러한 의미를 원본적으로 부여하는 의식의 근본종류와 이에 속한 원본적 명증성 —그러한 성질이 원본적으로 주어짐으로써 본질에 적합하게 동기지어진— 의 근본유형도 현상학적으로 상응한다.

그 말이 우리의 확장된 의미에서 이해된 모든 명증성은 원리상 아무튼 무게의 등급차이가 없이는 더 이상 '강화될' 수도 '약화될' 수도 없는 충전적 명증성이거나, 비-충전적 명증성, 따라서 증가할 수도 감소할 수도 있는 명증성이다. 어떤 영역에서 전자나 후자의 명증성이 가능한지는 그 명증성의 유적 유형에 달려 있다. 따라서 명증성은 아 프리오리하게 미리 형성되어 있고, 어떤 영역(예를 들어 본질관련의 영역)에서 명증성에 속하는 완전성을 이 명증성을 완전히 제외하는 다른 영역에서 요구하는 것은 이치에 어긋난다.

여전히 다음과 같은 점을 언급해야 한다. 즉 우리는 주어짐의 방식 과 관련된 '충전적'과 '비-충전적'이라는 개념의 근원적 의미를, 바 로 이 연관에 힘입어, 이 개념을 통해 기초지어진 이성의 정립 자체 의 본질특유성으로 전용(轉用)할 수 있다는 점이다. 전용을 통해 불 가피하게 일어나는 그 애매함은, 그것을 그 자체로서 인식하고 근원 적인 것과 파생된 것을 완전히 의식해 구별하는 한, 해(害)가 없다.

139. 모든 종류의 이성이 얽혀 있음.
이론적 진리와 가치론적 진리, 실천적 진리

지금까지 상론한 것에 따라 정립은, 그 [작용의] 질(質)이 어떠하 든 간에, 이성적일 때 그 의미의 정립으로서 자신의 권리를 갖는다. 이성의 특성은 바로 그 자체가 이성에 ─따라서 사실적으로 정립하 는 자아의 우연적 상황에서 우연적 사실로서가 아니라─ 본질적으 로 '적합한' 정당성의 특성이다. 이와 상관적으로 명제도 정당화된 다. 즉 명제는 이성의식 속에 인식대상의 권리특성과 함께 부여되어 거기에 있으며, 이 권리특성은 또다시 그러한 성질을 띤 인식대상의 정립과 이 정립의 의미의 질료로서 명제에 본질적으로 속한다. 더 정 확하게 말하면, 자신의 측면에서 정립이라는 이성의 특징을 정초하 는 그렇게 성질이 부여된 충족은 명제에 '속한다'.

명제는 여기서 자신의 권리를 그 자체에서 갖는다. 그러나 '어떤 명

제에 대해 무엇을 이야기할' 수도 있고, 명제는 '그 자체'가 이성적이
되지 않고도 어쨌든 이성에 관여할 수 있다. 우리는 속견의 영역에
머물기 위해 속견의 양상태와 근원속견의 특유한 연관을 기억한다.[8]
모든 속견의 양상태는 근원속견을 소급해 지시한다. 다른 한편 이 양
상태에 속한 이성의 특성을 고찰하면, 이성의 특성은 모두 ─ 그밖에
질료와 동기부여의 토대가 다르더라도 ─ 이른바 근원신념의 범위
에 속하는 일정한 근원이성의 특성을 소급해 지시한다는, 즉 원본적
이고 결국에는 완전한 명증성의 경우를 소급해 지시한다는 생각이
처음부터 자꾸 떠오른다. 그러면 이 소급해 지시함의 두 종류에는 깊
은 본질연관이 존재한다는 사실이 명백해진다.

　그런데 추측은 그 자체로 이성적인 것으로 특성지어질 수 있다는
점만 시사하면 된다. 우리가 추측 속에 놓여 있는 그에 상응하는 근
원신념을 소급해 지시함을 추적해가면, 또 이 근원신념을 '추정함'
의 형식 속에 우리 것으로 만든다면, '이 근원신념에 대해 어떤 것을
이야기한다'. 신념 자체는, 신념이 이성에 관여하더라도, 이성적인
것으로서 단적으로 특성지어지지 않는다. 우리는 여기에서 더 이상
의 이성이론의 구분과 이 구분과 관련된 탐구가 필요하다는 사실을
알게 된다. 〔작용의〕 질에 특유한 이성의 특성을 지닌 서로 다른 〔작
용의〕 질 사이에서 본질연관이, 게다가 상호간의 본질연관이 부각된
다. 그리고 결국 〔본질연관의〕 모든 계열은 근원신념(Urglauben)과 이
것의 근원이성(Urvernunft) 또는 '진리'로 되돌아온다.

　진리는 명백히 근원속견, 신념확실성의 완전한 이성의 특성에 상
관자다. "어떤 근원속견의 명제, 가령 어떤 진술명제는 참이다"는 표
현과 "완전한 이성의 특성은 이에 상응하는 신념작용·판단작용에

---

8) 104항 초반부를 참조할 것.

적합하다"는 표현은 같은 값을 지닌 상관자다. 물론 여기에서는, 진리가 현실적 명증성의식 속에서만 현실적으로 주어질 수 있고 그래서 이 자명성 자체의 진리나 방금 전에 지적한 같은 값을 지닌 것 등의 진리 역시 그렇다는 것이 형상적으로 자명하더라도, 어떤 체험이나 판단하는 자의 사실(Faktum)이 문제되지 않는다. 근원속견의 명증성, 즉 신념확실성의 명증성이 없다면, 우리는 그 명증성의 의미내용 'S는 p이다'에 대해 속견적 양상태, 가령 'S는 p일 것이다'는 추측은 명증할 수 있다고 말한다.

이러한 양상의 명증성은 변경된 의미의 근원속견의 명증성, 즉 'S가 p라는 사실은 추측적이다(개연적이다)'라는 명증성이나 진리와 같은 값을 지니면서 필연적으로 결부되어 있다. 다른 한편으로 'S가 p라는 사실에 대해 어떤 것을 이야기한다', 또한 'S가 참으로 p라는 사실에 대해 어떤 것을 이야기한다'는 진리와 같은 값을 지니면서 필연적으로 결부되어 있다. 현상학적 근원에 대한 탐구가 필요한 본질연관은 이 모든 것에 의해 지시된다.

그러나 명증성은 결코 신념의 영역에서 (게다가 단지 술어적 판단의 영역에서) 그러한 이성의 사건에 대한 단순한 표제가 아니라, 모든 **정립적 영역**에 대한 표제, 특히 이 영역들 사이에서 경과하는 중요한 이성의 관련에 대해서도 표제다.

따라서 이것은 감정정립과 의지정립의 영역에서[9] 극히 어렵고도 아주 포괄적인 이성의 문제 그룹뿐 아니라 이 이성과 '이론적' 이성, 즉 속견의 이성이 얽혀 있음에도 해당된다. '이론적 진리' 또는 '속견논리의(doxologisch) 진리' 또는 명증성은 '가치론적이고 실천적인 진리

---

9) 이러한 방향에서 최초의 출범은 브렌타노의 독창적 저술 『도덕적 인식의 근원에 관해』(*Vom Ursprung der sittlichen Erkenntnis*, 1889)가 실행했는데, 나는 이 저술을 무척 고맙게 느낀다.

나 명증성' 속에 그것에 평행하는 것을 갖는다. 이 경우 후자의 명칭의 '진리'는 속견논리의 진리 속에, 즉 특수한 논리적(진술논리) 진리 속에 표현되고 인식된다.[10] 이러한 문제를 다루기 위해 우리가 위에서 착수하려 했던 것과 같은 연구, 즉 속견의 정립을 다른 모든 종류의 정립, [예를 들면] 감정과 의지의 정립에 결부시키는 본질관련, 또한 모든 속견의 양상태를 근원속견으로 소급해 이끄는 본질관련을 문제 삼는 연구가 기본적이어야 한다는 사실은 말할 필요조차 없다. 바로 이러한 사실을 통해 왜 신념확실성과 이에 상응해 진리가 모든 이성 속에 매우 지배적 역할을 하는지 궁극적 근거에 입각해 이해할 수 있게 된다. 이 역할은 그밖에도 동시에 속견의 영역에서 이성의 문제가 [문제]해결의 관점에서 가치론적이고 또 실천적인 이성의 문제에 선행해야 한다는 사실을 자명하게 해준다.

140. 확증. 명증성 없는 정당화.
정립적 통찰과 중립적 통찰이 같은 값을 지님

동일한 의미와 명제의 작용 사이에서, 그러나 그 본질상 서로 다른 이성의 가치로부터 (단지 두드러진 경우를 예로 들기 위해) 수립될 수 있는 '합치'의 결합을 제시하는 문제를 더 이상 연구해야 한다. 예를 들어 명증한 작용과 명증하지 않은 작용은 합치될 수 있다. 이 경우 명증하지 않은 작용으로부터 명증한 작용으로 이행하는 가운데 명증한 작용은 증명하는 작용의 특성을, 명증적이지 않은 작용은 자신이 증명되는 특성을 받아들인다. 어떤 작용의 통찰적 정립은 다른 작용의

---

10) 인식은 주로 주관의 관점에서, 주관의 명증한 판단작용의 상관자로서 이름붙인 논리적 진리에 대한 명칭이다. 그러나 또한 모든 종류의 명증한 판단작용 자체와 결국 모든 속견적 이성의 작용에 대한 명칭이기도 하다.

통찰적이지 않은 정립에 대해 '확증하는 것'으로 기능한다. '명제'는 '검증되거나' '확증되며', 불완전한 주어짐의 방식은 완전한 주어짐의 방식으로 변화된다. 이러한 과정이 어떻게 보이고 보일 수 있는지는 해당된 정립의 본질이나 그때그때 완전히 충족된 명제의 본질을 통해 미리 지시된다. 그래서 명제의 모든 유에 대해 원리상 증명할 수 있는 형식을 현상학적으로 명백히 밝혀야 한다.

정립이 비-이성적이 아니라면, 정립이 이것을 증명하는 현실적 이성의 정립으로 이행될 수 있다는 사실(daß)과 그 방식(wie)에 대해 동기지어진 가능성은 정립의 본질에서 이끌어낼 수 있다. 모든 불완전한 명증성이 여기서 그에 상응하는 명증성에서, 그와 같은 동일한 명증성의 의미에서 끝나는 충족의 과정을 지정하지 않는다는 사실을 통찰해야 한다. 그 반대로 일정한 종류의 명증성을 통해 그와 같은 이른바 원본적 검증이 원리상 제외된다. 이것은 예를 들어 회상에, 어떤 방식으로는 모든 기억 일반에, 마찬가지로 이 책 제2권에서 명증성의 근본종류를 배정할 (그리고 제2권에서 더 상세하게 연구할) 감정이입(Einfühlung)*에 본질적으로 적용된다. 어쨌든 매우 중요한 현상학적 주제가 이것으로써 명시되었다.

또한 위에서 이야기한 동기지어진 가능성을 공허한 가능성에서 예리하게 구별해야 한다는 사실에 주의를 기울여야 한다.[11] 즉 가능성

---

* 『이념들』 제2권, 제2장 제4절 '감정이입에서 영혼적 실재성의 구성'을 참조할 것.

11) 이것은 '가능성'이라는 말에서, 여전히 다른 애매함(예를 들어 형식-논리적 가능성, 수학적-형식적 무모순성)이 첨부되지만, 가장 본질적인 애매함 가운데 하나다. 가능성이 개연성에 관한 이론에서 역할을 한다는 사실, 따라서 우리가 속견적 양상태에 관한 이론에서 추측의식에 평행하는 것으로 이야기한 가능성의식(추정되어 있음)이 상관자로서 동기지어진 가능성을 지닌다는 사실은 원리적으로 중요하다. 어떠한 개연성도 결코 동기지어지지 않은 가능성에

은 명제가 이것이 주어진 그대로 충족되어 자체 속에 포함하는 것을 통해 규정되어 동기지어진다. 공허한 가능성은 여기에 있는 책상이 지금 보이지 않는 밑바닥에 실제의 경우처럼 4개의 다리 대신 10개의 다리를 갖고 있다는 가능성이다. 이에 반해 동기지어진 가능성은 내가 곧바로 수행하는 일정한 지각에서 이 '4'라는 수다. 지각의 '상황'은 일정한 방식으로 변경될 수 있다는 사실, 그 '결과' 지각은 그에 상응하는 방식으로 지각의 계열로, 즉 내 지각의 의미를 통해 미리 지시되고 내 지각을 충족시키며 이 지각의 정립을 확증하는 일정한 성질의 지각의 계열로 이행할 수 있다는 사실은 모든 지각 일반에 대해 동기지어진다.

그밖에 증명의 '공허한' 또는 '단순한' 가능성에 관해 계속 두 가지 경우를 구별해야 한다. 그것은 가능성이 실제성과 합치되는 경우, 즉 가능성을 통찰함이 원본적 주어짐의 의식과 이성의식을 수반하는 경우이거나, 실제성과 합치되지 않는 경우다. 후자의 경우는 방금 전에 사용한 예에 적용된다. 실제적 경험 그리고 현전화 속에 '가능한' 지각이 단순히 경과해가지 않는 것은 실재적인 것을 향한 정립, 가령 자연의 사건의 현존재정립에 대한 실제적 증명을 제공한다. 이에 반해 본질정립 또는 본질명제의 모든 경우에 본질정립이 완전히 충족되는 직관적 현전화는 충족 자체와 같은 값을 지닌다. 마찬가지로 직관적 현전화, 실로 본질연관의 단순한 상상과 이 본질연관에 대한 통찰은 아프리오리하게 같은 값을 지닌다. 즉 어떤 것은 단순한 태도변경을 통해 다른 것으로 이행하며, 이렇게 서로간에 이행되는 가능성은 결코 우연적이 아니라, 본질필연적이다.

서 구축되지 않으며, 오직 동기지어진 가능성만 '무게'를 갖는다 등등.

141. 직접적 이성정립과 간접적 이성정립. 간접적 명증성

잘 알려져 있듯이 모든 간접적 정초는 직접적 정초로 소급된다. 모든 권리의 근원원천은 모든 대상의 분야에 관해 또 이 대상의 분야에 관련된 정립에 관해 직접적 명증성, 더 좁게 제한하면, 원본적 명증성이나 이 명증성을 동기짓는 원본적 주어짐 속에 있다. 그러나 이 원천으로부터 다른 방식으로 간접적으로 길어낼 수 있으며, 이 원천으로부터 그 자체로는 결코 명증성이 없는 정립의 이성〔적〕가치를 이끌어내고, 그 정립이 직접적이면, 강화하고 확증할 수 있다.

후자의 경우를 고찰하자. 어떤 예에서 **명증하지 않은 직접적 이성의 정립**과 **원본적 명증성**(주어짐의 원본성에 관련된 우리의 의미에서)의 관련에 관계하는 어려운 문제를 시사해보자.

모든 명석한 기억은 어떤 방식으로 근원적인 직접적 권리를 갖는다. 즉 그 자체로 또 그 자체에서 고찰해보면, 기억은 많든 적든 간에 무엇의 '무게를 달며', 그래서 기억은 '무게'를 지닌다. 그러나 기억은 단지 상대적이며 불완전한 권리를 지닐 뿐이다. 기억이 현전화하는 것 ─ 우리는 이것을 '과거의 것'이라 한다 ─ 에 관해 기억에는 현실적 현재와 관련되어 있다. 기억은 과거의 것을 정립하며, 모호하고 희미하며 규정되지 않은 방식이더라도, 필연적으로 일정한 지평을 함께 정립한다. 이 지평은 명석함과 정립적 판명함이 되는 가운데 정립적으로 수행된 기억의 연관 ─ 현실적 지각 속에, 현실적 '지금 그리고 여기에'(hic et nunc)로 끝나게 될 연관 ─ 속에 반드시 설명된다. 동일한 것이 모든 시간양상에 관련된 우리의 가장 넓은 의미에서 모든 종류의 기억에 적용된다.

본질통찰은 그러한 명제 속에 정확하게 표명된다. 본질통찰은 본질연관을 지시하며, 본질연관을 증명함으로써 모든 기억이 할 수 있고 또 '필요한' 확증의 의미와 종류가 해명된다. 각기 기억에서 기억으로 진행해가면서 그 궁극적 끝이 지각의 현재에 도달하는 판명하게 하는 기억의 연관 속에 기억은 강화된다. 강화됨은 어느 정도 상호적인 것이며, 기억의 무게는 기능상 서로에 대해 종속적이고, 연관속의 각 기억은 연관이 확장됨으로써 증가하는 힘을, 즉 각각의 기억이 좁은 연관이나 각기 흩어진 상태에서 갖게 될 힘보다 더 큰 힘을 갖는다. 그러나 현실적 지금(Jetzt)으로까지 설명되면, **지각**과 **지각의 명증성**의 빛에 어떤 것이 [기억의] 전체 계열로 소급해 발산한다.

심지어 이렇게 말할 수도 있다. 즉 기억의 이성적 특성과 권리특성은 모든 혼란됨과 희미함을 관통해 효력을 갖는 **지각의 힘**──이 지각이 '수행되지 않더라도'──으로부터 숨겨져 솟아나온다.

어쨌든 이때 본래 지각의 권리를 간접적으로 반영하는 것을 그것에 의해 명백히 드러내는 확증이 필요하다. 기억은, '실제로 기억된 것'과 기억되지 않은 것이 한데 섞일 수 있다는 점에서, 또는 다른 기억이 침투되고 또 기억의 통일체로 통할 수 있는 반면, 기억의 지평이 현실화되어 전개되는 경우 이에 속한 일련의 기억이 분리되고 게다가 통일적 기억의 심상(心象)이 '파열되어' 서로 양립할 수 없는 다수의 기억직관으로 흩어지는──이 경우 우리가 (명백히 매우 일반화할 수 있는 방식으로) 지각에 대해 그때그때 시사한 것[12]과 비슷한 사건이 기술될 수 있을 것이다──방식으로 분리된다는 점에서, 자신의 독특한 종류의 비─충전성을 지닌다.

이 모든 것은 **직접적 이성정립**의 '강화'와 '확증'이라는 거대하고 중요한 문제 그룹을 범례로 시사하는 데 (또한 이성정립을 순수하고 순수하지 않은 것, 혼합되지 않은 것과 혼합된 것으로 구분을 예시하는

---

12) 앞의 138항 초반부를 참조할 것.

데) 이바지한다. 그러나 우리는 여기에서 우선 모든 간접적 이성정립과 계속해 술어적이고 개념적인 모든 이성인식은 **명증성**으로 되돌아간다는 명제가 타당해지는 하나의 의미를 포착한다. 잘 이해해보면, 원본적 명증성은 '근원적' 권리원천일 뿐이며, 예를 들어 기억의 이성정립 더구나 모든 재생산의 작용 ── 감정이입도 포함해 ── 은 근원적이 아니라, 일정한 방식으로 '파생된' 것이다.

그러나 완전히 다른 형식에서도 원본적 주어짐의 원천으로부터 길어낼 수 있다.

그러한 형식은 그때그때 이미 시사되었다. 즉 그것은 생생한 명증성에서 비-명증성으로 끊임없이 이행하는 가운데 이성의 가치가 감소됨이다. 그런데 이제 명제가 모든 단계에서 **명증한 종합적 연관** 속에 직접 명증한 근거에 **간접적으로** 관련되는 경우인 본질적으로 다른 그룹을 지적해야 한다. 이것에 의해 새로운 일반적 유형의 이성정립, 현상학으로는 직접적 명증성과는 다른 이성의 특성이 생긴다. 그래서 여기에서 일종의 파생된 '간접적 명증성' ── 보통은 이 표현이 전적으로 겨냥한 것 ── 도 갖는다. 이 파생된 명증성의 특성은 그 본질상 직접적 명증성에서 출발하고 다른 형식으로 경과하며 계속될 명증성의 모든 단계에 지녔던 정립연관의 최종분절에서만 등장할 수 있다. 이 경우 그 명증성은 일부는 직접적인 것이고 일부는 파생된 것, 일부는 통찰적인 것이고 일부는 통찰적이지 않은 것, 일부는 원본적인 것이고 일부는 원본적이지 않은 것이다. 이것으로써 현상학적 이성이론의 새로운 장(場)이 제시된다. 여기에서 과제는, 인식작용과 인식대상의 관점에서 **이성의 특수한 본질사건**뿐 아니라 보편(유)적 본질사건을 모든 종류와 형식의 **간접적 정초작용과 증명작용** 속에 또 모든 정립적 영역 속에 연구하는 것, 예를 들어 본질적으로 다른 그러한 증명의 다른 '원리'를 ── 문제가 되는 것이 내재적이거나 초월적으로, 충전적이거나 비-충전적으로 주어질 수 있는 대상성에 따라—그 현상학적 근원으로 환원하는 것, 이 근원에 입각해 관여된 모든 현상학적 층을 고려해 '이해할 수 있게' 하는 것이다.

142. 이성정립과 존재

앞에서 시사한 연구 그룹의 목표인 이성—모든 종류의 정립, 또한 가치론적이며 실천적인 정립으로 연장된 지극히 넓은 의미에서 이성—의 일반적 본질이해에 따라, 참된 존재의 이념을 진리·이성·의식의 이념과 결합하는 본질의 상관관계에 대한 일반적 해명을 그 자체에서 획득해야 한다.

여기에서 바로 다음과 같은 보편적 통찰이 생긴다. 즉 '참으로 존재하는 대상'과 '이성적으로 정립할 수 있는 대상'뿐 아니라, '참으로 존재하는 대상'과 근원적으로 완전한 이성정립(Vernunftthesis) 속에 정립할 수 있는 대상도 같은 값을 지닌 상관자다. 이 이성정립에 대상이 불완전하게, 단순히 '일면적으로' 주어지지는 않는다. 규정할 수 있는 X에 대한 질료로서 이성정립의 지배를 받는 의미는 파악에 적합하게 미리 지시된 어떤 측면에서도 그 어떤 것을 '미해결로' 놓아두지 않을 것이다. 즉 아직 확고하게 규정되지 않은 어떠한 규정할 수 있음도, 완전히 규정된 것이 아닌 어떠한 의미도, 완결된 것이 아니다. 이성정립이 근원적 정립이어야 하기 때문에, 이성정립은 그 이성의 근거를 완전한 의미 속에 규정된 것이 원본적으로 주어지는 가운데 가져야 한다. 즉 X는 완전한 규정성 속에 의도될 뿐 아니라, 바로 이 규정성 속에 원본적으로 주어진다. 지적된 같은 값을 지님은 이제 다음과 같은 것을 뜻한다.

원리상 모든 '참으로 존재하는' 대상에는 (무제약적 본질일반성의 아프리오리 속에) 대상 자체가 원본적으로, 게다가 완전히 충전적으로 파악될 수 있는 가능한 의식의 이념이 상응한다. 그 반대로 이 가능성이 보증되면, 대상은 그 자체에서 참으로 존재한다.

여기에서 여전히 다음과 같은 점이 특별한 의미가 있다. 즉 모든 파악범주(이것은 모든 대상범주의 상관자다)의 본질에는 그러한 범주의 대상에 대한 일정한 형태의 구체적인 완전하거나 불완전한 파악이 가능한지가 규정된 채 미리 지시되어 있다. 또한 모든 불완전한 파악에 대해 어떻게 이 파악이 완전해질 수 있는지, 어떻게 그 의미가 완벽해질 수 있고 직관을 통해 충족될 수 있는지, 또 어떻게 직관이 계속 풍부해질 수 있는지가 본질에 적합하게 미리 지시되어 있다.

모든 대상범주(더 좁은 적확한 의미에서 모든 영역과 모든 범주)는 그 자체가 원리상 충전적으로 주어질 수 있는 일반적 본질이다. 대상범주는 자신이 충전적으로 주어지는 가운데 다양한 구체적 체험(물론 이 체험은 여기에서 개별적 단일성으로가 아니라 본질, 즉 가장 낮은 구체적인 것으로 받아들여진다)에서 의식되는 모든 특별한 대상을 통찰하는 보편적 규칙을 미리 지정한다. 대상범주는 어떻게 이 대상범주에 종속되는 어떤 대상이 의미와 주어짐의 방식에 따라 완전한 규정성으로, 충전적인 원본적 주어짐으로 이끌 수 있는지 하는 방법에 대한 규칙을 미리 지정한다. 대상범주를 통해 흩어졌거나 연속으로 경과하는 의식연관이 미리 지정되고, 대상범주를 통해 이 연관의 구체적 본질이 마련되어 있음이 미리 지정되기 때문이다.

이 간략한 문장 속에 얼마나 많은 것이 함축되었는지는 결론절(제3절 149항부터)의 더 자세한 상론에서 이해될 것이다. 여기에서는 다음과 같은 간략한 범례적 시사로 충분할 것이다. 사물의 규정성 일반과 마찬가지로, 우리가 필증적 명증성으로 알고 있는 어떤 사물의 보이지 않은 규정성은 필연적으로 공간적 규정성이다. 이것은 나타나는 사물의 보이지 않는 측면을 공간적으로 보충할 수 있는 방식에 법칙적 규칙을 제공한다. 이 규칙은, 완전히 전개하면, 순수 기하학을 뜻한다. 더 이상의 사물의 규정성은 시간적 규정성이고, 질료적 규정성이다. 이 규정성에는 가능한 (따라서 자유로운-임의가 아닌) 의미보충에 대한, 계속해 가능한 정립적 직관이나 나타남에 대한 새로운 규칙이 있다. 이 규칙이 어떤 본질내용을 지닐 수 있는지, 이 규칙의 소재와 가능한 인식대상(또는 인식작용)의 파악특성은 어떤 규범에 지배되는지도 아프리오리하게 미리 지시되어 있다.

143. 칸트적 의미에서 이념인 사물의 충전적 주어짐

어쨌든 이 문제를 이어받아 논의를 시작하기 전에, 앞(138항 초반부)에서 서술한 것과 모순인 가상(假象)을 제거하기 위해 뭔가 첨부해야 한다. 우리는 〔앞에서〕 원리상 단지 비-충전적으로 나타나는 (따라서 단지 비-충전적으로 지각할 수 있는) 대상만 존재한다고 했다. 그렇지만 우리가 제한한 첨부조건을 간과하면 안 된다. 우리는 완결된 나타남 속에 비-충전적으로 지각할 수 있다고 했다. 어떠한 완결된 의식에서도 완전한 규정성 속에, 마찬가지로 완전한 직관성 속에 주어질 수 없는 대상이 있다. 여기에는 모든 초월적 대상, 자연 또는 세계라는 표제가 포괄하는 모든 '실재성'이 속한다.

완전한 주어짐은 그럼에도 '이념'(칸트적 의미에서)*으로 미리 지시된다. 즉 다르지만 아무튼 규정된 차원을 지닌 나타남의 아프리오리하게 규정된 연속체는 그 본질유형 속에 절대적으로 규정된—연속으로 나타나는 무한한 과정의—체계로서 또는 이러한 과정의 장(場)

---

* 칸트에서 '이념'에 관해서는 247쪽의 역주를 참조할 것.

으로서 확고한 본질법칙성에 의해 철저히 지배된다.

이 연속체는 모든 측면에서 무한한 것으로서, 동일하게 규정할 수 있는 X의 나타남으로부터 자신의 모든 국면 속에 존속하는 것으로서 더 자세하게 규정된다. 이 연속체는 이렇게 연관되어 질서지어지고 본질내용에 따라 규정되어서, 그것의 모든 임의의 계열은 끊임없이 관통해나가는 가운데 하나의 일치하는 나타남의 연관(이 연관 자체를 움직이는 나타남의 통일체라 한다)을 낳는다. 이 연관 속에 하나의 동일한 것으로 항상 주어진 X는 연속으로-일치해 '더 자세하게' 규정되지, 결코 '다르게' 규정되지 않는다.

이제 관통해나감의 어떤 완결된 통일체가, 유한하지만 단지 활발한 작용이, 연속체의 모든 측면에서 무한함 때문에 생각해볼 수 없다면(이것은 이치에 어긋난 유한한 무한함을 낳을 것이다), 아무튼 이 연속체의 이념과 이 연속체를 통해 미리 형성된 완전한 주어짐의 이념이 **통찰하게** ── 바로 어떤 '이념'이 그 본질을 통해 **고유한 통찰유형을** 지시하면서 통찰할 수 있는 것처럼 ── 앞에 놓여 있다.

본질적으로 동기지어진 무한성의 이념은 그 자체로 무한성이 아니다. 이 무한성이 원리상 주어질 수 없다는 통찰은 이 무한성의 **이념**이 통찰하게 주어져 있음을 배제하지 않고, 오히려 요구하기 때문이다.

144. 실제성과 원본적으로 부여하는 의식: 결론적 규정

그러므로 '참으로-존재함'이라는 형상은 '충전적으로-주어져-있음'과 '명증하게-정립할 수-있음' ── 하지만 이것은 유한하게 주어져 있음의 의미이거나 하나의 이념 형식으로 주어져 있음이다 ── 과 상관적으로 같은 값을 지닌다는 사실이 거기에 남는다. 어떤 경우 존재는 '내재적' 존재, 완결된 체험 또는 인식대상의 체험상관자로서의 존재이며, 다른 경우 초월적 존재, 즉 그것의 '초재'(超在)가 바로 그것이 존재의 '질료'로서 요구하는 인식대상의 상관자의 무한함 속에 놓인 존재다.

〔대상을〕 부여하는 직관이 **충전적**이고 내재적일 때, 합치하는 것은 의미와 대상이 아니라, 원본적으로 충족된 의미와 대상이다. 대상은 바로 충전적 직관 속에 원본적 그 자체로서 파악되고 정립되는 것이며, 원본성 때문에 통찰할 수 있는 것이고, 의미의 완전성과 완전한 원본적 의미충족 때문에 절대적으로 통찰할 수 있는 것이다.

〔대상을〕 부여하는 직관이 **초월하는** 것일 때, 대상적인 것은 충전적으로 주어진 것이 될 수 없다. 그러한 대상적인 것 또는 이것의 의미와 그 '인식에 적합한 본질'의 이념만 주어질 수 있고, 따라서 바로 비-충전적 경험의 법칙에 적합한 무한함에 대한 아프리오리한 규칙이 주어질 수 있기 때문이다.

물론 계속되는 경험경과가 어떻게 진행되어야 하는지는 그때그때 수행된 경험과 이러한 규칙(또는 이 규칙을 포함한 다양한 규칙체계)에 근거해 명백하게 알아낼 수 없다. 그 반대로 무한히 많은 가능성이 열려 있다. 그러나 이 가능성은 내용이 매우 풍부한 아프리오리한 규칙화를 통해 유형에 따라 미리 형성되어 있다. 기하학의 규칙체계는 여기에서 지금 관찰된 운동의 부분을 보충할 수 있을 모든 가능한 운동형태를 절대적으로 확고하게 규정한다. 그러나 기하학은 실제로 운동하는 것의 어떠한 유일한 실제적 운동경과도 드러내지 못한다. 어떻게 경험에 근거한 경험적 사유가 이 점에서 계속 도움을 주는지, 사물성에 대한 학문적 규정과 같은 것이 어쨌든 무한한 다의성(多義性)을 포함하는 경험에 적합하게 정립된 통일체로서 가능해지는지, 자연의 정립 안에서 명백한 규정이라는 목표가 자연객체·자연경과 등(개별적으로 유일한 것의 이념으로서 완전히 규정된 것)의 이념에 따라 도달될 수 있는지, 이러한 문제는 새로운 탐구의 층에 속한다. 경험학문 자체에 속하는 존재론의 규칙과 인식작용의 규칙을 그 현상학적 원천으로 소급하는 것은 특수하게 경험하는 이성, 특별히 물리학적·심리학적 이성, 일반적으로 자연과학적 이성의 현상학에 속한다. 그러나 이것은 현상학이 현상학적 층, 즉 이러한 규칙의 내용이 그 속에 파묻혀 있는 인식작용의 층과 인식대상의 층을 탐색하고 형상적으로 탐구한다는 것을 뜻한다.

145. 명증성의 현상학에 대한 비판적인 것

앞에서 한 고찰로부터 이성의 현상학, 즉 의식 일반이 아니라 이성의식을 직관적으로 탐구하려는 **적확한 의미에서 인식작용학**(Noetik)은 일반적 현상학을 철저히 전제한다는 사실이 분명해진다. 정립성(Positionalität)[13]의 영역에서 **모든 유의 정립적 의식이 규범에 지배된다**는 것은 그 자체로 현상학적 사실이다. 규범은 그 종류와 형식에 따라 엄밀하게 분석될 수 있고 기술될 수 있는 인식작용-인식대상의 연관에 관련된 본질법칙일 뿐이기 때문이다. 물론 이 경우 명증성의 현상학이 그 대응부분인 불합리(Absurdität)의 현상학을 내포하는 것과 마찬가지로,[14] '비-이성'도 어디에서나 이성의 부정적 대응요소로서 고려되어야 한다. 명증성에 대한 일반적 본질이론은 가장 일반적

---

13) '반영된 것'이든 '무력해진 것'이든 모든 정립적 사건은 상상과 중립성의 영역으로 옮겨진다. 이성의 모든 사건도 마찬가지다. 중립적 정립(These)은 확증될 수 있는 것이 아니라 '유사하게'(quasi) 확증될 수 있으며, 명증한 것이 아니라 '마치' 명증한 것이다 등등.

14) 『논리연구』 제2-2권, 39항 [개정판의] 122쪽 이하와 특히 126쪽을 참조할 것. 일반적으로 제6연구[제2-2권]는 지금 이 절에서 논의된 이성의 문제를 다루기 위한 현상학적 예비작업을 제공한다.

인 본질구분과 관련된 그 이론의 분석과 함께 이성의 현상학에 기본적이더라도 상대적으로 작은 부분을 형성한다. 이 경우 이 책의 출발에서[15] 명증성에 대한 전도(顚倒)된 해석에 대항해 간략하게 주장했던 것이 확증되고, 또 방금 전에 한 고찰은 벌써 이러한 점을 완전히 통찰하는 데 충분하다.

명증성은 사실 어떤 판단에 부착된 (일상적으로 우리는 그러한 판단의 경우에만 명증성에 대해 이야기한다) 그 어떤 의식의 지표(Index)가 아니며, 더 나은 세계로부터 "여기에 진리가 있다!"고 우리에게 외치는 것과 같은 신비적인 소리, 마치 그러한 소리가 우리의 정신을 자유롭게 하는 어떤 것을 주장하는 듯한 그리고 그 소리의 정당성의 표제를 증명할 필요가 없다는 듯한 신비적인 소리의 그 어떤 의식의 지표가 아니다. 우리는 더 이상 회의주의와 논쟁할 필요가 없으며, 명증성에 대한 어떠한 지표이론이나 감정이론*도 극복할 수 없는 낡은 유형의 의심을 검토할 필요가 없다. 즉 (데카르트의 허구虛構인) 악령(惡靈)**이나 사실적 세계가 경과하는 숙명적 변화가 바로 모든 거짓된 판단이 사유필연성이나 초월적 당위성 등에 대한 이러한 지표나 감정에 부여되었을 것이라는 점에 영향을 미치지 않는가 하는 의심을 검토할 필요가 없다. 여기에 속한 현상 자체에서 또 현상학적

---

15) 앞의 제1장 제2절, 특히 21항의 전반부를 참조할 것.

* 명증성의 감정(느낌)에 관한 이론에 대해서는 105쪽의 역주를 참조할 것.

** 데카르트는 절대적으로 확실한 인식의 출발점을 찾기 위한 방법적 회의를 시도하면서 감각에 의한 지식, 일반적 대상에 대한 지식, 보편적 본성에 대한 지식도 의심할 수 있으며, 심지어 지극히 유능하고 교활한 악령이 모든 술책을 부려 자신을 기만하고 있다고 허구로 상정하더라도, '나는 생각한다. 그러므로 나는 존재한다'(cogito ergo sum)는 결코 의심할 수 없는 제1원리라고 파악했다. 그는 이렇게 '명석하고 판명한'(clare et distincta) 인식된 것을 진리의 기준으로 삼아 정합적 연역체계를 추구했다.

환원의 테두리 안에서 연구를 시작하면, 여기에서 문제가 되는 것은 특유한 정립양상(따라서 어떤 작용에 그 어떤 방식으로 부착된 내용이나 어떤 종류든 간에 부착된 것은 결코 아닌 정립양상), 형상적으로 규정된 인식대상의 본질구성에 속하는 정립양상(예를 들어 인식대상의 성질에 '원본적으로' 부여하는 본질직시를 근원적으로 통찰할 수 있는 양상)이라는 사실을 가장 충만한 명석함에서 인식하게 된다.

이때 우리는 또다시 본질법칙이 이 부각된 구성을 갖지 않는 정립적 작용과 이러한 구성을 갖는 정립적 작용의 관련을 지배한다는 사실, 예를 들어 '지향의 충족'에 대한 의식과 같은 것인 특수하게 정립적 특성에 관련된 정당화와 강화(强化)의 의식이 존재하며, 마찬가지로 이에 상응하는 탈-정당화와 탈-강화의 대립특성이 존재한다는 사실을 계속 인식하게 된다. 더 나아가 논리적 원리가 심오한 현상학적 해명을 요구한다는 사실, 예를 들어 모순율은 가능한 확증과 가능한 탈-강화(또는 이성적 말소함)의 본질연관으로 소급한다는 사실[16]

---

16) 『논리연구』 제2-2권, 34항 [개정판의] 111쪽 이하를 참조할 것.
유감스럽게도 분트*는, 현상학 전체에 대해서와 마찬가지로 여기에서도, 완전히 다르게 판단한다. 그는 어쨌든 순수하게 직관적으로 주어지는 영역을 결코 넘어서지 않는 탐구를 '스콜라 철학'으로 해석한다. 그는 의미를 부여하는 작용과 의미가 충족되는 작용의 구별(『작은 저작집』 제1권[*Kleine Schriften I*, 1910~11], 613쪽)을 우리가 '선택한 형식적 도식(Schema)'이라 했으며, [나의] 분석의 성과를 '가장 원시적인' '단어반복', 즉 "명증성은 명증성이고, 추상화는 추상화다"라 했다. 자신의 비판을 내가 감히 인용하게끔 허용된다면, 그는 이러한 말로 시작한다. "실천보다 이론에 더 치우친 후설의 새로운 논리학에 대한 정초는 개념분석이 'A는 실제로 A이다' 또 '이것은 [그밖에] 다른 것이 결코 아니다'라는 보증을 지닌 어떤 적극적 내용을 소유하는 한, 그의 모든 개념분석에서 끝난다"(같은 책, 613~614쪽).
* 분트(1832~1920)는 경험에 직접 주어진 심리적 현상을 감각이나 감정의 단순한 자료(요소)로 분석하고 이것을 실험적으로 재구성함으로써 정신현상을 설명하는 생리학적 심리학을 주장했다. 이러한 견해에서 경험과학의 한

도 인식하게 된다. 일반적으로 우리는 여기 어디에서나 문제가 되는 것은 우연적 사실이 아니라 이 사실의 형상적 연관 속에 있는 형상적 사건이라는 통찰, 따라서 형상 속에 일어나는 것은 사실에 대해 절대적으로 넘어설 수 없는 규범으로 기능한다는 통찰을 획득한다. 이 현상학적 절〔제2절〕에서도 모든 정립적 체험(예를 들어 모든 임의의 판단체험)이 동일한 방식으로 명증하게 될 수 있는 것이 아니며, 특히 직접 명증하게 될 수 있는 것이 아니라는 사실, 더 나아가 이성정립의 모든 방식, 직접이나 간접적 명증성의 모든 유형은 근본적으로 서로 다른 대상영역이 인식작용–인식대상으로 설명되는 현상학적 연관 속에 근거한다는 사실을 분명히 이해한다.

연속적 동일성의 일치와 종합적 동일하게 확인함을 모든 분야에서 그 현상학적 구성에 따라 체계적으로 연구하는 것이 특히 중요하다. 우선 실행해야 할 첫 번째 단계인 지향적 체험의 내적 구조를 모든 일반적 구조에 따라 알게 되고, 이 구조의 평행론과 의미, 의미주체, 정립적 특성, 충족과 같은 인식대상 속의 층을 알게 되면, 모든 종합적 일치의 경우에 어떻게 이 일치와 더불어 단순히 작용결합 일반이 아니라 하나의 작용의 통일체로 결합되는지를 완전히 이해해야 한다. 특히 어떻게 동일하게 확인하는 일치가 가능한지, 어떻게 여기저기에서 규정할 수 있는 X가 합치되는지, 이 경우 어떻게 의미규정과 이것의 공허한 자리 —즉 여기에서는 이것의 규정되지 않음의 계기— 가 관계되는지, 마찬가지로 어떻게 충족과 따라서 의식의 더 낮거나 더 높은 단계에서 강화하고 증명하며 진보하는 인식의 형식이 명석해지고 분석적 통찰이 되는지를 완전히 이해해야 한다.

분과인 정신과학뿐 아니라 논리학도 심리학에 정초하려는 심리학주의를 주장했다. 저서로 『생리학적 심리학 개요』(1874), 『논리학』(1880~83), 『윤리학』(1886), 『심리학』(1896), 『민족심리학』(1900~21) 등이 있다.

그러나 이러한 연구와 모든 평행하는 이성에 대한 연구는 '선험적인' 현상학적 태도 속에 실행된다. 이러한 태도에서 내린 어떠한 판단도 자연적 실제성의 정립을 배경으로 전제하는 자연적 판단이 아니며, 심지어 실제성의식·자연인식·자연과 관련된 가치직시와 가치통찰의 현상학이 추구되는 곳에서는 더욱더 아니다. 어디에서나 우리는 인식작용과 인식대상이 된 것의 형태를 추구하고, 체계적인 형상적 형태학을 구상하며, 본질필연성과 본질가능성을 부각시킨다. 즉 필연적 가능성인 본질가능성은 본질 속에 미리 지정되고 본질법칙에 의해 한정되는 양립할 수 있음이 일치하는 형식이다. '대상'은 우리에게 어디에서나 의식의 본질연관에 대한 명칭이다. 대상은 우선 인식대상의 X로, 서로 다른 본질유형의 의미와 명제의 의미주체로 등장한다. 더 나아가 대상은 '실제적 대상'의 명칭으로 등장하며, 이때 대상은 이성의 연관에서 의미에 적합하게 통일적 X가 자신의 이성에 적합한 정립을 포함하는 형상적으로 고찰된 일정한 이성의 연관에 대한 명칭이다.

　형상적으로 한정되고 본질탐구 속에 확정할 수 있는 일정한 그룹, '목적론으로' 함께 속한 의식형태에 대한 바로 그와 같은 명칭은 '가능한 대상' '개연적 대상' '의심스러운 대상' 등의 표현이다. 여기에서 연관은 언제나 다시 자신의 다름(Andersheit) 속에 엄밀하게 기술될 수 있는 다른 연관이 된다. 그래서 예를 들어 이러저러하게 규정된 X의 가능성은 자신의 의미요소 속에 이 X가 원본적으로 주어짐을 통해, 따라서 실제성의 증명을 통해 단순히 입증되는 것이 아니라는 사실, 오히려 재생산으로 기초지어진 단순한 추정도 일치하는 결합 속에 서로 강화될 수 있다는 사실을 쉽게 통찰할 수 있다. 마찬가지로 의심스러움은 일정하게 기술하는 양상화된 직관들 사이의 대립현상 속에 입증된다는 등의 사실을 쉽게 통찰할 수 있다. 이러한 사실은 사태, 가치, 실천적 대상성의 구별에 관련되는, 또 이것에 대해 구성되는 의식의 형성물을 추구하는 이성이론의 연구와 결합된다. 따라서 현상학은 실제로 전체의 자연적 세계와 이 자연적 세계를 배제하는 모든 이념적 세계를 포괄한다. 즉 현상학은 대상의 의미와 인식대상 일반을 인식작용의 완결된 체계와 결부시키는 본질법칙성을 통해, 특히 그 상관자가 '실제적 대상'인 이성법칙의 본질연관을 통해 이 세계를 '세계의 의미'로서 포괄한다. 따라서 이 실제적 대상은 자신의 측면에서 그때그때 목적론으로 통일적 의식형태의 완전히 규정된 체계에 대한 지표를 드러내 제시한다.

제3절 이성이론의 문제제기에 일반성의 단계

이성의 현상학의 문제제기에 대한 우리의 성찰은 이제까지 문제의 본질적 세분화를 허용하지 않으며 이 문제와 형식적 존재론 및 영역적 존재론의 연관을 허용하지 않는 일반성의 수준에서 진행되었다. 이러한 관점에서 우리는 더 가깝게 다가가야 한다. 따라서 먼저 이성의 현상학적 형상학(Eidetik)의 충만한 의미와 그 문제의 풍부함 전체가 열려야 할 것이다.

146. 가장 일반적인 문제

이성의 문제제기의 원천으로 되돌아가 이 문제제기를 가능한 한 체계적으로 세분화해 추적해보자.

현상학 전체를 포괄하는 문제명칭은 지향성(Intentionalität)이다. 이 문제명칭은 바로 의식의 근본속성을 표현한다. 모든 현상학적 문제는, 심지어 질료적 문제도, 이 문제명칭에 자리잡는다. 따라서 현상학은 지향성의 문제와 더불어 시작한다. 그러나 우선 일반성에서 또 의식 속에 의식된 것의 실제로(참으로)–있음에 대한 물음을 그 범위 속에 끌어들이지 않고 시작한다. 자신의 정립적(thetisch) 특성을 지닌 정립적(positional) 의식이 가장 일반적인 의미에서 '추정작용'(Vermeinen)이라 할 수 있고 또 추정작용으로서 필연적으로 타당성과 부당성이라는 이성의 대립 아래 놓인다는 사실은 고려하지 않고 남겨둔다. 이러한 문제에는 이제 마지막 절〔이 제3절〕에서 그동안 이해하게 된 의식의 주된 구조를 고려함으로써 접근할 수 있을 것이다. 문제 되는 것은 형상적 발단이기 때문에, 우리는 당연히 가능한 한 일반성에서 분석했다. 모든 형상적 영역에서 체계적 길은, 탐색해 가는 분석이 특수한 것에 연결되어 있더라도, 더 높은 일반성에서 더 낮은 일반성으로 나아간다.

우리는 이성과 이성정립(Vernunftthesis) 일반, 원본적 명증성과 파생된 명증성, 충전적 명증성과 비–충전적 명증성, 본질통찰과 개별적 명증성 등에 관해 이야기했다. 우리가 구상했던 기술은 이미 거대한 현상학적 기초를 전제하며, 앞의 절(節)들에서 가장 일반적인 의식의 구조에 관해 뚜렷하게 드러냈던 어려운 구별의 전체 계열을 전제한다. 의미, 명제, 충족된 명제(『논리연구』의 용어로는 '인식에 적합한 본질')라는 개념 없이는 어떤 이성이론 문제의 근본적 공식화에도 결코 접근할 수 없다. 이 개념은 다시 이 개념에 상응하는 다른 본질구분을 전제한다. 즉 정립성과 중립성의 차이, 정립적 특성과 그 질료의 차이, 예를 들어 주목하는 변양처럼 명제라는 형상 속에 들어오지 않는 특유한 본질변양의 분리를 전제한다. 동시에 여기에서 이야기하는 가장 일반적인 이성이론의 층에서 필연적 분석의 범위가 과소평가되지 않게 하기 위해, 마지막 절〔제3절〕의 본질기술은 단순한 발단으로 간주해야 한다는 사실을 강조한다. 어디에서처럼 여기에서도 우리는, 현상학적 탐구의 장(場)으로 묘사해야 할 원리상 새로운 모든 층에 대해 그것을 보증할 만큼 확고한 토대를 만들어낼 방법적 목적, 이 층과 관련된 발단의 문제와 근본의 문제를 공식화할 수 있고 이 층을 에워싼 문제지평 속에 자유로운 시선을 던져줄 수 있을 방법적 목적만 실행했다.

147. 문제의 세분화. 형식논리학과 가치론, 실천학

일반적인 이성의 현상학은, 이성의 특성에 대해 규정하는 계속된 구조적 차이를 고려할 경우, 즉 정립의 근본종류에 따른 차이, 단적인 정립과 기초지어진 정립의 차이, 이와 함께 교차되는 한 분절의 정립과 종합의 차이를 고려할 경우, 세분된다. 이성의 문제(명증성의 문제)에 대한 주된 그룹은 정립(These)의 주된 유(類)와 이 정립에 의해 본질에 적합하게 요구된 정립질료의 주된 유에 관련된다. 물론 맨 앞자리에는 근원속견, 즉 그에 상응하는 존재의 양상태를 지닌 속견적 양상태가 있다.

이와 같은 이성이론의 목표를 추구함에서 우리는 필연적으로 형식논리학에 대한 또 내가 '형식적 가치론과 실천학'이라 부른 이와 평행하는 학과를 이성이론으로 해명하는 문제에 이르게 된다.

우선 명제, 특히 —— 술어적 양상태, 더 나아가 감정의 작용과 의지의 작용에 속하는 종합적 형식(그래서 예를 들어 우선권의 형식, '다른 사람을 위한' 평가작용과 의지작용, 가치론적 '그리고'와 '또는'의 형식)뿐 아니라 술어적인 속견의 종합에 관련된 —— 종합적 명제의 순수 형식이론에 관한 이전의 상론[17]을 지적해야 할 것이다. 이 형식이론에서 종합적 명제는 이성의 타당성이나 부당성이 문제되지 않은 채,

그 순수한 형식에 따라 인식대상으로 논의된다. 따라서 이것은 아직 이성이론의 층에 속하지 않는다.

그러나 명제가 오직 순수 형식을 통해 규정되었다고 생각하는 한, 이성의 타당성이나 부당성의 문제를, 게다가 명제 일반에 대해 제기하자마자, 형식논리학 속에 또 그 본질상 이에 상응하는 형식이론 위에 그 하부단계로 구축된, 앞에서 거명한 평행하는 형식적 학과 속에 있게 된다. 그 자체로서 해당된 명제의 범주의 정립 또는 명제에 관한 여러 가지를 명백히 전제하지만 그것을 자신의 특수성 속에 규정하지 않은 채 남겨두는 종합적 형식에는 의문스러운 학과의 본질법칙 속에 표현되는 가능한 타당성의 아프리오리한 조건이 포함되어 있다.

특히 술어적(분석적) 종합의 순수 형식에는 속견의 이성의 확실성 ─ 인식대상으로 말하면, 가능한 진리 ─ 이 지닌 가능성의 아프리오리한 조건이 포함되어 있다. 이 조건을 객관적으로 명백히 제시하는 것은 가장 좁은 의미에서 형식논리학이다. 따라서 그것은 그 기초를 이 '판단'의 형식이론 속에 갖는 **형식적 진술논리**(Apophantik) ('판단'의 형식논리학)다.

이와 유사한 것이 감정의 영역과 의지의 영역에 속하는 종합과 이 것의 인식대상의 상관자에 적용되며, 종합적 '명제'의 그 종류에 적용된다. 이 명제의 체계적 형식이론은 다시 형식적 타당성이론의 구조에 기초가 되어야 한다. 이 영역의 순수한 종합적 형식에는 (예를 들어 목적과 수단의 연관에서와 마찬가지로) **가치론적이며 실천적인 '진리'의 가능성 조건**이 실제로 포함되어 있다. 이 경우 예를 들어 감정의 작용에서도 수행되는 '객관화'(Objektivierung)에 힘입어, 모든 가치론적이고 실천적인 이성적인 것은 우리가 이해할 수 있는 방식으로

---

17) 133항과 134항을 참조할 것.

속견의 이성적인 것으로, 인식대상으로는 진리로, 대상적으로는 실제성 ─ 우리가 참된 또는 실제적 목적·수단·장점 등에 대해 이야기하는 실제성 ─ 으로 전환된다.

독특하고도 극히 중요한 현상학적 연구는 자명하게 이 모든 연관에 관련된다. 방금 전에 언급한 형식적 학과의 특성묘사의 본성은 이미 현상학적이며, 우리가 분석한 것 가운데 많은 것을 전제한다. '독단적으로' 다루어진 순수논리학 속에 탐구자는 진술논리 형식('명제 일반'이나 정언적·가언적·연언적·선언적 판단 등의 '판단')을 추상적으로 포착하고, 이 형식에 대해 형식적 진리의 공리를 확정한다. 그는 분석적 종합에 대해, 인식작용-인식대상의 본질관련에 대해, 그가 이끌어내 포착하고 개념적으로 확정한 본질이 순수 의식의 본질 복합체 속에 자리잡는다는 것에 대해 아무것도 모른다. 그가 이러한 충만한 본질연관 속에서만 완전히 이해될 수 있는 것을 고립시켜 탐구하기 때문이다.*

그런데 바로 현상학은 직관의 원천으로 되돌아감으로써 선험적으로 순화된 의식 속에, 우리가 때로는 진리의 형식적 조건에 대해 때로는 인식의 형식적 조건에 대해 이야기하는 경우, 이 속에 본래 포함되어 있는 것을 분명하게 밝힌다. 일반적으로 현상학은 인식·명증성·진리·존재(대상·사태 등)의 개념에 속한 **본질과 본질관계**를 해명해준다. 현상학은 판단작용과 판단이 수립되는 구조, 인식대상의 구조가 어떻게 인식을 규정하는지의 방식, 이 경우 '명제'가 어떻게 자신의 특수한 역할을 하며 자신의 인식에 적합한 '충족'의 다른 가능

---

* 후설의 이러한 비판에 핵심은 1929년 발표한 『형식논리학과 선험논리학』까지, 또 1919~20년 강의원고와 1929~30년에 작성한 초안을 함께 검토했던 제자 란트그레베(L. Landgrebe)가 편집해 후설이 죽은 이듬해인 1939년 출간한 『경험과 판단』까지 그대로 이어지고 있다.

성도 자신의 특수한 역할을 하는지의 방식을 이해할 수 있게 가르쳐 준다. 현상학은 명증성의 이성이 지닌 특성에 대해 어떤 충족의 방식이 본질조건인지, 어떤 종류의 명증성이 그때그때 문제되는지 등을 보여준다. 특히 현상학은 논리학의 아프리오리한 진리에서 문제되는 것은 명제의 **직관적 충족**(이것을 통해 이에 상응하는 사태는 종합적 직관이 된다)의 **가능성**과 명제의 순수한 종합적 형식(순수 논리적 형식)의 본질연관이라는 사실, 동시에 그 직관적 충족의 가능성이 가능한 타당성의 조건이라는 사실을 이해시켜준다.

또한 현상학은, 정확하게 살펴보면, 여기에 인식작용(Noesis)과 인식대상(Noema)의 상관관계(Korrelation)에 상응하는 이중적인 것이 구별될 수 있다는 사실을 보여준다. 형식적 진술논리(예를 들면 삼단논법)에서 문제되는 것은 인식대상의 명제인 판단과 이것의 '형식적 진리'다. 여기에서 태도는 철저히 인식대상적이다. 다른 한편 형식적 진술논리의 인식작용학(Noetik)에서 태도는 인식작용적이며, 문제되는 것은 이성적인 것, 판단작용의 정당성이고, 이 정당성의 규범이 게다가 명제의 형식과 관련해 표명된다. 예를 들어 우리는 모순을 참된 것으로 간주할 수 없다. 타당한 추론양상의 전제형식에 적합하게 판단하는 사람은 '반드시' 그에 상응하는 형식의 결론을 이끌어내야 하기 때문이다. 현상학적 연관에서는 이 평행하는 것이 즉시 이해될 수 있다. 판단작용·인식작용에 관계하는 사건, 마찬가지로 인식대상에서 본질에 적합하게 상응하는 것에 관계하는 사건, 진술논리의 사건은 곧바로 이것이 필연적으로 이어진 관련 속에 또 충만한 의식의 얽혀 있음 속에 탐구된다.

물론 동일한 것이 인식작용의 규칙화와 인식대상의 규칙화의 평행론에 관해 그밖의 형식적 학과에도 적용된다.

148. 형식적 존재론의 이성이론 문제

이 학과들로부터 우리는 그에 상응하는 **존재론**으로 방향을 전환한다. 이러한 연관은 일반적으로 가능한 시선전환을 통해 현상학적으로 이미 주어진다. 이 시선전환은 모든 작용 안에서 수행될 수 있으며, 이 경우 작용이 시선 속에 끌어오는 존립요소는 서로간에 여러 가지 본질법칙을 통해 함께 얽혀 있다. 최초의 태도는 대상적인 것으로 향한 태도이며, 인식대상의 반성은 인식대상의 존립요소로, 인식작용의 반성은 인식작용의 존립요소로 이끈다. 우리가 여기에서 관심을 두는 학과는 이 존립요소로부터 순수 형식을 추상적으로 이끌어내 포착하고, 게다가 형식적 진술논리학은 인식대상의 형식을, 이에 상응하는 인식작용학은 인식작용의 형식을 이끌어내 포착한다. 이 형식이 서로 함께 결부되어 있듯이, 그 둘은 시선을 존재적 존립요소로 소급해 전환함으로써 파악할 수 있는 존재적 형식과 본질법칙으로 결부되어 있다.

모든 형식적-논리적 법칙은 같은 값을 지니고 형식적-존재론적 법칙으로 전환될 수 있다. 그러면 이제 판단 대신 사태에 관해, 판단의 분절(예를 들어 명사名詞의 의미) 대신 대상에 관해, 술어의 의미 대신 징표에 관해 판단된다. 문제 되는 것도 더 이상 판단명제의 진리나 타당성이 아니라 사태의 존립요소, 대상의 존재 등이다.

자명하게 이러한 전환의 현상학적 내용도 기준이 되는 개념의 내용으로 되돌아감으로써 해명될 수 있다.

더구나 형식적 존재론은 그러한 형식적 진술논리의 진리를 단순히 전환하는 영역을 훨씬 넘어서까지 나아간다. 위대한 학과는 앞에서[18] 이야기한 그 '명사화'(名詞化)를 통해 형식적 존재론으로 성장한다. 복수(複數)의 판단작용에서는 복수가 복수의 정립으로 등장한다. 명사화하는 전환을 통해 복수는 집합이라는 대상이 되며, 그래서 집합론의 근본개념이 생긴다. 이 집합론에서는 속성·관계 등 자신의 특유한 본성을 지닌 대상으로서 집합에 관해 판단된다. 동일한 것이 관계·수(數) 등의 개념에 대해 수학적 학과의 근본개념으로서 적용된다. 우리는, 명제의 단순한 형식이론의 경우처럼, 현상학의 과제는 이러한 학과를 발전시키고 따라서 수학·삼단논법 등을 추구하는 것이 아니라는 사실도 말해야 한다. 현상학은 공리에 또 현상학적 분석의 표제인 그 공리의 개념적 존립요소에만 관심을 쏟는다.

우리가 방금 말한 것은 저절로 형식적 가치론과 실천학으로 전이(轉移)되며, 마찬가지로 이론적으로 필요한 형식적 가치론과 실천학에 대등하게 배열되는 (매우 확장된 의미에서) 가치·선(善) ── 요컨대 감정의식과 의지의식의 상관자인 존재의 영역 전체의 ── 의 형식적 존재론으로 전이된다.

이때 우리는 '형식적 존재론'이라는 개념이 이러한 고찰에서 확장되었다는 사실을 알아차린다. 가치, 실천적* 대상성은 '어떤 것 일반' '대상'이라는 형식적 표제에 종속된다. 따라서 그것은 보편적인 분석적 존재론의 관점에서 질료적으로 규정된 대상이며, 이 대상에 속한 가치와 실천적 대상성의 '형식적' 존재론은 질료적 학과다. 다른 한편으로 정립적 유(신념이나 신념의 양상태·평가작용·의지작용)과 이것에 특수하게 부착된 종합과 구문론적 형성의 평행론에 근거한 유비(類比)는 나름의 힘을 지니며, 이 힘이 매우 효력 있기 때문에, 칸트는 곧바로 목적의 소망작용(Wollen)과 수단의 소망작용의 관계를

---

18) 119항 초반부를 참조할 것.

* 후설에게서 '실천적'이라는 용어는 칸트가 "자유를 통해 가능한 모든 것은 실천적"(『순수이성비판』, B 828)이라 정의한 것과 다르지 않다. 자유는 곧 이성의 능력이기 때문이다.

'분석적' 관계라 했는데,[19] 물론 이렇게 부름으로써 유비를 동일성과 혼동하고 있다. 속견의 술어적 종합에 속하는 본래의 분석적인 것은 감정정립과 의지정립의 종합에 관련된 그것의 형식적 유비물(類比物)과 뒤섞이면 안 된다. 이성의 현상학에 깊숙이 놓여 있는 중요한 문제는 이 유비와 평행하는 것의 근본적 해명에 연결된다.

149. 영역적 존재론의 이성이론 문제. 현상학적 구성의 문제

형식적 학과가 제시한 이성이론 문제를 상론한 다음에는, 질료적 존재론으로 그리고 우선 영역적 존재론으로 이행해야 할 것이다.

모든 대상적 영역은 의식에 적합하게 구성된다. 영역의 유(類)를 통해 규정된 대상은, 실제적 대상인 한, 그 자체로 아프리오리하게 미리 지시된 자신의 방식 —지각할 수 있음, 일반적으로 명석하거나 희미하게 표상할 수 있음, 생각해볼 수 있음, 증명할 수 있음—을 지닌다. 따라서 우리는 다시 이성적인 것이 기초하는 것에 관해 의미·명제·인식에 적합한 본질로 되돌아온다. 그러나 이제는 단순한 형식으로 되돌아온 것이 아니라, 우리가 영역적 본질과 범주적 본질의 질료적 일반성을 염두에 두기 때문에, 그 규정내용을 자신의 영역적 규정성 속에 받아들인 명제로 되돌아온다. 모든 영역은 여기에서 고유하게 완결된 연구 그룹에 대한 실마리를 제공해준다.

우리는 가령 물질적 사물의 영역을 실마리로 간주한다. 이 주도하는 것이 뜻하는 바를 올바로 이해하면, 우리는 동시에 이것에 의해

---

19) 칸트, 『도덕 형이상학의 기초』(*Grundlegung zur Metaphysik der Sitten*) A 417을 참조할 것. "목적을 소망하는 사람은 …… 또한 자신의 힘[지배력] 속에 있는 그 목적에 불가결한 필수적 수단을 소망하고 있다. 소망작용에 관한 한, 이러한 명제는 분석적이다."

거대하고 또한 상대적으로 완결된 현상학적 학과에 기준이 되는 일반적 문제를 포착하게 된다. 그것은 선험적 의식 속에서 사물이라는 영역의 대상성에 대한 일반적 '구성'의 문제, 더 간략하게 표현하면, '사물 일반의 현상학적 구성'의 문제다. 이와 일치해 이 주도적 문제에 부착된 연구방법도 알게 된다. 이때 바로 동일한 것이 모든 영역에 적용되며 또 이 영역의 현상학적 구성과 관련된 모든 학과에 적용된다.

다음과 같은 것이 문제가 된다. 즉 이 영역에 머물기 위해 사물의 이념은, 지금 이 이념에 대해 이야기한다면, 일정한 인식대상의 존립요소를 지닌 '사물'이라는 개념적 생각을 통해 대변된다. 각각의 인식대상에는 이념적으로 완결된 그룹의 가능한 인식대상이 본질에 적합하게 상응한다. 이러한 그룹의 인식대상은 이것이 합치를 통해 종합적으로 통일될 수 있다는 점에서 자신의 통일체를 갖는다. 인식대상이 여기에서처럼 일치하는 것이라면, [인식대상의] 그룹 속에서도 직관적이고 특히 원본적으로 [대상을] 부여하는 인식대상이 발견되며, 이 인식대상에서 다른 종류의 모든 [인식대상의] 그룹은 동일하게 확인하는 합치 속에 충족되고, 정립성의 경우 이 그룹으로부터 확증과 충만한 이성의 힘을 길어낸다.

따라서 우리는 언어적인, 아마 완전히 희미한 표상인 사물 — 우리가 이것을 바로 갖듯이 — 에서 나아간다. 우리는 동일한 '사물'-일반에 대한 직관적 표상을 자유롭게 산출하며, [사물이라는] 말의 모호한 의미를 분명하게 밝힌다. 문제 되는 것은 '일반적 표상'이기 때문에, 범례로* 진행해가야 한다. 우리는 사물에 대한 임의의 상상직

---

* 후설 현상학에서는, 지향적 의식체험의 표층구조인 표상(지각과 판단)·정서·의지의 영역 가운데 모두에 공통적으로 포함된 표상작용을 근본으로 간주해 이것을 집중적으로 분석한 것에서 그리고 이념적 대상성이 학문적 전통으로 전승되고 발전되는 역사성을 해명하면서 기하학적 공리나 원리를 우선

관을 산출한다. 가령 날개 달린 말〔馬〕, 흰 까마귀, 황금산 등에 대한 자유로운 직관을 산출한다. 이것 역시 사물일 것이며, 따라서 이것에 대한 표상은 실제적 경험의 사물에 대한 표상과 아주 똑같이 범례화 〔예시〕에 사용된다. 이것에서 우리는 이념화작용을 수행하는 가운데 직관적 명석함에서 '사물'인 본질을 일반적으로 한정된 인식대상의 규정의 주체로서 포착한다.

이제 (앞에서 이미 확인한 것[20]을 기억하면서) 여기에서 '사물'이라 는 본질이 원본적으로 주어져 있다는 사실, 하지만 이 주어짐은 원리 적으로 결코 충전적일 수 없다는 사실에 주목해야 한다. 우리는 인식 대상 또는 사물-의미(Ding-Sinn)를 충전적 주어짐으로 이끌 수 있 다. 그러나 다양한 사물의미는 이것이 충족되었더라도, 이것에 내재 하는 원본적-직관적 존립요소로서 영역적 본질인 '사물'을 포함하 지 않는다. 이것은 하나의 동일한 개별적 사물에 관련된 다양한 의미 가 이 사물의 개별본질을 포함하지 않는 것과 마찬가지다. 요컨대 문 제 되는 것이 어떤 사물개체의 본질이든 사물 일반의 영역적 본질이 든 간에, 원했던 본질을 그 본질규정성의 완전한 충족 속에 **충전적으 로** 획득하기 위해서는 단일의 사물직관이나 사물직관의 유한하게 완 결된 연속체 또는 집합으로는 결코 충분하지 않다. 그러나 이 각각의 것은 비-**충전적** 본질직시에 충분하다. 이 각각의 것은 희미한 표상의 범례의 토대 위에 확립될 수 있는 것과 같은 공허한 본질직시에 대립 해 적어도 본질을 원본적으로 부여하는 큰 장점이 있다.

이것은 개별적 본질에서 영역인 사물에까지 본질일반성의 모든 단 계에 적용된다.

적으로 다룬 것 등에서 알 수 있듯이, 언제나 범례의 성격을 띤다.
20) 143항 초반부를 참조할 것.

어쨌든 이제 모든 불완전한 주어짐(비-충전적으로 주어진 모든 인식대상)은 자신을 완전하게 할 이념적 가능성을 위한 규칙을 내포한다는 사실은 보편적 본질통찰이다. 내가 사물의 다른 측면을 추구해가며 처음에는 규정되지 않고 열려 있는 것을 자유롭게 상상하면서 규정하고 직관적으로 만들 수 있는 사실은 내가 지금 가진 반인반마(半人半馬)가 나타남 — 반인반마의 본질을 단지 '일면적으로' 부여하는 나타남 — 의 본질이다. 항상 더 완전하게 직관하게끔 만들고 더 자세하게 규정하는 이 상상이 진행되는 과정에서 우리는 무척이나 자유롭다. 우리가 임의로 더 자세하게 규정하는 속성과 속성변화를 상상된 반인반마에 직관적으로 부여할 수 있기 때문이다. 그러나 규정할 수 있는 주체가 동일하게 동일한 것이고 또 항상 일치해 규정할 수 있는 것으로 남을 수 있는 일치하는 직관이 경과하는 의미 속에 진행해야 하는 한, 우리는 완전히 자유롭지 않다. 예를 들어 가능한 사물 일반의 이념을 확고하게 미리 지정하는 테두리인 일정한 법칙적 공간으로 구속되어 있다. 아무리 자의(恣意)로 상상된 것을 변형시키더라도, 그것은 공간형태에서 다시 공간형태로 이행할 뿐이다.

그런데 규칙 또는 법칙에 관한 논의는 현상학적으로 무엇을 뜻하는가? 비-충전적으로 주어진 영역인 '사물'이 가능한 직관 — 명백히 가능한 지각도 마찬가지로 — 의 경과에 대해 규칙을 미리 지정한다는 것에는 무엇이 함축되어 있는가?

이에 대한 답변은 다음과 같다. 즉 일치하는 직관 — 게다가 유형으로 규정되어 미리 지시된 방향에 따른 — 의 '진행에서 제한 없음'[21] (따라서 이에 상응하는 인식작용의 일련의 연속적 나열함에서도 제한 없음)의 이념적 가능성은 그러한 사물의 인식대상(Dingnoema)의 본

---

21) 칸트, 『순수이성비판』, 〔선험적 감성론 제1절 공간론〕 5. 공간논증(A 25).

질에 절대적으로 통찰하는 방식으로 속한다. 우리는 여기에서 개별적으로 규정된 사물의 가장 낮은 구체화에 이르기까지 일반성의 더 낮은 단계에 대해서도 타당하게 남는 사물 일반이라는 일반적 '이념'을 통찰해 획득하는 것에 관한, 앞에서 한 상론을 기억하고 있다. 사물의 초재(超在)는 사물에 관한 직관의 진행에서 그 무제한성으로 표현된다. 직관은 언제나 다시 직관의 연속체로 이행될 수 있고, 미리 주어진 연속체는 확장될 수 있다. 사물에 대한 어떠한 지각도 최종적으로 완결된 것이 아니며, 규정되지 않은 것이 더 자세하게 규정되고 충족되지 않은 것이 충족될 새로운 지각을 위한 공간이 언제나 남아 있다. 부단히 동일한 사물 X에 속하는 사물의 인식대상의 규정내용은 각각 진행됨으로써 풍부해진다. 모든 지각과 지각의 다양체는 확장될 수 있으며, 따라서 그 과정은 무한한 과정이라는 것, 따라서 사물본질의 어떠한 직관적 파악도 계속된 지각이 이 파악에 인식대상으로 새로운 것을 첨부할 수 없을 만큼 완전할 수는 없다는 것은 본질통찰이다.

다른 한편 우리는 어쨌든 명증하게 또 충전적으로 사물이라는 '이념'을 파악한다. 이 이념을 관통함의 **자유로운** 과정에서, 일치하는 직관의 진행은 제한 없다는 의식에서 파악한다. 그래서 먼저 사물의 충족되지 않은 이념을 파악하고, 이 개별적 사물의 충족되지 않은 이념을 일치하는 직관이 '도달하는'—그런데 이 경우 '무한히' 규정할 수 있다—바로 '거기까지' 주어져 있는 것으로 파악한다. '그밖의 등등'(und so weiter)*은 사물의 인식대상에서 통찰할 수 있으며 절대적으로 불가결한 계기다.

---

* '그밖의 등등'은 지각을 해명하는 과정에서 친숙한 유형을 통해 미리 지시되는 것이 더욱더 충족되지만, 현실적으로 구성된 일련의 규정을 넘어서 앞으로 규정될 것으로 기대되는 새로운 특성을 위해 항상 여전히 남아 있는 열려

더 나아가 우리는 이 제한 없음의 범례의 의식에 근거해 일정한 무한성의 방향의 '이념'을, 게다가 우리가 관통해가는 직관적 경과의 모든 방향에 대한 '이념'을 파악한다. 그러한 성질을 띠고 규정된 경과의 무한성 속에 유지되고 또 그에 속한 일정한 성질을 띤 일련의 인식대상의 무한성 속에 알려지는 동일자(Identisches)인 **사물 일반의 영역적 '이념'**도 파악한다.

사물과 마찬가지로 이때 자신의 본질내용에 속하는 모든 성질과 무엇보다 모든 **구성적 '형식'**은 하나의 이념이며, 이것은 가장 낮은 특수성에 이르기까지 영역적 일반성에 적용된다. 더 자세하게 논의해보면 다음과 같다.

사물은 자신의 이념적 본질 속에 **시간적 실체**〔사물〕(res temporalis)로서, 시간의 필연적 '형식'에서 주어진다. 직관적 '이념화작용'(이것은 '이념'직시로, 여기에서 이러한 명칭에 아주 특별히 걸맞다)은 사물을 필연적으로 지속하는 것으로, 그 지속에 관해 원리상 끝없이 확장할 수 있는 것으로 알게 해준다. 우리는 '순수 직관'(이 이념화작용은 칸트의 순수 직관을 현상학적으로 해명한 개념이기 때문이다) 속에 시간성과 이 속에 포함된 모든 본질계기의 '이념'을 파악한다.

사물은 그 이념에 따라 더 나아가 **연장실체**(res extensa)다. 이것은 예를 들어 공간적 관점에서 형식이 무한히 다양하게 변화될 수 있고, 형태와 형태변화가 동일하게 확고히 유지되는 경우 위치가 무한히 다양하게 변경될 수 있으며, 무한히 '움직일 수 있는 것'이다. 우리는 공간의 '이념'과 이 이념에 자리잡은 이념을 파악한다.

결국 사물은 **물질적 실체**(res materialis)이고, **실체적 통일체**이며, 이러한 통일체로서 인과성의 통일체 그리고 그 가능성에 따라 무한히

진 지평, 즉 여분의 것(plus ultra)을 뜻한다(『경험과 판단』, 258~259쪽).

많은 형태의 인과성의 통일체다. 이렇게 특수한 속성과 함께 우리는 이념에도 마주친다. 그래서 사물의 이념의 모든 구성요소 자체가 이념이며, 각각의 이념은 '무한한' 가능성의 '그밖의 등등'을 함축한다.

여기에서 상론하는 것은 '이론'이나 '형이상학'이 아니다. 문제 되는 것은 사물의 인식대상 속에 또 이와 상관적으로 사물을 부여하는 의식 속에 폐기할 수 없게 포함된 본질필연성을 철저히 통찰해 파악하고 체계적으로 탐구하는 것이다.

150. 계속. 선험적 실마리로서의 영역인 사물

극히 일반적인 것에 따라 (인식작용과 인식대상에 관한) 사물직관 그 자체를 내포하는 무한성 ― 달리 말하면, 사물의 이념과 이 이념이 무한한 차원에서 내포하는 것 ― 을 이해할 수 있게 한 다음, 우리는 영역인 사물이 어느 정도까지 현상학적 연구의 실마리로서 이바지할 수 있는지도 즉시 이해할 수 있게 된다.

어떤 개별적 사물을 직관하면서, 그 사물의 운동, 가까워짐과 멀어짐, 회전과 전환, 형식과 질의 변화, 인과적 관계방식을 직관해 추구하면서, 우리는 다양하게 합치되고 통일체의식으로 결합되는 직관작용의 연속체를 수행한다. 이 경우 시선은 동일자, 의미(또는 정립적 명제나 중립화된 명제)의 X를 향해 있고, 스스로 변화하고 회전하는 등 하나의 동일한 것을 향해 있다. 자유롭게 직관해 끝없이 가능한 변양을 다른 근본방향에 따라, 이 직관이 진행되는 과정에서 제한 없는 의식으로 추구할 때도 그러하다. 이념화작용의 태도로 이행하고 예를 들어 사물의 영역적 이념을 ― 따라서 이때 기하학자가 자신의 기하학적 직관의 자유와 순수성에서 태도를 취하는 것처럼 ― 명석함으로 이끌 때도 마찬가지다.

그러나 이 모든 것에 의해서도 우리는 직관 자체의 과정과 **직관에** 속한 본질이나 본질무한성을 전혀 모르며, 직관의 소재와 인식작용의 계기, 직관의 인식대상의 존립요소, 이 양 측면에서 구별할 수 있고 형상적으로 파악할 수 있는 층을 전혀 모른다. 현실적으로 체험하는 (또는 상상변양 속에 반성하지 않고 의식한) 것을 우리는 보지 못한다. 따라서 태도의 변경이 필요하고, 다른 질료적·인식작용·인식대상의 '반성'(이것은 X를 향한 '곧바른' 근원적 시선방향을 전환한 것이기 때문에 총체적으로 정당하게 이렇게 부른다)이 필요하다. 이 반성은 거대하고 그 자체로 연관된 탐구의 장(場)을 열어주거나, 사물영역의 이념에 지배되는 강력한 문제제기를 열어준다.

그렇다면 결국 다음과 같은 물음이 생긴다.

직관적으로 표상하는 사물의식의 통일체에 속하는 인식작용과 인식대상은 어떻게 체계적으로 기술될 수 있는가?

인식대상의 영역에 대해 태도를 취한다면, 물음은 다음과 같다.

다양하게 정립하는 직관, '실제적' 사물이 주어지고 또 직관에 적합하게 근원적 '경험' 속에 자신의 실제성을 증명하는 '직관명제'는 어떠한 상태인가?

속견의 정립에서 추상화하기 위해 단순한——인식대상으로 이해된——나타남, 즉 그 자체로 순수하게 형상적으로 고찰해보면, 이 직관의 다양체나 나타남의 다양체에 필연적 상관자로서 속하는 하나의 동일한 사물, 그때그때 완전히 규정된 사물을 '나타남으로 이끄는' 나타남은 어떻게 보이는가? 현상학은 원리상 어떠한 모호한 논의에도 어떠한 희미한 일반성에도 멈춰 서지 않고, 본질연관으로 또 궁극적으로 도달할 수 있는 본질연관의 특수화로까지 파고들어가는 체계적으로 규정된 해명·분석·기술(記述)을 요구한다. 즉 현상학은 철저히 규명해내는 작업을 요구한다.

규정하는 의미내용을 지닌 자신의 동일한 X가 존재하는 것으로 정립된 사물의 영역적 이념은 나타남의 다양체에 규칙을 미리 지정한다. 즉 이미 나타남의 다양체가 그 자체에서 순수하게 본질적으로 규정된 사물인 사물과 관련을 맺는다는 사실로부터 나오듯이, 우연적으로 만나는 나타남의 다양체는 결코 없다. 영역의 이념은—완전히 규정된, 일정하게 질서지어진, 무한히 진보하는, 이념적 총체로 간주되어 확고하게 완결된—일련의 나타남을 미리 지정하며, 영역적 사물의 이념 속에 그 구성요소로서 일반적으로 지시된 부분적 이념과 본질에 적합하게 그리고 탐구할 수 있게 연관된 나타남의 경과의 일정한 내적 조직화(Organisation)를 미리 지정한다. 예를 들면 이 조직화의 한 부분으로서, 단순한 '연장실체'의 통일체는—'연장실체'가 아닌 어떠한 '물질적 실체'도 생각해볼 수 없더라도—'물질적 실체'의 이념을 규범화하는 통일체 없이 생각해볼 수 없다는 사실이 입증된다. 결국 모든 사물의 나타남은 우리가 **사물의 도식**(Dingschema)—이것은 어떠한 '실체성'이나 '인과성'(즉 인용부호〔여기에서는 ' '〕속에 인식대상으로 변양된 것으로 이해된 것)의 규정성도 없는 단순히 '감성적' 성질에 의해 충족된 공간형태다—이라는 층을 내포한다는 사실이 (언제나 형상적-현상학적 직관 속에) 밝혀진다. 벌써 이에 속한 단순한 '연장실체'의 이념은 풍부한 현상학적 문제에 대한 표제다.

현상학적으로 소박한 사람인 우리가 단순한 사실로 간주한 것, 즉 '우리 인간에게' 공간사물은 항상 일정한 '방향이 정해지는' 가운데, 예를 들어 시각적 시야(視野) 속에 위와 아래, 오른쪽과 왼쪽, 가까움과 멂에 따라 방향이 정해져 나타난다는 사실, 우리는 사물을 단지 일정한 '깊이' '거리'에서만 볼 수 있다는 사실, 사물이 보일 수 있는 모든 변화되는 거리는 볼 수 없지만 그래도 이념적 한계점으로서 매우 친숙한 중심, 즉 우리에 의해 머릿속에 '장소가 정해진' 모든 깊이가 방향이 정해지는 중심과 관련된다는 사실 ── 이렇게 주장되는 모든 사실성, 따라서 '참된' '객관적' 공간과는 생소한 공간직관의 우연성은 사소한 경험적 특수화에 이르기까지 본질필연성으로 입증된다. 그러므로 공간의 사물적인 것과 같은 것은 우리 인간뿐 아니라 절대적 인식의 이념적 대표자인 신(神)에 대해서도 다만 나타남을 통해서만 직관할 수 있다는 사실이 분명해진다. 이 나타남 속에 공간의 사물적인 것은 '원근법으로' 다양하지만 아무튼 일정한 방식으로 변화하면서 그리고 이때 변화하는 '방향이 정해지는' 가운데 주어지고 또 주어짐에 틀림없다.

이제 이러한 사실을 일반적 정립으로서 정초하고 모든 개별적 형태를 추구해야 한다. 그 가장 깊은 현상학적 의미가 결코 파악되지 않았던 '공간표상의 근원'에 관한 문제는 모든 인식대상의(또는 인식작용의) 현상의 현상학적 본질분석으로 환원된다. 이 현상 속에 공간은 직관적으로 제시되고, 나타남의 통일체로서, 즉 공간적인 것이 기술해 서술되는 방식의 통일체로서 '구성된다'.

이 경우 구성(Konstitution)의 문제는 명백히 다음과 같은 사실을 뜻할 뿐이다. 즉 규칙적인 일련의 나타남 또 나타나는 것의 통일체에 필연적으로 함께 속한 일련의 나타남은 ── 이 나타남의 (일정한 '그밖의 등등' 속에 바로 명백하게 통제할 수 있는) 무한성에도 불구하고 ── 직관적으로 개관될 수 있고 또 이론적으로 파악될 수 있다는 사실, 그 일련의 나타남은 자신의 형상적 특유성에서 분석될 수 있고 기술될 수 있다는 사실, 통일체로서 일정한 나타나는 것과 나타남의 일정한 끝이 없는 다양체 사이의 상관관계에 대한 법칙적 작업수행은 완전히 통찰될 수 있고, 그래서 모든 수수께끼가 벗겨질 수 있다는 사실이다.

이것은 '연장실체'(또한 '시간적 실체') 속에 놓여 있는 통일체뿐 아니라, 이에 못지않게 '물질적 사물', 즉 실체적-인과적 사물이라는 표현이 가리키는, 기초지어진 더 높은 통일체에도 적용된다. 이 모든 통일체는 '다양체' 속에 경험하는 직관의 단계에서 구성되며, 어디에서나 두 측면의 본질연관은 의미와 의미충족에 따라, 정립적 기능 등에 따라 모든 층에 걸쳐 완전히 밝혀져야 한다. 결국 현상학적으로 순수한 의식 속에 실제적 사물의 이념을 대표하는 것이 어떻게 구조적으로 탐구되고 또 본질에 적합하게 기술된 인식작용-인식대상 연관의 절대적인 필수적 상관자인지 완전한 통찰을 일깨워야 한다.

151. 사물의 선험적 구성의 층(層). 보충

이 연구는 원본적으로 경험하는 의식의 테두리 속에 사물을 구성하는 다른 단계와 층을 통해 본질적으로 규정된다. 각 단계와 이 단계에서 각 층은 자신의 측면에서 사물을 충만하게 구성하기 위한 필수적 중간고리인 하나의 독특한 통일체를 구성한다는 사실로 특성지어진다.

예를 들어 그 상관자가 감성적 성질을 지닌 감성의 사물인 단적인 지각의 사물을 구성하는 단계를 받아들이면, 우리는 유일하게 지각하는 자아주체의 가능한 지각인, 유일한 의식의 흐름에 관계하게 된다. 여기에서 여러 가지 통일체의 층, 감각적 도식, 더 높거나 더 낮은 질서〔등급〕를 지닌 '시각적 사물'을 발견하게 된다. 이 시각적 사물은 이러한 질서 속에 완전히 밝혀지고 또 단독으로뿐 아니라 연관 속에 그 인식작용-인식대상의 구성에 따라 연구되어야 한다. 이러한 단계의 층에서 최고 층에는 벌써 특수한 의미에서 하나의 실재성이지만, 아무튼 여전히 어떤 경험하는 주체와 이 주체의 이념적인 지각의 다양체에 구성적으로 결합된 실체적-인과적 사물이 있다.

그러면 바로 다음의 더 높은 단계에는 더 높은 질서의 구성적 통

일체인 상호주관적으로 동일한 사물이 있다. 이것의 구성은 '공감'
(Einverständnis)하는 관계에 있는 주체들의 개방된 다수(多數)에 관
련된다. 상호주관적 세계는 상호주관적 경험, 즉 '감정이입'을 통해
매개된 경험의 상관자다.* 그래서 우리는 많은 주체에 의해 이미 개
별적으로 구성된 다양한 감성의 사물통일체를 지적했고, 계속해 서
로 다른 자아주체와 의식의 흐름에 속하는 이에 상응하는 지각의 다
양체를 지적했다. 그러나 무엇보다 감정이입의 새로운 요소를, 또 감
정이입이 어떻게 '객관적' 경험 속에 구성하는 역할을 하며 분리된
그 다양체에 통일성을 부여하는가 하는 물음을 지적했다.

　이 경우 모든 연구는 사태의 본질을 통해 요구된 완전성과 모든 측
면성에서 실행되어야 한다. 그래서 앞〔제4장의 128항〕에서, 「들어가
는 말」의 목적에 적합하게, 단순히 최초의 체계인 근본체계, 즉 하나
의 동일한 사물이 언제나 일치해 나타나는 근본체계를 구성하는 나
타남의 다양체를 주목했다. 지각은 제한 없이 진행되는 가운데 모든
체계적 계열에 따라 합치되며, 정립은 언제나 강화된다. 여기에는 더
자세히 규정함만 있지, 다르게 규정함은 전혀 없다. 지나간 경험의
경과(이 이념적으로 완결된 체계 안에서)를 통해 정립되는 어떠한 사
물의 규정도 영역적 본질을 통해 형식적으로 미리 지시된 동일한 성
질의 범주를 다르게 규정함으로써 '말소되거나' '대체되지' 않는다.
일치함을 방해하는 것, 이 방해를 조정하는 사건도 전혀 없다. 하물
며 정립된 사물이 그것에 의해 철저히 말소되는 일치함이 '파열되는
일'도 물론 없다.

　그러나 이제 반대의 경우도 이에 못지않게 현상학적으로 고려해

*　'상호주관적 세계'(상호주관성)에 대해서는 176쪽의 역주, '감정이입'에 대해
　서는 60쪽의 역주를 참조할 것.

야 한다. 왜냐하면 반대의 경우도 경험실제성이 구성될 수 있는 연관 속에 자신의 역할을 하거나 할 수 있기 때문이다. 이념적으로 가능한 인식뿐 아니라 사실적 인식의 길도 오류를 통해 심지어 직관하는 실제성파악의 인식단계인 가장 낮은 인식단계로 이끈다. 따라서 일치함의 부분적 균열이 등장하고 일치함이 '수정'을 통해서만 유지될 수 있으며 인식작용·인식대상의 본질의 존립요소에 따라—즉 파악의 변경, 독특한 종류의 정립적 사건, 이전에 파악한 것을 예를 들어 '가상' '환상'으로서 재평가하거나 평가절하함, 구간별로 조정되지 않은 '대립'으로 이행함 등으로—체계적으로 특성지어질 수 있는 지각의 경과가 있다. 일치함의 연속적 종합에 대립해 충돌, 오해, 다르게 규정함의 종합이, 그밖에 이것을 어떻게 부르든 간에, 자신의 권리를 되찾아야 한다. 요컨대 '참된 실제성'의 현상학에는 '무화(無化)하는 가상(Schein)'의 현상학도 완전히 불가결하기 때문이다.

152. 선험적 구성의 문제를 다른 영역으로 이행함

우리는 여기에서 물질적 **사물**의 구성에 대해 범례로 게다가 모든 '사유작용'에 앞서 놓여 있는 경험의 다양체의 체계 속에 〔이루어진〕 구성을 고려해 언급한 것이 문제와 방법에 따라 모든 대상영역으로 이행되어야 한다는 사실을 즉시 보게 된다. '감성적 지각'에 대해 지금 물론 관련된 영역에 본질적으로 속한 종류인 원본적으로 〔대상을〕 부여하는 작용이 일어난다. 현상학적 분석은 이 작용을 그 이전에 밝혀내고 탐구해야 한다.

그런데 서로 다른 영역들이 얽혀 있음에는 매우 어려운 문제가 덧붙어 있다. 이 문제들은 구성하는 의식의 형태 속에 얽혀 있음을 조건 짓는다. 사물은, '객관적' 사물세계의 상호주관적 구성에 관한 위의 시사를 통해 벌써 명백해졌듯이, 경험하는 주체에 대립해 고립된 것이 결코 아니다. 아무튼 이제 이 경험하는 주체 자체는 경험 속에 실재적인 것(Reales)으로, 인간 또는 동물로 구성되며, 마찬가지로 상호주관적 공동체는 동물적 공동체로 구성된다.

이 공동체는 그 측면에서 물리적 실재성 속에 기초지어진 심리적 실재성 속에 본질적으로 기초지어져 있더라도, 새로운 종류의 더 높은 질서의 대상성으로 입증된다. 일반적으로 모든 심리학주의나 자연주의의 오해에 거역하는 많은 종류의 대상성이 존재한다는 사실이 밝혀진다. 모든 종류의 가치객체와 실천적 객체, 예를 들어 국가·법률·도덕·교회 등 우리의 현실적 삶을 단단한 실제성으로 규정하는 모든 구체적 문화형성물이 그러하다. 이 모든 객체성은, 주어지는 그대로, 그렇게 근본종류에 따라 또 그 단계질서 속에 기술되어야 하고, 이것을 위해 구성의 문제가 제기되고 해결되어야 한다.

또한 객체성의 구성은 아주 자명하게 공간사물성과 심리적 주체의 구성으로 소급해 이끈다. 즉 이것은 바로 그와 같은 실재성 속에 기초지어진다. 결국 가장 낮은 단계로서 물질적 실재성이 다른 모든 실재성의 기초가 되고, 그래서 물질적 자연의 현상학에 특별히 우대하는 위치가 주어지는 것은 확실히 당연하다. 그러나 편견에서 벗어나 바라보고 또 현상학적으로 그 원천으로 되돌아가보면, 기초지어진 통일체는 바로 기초지어진 그리고 새로운 종류의 통일체일 뿐이다. 물질적 실재성과 함께 구성된 새로운 것은, 본질직관이 가르쳐주듯이, 다른 실재성의 단순한 총합으로 환원될 수 있는 것이 결코 아니다. 그래서 사실 모든 특유한 유형의 그와 같은 실재성은 자신의 고유한 구성적 현상학을 수반하며, 동시에 새로운 구체적 이성이론을 수반한다. 어디에서나 과제는 원리적인 것에 따라 동일한 것이다. 즉 그러한 모든 객체성이 원본적으로 주어짐을 구성하는 의식형태의 완전한 체계를 모든 단계와 층에 따라 인식으로 이끌고, 이와 함께 해당된 종류의 '실제성'과 같은 값을 지닌 의식을 이해할 수 있게 해야 한다. 또한 존재와 의식의 상관관계에 관계되는 수많은 또 당연하다고 생각되는 오해(예를 들어 모든 실제성이 '심리적인 것으로 해소된다'*는 오해)을 배제하기 위해 여기에서 진실 그대로 말할 수 있는 모든 것은 오직 현상학적 태도 속에 또 직관의 빛 속에 파악된 구성적 그룹의 본질연관의 근거 위에서만 말할 수 있다.

153. 선험적 문제를 충만하게 연장함. 연구의 분류

이제까지 단지 가능했던 일반적으로 유지된 논의는 방금 전에 가능한 것으로 인식되고 또 요구된 탐구를 강력하게 확장하는 것에 대한 충분한 표상을 결코 일깨울 수 없다. 그렇기 위해서는 적어도 실제성의 주요유형을 상론하는 연구부분이 필요할 것이며, 따라서 일반적 의식구조에 속한 문제제기를 추구했던 것과 같은 과정이 필요할 것이다. 그런데 이 책의 제2권에서 자연과학·심리학·정신과학이라는 명칭으로 부르는 거대한 학문그룹의 상호관계에 관해, 특히 이 학문들과 현상학의 관계에 관해 지금 매우 몰두하는 논쟁거리에 대한 논의는 동시에 구성의 문제를 더 가깝게 끌어들일 기회를 줄 것이다.** 그러나 이미 여기에서 이 논쟁거리가 실제로 중대한 문제를 다룬다는 사실, 또 모든 실질적 학문의 진정한 의미에서 모든 원리적인 것을 다루는 연구의 분야가 열린다는 사실에서 많은 것이 명백해질 것

---

* 이것은 후설이 『논리연구』 제1권에서 비판한 심리학주의의 견해다.

** 『이념들』 제2권의 부제는 '구성에 대한 현상학적 연구'이며, 제1장은 '물질적 자연의 구성', 제2장은 '동물적 자연의 구성', 제3장은 '정신적 세계의 구성'이다.

이다. '원리적인 것'은 실로 영역적 이념 주위에 근본개념과 근본인식에 따라 그룹지어진 것, 또 이에 상응하는 영역적 존재론 속에 자신의 체계적 전개를 발견하거나 발견해야 하는 것일 뿐이다.

우리가 〔지금까지〕 말한 것은 실질적 영역에서 형식적 영역으로, 또 이 영역에 속한 존재론적 학과로, 따라서 구성의 이념을 적절하게 확장하는 한, 모든 원리와 원리의 학문 일반으로 전이된다. 이 경우 물론 구성적 탐구의 테두리는 결국 현상학 전체를 포괄할 수 있을 정도로 확장된다.

이것은, 다음과 같은 숙고를 보충해볼 때, 저절로 줄곧 떠오른다.

우선 첫째로 대상구성의 문제는 가능하게 원본적으로 〔대상을〕 부여하는 의식의 다양체에 관련된다. 따라서 예를 들어 사물에는 가능한 경험의 총체, 실로 동일한 하나의 사물에 관한 지각의 총체에 관련된다. 이것에 연결된 것은 재생산하는 정립적 의식본성을 보충해 고려하는 것, 이 의식본성의 구성적인 이성의 작업수행을 탐구하는 것, 즉 단적으로 직관하는 인식에 대한 이 의식본성의 작업수행을 탐구하는 것이다. 마찬가지로 희미하게 표상하는 (하지만 단적으로) 의식을 고려하는 것과 이 의식에 관련된 이성의 문제와 실제성의 문제를 고려하는 것이다. 요컨대 우리는 우선 '표상'의 단순한 영역 속에 진행하고 있다.

그러나 이것과 이에 상응하는 탐구가 결합되어 있다. 즉 더 높은 영역의 작업수행, 이 작업수행의 설명하고 관계지으며 그밖의 '논리적'(이때 가치론적이고 실천적인) 종합을 지닌, 작업수행의 '개념적' 조작, 진술, 간접적인 새로운 정초형식을 지닌 더 좁은 의미에서 이른바 '오성의 영역' 또는 '이성의 영역'에 관련된 탐구가 결합되어 있다. 따라서 우리는 우선 단일정립적 작용 속에, 가령 단순한 경험 속에 주어진 (또는 주어진 것으로 이념 속에 생각된) 대상성을 종합적 조작의 유희(遊戲)에 종속시킬 수 있고, 이 조작을 통해 언제나 더 높은 단계의 종합적 대상성 ─ 전체 정립의 통일체 속에 여러 겹의 정립을 포함하고 그 전체 질료의 통일체 속에 분절된 여러 겹의 질료를 포함하는 대상성 ─ 을 구성할 수 있다. 우리는 수집할 수 있으며, 다른 단계질서(집합의 집합)에서 수집된 것(집합)을 '형성할' 수 있고, '전체'로부터 '부분'을, 그 주어에서 속성·술어를 '끌어내거나' '떼어낼' 수 있으며, 대상을 [다른] 대상에 '관계지을' 수 있고, 임의로 어떤 대상과의 관계를 지시하는 항(項)으로, 다른 대상들의 관계가 지시된 대상으로 '만들' 수 있다 등등.

우리는 이와 같은 종합을 '실제로' '본래', 즉 **종합적 원본성**에서 수행할 수 있다. 이때 종합적 대상성은 그 종합적 형식에 따라 원본적으로 주어진 것(예를 들어 실제로 주어진 집합·포섭·관계 등)의 특성을 띠며, 정립이 원본성의 특성을 띤다면, 따라서 정립적 작용특성이 원본적으로 이성적인 것으로서 동기지어진다면, 종합적 대상성은 원본성의 충만한 특성을 띤다. 또한 자유로운 상상을 끌어낼 수 있고, 원본적으로 주어진 것과 비슷하게 주어진 것을 관계짓거나 종합을 완전히 변양시키는 가운데 수행할 수 있으며, 이렇게 의식된 것을 '추정'으로 변화시키고, 가설을 '형성하고', 이것으로부터 '결론을 이끌어낼' 수 있다. 또는 아무튼 비교하거나 구별할 수 있고, 이 비교하고 구별하는 가운데 주어진 동등함이나 차이 자체를 다시 종합적 조작에 종속시키고, 이 모든 것과 이념화작용·본질정립 또는 본질추정을 결합시킬 수 있으며, 그래서 무한히 그렇게 할 수 있다.

이 경우 객체화의 더 낮거나 더 높은 단계의 ─ 부분적으로는 직관적이고 부분적으로는 비-직관적인 어쩌면 완전히 혼란된 ─ 작용이 조작의 기초가 된다. 희미하거나 혼란된 경우 우리는 종합적 '형성물'을 해명하고 이 형성물의 가능성의 문제와 '종합적 직관'을 통해 이 형성물을 해결할 문제제기를 겨냥할 수 있다. 또는 명시적이며 원본적으로 〔대상을〕 부여하는 종합적 작용을 통해 어쩌면 간접적 '추론'이나 '증명'의 방법으로 그 형성물의 '실제성' 문제와 해결할 수 있는 문제제기도 겨냥할 수 있다. 현상학적으로 이 모든 유형의 정립은 이 유형 속에 '구성된' 종합적 대상성과의 상관관계 속에 연구될 수 있으며, 서로 다르게 주어지는 양상이 해명될 수 있고 그러한 대상성의 '실제적 존재' 또는 참된 가능적 존재, 실제로 개연적 존재에 주어지는 양상의 의미가 해명될 수 있다. 모든 이성의 물음과 진리의 물음 또는 실제성의 물음에 관해서도 그러하다. 그러므로 우리는 또한 여기에서 '구성의 문제'를 갖게 된다.

이제 논리적 정립은 단적인 질료(의미)를 지닌 가장 낮은 정립 위에 근거지어지지만, 어쨌든 종합적 단계의 본질법칙성, 특히 이성의 법칙 — 매우 넓지만 일정하게 제한된 '형식적' 영역에서 — 이 종합적 분절의 특수한 질료에 독립적으로 근거지어진다. 바로 이러한 사실에서 논리적 인식의 '질료'로부터 추상화하고 논리적 인식을 규정하지 않고 자유롭게 변경할 수 있는 일반성('그 어떤 무엇'으로서) 속에 생각하는 일반적 형식논리학이 가능해진다. 그에 따라 구성과 관련된 연구도 다음과 같이 나뉜다. 즉 한편으로 형식적 근본개념에 연결되고 이 개념을 오직 이성이나 실제성 문제와 진리 문제의 '실마리'로 간주하는 연구이고, 다른 한편으로 영역적 근본개념에 또 우선 영역 자체의 개념에 연결되고 게다가 그와 같은 영역의 어떤 개별적인 것이 어떻게 주어지는지 하는 물음과 함께 연결되는, 방금 전에 묘사한 연구다. 영역적 범주와 이 범주를 통해 미리 지시된 연구와 함께 영역적 질료를 통해 종합적 형식이 겪는 특별한 규정은 자신의 권리를 행사하고, 마찬가지로 특별한 제약(영역적 공리 속에 찾아볼 수 있는 표현처럼)이 영역적 실제성에 미치는 영향력을 행사한다.

지금까지 상론한 것은 모든 작용의 영역과 대상의 영역으로 명백히 전이되고, 따라서 그 구성에 대해 자신의 특수한 정립과 질료를 지닌 감정의 작용이 아프리오리하게 책임져야 할 대상으로도 전이된다. 또한 형식과 질료적 특수성에 따라 해명하는 것이 이에 상응하는 구성적 현상학의 거의 예감되지 않았던, 하물며 착수되지도 않은 중대한 과제라는 방식으로 전이된다.

그래서 구성적 현상학과 아프리오리한 존재론, 결국 모든 형상적 학과(여기에서는 현상학 자체를 제외한다)의 밀접한 관련도 명백해진다. 형식적 본질이론과 물질적 본질이론의 단계순서는 일정한 방식으로 구성적 현상학의 단계순서를 미리 지시하며, 구성적 현상학의 일반성의 단계를 규정하고, 이 단계에 존재론적 근본개념과 물질적으로 형상적 근본개념 및 그 근본명제 속에 '실마리'를 제공한다. 예를 들면 시간·공간·물질 그리고 이것의 가장 가까운 파생된 자연의 존재론의 근본개념은, 이에 속한 근본명제가 층 속의 그리고 층들 사이의 본질연관에 대한 지표(Index)인 것처럼, 물질적 사물성을 구성하는 의식의 층들에 대한 지표다. 이때 순수 논리적인 것에 대한 현상학적 해명은 순수 시간이론·기하학과 그래서 모든 존재론 학과의 모든 간접적 명제가 선험적 의식과 이 의식이 구성하는 다양체의 본질법칙성에 대한 지표라는 사실과 그 이유를 이해할 수 있게 한다.

그러나 구성적 현상학과 이에 상응하는 형식적 존재론이나 물질〔질료〕적 존재론의 이러한 연관 속에는 이 존재론을 통한 구성적 현상학의 정초에 관한 아무것도 포함되어 있지 않다는 사실을 명백하게 인지해야 한다. 현상학자는, 일정한 존재론적 개념이나 명제를 구성적 본질연관에 대한 지표로서 인식할 때, 이 개념이나 명제 속에 자신의 권리〔정당성〕와 타당성을 순수하게 내포한 직관적으로 제시함에 대한 어떤 실마리를 보았을 때, 존재론으로 판단하지 않는다. 이 일반적

확정은 그나마 나중에 더 근본적인 상론 속에, 이러한 상태의 중요성에 힘입어 틀림없이 요구되는 상론 속에 확증될 것이다.

모든 측면의, 동일한 방식으로 인식작용·인식대상의 의식 층을 고려하는 구성의 문제해결은, 그 모든 형식적 형태와 질료적 형태에 따른, 동시에 그 정상의(긍정적-이성적) 형태뿐 아니라 이례적(부정적-이성적) 형태에 따른 이성의 완전한 현상학과 명백히 같은 값을 지닐 것이다. 그러나 더 나아가 그렇게 완전한 이성의 현상학은 현상학 일반과 합치될 것이라는 사실, 대상의 구성이라는 전체 표제를 통해 요구되는 모든 의식을 기술하는 체계적 상론은 모든 의식의 기술 일반을 내포함에 틀림없을 것이라는 사실이 내 머리에서 좀처럼 지워지지 않는다.

지은이 에드문트 후설

에드문트 후설(Edmund Husserl)은 1859년 오스트리아에서 유대인 상인의 아들로
태어났다. 20세기 독일과 프랑스 철학에 큰 영향을 미친 현상학의 창시자로서
마르크스, 프로이트, 니체와 더불어 현대사상의 원류라 할 수 있다. 1876년부터 1882년
사이에 라이프치히대학교와 베를린대학교에서 철학과 수학, 물리학 등을 공부했고,
1883년 변수계산에 관한 논문으로 박사학위를 받았다. 1884년 빈대학교에서 브렌타노
교수에게 철학강의를 듣고 기술심리학의 방법으로 수학을 정초하기 시작했다. 1887년
할레대학교에서 교수자격논문「수 개념에 관하여」가 통과되었으며, 1901년까지
할레대학교에서 강사로 재직했다. 1900년 제1주저인『논리연구』가 출간되어 당시
철학계에 강력한 인상을 남기고 확고한 지위도 얻었다. 많은 연구서클의 결성으로
이어진 후설 현상학에 대한 관심은 곧『철학과 현상학적 탐구연보』의 간행으로
이어졌으며, 1913년 제2주저인『순수현상학과 현상학적 철학의 이념들』제1권을
발표해 선험적 관념론의 체계를 형성했다. 1916년 신칸트학파의 거두 리케르트의
후임으로 프라이부르크대학교 정교수로 초빙되어 1928년 정년퇴임할 때까지
재직했다. 세계대전의 소용돌이와 나치의 권력장악은 유대인 후설에게 커다란
시련이었으나, 지칠 줄 모르는 연구활동으로 저술작업과 학문보급에 힘썼다.
주저로『유럽학문의 위기와 선험적 현상학』『데카르트적 성찰』『시간의식』『엄밀한
학문으로서의 철학』등이 있다. 후설 현상학은 하이데거와 사르트르, 메를로 퐁티
등의 철학은 물론 가다머와 리쾨르의 해석학, 인가르덴의 미학, 카시러의 문화철학,
마르쿠제와 하버마스 등 프랑크푸르트학파의 비판이론에도 지대한 영향을 미쳤다.
아울러 데리다, 푸코, 리오타르 등 탈현대 철학과 프루스트, 조이스, 울프 등의
모더니즘 문학에도 많은 영향을 주었다.

옮긴이 이종훈

이종훈(李宗勳)은 성균관대학교 철학과와 같은 대학교 대학원에서 후설 현상학으로
박사학위를 받았다. 춘천교대 명예교수다. 지은 책으로는『후설현상학으로
돌아가기』(2017),『현대사회와 윤리』(1999),『아빠가 들려주는 철학이야기』(전 3권,
1994~2006),『현대의 위기와 생활세계』(1994)가 있다. 옮긴 책으로는『형식논리학과
선험논리학』(후설, 2010, 2019),『논리연구』(전 3권, 후설, 2018),『순수현상학과
현상학적 철학의 이념들』(전 3권, 후설, 2009, 2021),『유럽학문의 위기와 선험적
현상학』(후설, 1997, 2016),『시간의식』(후설, 1996, 2018),『현상학적 심리학』(후설,
2013, 2021),『데카르트적 성찰』(후설 · 오이겐 핑크, 2002, 2016),『수동적 종합』(후설,
2018),『경험과 판단』(후설, 1997, 2016),『엄밀한 학문으로서의 철학』(후설, 2008),
『제일철학』(전 2권, 후설, 2020),『상호주관성』(후설, 2021)이 있다.
이 밖에『소크라테스 이전과 이후』(컨퍼드, 1995),『언어와 현상학』
(수잔 커닝햄, 1994) 등이 있다.

HANGIL GREAT BOOKS 102

순수현상학과 현상학적 철학의 이념들 1

지은이 에드문트 후설
옮긴이 이종훈
펴낸이 김언호

펴낸곳 (주)도서출판 한길사
등록 1976년 12월 24일
주소 10881 경기도 파주시 광인사길 37
홈페이지 www.hangilsa.co.kr
전자우편 hangilsa@hangilsa.co.kr
전화 031-955-2000~3 **팩스** 031-955-2005

부사장 박관순 **총괄이사** 김서영 **관리이사** 곽명호
영업이사 이경호 **경영이사** 김관영 **편집주간** 백은숙
편집 노유연 김지연 김대일 김지수 최현경 김영길
마케팅 정아린 **관리** 이주환 문주상 이희문 원선아 이진아
디자인 창포 031-955-2097
CTP출력·인쇄 오색프린팅 **제본** 경일제책사

제1판 제1쇄 2009년 5월 20일
제1판 제3쇄 2014년 8월 5일
개정판 제1쇄 2021년 7월 26일

값 28,000원

ISBN 978-89-356-6496-2 94080
ISBN 978-89-356-6427-6 (세트)

한길그레이트북스 인류의 위대한 지적 유산을 집대성한다